现代国际贸易丛书

中国对外贸易概论

（第3版）

徐 复 编著

南开大学出版社
天 津

图书在版编目(CIP)数据

中国对外贸易概论 / 徐复编著. —3 版. —天津：南开大学出版社，2012.9 (2013.11 重印)

(现代国际贸易丛书)

ISBN 978-7-310-04022-3

Ⅰ.①中… Ⅱ.①徐… Ⅲ.①对外贸易—概论—中国 Ⅳ.①F752

中国版本图书馆 CIP 数据核字(2012)第 213007 号

南开大学出版社出版发行

出版人:孙克强

地址:天津市南开区卫津路 94 号 邮政编码:300071

营销部电话:(022)23508339 23500755

营销部传真:(022)23508542 邮购部电话:(022)23502200

*

河北昌黎太阳红彩色印刷有限责任公司印刷

全国各地新华书店经销

*

2012 年 9 月第 3 版 2013 年11月第 14 次印刷

230×170 毫米 16 开本 24.75 印张 4 插页 453 千字

定价:46.00 元

如遇图书印装质量问题,请与本社营销部联系调换,电话:(022)23507125

第 3 版前言

“中国对外贸易概论”长期以来是我国高等院校国际经济与贸易专业所设置的一门重要的专业基础课。近年来，该课程不但是大学专科、大学本科和研究生教育的必修课，而且是我国国际商务专业技术资格考试和全国外销员资格考试的核心课程之一，所以其教学和教材编写受到广泛的重视。为了适应中国对外开放和经济体制改革与经济全球化和区域经济一体化的需要，也为了更加适应中国社会主义市场经济不断完善与发展的新形势的需要，作者在第 2 版的基础上又重新编写了该书的第 3 版。从第 2 版编写后至今已经过了整整 10 年，中国的对外贸易又发生了巨大的变化，尤其是加入世界贸易组织以后，中国的对外贸易体制与贸易立法都在与世界贸易组织接轨，特别是入世的过渡期已经基本结束，贸易政策进一步向自由化发展；中国的关税与非关税逐步降低与规范；中国与世界许多国家和地区完成了自由贸易区的谈判并签署了相关的自由贸易协定。2008 年爆发的世界性的金融危机与经济危机使中国对外贸易受到严重影响，在后危机时代中国与发达国家的贸易摩擦进入高峰期，为此中国正在考虑如何调整经济结构和改变对外贸易的增长方式，使自己从一般的贸易大国逐步转变成真正的贸易强国。所以，本书作者在新版教科书中对全书结构和内容做了较大调整，并在统计数据和资料上尽量补充最新的内容，其中大多数数据是援引 2011 年和 2012 年的资料。

在国际经济与贸易专业所设置的各门专业基础课中，“中国对外贸易概论”属于部门经济学范畴，该课程在多年来总结我国对外贸易改革与发展的实践和科学研究的基础上，逐步形成了今天的基本框架。该课程的基本任务，是以马克思主义的思想论和方法论为武器，以邓小平同志建设有中国特色社会主义理论和新时期“三个代表”思想为指导，坚持新形势下提出的科学发展观，研究我国对外经济贸易的基本理论、基本政策、基本实践和基本知识。这一特殊任务决定了这门课程所特有的宏观性、政策性和发展性。所谓宏观性，即主要从宏观角度研究中国对外经济贸易在新时期的理论与实践；所谓政策性，即主要介绍中国在改革开放以后对外贸易政策措施的制定及依据；所谓发展性，指在中国内外部经济环境不断变化的条件下，对外经济贸易的理论和政策也应该适应新的形势而相应地变化与发展。所以，这门课程的时间性是其他课程所不能比拟的。由于以上特点，“中国对外贸易概论”课程的教学组织和教科书的选择与编写都大大难于其他课程。我们此次编写的教科书所介绍的中国贸易政策及发展都尽量推出2008年金融危机爆发以后的最新政策，如：中国最新的出口退税政策，进出口经营者在新的法律里进一步扩展到个人；加入WTO以后中国新的产业政策、投资政策和贸易政策等；市场准入方面，中国关税的大幅度削减和大多数非关税政策的取消；世界性金融危机后中国的贸易促进政策等，都对中国的经济和贸易产生重大的影响。在资料和数据上，我们在编写新教科书时也都引用了最新的统计数据。由于贸易自由化的发展，中国2008年的进出口贸易总额已经超过2.5万亿美元，在全世界贸易大国中首次超过日本进入前三位，危机后的2011年中国的出口贸易已经居世界第一，但是从商品结构和竞争力来分析，中国的对外贸易与发达国家仍存在较大的差距，仅仅是贸易大国但还不是贸易强国，今后的发展还任重道远。尽管我们在此次编写工作中努力为读者推出一本时效性更强的全新的教科书，但是仍然会出现内容滞后等类似问题，所以我们希望教师以本书为教材进行教学时，必须把本书因时间因素而无法反映的最新的方针政策在课堂上予以介绍，并用最新的统计数据和资料补充其教学内容。

为了适应加入世界贸易组织以后中国社会主义市场经济的完善与发展，我们在重新编写本教科书时吸收了近几年来有关中国对外贸易领域的研究成果和前沿知识，并将原教科书的框架结构和内容都做了大幅度的变动。在此次新编的教科书里，“对外贸易”的内涵比过去大大拓宽了，在2004年7月通过的“中华人民共和国对外贸易法”中“对外贸易”的范畴由传统的货物进出口贸易扩展到国际服务贸易和知识产权领域，这就是现代的“大经贸”概念。为此，我们在本书中增加了“中国的国际服务贸易”、“中国的技术贸易”和“中国的利用外资和对外直接投资”等内容。中国新的对外贸易法里增加了“对外贸易救济”和“对外贸易促进”两章，所以本教科书也相应增加了有关这两章的内容。“中国的对外贸易救济”一章全面介绍中国在积极参与经济全球化过程中应该如何防范外国产品的过度冲击与保护国家产业安全的重大政策性问题，我们应该根据WTO有关的国际规则和中国的相关立法，在因进口产品严重冲击而损害国内同类产品的时候，对外国有关的进口产品启动反倾销、反补贴和保障措施调查，并可以在符合法律规定的条件下采取相应的贸易救济措施，以维护国家的经济安全。同时，目前西方国家对我国的出口产品也采取日益严厉的反倾销、反补贴和保障措施，严重影响了中国的出口贸易和经济发展，使中国成为全世界滥用贸易救济的最大的受害国。在该章里我们专门研究中国遭受反倾销、反补贴和保障措施的内部原因和外部原因，并以2009年至2010年国外对中国实施的最新贸易救济措施为例，如美国 2009 年 11 月对中国汽车轮胎采取的特保措施、2011 年美国对中国石油套管采取的反补贴和 2010 年 1 月欧盟延长对中国皮鞋采取的反倾销，都是经济危机后西方国家对中国滥用贸易救济措施的典型案例。2012 年我国为了保护国内日益短缺的自然资源而对稀土等资源性产品实行出口限制政策时，西方国家对此反应激烈并引发新的贸易摩擦。在遭受的贸易救济中，我国由于是不完全市场经济地位而经常受到不公平待遇，为此提出我们应该采取的政府和企业的对策。面对西方国家滥用贸易求救济的贸易保护主义浪潮，中国政府努力运用 WTO 的争端解决机制，2012 年 5 月我国将美国政府近年来 22 项“双反”调查捆绑在一起，向 WTO 争端解决机制起诉美国政府违背自由贸易政策，就是典型的案例。“中国对外贸易促进”是本书全新的一章，根据对外贸易法的相关章节，我国的对外贸易促进不是过去简单的“奖出限入”的保护贸易政策，而是全面促进进出口贸易的开放性政策；不是单纯的促进货物贸易，而是全面促进货物、服务、技术等国际贸易的发展；不是仅鼓励利用外国的直接投资，也积极支持中国企业对外直接投资。为此，中国采取了建设各种形式的特殊经济区域、实行出口信贷和出口信贷保险、改革出口退税制度以及建立国际商会以促进中国对外贸易发展等措施。中国的出口退税从 1986 年开始已经实施了 20 年，但是在 2004 年和 2005 年这一政策发生了较大变化，退税税率普遍降低了，中央财政和地方财政共同参与退税等政策使出口退税政策从过去的单一促进出口转变为国家宏观调控的重要工具，其目的已经进一步拓展到维护贸易秩序、保护国家资源、促进生态环境保护和经济的可持续发展方面。2008 年经济危机后，我国为了促进出口，又连续 8 次提高出口退税税率，对我国尽快走出危机起了非常大的作用。

2001 年 12 月中国正式加入世界贸易组织以后，中国的贸易体制和贸易政策都发生了很大的变化。根据中国入世议定书的承诺，中国在经过 5 年的过渡期后要大幅度降低进口的关税壁垒和非关税壁垒，提高市场准入度，其他各种对外贸易的行政管理和国家的宏观管理都进行了重大的改革，而且多数目前都已经到位或接近到位。这样原来教科书的内容多数已不适应新形势的要求。所以，在本教科书中把中国对外贸易管理分为两部分，一部分是中国对外贸易的行政管理，包括介绍行政管理机构、进出口经营权、国营贸易、出口配额和出口许可证、进口配额和进口许可证等；另一部分则重点介绍中国对外贸易宏观管理，主要研究中国的海关管理和关税政策、外汇管理和汇率政策、进出口商品的质量监督和检验检疫管理。在“大经贸”概念里，国际资本移动也应该是对外贸易的重要组成部分，世界贸易组织这一多边贸易体制中就包括“与贸易有关的投资措施协议”文件。中国完成加入 WTO 的进程以后，投资政策也发生了很大的变化，特别是投资环境的改善、“国民待遇”的进一步规范和对外直接投资的发展，已经使中国成为全球利用外资的大国和对外直接投资的重要国家之一。

中国对外贸易发展战略一直是本课程多年来教学的重点内容，从2011年开始中国就进入了“十二五”时期，中国的国民经济和社会发展规划也相应进入了新的阶段。中国过去制定的对外贸易发展规划目标一般都定得比较低，没有或较少考虑物价上涨的因素和对外贸易发展应该高于国民经济的发展速度，因而往往提前几年完成预定的发展规划。但是从2001年中国加入WTO起，就对外贸易的发展目标再提出一个“翻两番”的设想，因为基数比较大，完成的难度也将大得多。所以中国新的对外贸易发展战略调整为三大战略，即大经贸战略、出口贸易战略和进口贸易战略。大经贸战略是指在新形势下进一步拓宽对外经贸的深度和广度，实行以进出口贸易为基础，商品、资金、技术、服务相互渗透、协调发展，外经贸、生产、科研、金融等部门共同参与的对外经贸发展战略。出口贸易发展战略则包括出口商品战略、市场多元化战略和以质取胜战略。进口贸易战略中主要提出积极引进先进的科学技术，适当提高高科技产品、设备和原材料在进口总额中的比重，大力发展技术贸易和服务贸易。为了使我国的进口机制与国际规范尽快接轨，要根据改革和发展的需要，逐步开放国内市场，有步骤地开放金融、旅游、零售、商业、交通运输、电信等服务领域，将关税和非关税措施降到最低的限度。

2008年9月，由于美国严重的次贷危机而引发了全球性的金融危机和经济危机，这次危机不仅伤害了世界各国的虚拟经济，也严重伤害了各国的实体经济。开放性的中国在此次危机中也不可能独善其身，外需的严重萎缩给中国的对外贸易和利用外资都带来严重的负面影响。危机后的第二年中国的对外贸易就出现较大的倒退，贸易额比2008年降低了13.9%，是改革开放以后首次较大的倒退，并直接影响到中国利用外资的增长。危机以后，中国开始考虑后危机时代中国对外贸易的发展战略和对策，因此在新修订的教科书中就要增加一些该方面的内容。

在编写和修订这本新的有关中国对外贸易的教科书的过程中，我们也看到中国的社会主义市场经济体制仍旧处于不断完善的过程中，对外贸易体制和政策还没有完全符合市场经济的要求。因此，世界上主要的贸易大国还没有承认我国的完全市场经济地位，这也制约和影响了中国对外贸易的发展。正因为如此，《中国对外贸易概论》的教材编写和教学实践都存在着许多困难，我们希望在该课程的教学中，不拘泥于本教科书中的有关资料和数据，只有不断地将新情况、新问题、新资料和本教科书有机地结合起来，才能做到常讲常新、教学相长；也只有如此，才能使这门课程不断发展，成为国际贸易专业诸专业课中最具有中国特色和生命力的政策理论课。我们在编写完这本教科书以后，也期望着在此领域不断探索和研究新的课题，总结我国改革开放的经验，使本课程更加科学、系统和完善。

本书由徐复拟订提纲并担任主编、统稿和总纂。在新版编写过程中，得到系内许多老师和专家的帮助和指点，南开大学国际经济贸易系的苑涛副教授和研究生张咏华、高鹏、箫凯、肖寒霜，以及天津市委党校的杨东方副教授参与了本书部分章节的编写，南开大学迎水道校区的孙丽华老师参与了本书的资料搜集和文字录入工作，在此一并表示感谢。由于作者水平有限，书中不足之处在所难免，还望读者不吝赐教，以期今后补充和修改。

作　者

2012年5月30日

于南开大学

目 录

第一章　中国对外贸易建立与发展进程

本章学习目标

本章是学习有关中国对外贸易的基础部分，包括基本概念、对外贸易产生的基本条件、中国在半封建半殖民地社会对外贸易的状况和特点,以及新中国成立以后与改革开放后中国对外贸易的发展和特点，尤其是中国加入世界贸易组织、对外贸易进入多边贸易体制时代以后，中国的经济体制和贸易体制所发生的重大变化。中国对外开放的格局与发展阶段也是本章学习中应该掌握的重要知识。

第一节　中国对外贸易的建立及影响因素

一、对外贸易产生的基本条件

（一）有关对外贸易的基本概念

1. 国际贸易

国际贸易是在世界范围内由于生产力的发展和国际分工的不断深化，不同国家和地区之间进行的货物和服务的交换活动。它反映了世界各国在经济上的相互依赖或依存，应该说，国际贸易的发展是社会进步和生产力发展的重要标志。因此，国际贸易应该是世界上不同贸易主体之间进行的货物和服务的交换。但是在目前 WTO 对国际贸易的统计中，不仅国家之间的贸易属于国际贸易，单独关税区之间的贸易也按照国际贸易来统计、操作和管理，如我国的香港、澳门和台湾地区，虽然都是中国领土的一部分，但是这些地区和祖国大陆不是一个共同的关税区，其贸易政策、金融及货币政策、海关政策、投资政策都不一样，所以大陆与香港、澳门和台湾地区的贸易也属于国际贸易的组成部分。

2. 世界贸易

世界贸易应该说与国际贸易的概念基本是相同的，但是如果从文字内涵来看，世界贸易应该是全世界的贸易，既包括全世界的国际贸易，也应该包括全世界各国的内部贸易。如果这样来看，世界贸易就应该比国际贸易的范围大得多，其统计金额也应大得多。但实际上 WTO 公布的世界贸易总额就是我们一般理解的国际贸易总额，并没有把各国或各地区的内部贸易计算在内。

3. 对外贸易

国际贸易与世界贸易是从整体上来观察国际交换，而对外贸易则是从一个国家或地区的角度来看国际交换，即一个国家或地区与其他国家或地区的商品和劳务的交换活动。一个国家的对外贸易分为进口和出口两部分，出口贸易是将本国生产和加工的货物因外销而运出国境；进口贸易则是将外国生产或加工的货物外购后因内销而运入国境。每个国家的海关将进出口商的报关资料汇总后统计成本国某一时期的进出口海关统计，报送给世界贸易组织，世界贸易组织在汇总后公布全球贸易状况。中国对外贸易在改革开放以前，由于实行国家垄断对外贸易制度，所以都是由对外贸易部进行业务统计。改革开放以后，随着进出口贸易权的放开和贸易自由化政策的发展，对外贸易中货物贸易部分由中国海关进行统计；服务贸易部分由国家外汇管理局进行统计。

（二）对外贸易产生的基本条件

贸易活动可以说自古有之，随着人类社会劳动分工的产生，贸易与交换活动也就相继出现。但是，这种一般意义上的贸易要发展成为不同国家之间的对外贸易，则必须具备以下几个条件：

1. 生产力的发展和社会分工的产生

对外贸易发展的重要前提条件应该是生产力的发展，只有生产力的发展和进步才可以创造更多的可供出口的财富，对外贸易才有其基础。分工又是交换的前提，从某种角度看，人类社会的经济发展就是一部社会分工发展到国际分工的历史，因此分工实际是社会成员在各类生产之间的分配。社会分工出现以后一般的贸易和交换活动就会产生，国际分工出现以后世界性的国际贸易也就应运而生了。

2. 商品生产和商品交换的扩大

对外贸易是在商品生产的基础上发展起来的，没有商品生产的社会可能产生一般的简单交换活动，但是不会形成对外贸易。只有手工业者从传统的农业及畜牧业经济中分离出来以后，才产生了真正意义上的生产者。从全世界看，只有进入资本主义萌芽阶段以后，特别是产业革命爆发推动全世界工业化的迅猛发展，真正的世界性的国际贸易才会形成。

3. 商人和商业资本的出现

手工业者的分离仅仅说明商品生产和商品交换从简单和偶然发展到高级和必然的阶段，如果没有一支专门从事交换活动的职业队伍，对外贸易还是无从谈起。商人和商业资本的出现则使贸易活动发展到专业化和职业化，对外贸易正是在这一基础上发展起来的。在前资本主义社会里，人们往往重视生产而轻视交换，因此在许多国家，特别是几千年封建社会的中国，轻商是社会的主流，这样对外贸易很难发展。欧洲在进入资本主义萌芽阶段以后长期实行“重商主义”，才使欧洲国家对外贸易的产生和发展超过其他地区。

4. 国家的形成

对外贸易和国际贸易的基本特点是不同国家和地区之间的贸易和交换活动，因而必须形成相对独立的政治实体——国家。世界上还没有形成国家和相对独立的地区时，只能产生一般的贸易和交换；人类进入阶级社会以后，大大小小的奴隶制国家开始出现，国际贸易才能够真正产生。早在公元前20世纪，欧洲的国家形成以后，以地中海为中心的欧洲国家就广泛开展了国家之间的贸易活动，并形成一个联接欧洲、北非和中东地区的贸易网。

从以上分析可以得知，对外贸易并不是人类一诞生就产生的经济现象，实际上对外贸易是一个历史范畴，只有具备必需的前提条件以后才能产生。我们对上述四个前提条件进行分析以后，可以归纳为两个基本条件，这就是物质条件和社会条件。所谓物质条件指剩余产品，即生产力发展到一定程度和商品生产、商品交换的进一步扩大，使人们有了可供交换的大量的剩余产品；所谓社会条件是有了可以彼此进行交换的政治实体，即国家和相对独立的地区的形成。

二、旧中国的对外贸易是半封建半殖民地性质的对外贸易

根据对外贸易产生必须具备的基本条件，可以说中国的对外贸易历史应该由来已久，但是在漫长的封建社会里中国的经济是落后的自给自足的小农经济。鸦片战争以后中国开始进入半封建半殖民地社会，中国的对外贸易也因此进入半封建半殖民地阶段。只有1949年新中国成立以后，中国的对外贸易才在真正意义上建立并不断发展起来。

从1840年鸦片战争开始到1949年新中国建立，中国处于半封建半殖民地社会时期。在西方列强的侵略下，中国封建社会时期的闭关自守政策被彻底打破，在这以后，清政府被迫与英国和其他列强签订了一系列不平等条约，中国被迫割让领土、开埠通商，给予列强种种特权，最后甚至连海关管理的权力也被西方帝国主义各国强行控制。中国的大门不仅被打开了，而且还处于一种毫无防御的状态。在半封建半殖民时期，中国的对外开放程度虽然提高了，但是在经济上完全丧失了独立自主的地位，完全依附于西方列强，形成具有半封建半殖民地色彩的经济体系，其对外贸易的主要特点是：

（一）对外贸易被帝国主义和官僚买办资产阶级所控制和垄断

在中国封建社会时期，对外贸易是被封建统治阶级所控制和垄断的，但是鸦片战争后帝国主义在中国取得了协定关税的特权，1845年又霸占中国海关的行政管理权，中国海关税务司的主要职务都是英美各国派员控制着。从此中国大门的钥匙落在帝国主义手中，为西方对中国的经济侵略大开方便之门。外国商品和资本大量涌入中国，自1882年至1913年，外国洋行由440家猛增到3805家，它们向中国流通领域的各个环节及其他领域迅速扩张，从而完全控制了中国的对外贸易及外汇、金融、航运、保险、商检等有关行业。同期中国的官僚买办资产阶级也开办了各种垄断性的进出口贸易公司，垄断了中国的丝绸、茶、桐油、猪鬃、钨、锑等重要物资的出口和钢铁、粮食、棉花、原油等重要物资的进口，这些垄断资本实际是西方各国在中国的代理行。

（二）进出口商品结构完全适应西方各国利益的需要

旧中国出口的主要商品是丝绸、茶叶、桐油、猪鬃、大豆、钨、锑等工业原料和农副产品，这些多是西方国家主要工业发展所需要的重要资源；而进口的产品则是棉织品、毛织品、煤油、汽油、食品罐头、糖果、化妆品等消费品和奢侈品，这些多是西方国家急需打开国外市场进行倾销的产品。这样的进出口商品结构完全适应于帝国主义在中国掠夺资源和倾销产品的需要。据统计，自1873年至1946年，中国每年从国外进口的机器设备从未超过进口总额的10%，洋纱、洋布、洋油等充斥中国市场，严重打击了民族经济的发展。

（三）对外贸易长期巨额逆差和不等价交换

在中国封建社会时期和鸦片战争爆发后的初期，由于自然经济对外国产品的自发排斥性，中国的对外贸易长期是贸易顺差。但是随着外国产品大量涌入中国市场，使中国的对外贸易出现了长期巨额贸易逆差的现象。自 1877 年至1949年的73年中，中国是年年逆差，总额达到64亿美元。长期巨额的贸易逆差使中国的金银大量流出，财政陷入困境，政府不得不举借外债，甚至出卖主权，使中国加深了对西方列强的屈从和依赖。西方列强还凭借对中国对外贸易的控制权，肆意扩大中国进口制成品和出口原材料之间的剪刀差，通过不等价交换，对中国人民进行残酷的剥削和掠夺。

（四）贸易对象主要集中于少数西方大国

在这一特定的历史阶段，中国的贸易对象主要集中在英国、日本、德国、美国、法国、俄罗斯等少数国家，它们在中国对外贸易中的地位随着它们在中国的政治和经济势力的消长而变化。据统计，自鸦片战争到中日甲午战争期间，英国在中国的对外贸易中占80%以上，几乎处于垄断地位。第一次世界大战后，日本和美国趁欧洲各国混战而无暇东顾的机会，进一步扩大了与中国的贸易，使日美两国在中国对外贸易中的比重一跃而居于第一和第二位。第二次世界大战结束以后，随着美国在华势力的进一步扩张，其在中国对外贸易中逐步居于垄断地位。据统计，1946 年中国从美国进口的商品占中国进口总额的 51.2%，中国向美国出口的商品占中国出口总额的 52.7%。

三、新中国对外贸易建立与发展的初期阶段

在新中国成立前夕召开的中国共产党七届二中全会上，党中央就确立了新中国“对内节制资本和对外统制对外贸易”的基本政策，为建立中国社会主义对外贸易奠定了基础。因此，新中国成立以后，人民政府立即废除了帝国主义国家在中国的特权，没收了国民党政府和官僚资本的对外贸易企业，并逐步改造私营外贸企业，形成了国家垄断的对外贸易体制。

（一）国民经济恢复时期

从 1949 年新中国成立到 1957 年完成第一个五年计划，这是中国的国民经济恢复和进行社会主义建设时期，国家的经济建设取得了伟大的成绩，对外贸易也快速增长。其特点是：贸易政策是国家垄断对外贸易，但是还允许部分私人进出口企业在国家严格管理下进行对外贸易。中央政府由对外贸易部成立国家独资的按商品分类的垄断对外贸易总公司，成为中国对外贸易的主体。中国的贸易对象主要是苏联和东欧社会主义国家，对苏东国家的贸易当时约占中国总贸易的 80%以上，而以美国为首的大多数西方资本主义国家对中国实行限制和封锁禁运的政策。当时中国的主要进口商品是国家在经济建设中急需的先进技术和设备，出口的则主要是农副产品和矿产品。在这一时期，中国对外贸易的发展满足了工农业生产的需要，配合了国内经济建设的开展，整个发展过程是积极的和健康的。

（二）国民经济调整时期

从 1958 年到 1965 年是中国经济建设的调整和困难时期。由于“大跃进”和经济建设中的重大失误，中国经济经历了反复和波折，对外贸易也呈现为一种马鞍形的发展历程。1958 年和 1959 年，在所谓“大跃进”的口号下，对外贸易也出现违背经济规律的“大进大出”的高指标和高速度。1960 年以后，全国经济出现严重下滑并遭遇“三年自然灾害”，对外贸易也连续三年下降。1962 年的进出口总额下降到 26.63 亿美元，比 1959 年减少了 39.2%，大体退到了 1954 年的水平。这是新中国对外贸易经历的第一次较大挫折。在这种情况下，由于政治和意识形态的原因，中国与苏联和东欧社会主义国家的贸易急剧减少，为了适应经济建设的需要，中国对外贸易的方向开始逐步转向西方发达资本主义国家和地区。1963 年到 1965 年中国对外贸易又开始回升，1965 年进出口总额上升到 42.45 亿美元，年平均递增 16.8%，基本维持了正常的国家收支平衡，

并提前还清了对苏联的债务。到1965年，中国已经与世界上100多个国家和地区发展和建立了贸易关系。

（三）“文化大革命”时期

从1966年开始的“文化大革命”使中国的经济走到了崩溃的边缘，同时也使中国对外贸易陷入倒退和徘徊不前的境地。在这一时期，由于“左”倾错误严重泛滥，国民经济遭到重大破坏，对外贸易长期处于停滞状态。1967年至1969年中国连续三年出现对外贸易的大倒退，1969年的对外贸易额甚至低于1959年的水平。1970年以后国民经济有所恢复发展，特别是1971年中国恢复了在联合国大会的合法席位，1972年以后中国政府又先后与日本、德国、美国等西方主要发达国家建立了正常的外交关系和经贸关系，促进了中国的对外贸易发展。但是，总体上在这一时期中国对外贸易发展速度是低水平的。1975年11月全国又开展了所谓“批邓和反击右倾翻案风”的政治运动，并把发展对外贸易称之为“卖国”，使中国的政治和经济形势再度陷入混乱，国民经济再次大幅度下滑，使正处于上升势头的对外贸易又遭受严重挫折。1976年对外贸易比1975年下降了8.9%，在世界主要贸易体中排位下降到第34位，居于亚洲“四小龙”之后。

四、影响新中国对外贸易发展的主要因素

综观新中国成立以来建立对外贸易的初期阶段，我们可以看出影响和制约其发展的因素很多，但是以下几个条件则是最主要的影响因素：政治因素，即国家的政治稳定和混乱都会影响中国对外贸易的发展；国际关系，即中国在世界上与相关国家的关系是正常发展的关系还是对立甚至处于敌对状态；世界市场状况，即世界市场是繁荣发展还是处于危机或萧条；外贸体制，是传统的国家垄断高度集中的贸易体制，还是实行市场化的管理体制；指导思想，即国家的领导集团是重视还是轻视对外贸易在经济发展中的作用；经济发展水平，是国民经济处于高速发展阶段还是发展缓慢甚至处于崩溃的边缘；市场准入程度，是传统的保护贸易政策还是实行自由贸易政策。改革开放以后，特别是加入世界贸易组织以后，中国的政治稳定，与世界大多数国家的经济关系积极发展，外贸体制逐步转向市场经济体制，对外开放程度不断提高，市场准入度大大提高，特别是国民经济发展迅速，这一切都大大推动了对外贸易的发展速度，使中国逐步成为世界上的贸易大国。

第二节 对外开放条件下中国对外贸易的快速发展阶段

在1978年12月召开的党的十一届三中全会上，中国共产党做出了改革开放的重大决策。中共中央在总结历史经验和研究当代世界经济特点的基础上，把对外开放作为中国的基本国策，提出了要“在自力更生的基础上，积极发展同世界各国平等互利的经济合作，努力采用世界先进技术和先进设备”，以后又提出在经济建设中要利用两种资源、打开两个市场，学会组织国内经济建设和发展对外经济关系的两套本领，开创了对外贸易发展的新局面。

一、对外开放概述

中国的对外开放政策是基本国策，这就意味着我国的对外开放是全方位的开放，即政治、经济、文化、艺术、体育、科技等方面都应该实行开放政策，但是在我们这门课程里研究的主要是经济领域的对外开放。

（一）对外开放的基本概念

邓小平同志说过，我们实行对外开放政策就是要争取利用国际社会的资金和技术来帮助我们发展经济。所以，经济领域的对外开放的基本含义是：要大力发展和不断加强对外经济技术交流，积极参与国际交换和国际竞争，以生产和交换的国际化取代闭关自守和自给自足，促进经济的变革，使我国的经济结构由封闭型经济转变为开放型经济，以加速实现现代化，在经济上尽快赶超发达国家水平。

（二）对外开放的内容

我国对外开放的内容主要包括：大力发展对外贸易，包括货物进出口贸易和服务进出口贸易；积极引进国外先进的技术设备和管理，特别有助于企业技术改造的先进技术，同时也发展对外的技术输出；积极、有效、合理地利用外资，特别是重点利用国外的直接投资，兴办中外合资企业、中外合作企业和外商独资企业，同时也努力发展中国的对外直接投资；积极开展对外承包工程和国际劳务合作，发展多种形式的对外经济技术援助和互利合作；建设经济特区和开放沿海城市，以带动内地的开放和西部大开发。在诸多内容中最重要的是前三项，即发展对外贸易、技术引进和利用外资。在这三项内容中，发展进出口贸易是利用外资和技术引进的物质基础，是对外开放政策的基本内容。因此，实行对外开放政策必然使对外贸易在国民经济中处于重要的战略地位。

（三）对外开放的方向

中国的对外开放是向全世界所有国家和地区开放，无论是社会主义国家还是资本主义国家，无论是发达国家还是发展中国家，无论是大国还是小国，无论是穷国还是富国，我们都愿意在平等互利的基础上发展和它们的经济贸易关系。中国的对外开放就是要吸收世界上各个国家和地区的优点和长处，博采众长，为我所用。就中国对外开放的方向看，应主要包括如下四类国家和地区：

1. 发达的资本主义国家

这里主要指北美、欧洲、日本和大洋洲等地区的工业化国家。这些国家的科学技术、经济贸易都相当发达，今后还可能出现经济高速增长的黄金时代；同时，这些国家由于生产的社会化、国际化而产生一些固有矛盾，如商品和资本的过剩、对国外市场的依赖、跨国企业的国外投资需要等，对于我国对外开放有许多可利用的方面。事实上在三十多年的开放过程中，我国从这些国家引进了大量先进技术和设备及高科技成果，极大地促进了我国的经济发展；借鉴了这些国家几百年来实践中积累的先进管理经验，提高了我国企业的管理水平。发达国家人均收入高，市场容量大，对各类产品的需求量大，有利于我国的生产和扩大出口；发达国家资本雄厚，大量游资寻求投资市场，有利于我们利用其资金和资本，加速我国的开放进程；发达国家教育水平高，人才优势明显，我们可以从这些国家引进智力和人才，也可以派出人员进修和学习，以迅速提高我国的人力资源素质，加快国家的发展步伐。

2. 发展中国家和地区

发展中国家和地区的经济崛起是当代世界经济的大事。这一类型的地区国土辽阔，资源丰富，国家众多，其结构又十分复杂。因此发展中国家的结构是多元的，主要包括：因石油资源丰富而国民收入极高的石油输出国，战后工业化发展十分迅速的新兴工业化国家，也有因经济单一化和生产力落后而长期处于贫困状态的一般发展中国家。中国对外开放的一个基本方针就是积极发展与发展中国家的经济和贸易关系，开展“南南合作”以改变世界经济的发展格局。中国与发展中国家合作有很大的空间：能源和资源的短缺使中国需要大量从发展中国家进口所需要的物资；这些国家和地区多是经济单一化，对国际市场的依赖性很强，可以为我们的扩大出口创造机会；这些国家和地区的经济落后和资金短缺可以使中国的企业发展对外直接投资，实施“走出去”战略；新兴工业化国家的先进技术和管理、大量寻求投资市场的资本，是我国技术引进和利用外资的主要来源之一。总之，中国积极发展与发展中国家的经济合作，可以利用我们和有关国家地区的经济互补性推动双方经济结构的日益完善。

3. 转型经济国家

1989 年的东欧剧变和 1991 年的苏联解体，使这一地区的政治经济格局发生了巨大的变化。苏联解体以后分为 15 个国家，其中 12 个国家成立了独立国家联合体。1996 年以后这些国家加快了经济一体化的进程，逐步形成关税同盟，向商品、资本、服务和人员自由流动的方向发展，这些国家的经济体制则由计划经济体制逐步转向市场经济体制。但是由于其经济改革中出现的问题和日益严重的政治危机，严重影响其经济发展，因而被西方称为“生病的巨人”。中国在对外开放中与独联体及东欧国家的经济贸易发展有许多有利的条件：中国和俄罗斯及中亚国家是紧密相邻的邻国，有漫长的陆路边境线，是双方贸易的地域优势；中国和这些国家经济的互补性很强，我国的农产品、纺织品、轻工业品在这些国家有广泛的市场，而对方丰富的能源、木材、核电技术、重化工业产品在中国市场有很强的竞争能力；在历史上中国和这些国家有着长期的合作，我国早期的大型工业项目多是从这些国家引进的。自中国和俄罗斯、哈萨克斯坦、白俄罗斯、吉尔吉斯斯坦、塔吉克斯坦等独联体国家共同成立“上海合作组织”以后，中国和这一地区国家的经济关系发展更快了，并有了良好的发展前景。

4. 港澳台地区

港澳台地区是中国的组成部分，但是在国际经济关系中又是相对独立的单独关税区。因此，我国内地和港澳地区、大陆和台湾地区的贸易虽然属于一个国家内部区域之间的贸易活动，但是一直按照国际贸易来操作和统计。港澳台地区自 20 世纪 60 年代末开始进入经济快速增长时期，产业结构由传统的劳动密集型向技术密集型和知识密集型方向转变，成为世界上制造业和技术信息产业非常发达的区域，而且其过剩资本大量向周边国家和地区投入，港澳台地区已经成为出口、对外投资和外汇储备最大的新兴工业化地区。在对外开放中，我们大力发展和这一区域的对外贸易和资本移动，有利于内地的经济发展和产业结构升级。目前内地和香港、澳门先后签署了更加紧密的经济合作协议；和台湾地区也签署了经济合作的框架协议。目前港澳台地区的直接投资已经成为内地利用外商直接投资的主要来源，对香港的出口是我们出口创汇的主要渠道，大陆技术信息产业最大的投资者和技术来源是来自台湾地区的投资商和出口商。内地和港澳台地区贸易有着特有的优势：地域上距离很近，而且运输方便快捷；经济上互补性强，我们需要该区域的技术、资金和先进管理，港澳台地区需要内地的资源、市场和劳动力；特别是内地和港澳地区签署了更加紧密的经济合作协议以后，使该区域的经济贸易发展更加迅速。

二、中国沿海地区的对外开放

在中国对外开放的格局上，并没有采取全国同步开放的方针，而是采取多层次、滚动式、逐步向深度和广度发展的方针。这是由我国的国情决定的。中国东、中、西部经济发展很不平衡，地理条件差异较大，特别是由于计划经济时期封闭型和高度集中的模式，更不能采取全国同步开放的办法，而只能采取由点到面、由东部到西部、由沿海到内地的逐步展开的方针，从而使中国的对外开放取得了令世人瞩目的成果。

1979 年中国对外开放的起步是从东部沿海地区开始的，沿海地区包括辽宁、河北、山东、江苏、浙江、福建、广东、海南八省和北京、天津、上海三个直辖市。在东部沿海地区有长达 1.8 万公里的海岸线，有吞吐量达 3 亿吨的 300 多个港口，有基础雄厚的工农业和服务业，有大量高素质的人力资源，所以开放初期中央就决定了“重点开放沿海地区，逐步向内地开放”的经济发展战略。

（一）沿海地区经济发展战略的内容和背景

1987 年底国家制定了中国沿海地区经济发展战略，实施此战略有着重大的政治和经济意义。这一战略的具体含义是：充分发挥中国沿海地区劳动力资源丰富的优势，有领导、有计划、有步骤地走向世界市场，进一步参与国际交换与国际竞争，推动该地区的产业结构调整和升级，大力发展外向型经济。

沿海地区经济发展战略的形成有内部条件和外部条件两方面的原因。内部条件是指随着沿海地区的开放，沿海地区和中西部地区争市场、争原料的矛盾日益尖锐，长此以往不仅使中西部地区经济发展受到制约，沿海地区的工农业也会因原料和市场问题而陷入困境。外部条件是国际市场正面临新一轮产业结构调整，以发展劳动密集型出口作为经济起飞突破口的亚洲“四小龙”因其经济发展和劳动力成本的上升，正需要进行新的产业结构调整，把劳动密集型产业向劳动费用更低的地区转移，中国沿海地区经济发展战略正是在这种条件下制定和实施的。

（二）沿海地区对外开放的步骤

1. 赋予广东和福建两省以特殊政策

广东、福建两省毗邻港澳台地区，是中国对外开放的前沿区域，所以中国沿海地区的对外开放首先就从开放这两个省开始。1979 年 7 月中央批准对广东、福建两省在对外经济活动中实行特殊政策并采取灵活措施。这些政策主要包括在发展对外贸易、吸引外资、引进先进技术等方面给予一定机动权；两省新增加的财政收入大部分留在省里进行经济建设，以让这一地区抓住机遇，在改革开放上先走一步，尽快把经济搞上去。

2. 设置经济特区

1980 年 5 月经国务院批准，在深圳、珠海、汕头、厦门建设经济特区，1988 年又批准设置海南经济特区。经济特区的建设是我国沿海开放的重大举措，在特区内实行特殊的经济政策和更加灵活的政策措施，主要有：企业所有制是多种经济成分并存的结构，外商投资企业占有较大比重；经济运行主要采取市场调节手段，充分发挥市场机制作用；对到特区投资的外商企业给予更多的优惠待遇；对特区政府授予相当于省级的经济管理权；国家对特区建设实行政策倾斜，给予支持。

3. 开放 14 个沿海城市

经济特区仅局限于广东、福建等省份的局部地区，而沿海开放则是要在中国整个沿海地区实行全方面的开放。为此，党中央、国务院在 1984 年宣布开放 14 个沿海港口城市，即大连、秦皇岛、天津、烟台、青岛、上海、连云港、南通、宁波、温州、福州、广州、湛江、北海。为了扶植这些城市充分发挥原有的工业基础、港口运输、科教事业方面的优势，加快经济发展，国家对这些城市在对外经济贸易活动中的自主权、外商投资企业的优惠待遇、老企业的技术改造等都给予了政策倾斜，并在大多数开放城市建设了经济技术开发区。

4. 建立沿海经济开放区

沿海开放城市仅是沿海地区“点”的开放，1985 年 2 月中央决定建立沿海开放区，就是“面”的开放了。在中国的长江以南开放了三个地区，即以广州为中心的珠江三角洲、以上海为中心的长江三角洲、以闽东南厦（门）漳（州）泉（州）为中心的闽南三角地带。这些地区工业加工能力强，城乡经济活跃，对外开放度高。在中国长江以北地区则将开放区扩展到北部沿海的两个半岛，即辽东半岛和山东半岛。这两个半岛及其沿海地区的一些县市，再加上河北省东部地区及北京市和天津市，构成环渤海经济区。目前环渤海经济区已经成为中国北部对外开放最为活跃的地区。

5. 建立上海浦东开发区

上海是我国最大的工商口岸城市，1990 年 4 月国务院决定建立浦东开发区，政策上类似深圳等经济特区，与一般的经济开发区不同的是浦东开发区是以第三产业为中心，着力把上海建成国际性经济、贸易、金融、航运、文化、电信的中心，进而带动长江三角洲以及整个长江流域的经济起飞。在浦东开发区建设了保税区、出口加工区、全国外汇交易中心、证券交易中心等。目前，上海已经成为中国经济最发达、开放度最高的地区。

6. 建立天津滨海新区

进入 21 世纪后，中国的开放战略开始逐渐北移。在中共十七大上，正式把建设天津滨海新区作为国家级的对外开放战略。推进天津滨海新区开发开放，是党中央、国务院从我国经济社会发展全局出发做出的重大战略部署。2009年3月，国务院《关于天津滨海新区综合配套改革试验总体方案的批复》要求，要以邓小平理论和“三个代表”重要思想为指导，深入贯彻落实科学发展观，综合推进滨海新区的体制机制创新和对外开放。用5至10年时间，在滨海新区率先基本建成完善的社会主义市场经济体制，推动新区不断提高综合实力、创新能力、服务能力和国际竞争力，使新区在带动天津发展、推进京津冀和环渤海区域经济振兴、促进东中西互动和全国经济协调发展中发挥更大的作用，为全国发展改革提供经验和示范。国务院要求天津市政府在滨海新区改革开放中要以涉外经济体制、金融体制、科技体制和行政管理体制改革为重点，加快转变政府职能，完善基本经济制度，健全资本市场体系和金融服务功能，建立促进自主创新的体制机制，创新区域发展和城市管理模式，进一步提高对外开放水平。要处理好新区与老城区的关系，用新思路、新体制、新机制，推动老城区乃至整个天津市经济社会又好又快发展，要为在天津滨海新区设立全国性非上市公司股权交易市场创造条件。如今滨海新区已经引进许多著名的大项目，如空客320、火箭产业化基地、大乙烯项目、中新生态城等，成为中国投资环境最好的地区。

（三）沿海地区对外开放的要点

1. 进入国际市场的切入点由劳动密集型产业逐步转向技术密集型产业

在改革开放的初期阶段，沿海地区进入国际市场的切入点是劳动密集型产业，并以此作为基础努力发展出口贸易，增加出口创汇收入，以引进国外先进的技术和设备，从而促进国内经济的发展，并进一步扩大对外贸易，这就是当时提出的“国际经济大循环”理论。所谓劳动密集型产业，即产品的活劳动和物化劳动相比较，活劳动所占比重较大的产业，如纺织品服装、玩具、鞋类、塑料制品、一般家用电器、造船业等。中国的基本国情是人口众多，因此劳动力成本低，以该生产要素为主的产业在国际市场竞争中就占有明显的优势。所以在改革开放初期沿海地区充分利用了这个比较优势，大力发展劳动密集型产业，以及劳动密集和技术密集相结合的产业。

进入20世纪90年代以后，中国沿海地区的社会主义市场经济迅速发展与完善，高科技产品的进出口贸易也相应快速增长，沿海地区的产业结构出现了很大的变化，简单劳动密集产业开始向中西部地区转移，技术密集型产业逐步成为该地区重点发展的产业，沿海地区的出口产品结构也向此倾斜。技术密集型产品主要集中在计算机、航空航天技术和通信电子领域，贸易发生则以加工贸易为主要方式，外资企业在中国高新技术出口中占有重要的位置。

2. 进入国际市场的贸易方式从“两头在外，大进大出”为主要方式逐步转向自主创新和自主品牌为主

世界上许多资源相对短缺、内部市场相对狭小的国家和地区多采用“两头在外”的贸易方式进入国际市场，如日本和亚洲“四小龙”都是典型的“两头在外”的国家和地区。所谓“两头在外”指的是把生产经营的两头，即原材料和销售市场放到国际市场上去，大量进口国内短缺的原材料和零部件，在沿海地区加工后再出口到世界市场，以解决沿海与内地争原料、争市场的矛盾。在发展大进大出的贸易方式中，逐步提高国产化程度，努力发展进口替代的元件和原材料工业，以提高增值水平和出口产品等级。“两头在外，大进大出”主要通过加工贸易得以实现，即通过来料加工和进料加工发展我国的对外贸易。进入20世纪90年代以后，加工贸易已逐步超过一般贸易，达到总贸易的50%以上。

“两头在外”的基础是我国的廉价劳动力成本，但是进入21世纪后，我国的劳动力成本优势已不复存在，而且这种贸易格局也对中国对外贸易产生一定的负面影响，如贸易统计与实际收益有较大的差距、与美国等发达国家的贸易严重不平衡、出口结构优化进程进展较慢等，因此中国对外贸易的发展方向应该是以自主知识产权为主的自主创新的高新技术产品。许多西方国家国家把重点放在技术、知识产权、品牌和市场销售上，把我国作为制造和组装“工厂”，表面上我国的出口额非常大，但实际上我们只能得到很少的工缴费。所以我国对外贸易的发展方向应该是以抓自主创新及自主品牌和市场销售为主，加工制造则可以放在劳动力成本更低的国家或我国的西部地区，由“两头在外”向“两头在内”转化。

3. 以直接投资作为沿海地区利用外资的主要方式

利用外资的基本方式有两种，即直接投资和间接投资。在改革开放初期，中国整体上是以利用外国的间接投资为主，但是沿海地区利用其地理优势和良好的投资环境，一开始就以利用国外直接投资为主，努力发展中外合资企业、中外合作企业和外商独资企业。兴建“三资企业”有利于提高出口产品的对外竞争能力、提高沿海地区市场化水平和促进该地区尽快与世界市场相融合。在沿海地区经济发展的基础上，该地区除了经济利用国外直接投资外，还开始逐步实施“走出去”战略，即大力发展对外的直接投资，建设中国式的跨国企业。

实施沿海地区经济发展战略应该采取的措施有：加快和深化对外贸易体制改革，充分发挥民营企业的主力军作用，推动沿海地区的产业结构调整和升级，充分发挥沿海地区科技开发力量强的优势。另外，实行沿海地区经济发展战略，要与全国经济发展战略统一协调起来，避免沿海地区发展与中西部地区经济发

展之间产生矛盾和摩擦。

三、中国对周边国家和地区的开放

在中国全方位、多层次的对外开放战略中，沿海地区是先走一步的地区，但是不能因此而忽略中西部地区的开放，否则这种开放将是不完整与不成功的。1992年春天，邓小平同志视察南方后发表了重要讲话，强调要抓紧有利时机，加快改革步伐，力争国民经济更好、更快地上一个台阶，使对外开放向中西部地区发展，特别是经济发展向周边国家和地区开放。我国和世界的经济联接，除了通过沿海地区与世界发展经济贸易关系以外，还应该通过陆路边界与中国的周边国家和地区发展经济贸易关系，并进一步延伸到其他国家和地区。

我国的陆地边界有2万多公里，与15个国家毗邻。沿边地区地域辽阔，资源丰富，许多少数民族边民与周边国家的边民血缘相近，语言相通，相互交往的历史源远流长，具有开展边境贸易与经济合作的巨大潜力。在改革开放以前，由于与苏联等一些国家在政治、外交和意识形态上的矛盾和纠纷，影响了中国与周边国家和地区的经济合作关系。20世纪90年代以后，中国和苏、越、印等国家的关系逐步正常化，有力地推动了我国对这些国家的开放。1991年中央决定开放满洲里、丹东、绥芬河、珲春四个北部口岸，这样我国逐步形成了沿周边国家的东北、西北、西南三大开放带。一种以边贸为先导、以内地为依托、以高层次经济技术合作为重点、以开拓周边国家市场为目标的沿边开放新格局已经形成。

（一）东北开放带

东北开放带是以黑龙江、吉林、辽宁和内蒙古四个省区为前沿，以华北、华东等地区为腹地的对外开放格局，其开放区域是以俄罗斯、蒙古、朝鲜、韩国和日本等为代表的东北亚区域。中国的东北地区资源丰富，基础设施先进，交通运输发达，和东北亚诸国有漫长的陆路边境线，而且资源的互补性很强。俄罗斯东部丰富的石油和天然气资源是中国能源战略的重要组成部分，中国具有比较优势的劳动密集型产品在该地区则有广阔的市场。

（二）西北开放带

西北开放带是以新疆、甘肃、宁夏、陕西、青海五省区和内蒙古的西部地区为前沿，以华北、华中等地区为腹地的对外开放格局，其开放区域是以独联体国家、东欧国家、阿富汗、巴基斯坦和中东国家为代表的西亚地区，这种开放又叫“走西口”战略。中国自20世纪90年代以后在以新疆为主体的西部边疆5400公里边境线上开通了8个通商口岸，接着又开通了东起连云港、西经新疆直至欧洲荷兰鹿特丹的欧亚大铁路，极大促进了西部对外开放的发展。

（三）西南开放带

西南开放带是以云南、贵州、广西等地为前沿，以西部其他省区及华南、华中为腹地的开放格局，其开放区域主要是印度、孟加拉国、尼泊尔、东盟十国。目前我国已经在云南开放了 17 个口岸，在广西自治区与越南边境开辟了 20 多个贸易点。特别是中国于 2004 年正式加入东盟自由贸易区以后，西南开放带成为中国和东盟国家经济合作与贸易的最前沿，中国和东盟国家将用 10 年到 15 年的时间形成完全取消关税的自由贸易制度。为了进一步扩大中国与该地区的经济合作和联合开发，在亚洲开发银行的协调下，中国、越南、缅甸、柬埔寨、老挝、泰国等六个国家从 1992 年开始进行大湄公河次区域经济合作，到 2005 年已经先后开展了 119 个合作项目，总投资近 53 亿美元，其中：贷款项目 19 个，投资 52 亿美元；技术援助项目 100 个，赠款金额超过 1 亿美元。大湄公河次区域虽然资源非常丰富，但是沿岸各国大多经济落后，没有能力独立开发和利用这些宝贵的资源。该项目启动以后，在亚行的帮助下各国共同确定了交通、能源、电信、农业、环保、贸易便利化、投资促进、人力资源开发和旅游等九大重点领域，进行战略合作。

除了上述三大对外开放带以外，中国在吉林省的珲春建设了图们江地区开放带，由中国、朝鲜、韩国、俄罗斯、日本、蒙古等六国共同开发该地区。目前该计划已经列入联合国开发计划署的工作范围，计划投资 300 亿美元，用 20 年的时间把这一地区建成东北亚跨国经济开发区。

四、中国内地城市的对外开放和西部地区的对外开放

（一）长江流域的“沿江开放”

长江中下游在我国经济建设中占有重要的地位，该地区在新中国成立以后又一直是我国经济建设的重点地区。这里物产丰富，人力资源优势明显，交通发达，工业基础雄厚。“沿江开放”思路的基础就是利用长江的黄金水道把位于长江沿线的中部和西部地区与上海口岸连结起来，使中西部地区通过长江水道走向世界。1992 年 8 月国务院决定进一步开放重庆、岳阳、武汉、黄石、九江、芜湖等六个长江沿岸城市，批准设立长江三峡经济开发区，实行沿海开放城市和沿海经济开放区的有关政策。这些城市的开放与长江三峡经济开发区的设立将使以上海浦东为龙头的长江中下游开放带成为加速我国现代化的坚实基地。沿海像一张弓，以浦东为龙头的长江像一枝箭，中国的对外开放通过长江从沿海深入腹地，内地经济必将向世界先进水平发展。这是 20 世纪 90 年代我国对外开放的又一重点。

在沿海地区的对外开放中，沿长江各城市抓住机遇，加快了对外开放的步

伐。首先是加强基础设施建设，创造良好的投资环境。在这一地区，国家两项重点建设工程——京九铁路和长江三峡工程，推动了各地区加快城市基础设施建设的步伐。其次，在各地区结合产业结构调整，加快技术改造步伐。最后，该地区在开放中广泛利用外资，并兴建大批三资企业，许多国际上知名度很高的跨国公司都在沿江地区投资设厂。

（二）中国内地城市的对外开放

继沿海、沿边和沿江的对外开放后，我国于1992年8月进一步开放了一批内陆省会城市，实行沿海开放城市的政策。这些城市包括：哈尔滨、长春、呼和浩特、石家庄等四个边境、沿海地区省会（首府）城市，太原、合肥、南昌、郑州、长沙、成都、贵阳、西安、兰州、西宁、银川等十一个内陆地区省会（首府）城市。在上述部分城市还建立了经济技术开发区和国家高新技术产业开发区，国家在财政、投资、税收等方面给予一系列优惠政策。至此，我国全方位对外开放的格局已初步形成。

（三）西部大开发和西部地区的对外开放

在改革开放中，沿海地区经济的迅速发展和西部地区经济的相对滞后形成明显的反差，这也制约了我国对外开放的进一步发展。西部地区包括新疆、西藏、宁夏、广西、内蒙古西部、陕西、四川、青海、甘肃、云南、贵州和重庆，共12个省、自治区和直辖市。与沿海地区和中部地区相比较，西部地区地域宽广，资源丰富，但是基础设施落后，工业基础薄弱，生态环境恶化，投资环境较差，各类人才短缺。这些问题使西部在经济发展、利用外资、对外贸易、技术引进中长期处于落后状态。邓小平同志在20世纪90年代初提出了“两个大局”的构想：一个大局是东部沿海地区要加快对外开放，使之较快地发展起来，中西部地区要顾全这个大局；另一个大局是东部地区发展到一定时期，就要拿出更多的力量帮助中西部地区加快发展，东部沿海地区也要顾全这个大局。因此，西部大开发是邓小平“两个大局”战略思想的重要组成部分。1999年在党的十五届四中全会上明确提出了国家要实施西部大开发战略，并在国家第十个五年计划纲要中提出，重点开发与发展西部经济，使中国的西部成为具有潜力和前途的经济发达的区域，把这一地区的资源优势变为经济优势，努力改善投资环境，推动西部地区的对外开放。

西部大开发要从实际出发，积极进取，量力而行，统筹规划，科学论证，突出重点，分步实施。力争用5到10年时间，使西部地区基础设施和生态环境建设有突破性进展，科技、教育有较大发展，积极吸引社会资金和外资参与西部的开发和建设。我国实施西部大开发战略的重点应包括基础设施建设和改善生态环境两大部分。在基础设施建设上我国要集中力量建设西气东输、西电东送、青藏铁路等水利、交通、通信领域的一批具有战略意义的重大项目。制约西部发展的主要问题之一是由于长期过度开荒与过度放牧而造成的土壤沙化、水土流失等生态环境恶化现象。因此，在西部大开发中要把水资源的保护、节约和开发放在突出位置，加强规划，合理配置，努力提高水资源的利用效率；有步骤地、因地制宜地推进天然林保护、退耕还林还草以及防沙治沙、草原保护等重要工程的建设，逐步建成我国西部牢固的绿色生态屏障。

我国西部地区长期处于落后状态的主要原因是生产力落后和投资环境差。国土面积达到全国72%的西部12省区，在利用外资中仅占全国的不到5%，其主要原因就是投资环境问题。为此，西部地区对外开放的重点是改善投资环境与打开货物贸易的进出口通道。投资环境的改善是西部对外开放的重点，中央政府和地方政府要加大投入以加快基础设施建设、改善生态环境，吸引更多的境外资金和东、中部地区的资金进入西部，缩小区域经济的差异。

西部地区大规模的基础设施建设和生态环境的改善，必将有效地改善其投资环境，更多更好地吸引境内外资金、技术和人才参与西部开发。西部的地理位置距我国沿海港口较远，在这一地区的对外开放中应依托欧亚铁路大陆桥、长江水道和广西北海的西南出海通道等三条运输线，把地处内陆的西部广大地区和世界连在一起。为了吸引更多的外资进入西部区域，我国政府制定了在西部重点扶持有优势的产业目录及对投资者的优惠政策。

西部地区的落后还在于这一地区工业化、城市化和市场化的程度远远低于东部地区。因此，在推动西部开发中要发挥比较优势，调整产业结构，培育和形成各具特色的区域经济。西部有一些工业基础雄厚的中心城市，要发挥这些中心城市的集聚功能和辐射作用，培育西陇海兰新经济带、长江上游经济带、南（宁）贵（阳）昆（明）经济带和北部湾经济带，带动周边地区经济的发展。

按照党中央和国务院的指导思想，我国实行对外开放政策就是从经济特区、沿海开放城市，到沿海经济开放区，到中西部地区，形成四个层次逐步推进的态势。这种按层次逐步开放的战略，把沿海的发展和内地的开发结合起来，有效地解决了我国经济建设中东部、中部和西部的关系问题，促进了我国对外开放的进一步发展。

五、改革开放后中国对外贸易进入快速发展阶段

（一）改革开放的初期阶段

从1979年中国开始实行对外开放到1992年10月中国共产党召开第十四次代表大会之前，是中国对外开放的初期阶段。在这一时期，对外贸易发展速度稳步增长，进出口贸易总额从1978年的206亿美元增长到1991年的1357亿美

元，在世界对外贸易排名中从第32位提升到第13位。进出口商品结构也不断得到改善，出口贸易从以初级产品为主发展到以制成品为主。对外贸易的贸易对象不断增加，积极开拓全方位的国际市场。贸易体制也进行了较大的改革，由过去的国家垄断和一家独营，改革为越来越多的企业获得了进出口经营权，国外产品进入中国的门槛逐步降低。但是，这一时期中国的经济体制基本上还是计划经济为主体，市场调节为辅助手段，因此中国的贸易政策与完全的市场经济及WTO多边贸易体制的要求仍存在着较大的差距。1986年7月中国开始申请恢复在关贸总协定中的合法席位，但这一问题长期得不到解决，主要原因是：中国的进口关税仍然过高，市场准入程度与市场经济国家有较大的差距；计划经济体制形成的国家垄断、指令性进口计划、进口替代等非关税措施，严重影响中国的市场开放程度；中国长期实行的政府补贴及外贸企业承包责任制与国际通行规则的公平贸易相违背；中国的进出口经营权采取政府审批的制度，与自由贸易和自由经营制度是相违背的；中国的外汇管理体制长期实行严格的外汇管制政策，汇率的形成不是市场决定的，而是政府操纵与干预的结果；中国的服务贸易开放程度较低，多数服务贸易领域仍旧是国家垄断经营。这些原因的根本是中国的市场化程度低，因此要使中国的对外贸易真正得到发展，必须建设与完善中国的社会主义市场经济制度。

（二）建设社会主义市场经济阶段

1992年10月在北京召开了中国共产党第十四次全国代表大会，这在中国的政治和经济生活中有着重要的意义。因为在此次大会的决议中，正式宣布中国经济改革的目标是建设社会主义的市场经济，以促进国家经济建设和对外开放的进一步发展。为了加速中国的对外贸易发展，中国政府采取了许多开放政策，主要有：大幅度降低商品的进口关税，使中国的平均进口关税水平大大降低，由1992年39%的世界最高水平降低到2000年的15.3%，已经接近发展中国家的平均水平；各种非关税措施有较大的减少并逐步规范，许多计划经济时期的非关税措施（如进口替代政策、指令性进口计划政策和国家垄断对外贸易等）都已经取消；中国的配额制度和进出口许可证制度进行了较大的改革，涉及商品的数量逐步减少，企业自由化程度不断提高；企业的进出口经营权逐步放开，企业进出口的自动登记制度开始试行；逐步放开中国的服务贸易市场，允许国外企业在中国的银行、保险、运输、旅游、通信、法律、咨询、零售等领域进行投资等。

由于市场经济的逐步建立与完善，中国的市场开放程度越来越高。在这一阶段，中国对外贸易发展速度远远高于改革开放的初期阶段，进出口贸易总额由1992年的1656亿美元增长到2000年的4373亿美元，在世界上的排名由第

13 位提升到第 7 位。而且中国的进出口商品结构有了明显的优化。在改革开放的初期阶段，中国的主要出口产品是劳动密集型产品和资源型产品，纺织品服装长期是中国第一大出口产品；但是在本阶段中国的第一大出口产品是机电产品。在初期阶段中国多数年份呈现贸易逆差，14 年里只有 4 年略有顺差；而在本阶段除了 1993 年有逆差外，其余年份都是顺差，外汇储备也相应大幅度增加。在利用外资方面也有较大的变化，在 1992 年以前中国主要采取利用外国间接投资的方式，即主要是采取借贷的方式解决国内的资金不足；1992 年以后则主要利用国外直接投资，建立了大量的合资、合作及独资企业，使中国成为世界上发展中国家里最大的引资国家。

中国虽然早在 1986 年就提出尽快恢复在关贸总协定中的合法席位的要求，使中国成为全球多边贸易体制的一员，但是到 1994 年底仍然没有解决“复关”问题。自 1995 年 WTO 正式取代关贸总协定以后，中国政府又与 WTO 进行了中国入世的谈判。到 2000 年新世纪到来之前，这一问题仍然没有解决，主要原因是中国的经济体制和贸易体制与 WTO 的国际通行规则仍有较大的差距。没有加入世界贸易组织，在一定程度上制约着中国对外贸易的快速发展：中国不能获得 WTO 范围内无条件的贸易最惠国待遇，中国的出口产品受到许多西方国家的歧视和限制；国外对中国出口商品启动反倾销措施时，也以中国的非市场经济地位而采取歧视性调查方法；在利用外资中，因中国的投资环境而影响外资的进入。因此，当中国加入世界贸易组织以后，中国对外贸易才真正进入了一个全新的阶段。

第三节　加入 WTO 以后中国对外贸易的高速发展阶段

世界贸易组织（WTO）及其前身关税和贸易总协定（GATT），是世界上最重要的全球多边贸易体制，是国际贸易正常发展的多边竞争规则，也是各成员方进行多边贸易谈判和解决争端的场所。早在 1947 年成立关税和贸易总协定时，当时的中国政府就是该组织的发起国和原始缔约国。但是，新中国成立以后，事实上与该组织中断了关系，在这一全球多边贸易体制里，就没有了中国的位置。与 WTO 的长期脱节，使中国的经济体制和贸易体制与国际通行规则产生越来越大的差距，为此在一定程度上制约着中国对外贸易的快速发展。

中国虽然早在 1986 年就提出尽快恢复在关贸总协定中的合法席位的要求，

但是直到1994年底仍然没有解决“复关”问题。自1995年世界贸易组织正式取代关贸总协定以后，中国政府又与世界贸易组织进行了长时间的入世谈判。到2011年12月，中国终于正式加入世界贸易组织。

一、加入世界贸易组织对中国对外贸易的影响

（一）对我国出口贸易发展的积极影响

1. 可以迅速扩大我国的出口规模

改革开放以来，虽然我国的出口贸易发展很快，但与发达国家以及部分新兴工业化国家和地区相比还是比较落后的。西方国家在无条件最惠国待遇上、歧视性的数量限制上、不合理的反倾销措施上、政府之间贸易争端的磋商调节上对我国常常实施不公平的贸易政策。我国成为世界贸易组织的成员后，就可以用其规则保护我们的权利和公平贸易的机会，以大大改善我国发展出口贸易的条件，迅速扩大出口规模，改善出口贸易的产品结构，成为名副其实的出口强国。

2. 有助于实现出口市场多元化

我国现有的出口市场过于狭窄，集中在西方发达国家和港澳台地区，这种市场相对狭窄与集中的局面使我国出口贸易的发展受到制约并承担着较大的风险。我国加入世界贸易组织后，将享受各成员经济体的同等权利，加强与各成员的经济贸易联系，并能获得世界市场的变动信息和其他成员的贸易政策、法规、贸易统计资料，从而掌握其他成员的市场动向，有利于出口贸易向更广泛的地区发展，特别是向亚洲、非洲、拉丁美洲等广大发展中国家发展，进一步实现出口市场多元化。

3. 有助于进一步优化出口商品结构

我国在“八五”期间已基本完成出口商品结构由以初级产品为主向以工业制成品为主的转变，但我国目前出口的工业制成品中，绝大部分是粗加工的轻纺产品和一般机电产品，而精加工产品和高科技产品所占比重很少。所以，今后我国的商品战略目标是进一步优化出口商品结构，努力使粗加工制成品向精加工制成品转变，在继续发展传统出口商品的基础上，大力增加机电产品、轻纺产品和高科技产品的出口。我国加入世界贸易组织以后，根据贸易自由化的原则，西方国家将逐步削减其关税壁垒与非关税壁垒，消除各种歧视待遇，为我国制成品出口创造更有利的条件。另外，世界贸易组织将知识产权与服务贸易进一步纳入其自由贸易化范畴，为我国技术贸易和高科技产品出口也创造了良好的条件。

4. 有利于提高我国出口贸易的经济效益

加入世界贸易组织可以使我国出口商品享受进口国较低的进口关税或优惠关税，因此既提高了我国出口商品的对外竞争能力，又可以适当提高出口售价，提高出口贸易的经济效益，改善我国的贸易条件。加入世界贸易组织可以使我国真正进入市场经济阶段，有效提升中国的对外贸易竞争力，使对外贸易对国民经济的贡献率大大提高，使中国逐步成为世界上的贸易大国和贸易强国。

（二）对我国进口贸易的影响

1. 可以适度扩大进口规模

我国加入世界贸易组织后，必须在进口体制上予以改革，大幅度降低关税及削减非关税壁垒。我国的进口指令性计划、进口替代已经取消，进口许可证、进口审批等则大幅度削减，这些都为外国商品进入我国国内市场提供了良好的条件，从而必将进一步扩大我国的进口规模。为平衡世界贸易，缩小与西方国家的贸易差额，我国将改变传统的奖出限入政策，而努力扩大进口，提高中国的市场准入度，这也会有效促进进口贸易的发展。

2. 对我国进口商品构成与市场构成的影响

由于加入世界贸易组织会提高我国市场准入的程度，因此进口资本密集型与技术密集型的产品，特别是机电产品的比重将会提高，这样对国内技术水平比较落后的同行业必然带来一定程度的冲击。在市场结构中，世界贸易组织的多边贸易体制也有利于进口市场多元化，有利于我国引进技术、扩大进口重要材料和对其他物资的市场选择。

3. 对进出口商品价格的影响

长期以来我国在进出口商品价格上采取“内外有别，分别作价”的办法，用行政手段割裂与国内市场价格的关系。为此，国家动用中央财政，大量实施出口补贴，严重扭曲了价格信号。加入世界贸易组织后，我国将全部取消这种补贴，使国内市场价格与国际市场价格逐步趋同。原来低于国际市场价格水平的能源、交通、房地产、农产品、轻纺品的价格在价格规律的作用下将相应上涨，而原来高于国际市场价格水平的高档消费品、家用电器、科技产品、黑色及有色金属的价格将逐步下降。今后，我国将通过海关关税税率、金融市场利率和人民币对外币汇率等经济杠杆和法律手段保护国内市场与民族经济，而逐步放弃过去的进口行政干预。

（三）对我国利用外资的影响

世界贸易组织彻底取代关税和贸易总协定以后，其范围大大拓宽了，从商品贸易发展到知识产权和服务贸易，贸易自由化的目标也发展为贸易与投资的自由化。我国加入世界贸易组织，不仅意味着开放商品市场，而且也意味着必将逐步开放服务市场。这样，外国投资者在中国的投资范围更宽了，商业、金融业、保险业、法律事务、航空、运输、仓储、旅游等行业，有的已经开放，有的正在或将要开放，投资环境将大大改善。扩大地方对外商投资的审批权，减少对外资企业经营范围及进出口的限制，将增强外国企业对中国市场的信心，对我国利用外资将产生有利的影响。随着我国进口关税的降低、限制的减少及世界贸易组织各成员对我国出口产品关税的下降与数量限制的逐步减少，必然降低外企的生产成本，扩大对外销售，外资企业在中国的经济效益将逐步提高。这也有利于我国进一步扩大利用外资的规模。

二、加入WTO多边贸易体制以后的中国对外贸易

（一）加入世界贸易组织以后的高速增长阶段（2001～2007年）

2001年12月，经过15年多的时间，中国终于加入了世界贸易组织，成为其多边贸易体制的正式成员。加入世界贸易组织以后，中国根据其规则可以享受多边的无条件的最惠国待遇和国民待遇；可以享受普遍优惠制和给予发展中国家的特殊优惠待遇；可以利用其争端解决机制解决与有关国家的贸易争端和摩擦；可以参与制定和修改国际贸易规则。这些都有效地推动了中国对外贸易的快速增长。2001年中国进出口贸易总额为5089亿美元，到2007年进出口贸易总额的增长实现了翻两番，即从2001年到2004年用3年的时间翻了一番，从2004年到2007年又用3年的时间再翻了一番，到2008年对外贸易总额为2.5万亿美元，年平均增长速度超过30%。在全球贸易中从世界第7位上升到2008年的第3位，仅仅次于美国、德国而成为世界第三贸易大国。在贸易差额上连年实现贸易顺差200亿美元以上，2008年的贸易顺差则接近3千亿美元，到2009年中国的外汇储备已经超过2万亿美元，成为世界最大的外汇储备国。在出口商品结构中，机电产品继续成为中国最大的出口产品，超过贸易总额的一半，而且高科技产品的出口迅速增长，成为中国的主要出口产品。中国的贸易对象主要由欧盟、美国、日本、东盟、韩国及我国港澳台等国家和地区组成。

表1-1 中国加入世界贸易组织以后（2000～2011）对外贸易增长统计表

单位：亿美元

年份	贸易总额	出口额	进口额	贸易差额
2000	4743．0	2492．0	2250．9	234．1
2001	5097．7	2661．5	2436．1	225．4
2002	6207．9	3255．7	2952．2	303．5
2003	8512．1	4383．7	4128．4	255．3
2004	11547．4	5936．6	5613．8	322．8

续表

年份	贸易总额	出口额	进口额	贸易差额
2005	14221	7620．0	6601	1019
2006	17606．9	9690．8	7916．1	1774．7
2007	21783．3	121800	9558．2	2622
2008	25616	14285	11330	2954
2009	22072	12016	10056	1960
2010	29727．6	15779．3	13948．2	1831
2011	36420．6	18986．3	17434．6	1551．4

资料来源：中国海关统计。

（二）世界性金融危机以后的阶段（2008～2010年）

2008年9月爆发了全球性的金融危机和经济危机，由于外需严重萎缩，中国的对外贸易出现改革开放30年以来第一次大规模的倒退，由2008年的2.5万亿美元下降到2009年的2.2万亿美元，出口贸易由1.4万亿美元下降到1.2万亿美元，进口贸易由1.13万亿美元下降到1.00万亿美元，贸易顺差也由2954亿美元下降到1960亿美元。在危机的影响下，许多出口企业受到沉重打击，部分出口企业因此而倒闭破产，大量工人因此而失业。国家为了支持出口，采取了许多有效的措施，如提高出口退税税率、调整出口产品结构、实现多元化市场战略等，同时刺激内需，鼓励出口产品进入国内市场等，这样中国最先走出了危机与萧条，2010年1月中国的出口贸易已经恢复到危机前的水平。

这次金融危机和经济危机是世界性的，所有国家都无例外地受到不同程度的影响，中国的开放度不断提高，所以受危机的冲击和影响也是非常大的。危机对我国的影响已经从虚拟经济发展到实体经济。虚拟经济指的是对我国的金融市场、股市、房市、汇市等领域的影响，导致价格波动，市场低迷；实体经济是指对中国的制造业、服务业等领域的影响，特别是因为国外市场需求减少，出口增长出现较多问题，许多出口企业出口萎缩，企业亏损或倒闭，国内失业率提高。2009年中国的出口比危机前下降了3000多亿美元，致使大量出口型企业倒闭与破产，有2000多万农民工因此而失业。为了应对危机产生的负面影响，中国政府出台了一系列政策，通过中央财政和地方财政的巨额投资，以刺激内需，扩大出口，使中国经济在世界金融危机中得以平稳和较快发展，为保持世界经济稳定发挥了建设性作用。至于金融危机对我国金融体系的伤害较小，主要是因为我国目前有三道防火墙可以有效保护国内金融产业：第一，我国目前还没有完全开放资本市场，国内资本还不可能大量流失；第二，我国有近3

万亿美元的外汇储备，可以有效面对金融危机的冲击；第三，我国政府有较充裕的财政盈余，可以通过投资来刺激内需，防止因出口萎缩带来的企业倒闭与破产。最近我国政府决定对铁路建设投入 3.5 万亿元人民币的资金，其中津秦铁路 338 亿元、津保铁路 240 亿元等，铁路建设可以消耗钢铁、水泥、车辆购置等，每修 1 公里铁路可以增加 600 人就业。北京到天津的高速铁路建成后大量游客到天津旅游，开通百天就拉动天津消费品零售额上升 0.31 个百分点。为了支持日益萎缩的出口企业，中国政府于 2008 年和 2009 年连续对部分产品提高出口退税税率，并取消了部分产品的出口税。对陷入困境的出口企业，银行积极对其进行融资并降低利率，政府降低和取消了许多行政收费，力争中国企业能够有效应对国际金融危机，促进经济平稳较快发展。

金融危机对我国进出口贸易的直接影响就是因国外需求不足而造成出口减少和国内外向型企业生产萎缩，并导致进口贸易减少。我国政府为促进进出口贸易，采取了各种政策，如扩大内需（家电下乡、家电以旧换新）、推动服务贸易发展、降低个人收入调节税率、控制房地产价格、增加出口退税、降低进出口关税税率、降低存贷款利率、与有关国家签署自由贸易协定等。在一系列宏观政策调控影响下，我国很快走出金融危机的阴影，在 2009 年进出口贸易大幅度下降到 2.2 万亿美元后，2010 年又恢复上升到危机前的水平，2011 年则大幅度增长到 3.6 万亿美元，特别是一般贸易第一次超过加工贸易，其增长速度远远超过世界平均增长水平。

本章小结

从 1840 年鸦片战争爆发到 1949 年新中国成立，中国处于半封建半殖民地社会，这一时期中国对外贸易也处于半封建半殖民地状态，其特点是：贸易的控制权由西方列强掌握；进出口商品结构完全适应于帝国主义在中国掠夺资源和倾销产品的需要；对外贸易出现长期贸易逆差和不等价交换；贸易对象主要集中于少数西方贸易大国。

1949 年新中国成立以后，中国对外贸易进入了新的发展阶段。改革开放以前，中国处于完全的计划经济时期，由于特定的外部和内部因素，该时期中国基本处于封闭状态，对外贸易很不发达。1978 年党的十一届三中全会召开后中国进入了改革开放的新的历史时期，对外贸易也进入了快速发展阶段。特别是 2001 年中国加入世界贸易组织以后，中国的社会主义市场经济逐步建立与完善，市场准入度不断提高，这一切有力地促进了中国对外贸易的发展。1978 年中国的进出口总额不到 200 亿美元，仅居世界第 32 位；2008 年快速增长到 2.5

万亿美元，跃居世界第三贸易大国。改革开放后，党中央把对外开放作为中国的基本国策，提出要积极发展同世界各国平等互利的经济合作，提出“利用两种资源、打开两个市场和学会组织国内经济建设和发展对外经济贸易两套本领”的口号，开创了对外经济贸易的新局面。中国的对外开放是全方位和全局性的开放，即在国家不断总结经验的基础上，从点到面、从南到北、从东部沿海到西部落后地区，努力实现循序渐进的逐步开放的格局。其开放的步骤是：首先是东南沿海地区的对外开放，包括赋予广东和福建两省特殊的政策、建设经济特区、开放14个沿海城市、建立沿海经济开放区、开发上海浦东新区、建立天津滨海新区；第二是发展中国陆路边境城市和对周边国家和地区的开放，并逐步形成了东北、西北和西南三大开放带；第三是通过沿江开放城市促进长江流域的经济发展，形成“沿江开放”的新态势；第四是为缩小中国东西部经济的巨大差异，制定了西部大开发和西部地区对外开放的战略，努力发展西部的经济和促进西部地区利用外资。中国的对外开放在总体战略和指导思想，就是从沿海地区的对外开放起步，逐步发展到沿边开放、沿江开放，一直到西部大开发和西部地区对外开放的实施，形成四个层次逐步推进。2001年加入世界贸易组织以后，中国真正进入了全球多边贸易体制，对外贸易实现了高速增长，已经真正成为世界贸易大国。但是2008年由美国引发的金融危机对中国的对外贸易也产生了非常严重的负面影响，贸易额倒退，大量外向型企业陷入困境，但是在中央宏观经济政策调控下，2010年以后中国的对外贸易开始恢复到危机前的水平。

本章思考题

1. 旧中国对外贸易的基本特点是什么？
2. 中国对外贸易建立初期影响其发展的因素有哪些？
3. 什么是经济领域的对外开放？其主要内容是什么？
4. 沿海地区经济发展战略的含义是什么？为了实现沿海地区经济发展战略，我们必须把握住哪几个要点？
5. 什么是“沿江开放”和“沿边开放”？我国在实施“沿边开放”过程中重点建设了几个沿边开放带？
6. 西部地区经济落后的主要原因是什么？西部大开发的主要内容是什么？
7. 加入世界贸易组织对中国发展对外贸易有哪些影响？

第二章　中国发展对外贸易的理论依据

本章学习目标

本章主要学习中国发展对外贸易的理论依据，包括邓小平建设有中国特色社会主义的对外贸易理论、新时期“三个代表”理论和科学发展观；对外贸易在国民经济中的地位和作用的理论，马克思主义有关国际分工、国际贸易、国际价值和社会再生产的理论；西方经济学家的国际贸易理论中要学习西方的贸易利益说，主要包括亚当·斯密的绝对成本理论和大卫·李嘉图的比较成本理论，也包括西方的贸易保护理论。正确学习和理解上述理论基础对于中国对外贸易的发展与改革将会起到积极的促进作用。

中国是一个经济比较落后、劳动生产率比较低的发展中国家，而且由于历史原因又长期处于封闭状态，因此在对外开放以后就必须解决实施对外开放和发展对外经济贸易的理论研究问题，并以此作为我们的行动指导。关于对外经济贸易的理论，主要要回答两个问题：一是我国为什么要发展对外贸易；二是我国应该如何发展对外贸易。研究这一根本性的理论问题，则必须以两个前提条件为基础：一是以我国国民经济的发展作为总体目标，二是以当前世界资本主义制度与社会主义制度并存作为前提。

第一节　建设有中国特色社会主义的对外贸易理论

建设有中国特色社会主义的理论是以邓小平同志为代表的中国共产党人坚持把马克思主义原理和中国具体实践相结合，逐步形成和发展起来的。

一、有中国特色社会主义理论的形成与发展

邓小平建设有中国特色社会主义理论是在 1978 年改革开放以后逐步形成的。其历史背景是东西方长期的冷战基本结束，取而代之的是南北（即发展中

国家和发达国家）之间巨大的经济发展差异产生的矛盾。中国国内的历史背景则是结束了长达10年的“文革”动乱以后，需要恢复经济和稳定的政治局面，但是“两个凡是”的“左”的思想仍然制约着思想解放和经济发展。邓小平理论正是根据中国国情，在总结我国社会主义胜利和挫折的历史经验，并借鉴其他国家社会主义兴衰成败历史经验的基础上形成和发展起来的。邓小平理论大体经历了这样一个发展阶段：第一阶段，从1978年十一届三中全会前后到十二大，在拨乱反正和改革的起步中，初步形成；第二阶段，从十二大到十三大，在全国改革初步展开的过程中，逐步发展并形成轮廓；第三阶段，从十三大到十四大，在国际国内复杂艰难的情况下经受严峻考验和改革进一步深化的过程中，以1992年邓小平视察南方重要讲话和十四大为标志，邓小平理论走向成熟，形成系统。

二、有中国特色社会主义理论的主要内容

邓小平理论是马克思列宁主义基本原理与当代中国实际和时代特征相结合的产物，是对毛泽东思想的继承和发展，是全党全国人民集体智慧的结晶，是中国共产党和中国人民最珍贵的精神财富。它科学地把握了社会主义的本质，第一次比较系统地初步回答了中国这样的经济文化比较落后的国家如何建设社会主义、如何巩固和发展社会主义等一系列基本问题，用新的思想、观点，继承、丰富和发展了马克思主义，因此它是当代中国的马克思主义。

邓小平理论的精髓是“解放思想，实事求是”。这一理论围绕“什么是社会主义，怎样建设社会主义”这个首要的基本理论问题，在社会主义的发展道路、发展阶段、根本任务、发展动力、外部条件、政治保证、战略步骤、领导力量和依靠力量、祖国统一等重大问题上，形成一系列相互联系的基本观点，构成了这一理论的科学体系。就对外贸易来说，其理论是从发展生产力的角度，论述对外贸易对于中国的重要性和必要性。主要内容包括：

（一）和平和发展是当今时代的主题

马克思主义理论的形成和发展，总是同时代主题、时代特征相联系的。和平和发展就是当今时代的主旋律，这就为我们发展社会主义对外贸易提供了良好的机遇。同时，在这个世界主旋律之下，国际竞争的实质就是以经济和科技实力为基础的综合国力的较量，这为我们发展与资本主义国家的经济贸易交往提供了条件。自20世纪80年代以后，我国社会主义建设的外部条件发生了很大的变化，我们在这种形势下必须坚持独立自主的和平外交政策，为中国的现代化建设争取有利的国际环境。为此，必须以对外开放为基本国策，努力扩大对外贸易，充分利用外国的资源、市场、技术和管理，以取人之长、补己之短，

来加速发展中国的社会主义建设。

（二）社会主义初级阶段理论是有中国特色社会主义理论的基础

社会主义初级阶段理论，是建设有中国特色社会主义理论的基础。这一理论的提出，是对中国国情的正确估计，是对中国当前所处历史阶段的主要矛盾、根本任务、基本路线等方面的系统认识。就是说，中国的社会主义尚未成熟，在经济、道德和精神方面带有它所脱胎出来的那个半殖民地半封建社会的痕迹。这就必然要求我们逐步摆脱贫穷，摆脱落后的状态；要由农业人口占多数的以手工劳动为基础的农业国，逐步转变为非农业人口占多数的现代化的工业国；由自然经济、半自然经济占很大比重，转变为商品经济高度发达的社会。这样，不仅要发展国内市场，更要发展国外市场，扩大对外贸易；要通过改革和探索，建立和发展充满活力的社会主义市场经济体制和对外贸易体制；要全民奋起，艰苦创业，实现中华民族的振兴。

（三）坚持以经济建设为中心不动摇

邓小平建设有中国特色社会主义理论的核心内容是党在社会主义初级阶段必须始终坚持"一个中心，两个基本点"的基本路线。坚持党的基本路线不动摇，关键是坚持以经济建设为中心不动摇，同时又必须把改革开放和坚持四项基本原则统一起来。坚持以经济建设为中心，是邓小平理论的重要内容。以经济建设为中心，客观上要求我国大力发展对外贸易，以便吸收和利用世界各国，包括资本主义发达国家的资金、技术和资源，以及反映社会化大生产和商品经济一般规律的先进的经营方式和管理经验，以加速我国国民经济的发展。改革开放是我国建设社会主义的总方针，也是邓小平建设有中国特色社会主义理论的重要内容，这就要求大力发展对外贸易。

（四）对外开放是我国的基本国策

实行对外开放，发展对外经济技术合作关系，是当今世界各国经济生活中的普遍现象，也是各国实现现代化的共同道路，已成为世界各国经济发展的重要条件。邓小平同志说；"现在的世界是开放的世界。中国在西方国家产业革命以后变得落后了，一个重要的原因就是闭关自守。建国以后，人家封锁我们，在某种程度上我们也是闭关自守。这给我们带来了一些困难。……关起门来搞建设是不行的，发展不起来。"[①]实行对外开放，不仅可以互通有无、互相补充、取长补短，而且可以节约社会劳动，提高经济效益，积极引进国外的资金、技术、人才、知识、信息和管理经验。因此，必须把发展对外经济贸易关系提高到战略高度来认识，利用国内外两种资源，打开国内外两个市场，学会国内建

① 邓小平：《邓小平文选》第3卷，人民出版社，1993年，第64页。

设和发展对外经济关系的本领，把实行对外开放作为中国的基本国策。

（五）建设社会主义市场经济是改革开放的客观要求

现代市场经济是一种开放经济。经济生活国际化，使各国各地区经济本着互惠互利、扬长避短的原则进入国际大循环。它不仅表现在国际间的进出口贸易上，还表现在国际间的资金流动、技术转让、服务贸易等各个方面。建立社会主义市场经济体制为中国参与国际分工、国际竞争奠定了重要基础。当今世界经济竞争异常激烈，中国需要走向世界，参与国际分工、国际竞争，就必然按照世界上统一的规则办事，遵循市场上起作用的一系列规律，如价值规律、利润规律等。以市场为基础建设社会主义市场经济，充分发挥市场机制合理配置资源的基础作用，使中国的经济运行体制与整个世界的经济运行体制接轨，为中国打入国际市场、增强国际市场竞争能力打下了良好基础。实行社会主义市场经济，有利于更好地实行对外开放，利用市场经济的共性，与国际市场通用规则对接，形成国内外资源、资金、技术、人才大流通的环境和条件。通过进一步的国际交换和竞争，加快中国经济振兴和社会主义现代化建设的步伐；在社会主义市场经济条件下，企业成为独立的商品生产经营者并被推向市场；政府不再通过行政命令的方式配置社会资源和生产要素，而是将社会资源和生产要素的配置权交给市场，允许自由流通；国家对经济的管理职能和企业的生产经营，都必须面向市场。

建设社会主义市场经济体制，是中国在计划与市场关系问题上的一次思想大解放，是社会主义经济理论上的重大突破。简单说来，市场经济的好处就在于它的客观性和自动性；而其弊端则在于它的滞后性和局部性。所谓社会主义市场经济是指市场经济建立在社会主义的基础上，它是与公有制相结合的。它的主要特点是：生产资料公有制占主导地位，实行个人、集体和国家利益相结合的原则，目标是实现共同富裕，国家对全社会的供给与需求实行宏观调节。

三、“三个代表”重要思想与发展对外贸易

作为有中国特色社会主义理论的延续与发展，“三个代表”重要思想是中国共产党科学发展观和执政观的重要体现。“三个代表”是指中国共产党在革命建设和改革的各个历史时期，总是代表着中国先进生产力的发展要求，代表着中国先进文化的前进方向，代表着中国最广大人民的根本利益。这要求我们在各项工作中，必须推动当代中国先进生产力的发展，推动当代中国先进文化的前进步伐，最终目的是为中国最广大人民的根本利益而奋斗。

根据“三个代表”重要思想，我们要推动中国先进生产力的发展，就应该以经济建设为中心，积极发展对外贸易，引进国外的先进技术和管理，积极利

用外资，使中国从一个落后的发展中国家尽快实现四个现代化，逐步成为发达国家。为了推动中国先进文化的发展，在对外贸易中，我们应该引进世界各国先进的文化产品，保持和发扬先进文化的科学性、人民性、进取性和创新精神，生产出更多更好的物质和文化产品，以扩大出口和满足人民群众日益增长的物质文化生活需要。

先进生产力、先进文化和最广大人民的根本利益是一致的。发展先进生产是发展先进文化的基础条件、源泉和根本动力，而先进文化的发展又是发展先进生产力的思想保证、精神动力和精神支持，它日益渗透到生产力要素及其结构之中，促进着先进生产力的进一步发展。二者是相辅相成、相互促进的。而先进生产力和先进文化的发展，来源于人民群众的客观要求，同时人民群众又是先进生产力和先进文化的创造者和享用者，不断发展先进生产力和先进文化，说到底都是为了满足人民群众日益增长的物质文化生活需要，就是不断实现最广大人民的根本利益。这种利益表现为人民群众的经济利益、政治利益和文化利益。因此，在对外贸易领域全面贯彻“三个代表”重要思想，关键在于坚持与时俱进、开拓创新，抓住信息技术革命的机遇。实现技术的跨越式发展，使我国生产力水平跟上时代发展，走新型工业化发展道路，最根本的就是要为加速实现四个现代化做出应有的贡献，并统一体现在不断实现人民群众的根本利益上。这是社会主义对外贸易的本质要求和根本任务。

四、科学发展观与中国对外贸易发展

在党的十七大政治报告中，党中央提出在新的发展阶段应该深入贯彻落实科学发展观的重要思想和理论。科学发展观是立足社会主义初级阶段基本国情，总结我国发展实践，借鉴国外发展经验，适应新的发展要求而提出的重大战略思想。它强调认清社会主义初级阶段基本国情，不是要妄自菲薄、自甘落后，也不是要脱离实际、急于求成，而是要坚持把科学发展作为推进改革、谋划发展的根本依据。我们必须始终保持清醒头脑，立足社会主义初级阶段这个最大的实际，科学分析，深刻把握我国发展面临的新课题新矛盾，更加自觉地走科学发展道路，奋力开拓中国特色社会主义更为广阔的发展前景。科学发展观的第一要务是发展，核心是以人为本，基本要求是全面协调可持续发展，根本方法是统筹兼顾。

在我国对外开放与对外贸易发展中要牢牢坚持科学发展观这一指导思想，首先把发展中国对外贸易和对外开放作为党执政兴国第一要义。在经济全球化和区域经济一体化的国际大背景下，我们应该建立既适应社会主义经济又适应国际贸易规范的市场经济体制，积极发展中国的货物贸易、服务贸易、知识产

权和国际资本移动，使中国不但成为世界的贸易大国，而且应该尽快成为世界的贸易强国。其次，我们还应该坚持中国对外贸易的可持续发展战略。对外贸易领域的可持续发展，强调的是协调不同区域之间、沿海与内地之间、贸易与投资之间、劳动密集型产业与技术密集型产业之间的关系，强调保证今后几十年内对外贸易的快速发展。为了坚持可持续发展，要进一步转变经济增长方式，大力推动经济增长方式向集约型转变，走新型工业化道路。在中国对外贸易发展中首先要以提高质量效益为中心，由过去的数量型增长方式转变为“以质取胜”的发展战略；要以节约资源、保护环境为目标，加大实施可持续发展战略的力度，在积极推进中国对外贸易快速发展过程中，也要严格限制高污染、高耗能和资源性产品的出口；对于中国产能严重过剩的产业，要坚决淘汰，把此类产品出口逐步转化为附加价值高、科技含量高的产品出口。再次，我们还应该坚持统筹兼顾，统筹局部利益和整体利益、眼前利益和长远利益，充分调动各方面的积极性。我们在积极发展中国对外贸易时，还要兼顾环境的保护、自然资源的保护；不但积极发展出口贸易，还要积极发展进口贸易，不刻意追求长期的贸易顺差和巨额的外汇储备；在与主要国家和地区的贸易关系中，尽量减少贸易摩擦和贸易争端，坚持平等互利和贸易双赢的方针。最后，我们应该坚持以人为本的方针，要始终把实现好、维护好、发展好最广大人民的根本利益作为党和国家一切工作的出发点和落脚点，尊重人民主体地位，发挥人民首创精神，保障人民各项权益，走共同富裕道路，促进人的全面发展，做到发展为了人民、发展依靠人民、发展成果由人民共享。 因此，中国对外贸易发展的根本目的是促进中国的经济增长、提高人民的就业水平和生活水平、繁荣国内市场和推动中国现代化水平的提高。为此，我国努力开放中国的货物市场和服务市场，使人民融入经济全球化的环境中；坚持贸易促进政策，建立与完善促进贸易的金融服务机构，并通过进出口信贷、出口退税等积极发展对外贸易，推动企业发展、人民就业与生活水平的提高；采取适当的贸易救济措施，当外国进口产品大量增加给国内产业造成损害或威胁时，我们应该采取必要措施保护国家的经济安全和人民的生活水平。

总之，坚持科学发展观，就是继承“发展是硬道理”的基本观点，但是要与时俱进，以可持续发展为基本方针，并以人为本，通过增加社会物质财富，不断改善人民生活和促进社会和谐。所以科学发展观的理论核心，一是努力把握人与自然之间关系的平衡，寻求人与自然的和谐发展及其关系的合理性存在。同时，我们必须把人的发展同资源的消耗、环境的退化、生态的胁迫等联系在一起。其实质就体现了人与自然之间关系的和谐与协同进化。二是努力实现人与人之间关系的协调，通过舆论引导、伦理规范、道德感召等人类意识的觉醒，更要通过法制约束、社会秩序、文化导向等人类活动的有效组织，来逐步实现人与人之间关系的调适与公正。

上述建设有中国特色社会主义的对外贸易理论，包括社会主义初级阶段理论、对外开放理论和社会主义市场经济理论，“三个代表”重要思想以及新形势下坚持科学发展观的思想与理论，对发展中国社会主义对外贸易具有十分重要的意义，它既是深化中国外贸体制改革的理论依据，又是制定中国对外贸易发展战略和方针政策的根本指导思想。

第二节　对外贸易在国民经济中的地位和作用的理论

在改革开放前中国处于落后和封闭状态的条件下，对外贸易在国民经济中仅仅处于辅助的甚至是可有可无的地位，只有到了改革开放以后，对外贸易才提升到重要的战略地位上，成为社会主义经济活动中不可缺少的重要环节。

一、对外贸易在中国国民经济中所处的地位

（一）对外贸易在社会再生产中处于特殊的中介地位

马克思主义政治经济学告诉我们，社会再生产过程包括生产、分配、交换和消费四个环节，它们是相互联系、相互制约的，共同组成一个有机的统一整体。社会再生产过程，首先是从生产开始，经过分配、交换，最后进入消费。在这个过程中，生产表现为起点，决定着其他环节；消费表现为终点，是生产的最终完成；分配和交换表现为中间环节，连接生产和消费。由此可以说，交换是社会再生产过程中不可缺少的中间环节，是联系生产和消费的桥梁与纽带。

对外贸易是整个交换的一部分，它是国内交换向国外的延伸和地区范围的扩大，是社会再生产中不可缺少的中间环节，也是连接生产和消费的桥梁与纽带。所以说，对外贸易在社会再生产中处于特殊的中介地位，而不是一般的中介地位。这表现在：首先，对外贸易只是中介的一部分，而不是全部。因为对外贸易额在整个商品流通中只占一定的比例，而不是全部；其比例的大小取决于一国的社会制度、生产力发展水平、国内市场规模、人口和资源状况等因素。其次，对外贸易不同于国内商品流通，它的一端在国内，另一端在国外，它要么联系着国内生产与国外消费，要么联系着国外生产与国内消费，起着特殊的桥梁与纽带作用，这是国内商业所不能取代的特殊职能。最后，对外贸易受世

界市场价值规律的制约。因为对外贸易必须参与国际市场商品流通的循环，在这个过程中，涉及极其复杂的经济领域，包括不同的两个市场、两种价格、两种货币等，要受国际市场价值规律的制约。

以上所有这些都深刻地决定了对外贸易在社会再生产中所处的中介地位的特殊性，它在社会再生产中处于特殊的中介地位。

（二）十一届三中全会以前，对外贸易在国民经济中处于辅助地位

从建国初期到十一届三中全会以前这一时期，我国的对外贸易得到了很大的发展，取得了一定的成就。但是，由于受国内外多种条件的限制，使我们不能充分认识对外贸易在国民经济发展中的重要地位，认为对外贸易在国民经济的发展中，仅仅是调剂余缺、互通有无的一种辅助手段。

基于这种认识，对外贸易的发展也受到了很大制约。据统计，我国的出口额占世界出口总额的比重，由 1953 年的 1.23%下降到 1976 年的 0.69%，在世界主要贸易国家中的排名由第 17 位后移到第 34 位。这说明我国在世界经济中所占的位置与我国在国际政治事务中所处的地位极不相称；更重要的是，这表明了我国的对外贸易在国民经济中尚未被赋予应有的地位。这种错误的认识和理解，是有其深刻历史背景的。究其原因，主要有以下几点：

1. 历史因素

从历史角度看，我国的社会主义是在经历了漫长的封建社会后建立起来的。几千年封建社会遗留下来的自给自足的自然经济思想，根深蒂固地禁锢着人们的头脑。在进入社会主义社会后，人们不习惯于用商品经济的观念、认识去看待现代社会，而往往习惯于从自给自足经济的角度去看待社会主义社会的社会化大生产，这就不可避免地会把对外贸易看成是调剂余缺的辅助手段，认为对外贸易是可有可无的。

2. 经济建设指导思想因素

从指导思想看，我国的经济建设在很长的时期内受“左”倾思潮的影响，片面强调自力更生的方针，认为中国地大物博、人口众多，靠我们自己的人力、财力、物力，就可以在短时间内建成一个繁荣富强的社会主义国家，不需要与外界进行什么国际分工与合作，不需要依靠国际市场，只片面强调国内广大市场的作用，从而把发展对外贸易与坚持自力更生的方针对立起来，认为进口的东西少才是自力更生，进口的东西多就不是自力更生，把我国经济与世界经济隔离开来，否定参与和利用国际分工的必要性，使国际分工一度成为“禁区”。而国际分工是对外贸易的基础，否定国际分工实际上也就是否定了对外贸易。

3. 外部环境因素

从客观角度看，中华人民共和国的诞生，给了帝国主义沉重的打击。帝国主义不甘心在中国这块土地上的失败，所以它们在政治上、经济上、军事上全面围攻新中国；同时，以美国为首的西方国家对我国实行“封锁”和“禁运”政策，妄图阻挠我国国民经济的恢复和发展，干扰我国同其他国家的友好贸易往来。面对这种客观情况，我国一方面反“封锁”、反“禁运”，尽可能地和世界各国发展经济贸易关系；另一方面，全力以赴地展开经济的恢复和发展工作，尽快地建立起工业化的基础，摆脱贫困，并渡过了难关。这在某种意义上助长了我们可以依靠自己的力量、关起门来把我国建设成为强大的社会主义国家的思想，导致了片面强调自力更生的方针。

4. 经济理论因素

从理论角度看，新中国建立后，我国没能从理论上解决这样一个问题，即一国发展对外经济贸易会促进和推动其国民经济的发展。因而在没有理论指导的情况下开展对外经济贸易，自然不能把对外贸易的位置摆正。在十年“文革”中，由于指导思想的错误，否定对外贸易在经济建设中的作用达到了极点，使人们的思想认识更加混乱，中国的对外贸易在这一特定历史时期几乎处于停滞状态。

（三）改革开放后对外贸易在国民经济中处于重要的战略地位

在1978年12月召开的第十一届三中全会上，党中央做出了改革开放的重大决策，此后中国的对外贸易得到了长足的发展。这主要是因为党中央从理论和实践两方面充分肯定了对外贸易在我国国民经济中处于重要的战略地位。

1. 坚持对外开放政策决定了对外贸易处于重要的战略地位

改革开放以后，我国实行的对外开放政策是中国的基本国策，因此使我国改变了长期以来自我封闭、自我循环的状态。对外开放是发展经济的必由之路，对外贸易又是对外开放的基础，特别是发展出口贸易。对外开放的其他内容，如引进先进技术、利用外资、对外经济援助和开展国际经济合作等，都必须以对外贸易为基础，通过对外贸易得以实现。因此，对外贸易影响着对外开放的深度和广度，从而使对外贸易在国民经济中处于重要的战略地位。

2. 国际经济大循环决定了对外贸易处于重要的战略地位

对外贸易可以促进国际经济循环，加速国内经济和国际经济的互接互补。因此党中央总结了国内外经济建设的经验教训，根据历史条件的变化，提出我国在社会主义建设中，要利用两种资源，即国内资源和国外资源；要打开两个市场，即国内市场和国际市场；要学会两种本领，即组织国内经济建设的本领和发展对外经济关系的本领。对外贸易可以使我们进一步发展开放型经济，运用我国的比较优势，提高竞争力，更好地和国际经济互接互补，因此对外贸易正是促进国际经济循环的桥梁与纽带，这就决定了其在国民经济中处于重要的战略地位。

3. 发展社会主义市场经济决定了对外贸易处于重要的战略地位

市场经济是以市场作为资源配置的基础性方式和主要手段的经济体制。发展社会主义市场经济是我国经济体制改革的目标模式。利用市场经济机制配置资源，不仅包括国内市场机制，也包括国际市场机制，从而使经济资源在国际市场和不同经济部门间达到最合理的配置，促进生产的发展，获得最佳的经济效益。因此市场经济和对外贸易是不可分割的，市场经济正是通过包括对外贸易在内的一系列途径来优化资源配置的。培育和发展社会主义市场经济，强化市场机制的作用，就意味着要大力发展对外贸易，从而决定了中国对外贸易在国民经济中必须处于重要的战略地位。

随着我国社会主义现代化建设的全面开展和深入发展，对外贸易的发展速度越来越快，不但超过了国民经济的发展速度，而且也大大超过世界贸易的平均增长水平，这样对外贸易在我国国民经济中的重要战略地位必将更清楚地显示出来。

二、对外贸易在我国国民经济中的作用

在经济发展过程中，通过对外贸易可以优化生产要素的组合和经济资源的配置，可以转换商品的实物形态和实现价值的增值，因而对外贸易具有其他经济部门不可替代的特殊职能。对外贸易在国民经济中的作用主要表现在如下方面：

（一）促进国民经济的综合平衡和协调发展

通过国际范围的商品交换，转换各种使用价值，用本国一部分产品到国外去换取国内所必需的另一部分产品，有计划地调剂国内供需的不足或过剩，促进社会扩大再生产按比例协调发展所要求的实物结构，调整各方面的比例关系。我国每年都进口一些生产资料，大部分是国内短线产品、稀缺物资和先进适用的技术、设备，这满足了国家重点建设和工农业生产发展的需要。同时，增加出口国内市场的建材、家电、轻纺产品等。这样做，促进了国民经济按比例协调发展，保证了社会扩大再生产的顺利进行。

（二）提高我国的科学技术水平

通过对外贸易的发展，有重点、有选择地从国外引进了一些新技术和先进的设备，填补了我国某些技术上的空白。在使用这些先进技术和设备的同时，不断吸收、消化和创新，提高了我国工业生产的科技水平，从而改变了我国经济和技术落后的状况，加快了现代化建设的步伐。通过出口贸易，参与国际竞

争，也能推动我国企业和国民经济的技术改造，提高科学技术水平。近年来，我国先后引进了光学光缆制造技术、特殊轴承制造和加工技术、电子计算机配套技术、汽车制造技术、机电仪器一体化技术等先进技术，利用外资建设了上海宝钢、齐鲁石化、北京吉普、上海大众汽车和程控电话、天津空客320项目及西安和北京显像管项目等具有世界先进水平的骨干项目，在吸收、消化过程中，推动了企业和国民经济技术的改造，提高了科学技术水平。

（三）促进经济增长和服务水平的提高

目前，随着经济的发展和经济全球化的推进，国际贸易已从单纯的进出口买卖关系发展为多种形式的经济合作关系，从商品的进出口演变为劳务输出入，商品贸易、技术贸易、服务贸易多头并进，商品结构、贸易方式都起了很大的变化。我国积极地组织工农业产品的出口，大力发展服务贸易，参与国际市场的竞争，并下决心逐步推行国际标准化，这必将有力地促进生产技术改造和经济结构改革，从而推动工农业生产的发展和服务水平的提高。

（四）提高人们的物质和文化生活水平

社会主义生产的目的，是为了满足人民日益增长的物质和文化生活的需要。建国以来，特别是改革开放以来，我国通过发展对外贸易，引进了先进的技术和关健的设备，进口了部分生产资料和生活资料，扩大了国内商品的产量，增加了商品的投放量，改进了花色品种，也提高了商品档次。同时，根据国内的需要，我国还进口了相当数量的生活必需品和一部分耐用消费品，满足了人民的需要，例如粮食、电视机、收录机、冰箱、计算机、手表、汽车、原糖等。进口这些商品直接投放市场，对于缓解供求矛盾、调剂商品品种、提高人民物质和文化生活水平、改善市场商品供求起到了积极的作用。

（五）为国家建设积累资金

发展对外贸易，可以为国家增加收入，是国家积累资金的重要途径之一。这主要体现在三个方面：一是进口关税和增值税以及出口关税，二是涉外企业的税收，三是外汇收入。据统计，我国每出口1亿美元的工业品，可增加工业产值5.8亿美元，国家可得利税3500万元。在“九五”和“十五”期间，我国累计实现贸易顺差约为2900亿美元，累计实际吸收外资总额超过2000亿美元；国家外汇储备余额由1995年底的736亿美元增加到2012年3月底的33050亿美元，这一数字已经超过西方七大国外汇储备的总和。

（六）增加劳动就业的机会

我国是一个有13亿人口的大国，劳动就业是一个尖锐的社会问题。通过发展对外贸易，可为我国劳动者提供大量的就业机会。改革开放以来，我国大力发展纺织品、工艺品、抽纱刺绣、服装、鞋类等劳动密集型产品的出口，为劳动者提供了可观的就业机会。据匡算，我国每出口 1 亿元工业品，可为 1.2 万人提供一年的就业机会。如 2004 年，我国出口总额达到 5933 亿美元，占全国 GDP 的 1/4，如此大的经济规模，提供了大量的就业机会。目前，仅是我国的外商投资企业，就直接提供了近 2000 万个就业机会。在东南沿海的一些地区，对外贸易已成为吸收就业人口的一个重要领域。另外，进口也可以扩大劳动就业的机会。按国内每 1 亿元工业产值约容纳 8000 个劳动力计算，我国每年进口的生产资料大约可解决 1000 万人的就业。反之，因世界性金融危机 2009 年比上一年出口减少 3000 亿美元，我国就有 2500 万农民工因此而失业返回农村。

（七）推动对外经济关系的发展

当前，对外贸易在对外经济关系中有着十分重要的地位。世界上的发达国家，没有一个是闭关自守的，它们在经济上与其他国家相互依赖。美国是这样，日本是这样，欧盟是这样，其他发达国家也是这样的。这些国家在经济上都在影响别国和受别国的影响，而这种影响和被影响的相互依赖关系则正是通过对外贸易这个传递渠道来得以实现的。

对外经济关系包括对外贸易、利用外资、引进和出口技术、开展对外承包工程和劳务合作、进行经济技术交流与援助，以及其他形式的经济关系。在整个对外经济关系中，对外贸易与对外经济关系的其他方面之间是相互影响、相互促进的，其中，对外贸易是最重要、最基本的形式。从我国来看，对外贸易的发展，已经同技术引进、利用外资、开展对外承包工程和劳务合作等密切结合，可以说对外贸易推动了整个对外关系的发展。

（八）改善国际环境，为我国经济发展创造良好的外部条件

当前，我国正在进行现代化建设，这需要有一个和平的国际环境。建国以来，在平等互利的基础上，我国已同世界上 227 个国家和地区建立和发展了贸易关系。通过对外贸易往来，加强了同发达国家和地区的联系，支援了发展中国家和地区的经济建设，增进了同世界各国人民之间的相互了解和友谊，进而促进了我国外交事业的发展，为我国国民经济发展和社会主义现代化建设创造了良好的外部环境。

第三节 西方经济学家有关国际分工和国际贸易的理论

国际分工与国际贸易理论是经济学界最主要的研究方向和内容，早在 16

世纪欧洲的重商主义者就开始研究国际贸易问题，不过他们的观点侧重于奖出限入和贸易保护。随着资本主义的发展，在18至19世纪产生的国际分工学说，则是宣传自由贸易的贸易利益说，最为典型的是亚当·斯密的绝对成本说和大卫·李嘉图的比较成本说。这两个著名的古典经济学说为当代国际分工和国际贸易提供了理论基础。此后经过其他经济学家的发展，特别是瑞典经济学家俄林"生产要素禀赋说"的进一步补充与完善，使该理论至今在西方经济学界仍占有支配地位。在学习西方自由贸易理论的同时，以德国经济学家李斯特为代表的贸易保护理论，也是我国经济与贸易发展中应该重视与借鉴的。

一、西方经济学家的贸易利益理论

（一）亚当·斯密（1723—1790）的绝对成本说

亚当·斯密是英国古典学派的著名代表人物，也是国际分工与国际贸易理论的创始者。他处在英国手工制造业开始向大机器工业过渡的时期，其代表著作是《国民财富的性质和原因的研究》，这本书的中译本又叫《国富论》，在该著作中亚当·斯密首先提出了国际分工与自由贸易的理论。亚当·斯密在欧洲产业革命爆发后提出实行自由贸易的必要性，他认为英国生产力水平的迅速提高需要大规模地发展对外贸易，而传统的重商主义已经阻碍了英国工业化的发展，而且有强大工业的英国也根本不需要用贸易保护政策保护国内经济。这一理论对欧洲资本主义的发展直接产生了重大的促进作用。

为了说明自由贸易对经济发展的作用，斯密以两个国家（英国和葡萄牙）和两种产品（毛呢和酒）为例，认为在自由贸易条件下可以通过国际分工与国际贸易，使两个国家都获得贸易利益，因为在各自具有绝对优势的前提条件下，进行贸易和彼此交换，对两个国家都是有利的。

表2-1　绝对成本贸易理论举例（分工前）

国家	酒产量（单位）	所需劳动人数	毛呢产量（单位）	所需劳动人数
英国	1	120	1	70
葡萄牙	1	80	1	110

表2-2　绝对成本贸易理论举例（分工后）

国家	酒产量（单位）	所需劳动人数	毛呢产量（单位）	所需劳动人数
英国			2.7	190
葡萄牙	2.375	190		

所以斯密认为，在自由贸易条件下，每个国家都生产自己占绝对优势的产品并与其他国家进行交换，会使各国的资源、劳动力和资本得到有效的利用，将会大大提高劳动生产率和增加物质财富。由于这个理论强调各国应该按照绝对有利的生产条件进行国际分工以进行自由贸易，所以其理论又称绝对成本理论。

（二）大卫·李嘉图（1772—1823）的比较成本理论

大卫·李嘉图是英国工业革命深入发展时期的经济学家，也是古典经济学派的代表著名人物，他的代表著作是《政治经济学及赋税原理》。李嘉图的比较成本理论是在亚当·斯密绝对成本理论的基础上发展起来的。根据斯密的观点，国际贸易应该按照地域及自然条件的绝对成本差异进行，即每个国家出口的商品一定是在生产上具有绝对优势、市场成本绝对低于他国的产品。但是李嘉图进一步发展了这一观点，他认为每个国家不一定要生产所有产品，而应该集中力量生产那些利益较大或不利较小的产品，然后在自由贸易条件下进行国际交换，在资本和劳动力不变的条件下，生产总量将大大增加，如此形成的国际贸易对世界各国都是有利的。后来人们习惯用中国的一句成语来形象地说明这一理论，就是“两利相权取其重，两害相衡取其轻”。

表 2-3 比较成本贸易理论举例

	英国	葡萄牙	合计
毛呢分工前	100	90	2
酒分工前	120	80	2
毛呢分工后	100+120=220 220/100=2.2		2.2
酒分工后		90+80=170 170/80=2.125	2.125

在表 2-3 中，虽然葡萄牙在酒和毛呢的生产上都占有明显的优势，而英国在这两种产品的生产上都处于劣势，但是按照比较成本的理论，英国选择差距较小的毛呢，而放弃差距较大的酒；而葡萄牙选择了利益最大的酒，放弃了利益较小的毛呢。按照这个原则进行国际分工，可以使劳动配置更加合理，在投入同等要素的条件下使世界产品总量大大增加，但其前提为一定要实行自由贸易政策。

（三）赫克歇尔与俄林的生产要素禀赋理论

赫克歇尔（1879－1952）和俄林（1899－1979）是瑞典的著名经济学家，

他们的生产要素禀赋理论是对李嘉图比较成本理论的进一步发展。这一学说的主要结论是，一个区域或国家利用它的相对丰富的生产要素进行商品生产，就会处于比较有利的地位；如果利用其相对稀缺的生产要素进行商品生产，则处于不利地位。所以一个区域或国家应该努力生产和出口生产要素较丰裕的产品，而少生产生产要素稀缺的产品或进口相关产品。下面我们以日本和澳大利亚这两个国家为例来说明这一理论：

表 2-4 要素的丰裕程度差异影响要素的价格

单位：元

	日本的要素价格	澳大利亚要素的价格
劳动力的价格	1	2
土地的价格	4	1

由于在这个理论中我们假设日本和澳大利亚两国都是生产水平和生产函数相同的国家，所以它们在生产两种产品（小麦和棉布）中的要素投入比例是一样的，即：

表 2-5 单位产品生产中的要素投入

	土地	劳动力
小麦的要素投入比例	5	1
棉布的要素投入比例	1	10

下面我们按照要素价格和投入比例计算两个国家的生产成本：

表 2-6 不同国家产品成本的差异

单位：元

	日本的生产成本	澳大利亚的生产成本
小麦	5×4+1×1=21	5×1+1×2=7
棉布	1×4+10×1=14	1×1+10×2=21

二、西方经济学家的贸易保护理论

保护贸易政策是指在国际贸易中政府广泛利用各种限制进口的措施，对进出口贸易实施强制性的政府干预，以保护本国市场免受外国商品和服务的竞争，并对本国商品和服务的出口及对外投资实行特殊的优惠和补贴。保护贸易政策一般是经济比较落后的国家或先进国家对自己比较落后的产业实行的贸易政策。在当今经济一体化的条件下一般是鼓励自由贸易而反对保护贸易的，但在特殊情况下一个国家或地区为了维护国内产业的利益也会采取适度、规范的保护贸易政策，因此贸易保护理论也是西方经济学国际贸易理论的重要组成部分。

（一）李斯特（1789－1846）的保护幼稚工业学说

德国经济学家李斯特的保护幼稚工业学说，代表着产业革命搞得比较晚的落后资本主义国家的利益。他认为，相对落后的资本主义国家应该牺牲眼前的暂时利益，实行一定程度的贸易保护。他在其著作《政治经济学的国民体系》中，系统阐述了保护幼稚工业的理论。李斯特认为，自由贸易理论的前提是世界已经成为一个大家庭，但是在现实中，每个国家都存在着本国利益问题，因此保护贸易政策就是不可缺少的。李斯特又认为，贸易政策应该考虑消费者的利益，但是国家应该以发展本国生产力为根本目的，为了促进本国经济发展而暂时牺牲一些自由贸易带来的利益是值得的。他提出不同经济发展程度的国家应实行不同的贸易政策，那些落后国家应该由政府制定相应政策干预对外贸易。在贸易政策上，他认为落后国家应该有选择地保护落后产业；而且这种保护应是有期限的保护；保护的主要方法是用高关税来限制进口。李斯特所倡导的贸易保护理论经过美国、德国的实践，证明是有其合理性的。与传统的重商主义贸易保护理论相比较，李斯特的保护幼稚工业学说更接近 WTO 的政策体系，WTO 反对封闭市场的贸易保护，但是允许成员对境内幼稚工业的保护，其目的是发展本国或本地区的生产力。

（二）凯恩斯（1883－1946）的超保护贸易学说

凯恩斯是英国资产阶级经济学家，是凯恩斯主义的创始人。在 1929～1933 年世界经济大危机时期他系统提出了通过贸易保护来恢复经济、扩大就业和缓解危机的政策学说。在二战前的经济大危机中，1932 年整个资本主义世界的工业化生产比 1929 年下降了 1/3 以上，失业人口由 1929 年的 1000 万上升到 3000 万，还有大量半失业者。经济危机使西方国家的经济几乎瘫痪，贸易锐减，物价急剧下跌，大量企业和银行倒闭。在市场问题进一步尖锐化的背景下，1936 年凯恩斯出版了他的代表著作《就业、利息与货币通论》，奠定了当代宏观经济学的理论基础。其后出现了一大批凯恩斯主义的经济学家，对宏观经济学进行补充、发展和完善，形成了以就业、国民收入、总供给、总需求等为研究对象，以总体总量分析为特征的系统的宏观经济理论。凯恩斯在其超保护贸易理论中提出，经济萧条时期工业化国家也应考虑实行古典的重商主义政策，即鼓励出口，限制进口；鼓励顺差，减少逆差。因为他认为顺差可以增加国内货币总量，以增加消费和刺激就业，反之逆差过大会使货币流出，减少消费和增加失业。因此一个国家在经济萧条时期应该实施贸易保护政策，即鼓励出口和限制进口，以达到增加投资、增加消费和增加就业的目的。

凯恩斯最初提出的经济学说是投资乘数理论，即研究一个国家的投资与因投资而产生的国民收入的比例关系，也就是投入与产出的关系：

国民收入增加＝投资增加×K（即倍数）

其后，凯恩斯的学生把贸易差额的因素也考虑在投资里面，因而提出如下公式：

国民收入增加＝（投资增加＋进出口贸易差额）×倍数

为了进一步对国内工业进行贸易保护，在国内投资乘数理论的基础上，凯恩斯的弟子们将其投资乘数理论发展为对外贸易乘数理论，即一国的出口有如投资一样可以增加国民收入，一个国家的进口有如国内储蓄一样可以减少国民收入。他们认为对外贸易顺差在一定条件下可以增加国民收入和刺激就业，反之则会减少国民收入和增加失业，因此对外贸易可以带来国民收入的成倍增加。凯恩斯贸易保护理论的意义在于，在非充分就业的状态下，政府通过贸易保护，采取“奖出限入”的贸易政策，可以保持贸易顺差，扩大有效需求，提高国民收入水平，从而增加就业，以保护国内经济的发展。在进口限制方面，凯恩斯主义主张实行保护性高关税，认为这样可以增加国民对本国商品的消费，促进生产和就业，而且可以减轻国际收支逆差的压力，所以被称为“危机经济学”，得到经济萧条条件下国内舆论的广泛支持。

第四节　马克思主义有关国际贸易的理论

一、马克思主义有关国际分工的理论

应该说，最早提出国际分工学说的是以亚当·斯密和大卫·李嘉图为代表的西方资产阶级古典经济学家，该学说奠定了现代国际贸易理论的基础。马克思在学习和研究资产阶级国际分工学说的基础上，科学地提出了国际分工两重性的论断，使其理论成为我国发展对外经济贸易事业的重要理论基础。

（一）国际分工的产生是人类生产力进步的标志

马克思主义的国际分工理论指出，国际分工是生产的国际专业化，属于生产领域，是社会生产力和社会分工发展到一定阶段的必然产物，是一国内部的社会分工超越国家界限向外发展的结果，所以它是一种进步的趋势。国际分工的产生和发展、国际分工的格局，是由世界各国生产力的发展水平所决定的，归根到底，它受一定时期占统治地位的国际生产关系所制约。由于国际分工的

产生和客观存在，使得国际交流成为必然。

18 世纪后期大机器生产的建立使资本主义的社会化大生产最终形成。以机器技术为基础的社会化大生产不断发展，必然超出国界，把一系列国家和地区纳入国际分工和国际交换中，国际分工体系和生产国际化开始形成。到 19 世纪末 20 世纪初，发生了第二次产业革命，国际分工有了进一步发展，形成了统一的世界市场。随着资本主义生产的发展和世界市场的建立，各国之间的民族隔绝日益消失了，“由于开拓了世界市场，使一些国家的生产和消费都成为世界性的了。……过去那种地方的和民族的自给自足及闭关自守的状态，被各民族的各方面的互相往来和各方面的互相依赖所代替了”。[①]第二次世界大战后发生的第三次科技革命，使人类生产力向更高程度发展，国际分工和生产国际化进一步加强，世界各国、各民族经济的相互需要和相互依赖达到空前的规模。

（二）资本主义国际分工的两重性

马克思主义认为，资本主义国际分工一开始就存在着两重性问题，即国际分工的产生是社会生产力的进步，有其科学与合理的一面；同时它的产生又有其强制、掠夺和不平等的一面。在资本主义刚刚产生的萌芽和初期，欧洲各资本主义国家就在非洲、美洲等殖民地国家进行残酷的殖民统治，开拓种植园、矿山等，进行有利于欧洲国家的国际分工，通过贸易的渠道大量掠夺殖民地国家的黄金、白银和各种资源，并以此奠定了欧洲资本主义工业文明的基础。马克思和恩格斯对产业革命后形成的近代国际分工给予这样的评价：一方面批判当时的国际分工“使未开化和半开化的国家从属于文明国家，使农民的民族从属于资产阶级的民族，使东方从属于西方”，从而形成富国剥削穷国的局面；另一方面，马克思和恩格斯在《共产党宣言》中又在一定程度上肯定了近代国际分工的积极意义，他们指出：“资产阶级既然榨取全世界的市场，这就使一切国家的生产和消费都成为世界性的了。”近代国际分工在摧毁封建的、自给自足和闭关自守的状态方面起了积极的作用。当然，马克思、恩格斯所肯定的是产业革命后的近代国际分工在历史上的作用。

马克思不仅从生产力方面科学地分析了国际分工产生和发展的客观性，而且从生产关系方面揭示了资本主义国际分工的性质和特征。这就是资本主义国际分工必然带有强制、畸形和剥削的性质和特征，帝国主义国家和殖民地半殖民地国家之间形成的国际分工互为市场的依赖关系，具有明显的控制与被控制、剥削与被剥削的关系。

（三）马克思主义国际分工理论对我们的启示

---

① 《马克思恩格斯选集》第 1 卷，人民出版社，1995 年，第 254～255 页。

1. 社会主义国家参与国际分工的必然性与必要性

社会主义国家从诞生之日起，就是在国际分工、生产国际化高度发展的基础上进行再生产活动的；同时，由于社会主义在资本主义世界薄弱环节上产生，它在经济建设中又必然面临着技术落后和资金不足的巨大困难，必须充分吸收西方工业发达国家取得的生产力和科学技术的全部成果。因此，社会主义经济建设存在着积极参与和利用国际分工的客观必然性和必要性，关起门来搞社会主义建设是不行的。

2. 中国参与国际分工应坚持的基本原则

依据马克思主义关于资本主义生产关系决定资本主义国际分工的控制和剥削的理论，我国作为一个以公有制为基础的社会主义国家，积极参与和利用国际分工，大力发展对外经济贸易事业，在同西方资本主义国家的经济贸易关系中一方面存在着相互需要、相互依存、促进双方经济发展的内容；另一方面又存在着控制和反控制、剥削和反剥削的斗争。因此，我国利用国际分工必须坚持独立自主、自力更生的原则，平等互利原则，符合我国国情的原则。我国是一个人口众多，资源总量比较丰富，国内市场广阔，而经济技术发展比较落后，对外竞争能力较弱的国家，因此我国利用国际分工，发展社会主义经济必须建立在以国内市场和资源为主的基础上，充分发挥对外贸易的战略作用。通过利用国际分工加速建立和壮大我国独立的、完整的工业体系和国民经济体系，加速我国经济的技术改造和产业结构优化，缩短同经济发达国家的经济差距。

总之，马克思主义的国际分工理论不仅科学地论证了一国发展对外经济贸易关系的客观必然性和必要性，而且科学地论证了国际分工的性质，为我国参与和利用国际分工指明了正确的方向，是我国发展对外贸易的重要理论依据。

二、马克思主义的国际价值理论

（一）国际价值的产生

根据政治经济学的商品生产和价值规律，我们知道商品价值不是由个别劳动时间决定的，而是由社会必要劳动时间来决定的。因此价值规律是商品生产和商品交换的经济规律，只要存在商品生产和商品交换，就必然存在价值规律的作用。商品的价值取决于生产商品的社会必要劳动时间，但是在国际市场和国际交换中，并不是由某个国家的社会必要劳动时间，而是由国际社会必要劳动时间决定国际价值，这样，同一商品具有国内价值和国际价值两种不同的价值尺度。商品在国内交换时，是以国内价值作为衡量的尺度；而在国际交换时，则是以国际价值作为衡量的尺度。所以在国际市场和国际交换中，商品的价值不是由具体国家的国内社会平均劳动时间决定的，而是由所有参与交换国家的平均世界劳动时间决定的。国内价值和国际价值在质的方面是相同的，都是人类一般劳动的凝结物，但是在量的方面是完全不同的。有的国家某种商品的国内价值低于国际价值，该国在出口中就有明显优势；有的国家国内价值高于国际价值，该国的这一商品在国际交换中就居于劣势。所以马克思指出，各种商品在这两种不同的价值尺度之间存在着不同的比例关系，存在着比较差异，这是价值规律发生作用的结果。

（二）国际价值和比较差异

由于各种商品的国内价值与国际价值存在比较差异，因此，从理论上考察，在正常的、平等的贸易条件下，国际交换双方都有可能获取利益，实现以较少的劳动消耗获得较多的劳动产品。在充分竞争条件下，按国际价格进行交换，一般说来是等价交换，双方可以利用"比较差异"达到互利。交换的两国各有一种商品的国内价值低于国际价值，即各有一种商品占优势，那么各国生产本国占优势的商品，就可以实现以较少的国内社会必要劳动换取较多的国际社会必要劳动，能够实现互利的目的。如果交换双方中一国的两种商品的国内价值都低于国际价值，但程度不同；而另一国的两种商品的国内价值都高于国际价值，但是程度也不同。在这种情况下，一国生产最占优势的产品可以获得更多的利益；另一国生产劣势产品中相对有优势的产品，也可以获得经济利益。这就是我们一般说的"两利相权取其重，两害相衡取其轻"。因此，这两种情况同样存在着互利的条件。

（三）国际价值与节约社会劳动

根据马克思的国际价值理论，一个国家通过对外贸易，利用国际价值和国内价值的比较差异，可以以较少的劳动时间（价值）换取较多的劳动时间，从而增加该国的价值总量。同样的社会劳动，不参与国际分工，搞一国的自给自足，发挥本国的优势和摆脱本国的相对劣势，这样其劳动效率就会降低，所创造的社会价值就会减少。正因为如此，世界上大多数国家和地区都在积极参与国际分工和国际贸易，以较少的劳动获取更多的效果，达到节约社会劳动、增加价值总量的目的。

（四）马克思主义国际价值理论对我们的启示

中国作为一个经济上的发展中国家，应该自觉运用马克思主义的国际价值理论，大力发展对外贸易，通过实现对外价值形态的转换，大量节约社会劳动，促进经济的发展。我国的对外贸易决不能仅仅考虑贸易利益，而是首先要考虑国民经济发展的整体利益，在考虑全局和长期利益的前提下，充分利用国际市场条件，取得贸易利益。当然，根据马克思主义国际价值理论来指导我国的对外经济贸易活动，是有其优势的，但也存在着一定的劣势。其优势是：可以充分发挥我国的比较优势，使我国的资源、资金、技术、土地、劳动等生产要素得到最合理的配置，从而提高劳动生产率；可以使我国所有的经济部门处于竞争之中，推动我国的经济部门在效益的轨道上发展；可以通过进口贸易得到本国不能生产的，或生产成本较高的原材料、技术设备等；可以通过技术引进和利用外资，发展我国高新技术产业发展，加快中国社会生产力的快速增长。

但按照马克思主义的国际价值理论来发展对外贸易，也会由于片面追求最高的贸易利益，而使国民经济畸形发展，即那些有比较优势的产业得到了发展，这种发展是通过投入追加的资源、资金、劳动力、技术等生产要素而得到的；相反，那些不具有优势的产业就得不到发展，甚至还会在已有的基础上萎缩倒退。

三、马克思主义的社会再生产理论

（一）社会再生产的基本含义

马克思的社会再生产理论指出，社会生产各部类之间以及每个部类的内部必须保持一定的比例关系，包括第一部类——生产生产资料的部类和第二部类——生产消费资料的部类之间，农业、轻工业和重工业之间，农业生产内部，工业生产内部都必须保持适当的比例关系，社会再生产才能顺利发展，取得较高的经济发展速度和较好的经济效益。社会生产各个部类之间及其内部的比例关系，不仅在价值形态上要求平衡，而且在实物形态上也要求平衡。

（二）社会再生产理论要求实现国家之间的实物形态转换

由于各国的生产水平、经济结构、科学技术以及资源、气候因素等条件的巨大差异，各国社会总产品的实际实物构成，往往与扩大再生产的发展以及进行技术改造所要求的实物构成存在着一定的差距。因此在一国范围内，不可能在实物形态上达到社会扩大再生产所要求的平衡关系，任何一个国家都不可能生产自己发展经济所需要的一切。

对外贸易的主要特点是可以同国外实现实物形态的转换，即可以把生产资料转换为消费资料，把一种国内有余生产资料转换为另一种国内短缺的生产资料，这是其他经济部门所无法做到的。从这个意义上看，可以说对外贸易是国民经济的一个特殊的经济部门。通过对外贸易，可以用国内一部分产品到国外去换取本国社会再生产所需要的另一部分，即进行实物形态的转换，以调整第一部类与第二部类，农业、轻工业与重工业，以及它们的内部结构在实物形态上的比例关系，使其在较高的水平上实现综合平衡，从而取得社会经济发展的宏观经济效益。通过对外贸易实物形态转化实现这种社会再生产比例关系的客观要求，对一国经济的发展是具有战略意义的。

（三）马克思主义社会再生产理论对我们的启示

我国的社会主义扩大再生产是在生产国际化高速发展的情况下进行的。在当代科学技术突飞猛进的情况下，国际间的相互需要和依赖进一步加强。如果我们不参与和利用国际分工，不充分利用国际条件，而将经济建设基本上建立在本国经济的自我循环的基础上，也就不能更有效地利用本国资源，发挥本国优势，达到大规模节约社会劳动、迅速发展生产力的目的。我们必须改变比较封闭的、基本上自我循环的状态，逐步建立起以国内资源和市场为主、国内外资源和市场适当有机结合的新的经济循环。而对外贸易在这种新的经济循环中显然不仅仅对国民经济起调剂和补充作用，还必须起到强有力的杠杆和推动作用。只有开展对外贸易，才能根据我国的需要和国外市场的可能，将国外资源和市场适当有机地结合起来，促进国民经济的发展。在这种新的经济循环下，我国国民经济才有可能建立起超越本国经济内在力量的扩大再生产规模，建立起高级的国民经济综合平衡，从而取得最佳的经济发展速度和经济效益。

本章小结

中国实行改革开放政策以后，国内理论界就对中国对外贸易的理论问题进行了长期的研究和探讨。改革开放前中国之所以长期处于封闭和闭关自守的状态，就是因为没有一个正确的理论依据指导我们的行动，而是受封建社会自给自足的自然经济思想的约束和片面强调“自力更生”的“左”的否定国际分工和国际市场思想的影响。改革开放三十多年来我国已经形成一套完整的对外贸易理论，这里既包括马克思主义的国际分工、国际价值和社会再生产理论，也包括邓小平建设有中国特色的社会主义理论，还有我们应该认真学习和借鉴的西方贸易利益和贸易保护理论。

邓小平的建设有中国特色社会主义理论，第一次系统回答了在中国这样的经济比较落后的国家，应该如何建设社会主义、如何巩固和发展社会主义等一系列基本问题，用新的思想、观点继承和发展了马克思主义。邓小平的建设有中国特色社会主义理论的核心是在社会主义初级阶段必须坚持以经济建设为中心，因此就应该大力发展对外贸易，积极参与国际分工和国际贸易，以便吸收和利用世界各国，包括西方发达资本主义国家的资金、技术、资源和管理，以加速我国国民经济的发展。马克思主义的国际分工理论是在西方资产阶级国际分工理论的基础上发展起来的，其认为国际分工是社会生产力和社会分工发展到一定阶段的必然产物，所以是一种进步的趋势。但是资本主义的国际分工也有其两重性。马克思主义的国际价值理论指出，由于各种商品的国际价值和国内价值存在着“比较差异”，因此在正常的、平等的贸易条件下，国际交换双方都可以通过国际贸易，实现以较少的劳动消耗获取较多的劳动产品。按照马克思主义的国际价值理论,我们发展对外贸易时首先要考虑国民经济的发展利益，要在有利于国民经济发展利益的前提下，充分利用国际市场的条件，获取贸易利益。国际价值理论从价值形态方面论证了我国发展对外贸易的必要性与合理性。马克思主义的社会再生产理论指出，社会生产各部类之间以及各部类内部必须保持一定的比例关系，社会再生产才能顺利进行和发展，才能取得较高的经济发展速度和较好的经济效益。但是由于各国的生产条件、资源状况、生产水平和经济结构都存在着巨大的差异，因此在一个国家内部是不可能达到社会再生产所要求的平衡关系的。这样，一个国家发展对外贸易就可以实现同其他国家的实物形态转换，以扩大本国的生产规模和加快经济发展的速度。

研究对外贸易在中国国民经济中的地位和作用，也是发展对外贸易的重要的理论内容。对外贸易是国内交换向国外的延伸和地区的扩大，是社会再生产中不可缺少的中间环节，也是连接生产和消费的桥梁与纽带。它在社会再生产中处于特殊的中介地位。在改革开放以前，由于受国内外多种条件的限制，我们不能充分认识对外贸易在国民经济发展中的重要地位，仅把它当作国民经济发展中调剂余缺和互通有无的辅助手段。改革开放以后，中国对外贸易的快速发展，主要得益于我国在理论和实践两方面都充分肯定了对外贸易在国民经济中处于重要的战略地位。这主要是基于以下几点原因：坚持对外开放政策，决定了我国对外贸易在国民经济中处于重要的战略地位；对外贸易促进了新的经济循环的形成，加速了国内经济与国际经济的互接互补，决定了其在国民经济中处于重要的战略地位；发展社会主义市场经济决定了对外贸易在国民经济中处于重要的战略地位；我国的四个现代化建设离不开对外贸易，这也决定了对外贸易在国民经济中处于重要的战略地位。随着我国社会主义现代化建设的全面展开和深入发展，对外贸易在我国国民经济中的重要战略地位必将更清楚地显现出来。我国对外贸易在国民经济中的作用，概括起来就是起着补充、调剂、促进、推动和引导的作用。具体地说，体现在以下几方面：促进国民经济按比例协调发展；提高我国科学技术水平；促进经济增长和服务水平的提高；提高人民的物质和文化生活水平；为国家建设积累资金；增加劳动就业机会；推动对外经济关系的发展；改善国际环境，为我国经济发展创造良好的外部条件。

我国发展对外贸易的理论研究中还应该认真学习与借鉴西方资产阶级贸易利益理论和贸易保护理论。西方贸易利益理论主要包括西方古典经济学派的亚当·斯密的“绝对成本说”和大卫·李嘉图的“比较成本说”，还包括20世纪70年代的以俄林为代表的“生产要素禀赋”理论。亚当·斯密的绝对成本理论认为，国际分工应该按照地域、自然条件所形成的绝对成本差异进行，即一个国家输出的商品一定是生产上具有绝对优势、生产成本绝对低于他国的商品。李嘉图的比较成本说则进一步发展了这一观点，他认为每个国家不一定要生产各种商品，而应集中力量生产那些利益较大或不利较少的商品，然后通过国际交换，使交换双方都获得利益。俄林的“生产要素禀赋”理论则认为，在国际贸易中每个国家都应该生产和出口要素丰裕的商品，而进口要素稀缺的商品，这样可以获得更大的贸易利益。西方贸易保护学说的主要代表人物和理论包括李斯特的“保护幼稚工业”理论和凯恩斯的“对外贸易乘数”理论，这些理论要求一个国家在必要的时候应采取鼓励出口和限制进口的措施，以保护国内市场和国内产业的安全。

本章思考题

1. 邓小平建设有中国特色社会主义理论的核心内容是什么？为什么说这一理论是中国发展对外贸易的重要理论依据？

2. 科学发展观的基本含义是什么？坚持科学发展观与发展中国对外贸易是什么关系？

3. 如何以马克思主义的国际价值理论分析我国发展对外贸易的重要性和必要性？

4. 我国应该如何正确处理贸易利益和经济发展利益的关系？

5. 马克思主义社会再生产理论的基本思想是什么？我们应该如何以社会再生产理论分析我国发展对外贸易的重要性和必要性？

6. 为什么说发展对外贸易是经济落后国家赶超世界先进水平国家的重要渠道？

7. 为什么说对外贸易在社会再生产中处于特殊的中介地位？

8. 改革开放前后对外贸易在我国国民经济中分别处于何种地位？为什么？

9. 发展对外贸易作为扩大城乡劳动就业的重要手段体现在哪些方面？

10. 作为发展对外贸易的重要理论依据的西方资产阶级贸易利益理论其主要代表人物和主要经济学说是什么？

11. 西方资产阶级贸易保护理论的代表人物和主要经济学说是什么？这些经济学说对我国发展对外贸易有什么借鉴意义？

第三章　世界贸易组织和中国对外贸易改革与发展

本章学习目标

中国对外贸易改革的根本目标是建设一个既符合社会主义市场经济又符合WTO国际通行规则的贸易体制，为此中国从1986年开始就提出恢复关贸总协定缔约国地位的申请，由于GATT在1995年被新的WTO所取代，所以1996年中国又开始进行加入WTO的谈判，并最终于2001年12月正式加入世界贸易组织，成为该多边贸易体制的正式成员。本章主要学习有关WTO的基本知识和其在货物贸易、服务贸易、知识产权及投资领域的国际通行规则与国际规范，并研究中国加入世界贸易组织的战略意义；中国加入世界贸易组织的谈判进程和基本原则，以及加入世界贸易组织以后对中国经济和对外贸易的影响。

在中国改革开放和积极发展对外贸易的历史进程中，加入世界贸易组织问题已经成为能否加快中国经济的发展速度、加快中国经济与世界经济融合、加快中国对外贸易发展与对外开放步伐的关键问题。我国对外开放的一个基本任务和前提条件，就是要建立一套适应社会主义市场经济和国际贸易规范的经济体制和贸易体制，所以我国的开放型经济必须符合国际通行规则，具体说就是要按照世界贸易组织所制定的一系列规则来建设与完善我国的经济体制和贸易体制，只有如此才能使我国的对外贸易真正与国际接轨。

第一节　WTO多边贸易体制的形成及其基本原则

一、世界贸易组织概述

（一）定义

世界贸易组织（WTO）的前身是1948年成立的关税与贸易总协定（GATT），1995年1月1日世界贸易组织（WTO）正式成立并取代了原来的GATT，成为和国际货币基金组织、世界银行并行的维护世界经济稳定的三大经济支柱之一。因此，世界贸易组织是世界上最重要的全球多边贸易体制，是国际贸易正常发展的多边竞争规则，也是各成员方进行多边贸易谈判和进行争端解决的场所。

（二）WTO 多边贸易体制形成的过程

为了适应世界经济与贸易的发展，建立一套大多数国家都能接受的国际贸易规范，早在第二次世界大战刚刚结束以后的 1947 年就诞生了与国际货币基金组织、世界银行并行的、被称为世界经济三大支柱之一的“关税与贸易总协定”。根据关贸总协定乌拉圭回合谈判达成的《建立世界贸易组织的协议》，1995 年 1 月 1 日世界贸易组织（WTO）正式成立，1996 年 1 月 1 日世界贸易组织正式取代原来的关贸总协定而成为国际多边贸易体制运转的基础和法律体系。所以世界贸易组织的形成分成两个阶段，第一个阶段是 GATT 阶段，即 1947 年关税与贸易总协定成立到 1995 年，第二个阶段是 1995 年开始的 WTO 阶段，WTO 彻底取代了先天不足的关贸总协定，成为世界多边贸易体制的基础。

1. 关税与贸易总协定（GATT）

（1）GATT 成立的历史背景

第二次世界大战结束以后，为了促进战后世界经济的恢复与发展，以及确立完整与规范的世界经济体系，在美国的积极策动下，美国、英国、法国、中国等 23 个国家政府于 1947 年 10 月 30 日在日内瓦签订了《国际贸易组织宪章》的规则部分——“关税与贸易总协定”条款的临时适用议定书，关贸总协定与在这之前已经成立的国际货币基金组织、世界银行并称为战后世界经济的三大支柱。关贸总协定成立之初只是一个临时规则，准备当 23 国政府当初设计与签署的“国际贸易组织”被各成员国立法机构审议通过后就宣布解散，由后者取而代之。但是，《国际贸易组织宪章》（又称《哈瓦那宪章》）没有被有关国家议会批准，如美国的参众两院就以《国际贸易组织宪章》违背美国的现行法律而拒绝批准。这样关贸总协定在法律上就不得不成为一个临时的、过渡的、非正式的组织，其实一开始它连组织都称不上，只是一个有关关税与国际贸易的国际多边协定，后来才逐步成为一个事实上的组织。

虽然由于美国国会拒绝批准《国际贸易组织宪章》，国际贸易组织的建立因此而夭折，但是各国政府仍然希望有一个比较自由的贸易环境，在经过临时协定缔约方讨论并修改之后，决定继续执行“临时议定书”。为此《关贸总协定临时适用议定书》于 1948 年 1 月 1 日正式生效，到 1995 年 1 月 1 日 WTO 正式成立，该组织“临时”了 47 年，到解散时成员由 23 个发展到 123 个。虽然关贸总协定是临时性协议，但是它一直作为协调多边贸易与关税的、对缔约方具有约束力的文件。由于它的存在，使成员方相互间的贸易额已经占到世界贸易总额的90%左右，其规范领域也在不断扩大，它所制定的多边贸易规则已成为世界各国各地区普遍接受的国际通行规则，对世界经济贸易的发展发挥着越来越重要的作用。

（2）GATT的宗旨

关贸总协定的宗旨和工作目标就是追求全球贸易自由化，反对各种形式的贸易障碍、贸易壁垒和贸易歧视。“1947 年关贸总协定”总则部分明确指出，缔约国在处理它们的贸易和经济事务方面，应“以提高生活水平，保证充分就业，保证实际收入和有效需求的巨大增长，扩大世界资源的充分利用以及发展生产和交换为目的，并期望通过达成互惠互利的贸易协议，促进进口关税和其他贸易壁垒的大幅度削减，取消国际贸易中的歧视待遇”。由此可以看出，关贸总协定的基本目标是通过多边贸易谈判，达成贸易协议，在公平贸易的原则下逐步建立一个完全自由与统一的全球大市场。但是谁都知道，在这个世界上真正、完全的自由贸易是不可能实现的，至少需要有一个漫长的过渡期。因此关贸总协定只是用其条款搭设了一个基本框架，以不断推进贸易自由化进程，而且为保护各成员方的实际利益又专门安排了一系列的自由贸易的例外。

2. 世界贸易组织（WTO）

（1）世界贸易组织的成立

由于关税与贸易总协定在成立之初就是一个临时的、过渡的、非正式的组织，没有得到各成员方立法机构的批准，因此其权威性很差，各成员方的权利和义务也不统一，严重影响多边贸易组织的发展与完善。为此，在GATT第8轮多边贸易谈判中，主要贸易国家提出应成立一个正式的、永久的、具有法人地位的世界性贸易组织，并于1994年4月15日在摩洛哥马拉喀什城部长会议上一致通过“乌拉圭回合”达成的《建立世界贸易组织的协议》。1995年1月1日世界贸易组织在日内瓦正式成立并启动运行，1996年1月1日GATT正式解散，这样世界贸易组织彻底取代了原来的关贸总协定，成为国际多边贸易体制运转的基础和法律载体。

（2）世界贸易组织的宗旨和工作目标

世界贸易组织是关贸总协定在新形势下发展和演进的结果，关贸总协定则是世界贸易组织的前身，所以世界贸易组织的基本目标和宗旨仍然是继承了GATT的传统，即以自由贸易和建立世界统一大市场为目标，反对各种形式的贸易障碍和贸易壁垒。《建立世界贸易组织的协议》的前言部分称，世界贸易组织的宗旨是“提高生活水平，保证充分就业，大幅度和稳定地增长真实收入和有效需求量，扩大货物和服务的生产和贸易，按照可持续发展的目的，最优运用世界资源，寻求保护和维持环境的办法，并以符合不同经济发展水平下各自需要的方式，加强采取各种相应的措施。要确保发展中国家，尤其是最不发达国家在国际贸易增长中获得与其经济发展需要相应的份额”。所以该协议指出实现这些目标的方法是互惠互利安排、切实降低关税和其他贸易壁垒、在国际贸易中消除歧视性措施，建立一个完整的、更有活力的、持久的多边贸易体系。

（3）世界贸易组织的范围、职能和地位

世界贸易组织全面继承关贸总协定，但又不同于关贸总协定。一是其为正式的国际组织，二是其范围要比关贸总协定宽得多，除了传统的货物贸易以外，WTO 又增加了服务贸易、与贸易有关的知识产权和与贸易有关的投资措施等。

世界贸易组织的职能是：促进《建立世界贸易组织的协议》和多边贸易协议的执行、管理和运作，并为其提供一个组织；为各成员方提供谈判的讲坛和执行谈判成果的机构；管理贸易政策的评审机构；管理争端解决的规定和谅解程序；为达到全球经济的一致性，世界贸易组织积极与国际货币基金组织、世界银行进行合作。

世界贸易组织的地位是具有法人资格的国际多边组织，每个成员方都可以向世界贸易组织提出自己的特权和豁免权；世界贸易组织的官员和各成员方的代表在独立执行与世界贸易组织相关的职能时，享有每个成员方提供的特权和豁免权；每个成员方给予世界贸易组织官员和各成员方代表的特权和豁免权与关贸总协定是相同的。

3. 世界贸易组织与关贸总协定的区别

世界贸易组织是在关贸总协定的基础上产生的，但是它并不是 1947 年 GATT 的简单扩大，相反它完全替代了后者，并具有三个完全不同的特征和更强有力的实施职能。与关贸总协定相比较，世界贸易组织最主要的特点有：

（1）法律的权威性

关贸总协定在成立的时候仅仅是一个过渡性的组织，没有得到各成员方立法机构的批准，因此其法律权威性很差，它仅是一套规则和一个多边贸易协议；但是世界贸易组织得到各成员方立法机构的批准，是一个组织和法律十分健全的机构，拥有自己完备的组织机构。

（2）组织机构的正式性

关贸总协定虽然维持了 47 年，但是在法律上它一直是临时的、非正式的组织，而世界贸易组织是永久的、正式的国际组织。

（3）领域的广泛性

原来的关贸总协定的管辖领域仅仅是货物贸易，而世界贸易组织成立后其管辖领域扩大到服务贸易、知识产权和投资等方面。

（4）权利和义务的统一性

由于关贸总协定的非正式性，所以在1979年以后达成的协议一般是选择性的，又叫“点菜式”承诺。各成员方可以选择签署参加，也可以不签署而拒绝参加，同是多边贸易体制成员，其权利和义务却不统一。而世界贸易组织则要求各成员方必须无条件、无选择地签署WTO达成的所有协议，这种“一揽子承诺”加强了世界贸易组织权利和义务的统一性和约束性，维护了多边贸易组织的权威性和完整性。

（5）争端解决机制的有效性

原来的关贸总协定也有解决争端的作用，但是由于GATT的临时性和非正式性，所以其权威性较差。它不是根据GATT的规则来判断成员方谁是谁非，也不是对违背规则的成员方进行制裁，而仅仅是为双方寻求一个解决矛盾的办法，所以GATT的争端解决有效性和可操作性远不能和WTO相比。世界贸易组织的争端解决机制更自动、更有效，而且其裁决的实施也更容易得到保证。

二、世界贸易组织的基本原则及例外

1995年世界贸易组织取代关贸总协定以后，其覆盖领域大大超过了原关贸总协定。它不仅管辖货物贸易，而且还扩大到服务贸易和知识产权领域，并成立了相关的三个理事会，制定了《1994年关税与贸易总协定》、《服务贸易总协定》和《与贸易有关的知识产权协议》三个重要的实体法。在这些重要的法律法规中主要体现了如下几个世界贸易组织的法律原则：

（一）非歧视原则

非歧视原则是世界贸易组织各项协定、协议中最为重要的原则，其含义是指各成员方在国际贸易多边谈判中要本着互惠互利的原则相互开放市场和减让关税，以推动贸易自由化的发展和统一大市场的逐步形成。非歧视原则主要体现在最惠国待遇原则和国民待遇原则两大法律体系之中，前者是要维持各国之间的非歧视，后者是要维持外国和本国之间的非歧视。因此，WTO的非歧视原则要求各成员方无论在给予优惠待遇方面，还是按照规定实施贸易限制方面，都应该对所有其他成员方一视同仁（即“最惠国待遇”），不应该在本国和外国的产品、服务或人员之间造成歧视（即“国民待遇”）。

1. 最惠国待遇原则

（1）最惠国待遇的含义

最惠国待遇是指一个国家或地区在经济和贸易上给予任何其他国家或地区的优惠待遇，如利益、特权或豁免等，都应无例外地立即给予各成员方，即各方之间应该是平等的和非歧视的。根据乌拉圭回合达成的《建立世界贸易组织的协议》，各成员方一般不得在其贸易伙伴之间造成歧视。若给予某一成员方的一项特殊的优惠，例如针对某项产品征收更低的关税，则必须给予其他所有世界贸易组织成员方同样的待遇，而不能有所歧视。

（2）最惠国待遇的特征

在国际贸易中最惠国待遇一般有如下特征：最惠国待遇一般是相互给予的，虽然在历史上曾经有过片面的最惠国待遇的条款；最惠国待遇一般是平等的待遇，它使缔约方之间在一定的经济和贸易关系上相互享有与任何第三方同等的最惠地位，而不是享受独有的特殊利益；缔约双方给予的最惠国待遇应当是不需要对方给予任何补偿的；缔约双方对于最惠国条款所规定的优惠、特惠或豁免必须是自动地适用于对方，而不另外需要对方的申请手续和法律程序；缔约方根据最惠国条款给予对方的优惠、特惠或豁免，在时间上不仅包括在缔约前所给予任何第三方而现时仍继续有效的一切优惠、特惠或豁免，同时也包括缔约以后在条款有效期内所给予任何第三方的一切优惠、特惠或豁免；最惠国待遇条款在国际惯例上是经济和贸易性的条款，如条约和协定无特殊规定，将不适用于经济和贸易关系以外的事项。

（3）最惠国待遇的适用范围

最惠国待遇本来在历史上就有，但是世界贸易组织的最惠国待遇是无条件的、多边的和普遍性的，即一成员方必须无条件给予世界贸易组织所有成员方这一待遇。其适用范围包括货物贸易、服务贸易、知识产权和投资的各个领域。例如在货物贸易中规定："一缔约国对来自或运往其他国家的产品所给予的利益、优待、特权或豁免，应当立即无条件地给予来自或运往所有其他缔约国的相同产品。"具体应该包括：关税和其他各种捐税；有关商品进出口、过境、存仓或转船时的海关手续、规则和费用；国内税和其他国内费用；有关影响产品的销售、购买、运输、分销和使用的规则与要求等。

在服务贸易方面，根据《服务贸易总协定》第2条的规定，在服务贸易各项措施中，各成员方应立即和无条件地给予任何其他成员方的服务和服务提供者以不低于其给予任何其他成员方的服务和服务提供者的待遇，使最惠国待遇原则普遍适用于所有的服务部门。如果一个成员方在某个服务部门允许外国竞争，那么在该部门应该对来自世界贸易组织其他所有成员方的服务和服务提供者都给予相同的待遇。

（4）最惠国待遇的例外

在世界贸易组织的有关规定里，虽然强调了各成员之间的平等和非歧视，但是并不意味着百分之百地实行这一原则，仍然制定了许多例外的条款，就是说，在例外条款的范围内，一个成员给予另一成员的特权或优惠，完全可以不给其他国家或地区。国际间公认的最惠国待遇的例外主要包括：边境贸易例外、关税同盟例外、沿海贸易和内河航行例外、多边国际条约中承担的义务例外和其他例外。

2. 国民待遇原则

国民待遇和最惠国待遇虽然都是非歧视原则，但是这一待遇强调的是外国和本国的平等。实际上这一原则也就是市场经济的基本原则。

（1）国民待遇原则的含义

国民待遇的基本含义是指世界贸易组织成员应保证另一成员方的产品、公民、企业和船舶进入本国的国境或关境以后，应享受不低于本国产品、公民、企业和船舶的待遇。实施国民待遇必须是对等的，不得损害对方国家的主权，并只能限制在一定范围之内。

（2）国民待遇原则的适用范围

WTO 的各项有关协议中规定，国民待遇应该普遍适用于货物贸易、服务贸易、知识产权和与贸易有关的投资措施等方面。在货物贸易方面，根据《关税与贸易总协定》第3条规定，一成员领土的产品输入到另一成员领土时，不应对它直接或间接征收高于对相同的国内产品所直接或间接征收的国内税或其他国内费用。在有关销售、购买、运输、经销或使用的规则和要求方面，进口产品应享受与同类国内产品同等的待遇。成员方不能规定在使用某种产品时，其中必须有一定数量或比例来自国内。

在服务贸易方面，根据《服务贸易总协定》第17条规定，任何一个成员给予其他成员的服务和服务提供者的待遇不得低于本方相同服务和服务提供者的待遇。即在各服务贸易领域内，国民待遇意味着一旦某成员允许外国企业在其境内提供服务，那么对待外国服务企业和本国服务企业就应该一视同仁，在经营方式、业务范围、地区范围、客户范围等方面不能歧视任何一方。

在知识产权保护方面，根据 WTO 的《与贸易有关的知识产权协议》第3条规定，每个成员给予其他成员的待遇不能低于本国国民的待遇，除非在其他有关国际知识产权公约中另有规定。在与贸易有关的投资措施中也规定了国民待遇的条例，如东道国对投资企业不得有出口比例要求、外汇平衡要求和当地成分要求等，因为这些要求往往只针对外国投资企业，并不影响国内企业。显然，这是违背 WTO 的国民待遇原则的，同时也违背了市场经济平等竞争的原则，对不同投资成分的企业不应该实行不同的政策。

（3）国民待遇的例外

国民待遇原则也不是百分之百和绝对的，它仅限于经济和贸易领域，而且根据国际惯例和 WTO 的有关规定，也存在着许多例外。首先，一个成员提供的国民待遇必须是政府在多边谈判中承诺的，特别是在服务贸易领域，成员方没有承诺的国民待遇就是没有约束力的例外；另外，沿海航行权、领海捕鱼权、购买土地权等通常也不包括在国民待遇条款的范围之内。在文化领域也存在着一些例外，如电影产品的拍摄、放映和发行权利，外国有关企业往往不能享受本国企业的一切权利。在政府采购方面，原关贸总协定曾长期认可实行国民待遇例外的政策，即一个国家在政府采购时可以实行对外国产品的歧视性政策，规定国内政府部门可以优先或只能购买本国产品，限制外国产品进行平等竞争；但是后来WTO的政府采购协议取消了这一例外。

（二）自由贸易原则

世界贸易组织成立时的宗旨就是要推行贸易自由化政策，逐步实现全世界的统一大市场，因此发展自由贸易是其重要的目标与原则。所谓自由贸易就是在WTO的多边规则与框架下，通过多边贸易谈判实质性地减少关税和非关税措施，扩大各成员之间的货物、服务和知识产权贸易，逐步降低和消除阻碍贸易发展的各种贸易壁垒、障碍和歧视。所以，自由贸易的原则应该包括五个要点：以共同的规则为基础，以多边谈判为手段，以争端解决为保障，以贸易救济为“安全阀”，以过渡期方式体现差别待遇，使各成员逐步开放本国或本地区的货物、服务市场，逐步实现全世界的贸易自由化。

1. 货物贸易领域的贸易自由化

在货物贸易领域实行自由贸易政策，主要针对的是阻碍国际贸易发展的关税壁垒和各种形式的非关税壁垒，具体包括：

（1）关税保护和关税减让原则

关税是最传统的贸易壁垒，其高低程度和贸易发展成反比例关系。虽然世界贸易组织的贸易自由化政策是要逐步削减和取消高关税，但是目前还不可能完全消灭关税，因此在其规则中首先还是承认关税，允许各成员使用关税保护境内工业，而不能采取其他限制进口的措施。其次是在关税保护方面，要求各成员之间应通过关税减让谈判逐步降低关税，互相做出互惠和平等的让步，达成关税减让表协议。关税减让表达成的固定的税率体现在《关税与贸易总协定》第2条里，任何缔约方无权单方面改变，至少在一定时期内不能改变。所以在关税方面世界贸易组织的基本政策可以归纳为三句话，即：一是承认关税，二是约束关税，三是稳定关税。

（2）一般取消数量限制的原则

在战后多边贸易谈判中，各成员特别是发达国家和地区的关税逐步削减，仅仅依靠关税已经很难有效保护国内市场了，因此许多国家实行了进口数量限制的政策。为了维护自由贸易原则，在关贸总协定第11条里规定不得设立或维持配额、进口许可证或其他措施限制或禁止外国产品的输入和本国产品的输出。

但是在禁止数量限制的实践中，许多发达国家为了维护本国利益和限制某些本国脆弱产业的产品进入，利用它们控制多边贸易体系的权力，又在多边规则中规定了一些例外。这些例外主要包括：农产品例外、纺织品和服装的例外、国际收支恶化时的例外、发展中国家的例外等。在1995年世界贸易组织正式取代关贸总协定以后，许多法定的例外逐步取消而向自由贸易的轨道"回归"，主要表现在农产品协议中的非关税"关税化"与纺织品和服装协议中的自1995年开始的10年内取消纺织品和服装配额限制的计划。

（3）其他有关非关税的协议

在世界贸易组织的协议中规定禁止数量限制和自动出口限额制（即"灰色区域"），并制定了逐步取消配额的自由贸易计划，但是其他大多数非关税措施还不可能完全禁止和取消，只能通过有关规则和协议来限制与规范其行为。在历次GATT和WTO的多边贸易谈判中，制定并不断修改与完善了一系列有关非关税的多边协定，主要包括进口许可证协议、技术性贸易壁垒协议、动植物卫生检疫协议、海关估价协议、装运前检验协议和原产地协议等。

2. 服务贸易领域的贸易自由化

在服务贸易领域里，世界贸易组织的《服务贸易总协定》中制定了市场准入和逐步自由化的规则。市场准入是指各成员经过谈判后做出具体承诺的义务，对其他成员的服务和服务供应者开放能够进入市场的渠道，而且这种渠道必须不低于其在具体承诺细目表中已同意提供的条件和待遇。逐步自由化是指在世界贸易组织正式成立以后，各成员应进行多边谈判，以减少和消除对服务贸易产生障碍的措施。在有关服务贸易的部门领域（即航空运输服务、金融服务、电信服务、海运服务和自然人流动等）也制定了逐步自由化的措施。

3. 自由贸易的例外

在自由贸易原则下，各成员应不断开放市场和逐步降低或撤销各种形式的贸易壁垒，但是规则中也制定了一系列的例外，即在这些例外中进口方完全可以实行不开放的措施，相关内容主要体现在《关税与贸易总协定》第20条"一般例外"和第21条"安全例外"里。在"一般例外"中主要包括：（1）为了维护公共道德采取的必要措施；（2）为了保障进口国人民、动植物生命健康采取的措施；（3）黄金和白金的进出口管理措施；（4）监狱产品的进出口措施；（5）与协定不冲突的国内法规中的具体措施；（6）文物与艺术品的进出口措施；（7）保护自然资源的措施；（8）为履行政府间商品协定而采取的措施；（9）国内原材料价格过低，为保证本国工业的需要而限制出口的措施；（10）当某些产品供不应求时采取的限制措施。在"安全例外"中包括：（1）为了维护国家基本安全利益而不能公布的资料；（2）裂变材料和提炼裂变材料的原料的进出口措施；

(3) 武器、弹药和军火贸易及直接或间接提供给军事机构的物品或原料的贸易；(4) 战时或国际关系中的其他紧急情况；(5) 根据联合国宪章维护国际和平与安全而采取的行动。

（三）公平贸易原则

1. 公平贸易原则的定义

世界贸易组织法律的基础是市场经济体制，所以在其规则框架下一个非常重要的原则就是公平贸易原则。公平贸易原则是指各成员为了维护公平竞争的原则应该尽量避免采取扭曲市场竞争的措施，反对和纠正不公平贸易行为，在货物贸易、服务贸易和知识产权领域，创造和维护公开、公平、公正的市场环境。

2. 公平贸易的体现

公平贸易原则体现在货物贸易、服务贸易和知识产权领域，既涉及各成员的政府行为，也涉及各成员的企业行为。在货物贸易中，为了维护公平贸易原则，世界贸易组织在规则中规定了禁止倾销和限制出口补贴等措施，这些在本书第六章中有具体介绍。在服务贸易中，为了维护这一原则，规定各成员应对垄断和服务专营进行控制，不得违背无条件最惠国待遇，不得滥用它们的地位。在知识产权方面，规定各成员为了保护知识产权拥有人的权利，应在民事程序和刑事程序上采取有效措施打击各种侵权行为，另一方面也要对知识产权拥有人的权利进行控制，防止其滥用权利，如独占性返授、禁止对有关知识产权的有效性提出异议和胁迫性一揽子许可等都是规则所禁止的。

3. 公平贸易的例外

世界贸易组织的基本原则是维护公平贸易，反对不公平的倾销、补贴等扭曲的贸易形式，但是在特定条件下世界贸易组织也允许成员违背公平贸易，如保障措施的实施。保障措施的前提是出口国在正常情况下进行公平竞争，并没有倾销或补贴等不公平的过错；世界贸易组织认为，如果进口国在某种产品进口激增而损害了国内产业时，也可以采取紧急限制进口的措施。实际上保障措施就是对公平贸易原则的违背。

（四）政策的统一性和透明度原则

政策的统一性是指成员方的中央政府和地方政府都应该遵守世界贸易组织的各项规定，地方政府必须和中央政府保持一致，同时各个地方政府之间的立法也应该保持一致。透明度原则是指各成员方的贸易法律、规章与措施应该具有透明度，即新制定或修改的贸易政策应立即向世界贸易组织有关机构和各成员方公布，使他们能够熟悉、了解和适应这些新的政策。当然，透明度原则也同样存在着例外，即公布后可能妨碍法令的贯彻执行、会违反公众利益或损害某一企业的正当商业利益的机密材料，则不要求透明度。

（五）发展中国家优惠的原则

世界贸易组织的成员中包括发达成员和发展中成员。由于历史的原因，世界贸易组织中的大多数发展中成员的产业结构单一而落后，产品竞争能力较差，因而长期造成贸易状况恶化和经济发展缓慢。因此在世界贸易组织的各个协议和规则中一般都强调了对发展中成员的特殊优惠的原则，以利于这些成员的经济、贸易发展。具体表现为：

1. 非互惠原则

在国家经济发展中一般强调的是互惠互利，但是考虑到发展中成员的经济基础和发达成员有非常大的差距，所以在世界贸易组织的各种规则中提出了非互惠的概念，即“发达的缔约国对它们在贸易谈判中对发展中国家的贸易所承诺的减少或撤除关税和其他壁垒的义务，不能希望得到互惠”。因此，在历次多边贸易谈判中，总是对发展中成员的减税要求得较低，而对发达成员则要求较高。在反倾销和反补贴中，对发展中成员优惠和照顾较多，而对发达成员则没有照顾。在保障措施中，发展中成员的出口如果不超过进口国进口总量的3%，则不能采取措施，而发展中成员自己实施保障措施的时间要比发达成员延长一年。在服务贸易开放上，发达成员要多开放服务领域，而发展中成员可以少开放服务领域，最不发达成员甚至可以暂时不开放自己的服务市场。在普遍优惠制上，要求发达成员对来自发展中成员的出口产品实行优惠关税，但是发展中成员对发达成员的产品则不实施这种优惠政策。

2. 保护幼稚工业原则

在《关税与贸易总协定》第18条“政府对经济发展的援助”中规定，发展中成员和地区为了建立某一特定工业可以实行高关税保护，以利于其幼稚工业的建立与发展。但是援引该条款来保护发展中成员幼稚工业的程序也十分繁琐和复杂，它需要提供充足的资料并同有关国家进行磋商，必要时还要由全体成员批准后才能实行；而且该条款规定，在生产方面只能用于保护某一特定工业的建立，而不能以此为理由保护整个经济和贸易的发展；同时，这种保护也只是规定在短期内提供保护。

3. 国际收支恶化时的数量限制

大多数发展中国家和地区因出口产品竞争力较差而导致贸易中长期存在严重的贸易逆差，往往引发国际收支的恶化与外汇储备的减少。世界贸易组织在其规则中规定，发展中成员如果出现上述问题，可以向世界贸易组织提出申请，由世界贸易组织和国际货币基金组织共同对这个成员的国际收支状况进行调查，如果该成员的国际收支恶化十分严重，外汇储备降低到安全线以下，经世界贸易组织批准，该成员可以对某些大宗进口产品实行进口数量限制。但是实施限制以后，待国际收支状况好转，该成员应立即取消这种临时的进口限制。

三、世界贸易组织的组织机构

（一）部长级会议和总理事会

1. 部长级会议

部长级会议是世界贸易组织的最高决策机构，由 WTO 所有成员组成，它也是 WTO 各成员方最重要的谈判场所。根据规定，部长级会议至少每两年举行一次，所有成员方的代表都有资格参加会议，有权对多边贸易协议下的所有事项做出决定。部长级会议具有如下职能：设立贸易与发展委员会、国际收支限制委员会以及预算、财务和行政委员会，在适当情况下也可以设立其他委员会；任命总干事并制定规则；豁免某成员方在特定情况下承担的义务；审议成员方提出的对协议进行修改的动议，决定对某一贸易协议予以补充或删除；决定加入世界贸易组织的国家或具有单独关税区地位的地区；审议互不适用多边贸易协定的执行情况，并提出适当建议。

2. 总理事会

总理事会由世界贸易组织全体成员的代表组成，主要是在部长级会议休会期间履行部长级会议的职责。总理事会是除部长级会议之外的 WTO 最高权力机构，负责日常对世界贸易组织的领导和管理。会议可根据需要适时召开，一般是每年召开 6 次左右。总理事会下还有三个分理事会，即货物贸易理事会、服务贸易理事会和与贸易有关的知识产权问题理事会。

3. 各专门委员会

根据《建立世界贸易组织的协议》规定，部长级会议设立各专门委员会，负责处理三个分理事会的共性事务及三个分理事会管辖范围以外的事务，各专门委员会向总理事会直接负责。这些专门委员会包括：贸易与发展委员会，最不发达成员分委员会，贸易与环境委员会，国际收支限制委员会，预算、财务与行政委员会，区域贸易协调委员会等。

（二）总干事和秘书处

1. 总干事

总干事是世界贸易组织的最高行政长官，他的权利、义务、职责、任职条件及任期是由部长级会议决定的。世界贸易组织的总干事虽然不能对 WTO 的谈判做出决定，但是他的影响力是比较大的，他可以最大限度地向各成员方施加影响，要求它们遵守世界贸易组织规则；总干事需要考虑和预见世界贸易组织的最佳发展方针；总干事应该帮助各成员方解决它们之间所发生的争议；总干事负责秘书处的工作、管理预算和与所有成员有关的行政事务；总干事应该主持协调非正式谈判，避免争议产生。

2. 秘书处

相对于关贸总协定的秘书处，世界贸易组织秘书处的职责更大，作用更大，姿态也更加主动。比如，WTO 秘书处负责定期审议各成员方的贸易政策，负责写出被审议成员方的贸易报告，可以要求有关成员方“澄清其贸易政策和实践”，秘书处甚至可以指出成员方应该纠正或改进的贸易实践，敦促其做出必要的改革。

四、中国加入世界贸易组织的谈判进程

中国和 WTO 及其前身 GATT 有着长期的历史渊源，因为历史上中国就是 GATT 的创始成员国。1947 年 4 月，当时的南京国民政府参加了在日内瓦举行的、由联合国经社理事会召开的国际贸易与就业会议第二届筹委会。中国与英、美、法等 19 个国家进行了关税减让谈判，达成了关税减让协议，并参与了拟订《关税与贸易总协定》的工作。1947 年 10 月，包括中国政府在内的 23 个参加国签署了《关税与贸易总协定》；1948 年 4 月，中国政府在《关税与贸易总协定临时适用协议书》上签字，并于 5 月 21 日成为《关税与贸易总协定》23 个原始缔约方之一。1949 年新中国成立以后，在未得到中国唯一合法政府中华人民共和国政府授权的情况下，台湾当局擅自于 1950 年 3 月通知联合国秘书长，决定退出关贸总协定，当时我们也没有对是否保持关贸总协定缔约国地位做出应有的反应，所以事实上中国已经中断了和关贸总协定的关系。1978 年实行改革开放政策后，我国经济上取得巨大成就，国内经济与世界经济联系日益紧密。从加快改革开放进程、进一步发展国民经济的需要出发，我国于 1986 年做出了申请恢复关贸总协定缔约方地位的决定，中国政府表示将努力对自身的经济体制和贸易体制进行改革，尽快与关贸总协定所制定的国际通行规则接轨，扩大和其他缔约方的经济贸易关系。自 1986 年 7 月 11 日我国正式提出恢复我国缔约方地位后，1987 年 3 月关贸总协定成立了“中国复关问题工作组”，开始进行中国的“复关”谈判。在“乌拉圭回合”多边贸易谈判中，中国政府还派出代表团参加了谈判，并在最后的协议文本上签了字。

（一）申请恢复 GATT 缔约国地位的谈判阶段

1. 提出申请和“复关”的基本原则

1986 年 7 月中国政府正式向 GATT 提出关于恢复中国在关贸总协定缔约国地位的申请，并阐明了“复关”的三项基本原则：中国以恢复的方式重返关贸总协定，而不是加入；中国政府以关税减让为承诺条件；中国以发展中国家的

身份恢复在 GATT 中的缔约国地位。

2. 中国工作组会议召开与谈判

中国恢复 GATT 缔约国地位的谈判主要采取多边谈判的形式，即由 GATT 主要的缔约方组成中国复关问题工作组与中国政府代表团进行谈判，由于以美国为首的西方国家对中国的要价过高，同时当时中国的计划经济体制与 GATT 的市场经济体制差别过大，特别是中国的进口关税过高，因此没有取得应有的成果。

3. 确立市场经济目标以后的谈判

1992 年春天邓小平同志南巡讲话引发了中国的深化改革和进一步的对外开放，特别是中共十四大的召开为中国经济体制改革确立了建立市场经济和现代企业制度的目标，推动了中国恢复 GATT 合法地位谈判的深入发展。但是直至 1995 年 WTO 取代 GATT，中国的市场准入度和对外开放度仍旧没有达到 GATT 主要成员国的要求，因此中国“复关”的目标最终没有实现。

（二）申请加入 WTO 的谈判阶段

1. 申请入世和中国“入世”的基本原则

1995 年世界贸易组织正式成立并于 1996 年彻底取代了原来的关税与贸易总协定，中国政府根据本国经济发展和市场化的需要，于 1996 年正式提出加入 WTO 的申请，并提出了“入世”的三项原则：以发展中国家的地位加入世界贸易组织；以乌拉圭回合最终协议为基础；承担与自己经济发展水平相适应的义务。本着这些原则，中国政府始终采取灵活务实的态度与世界贸易组织各成员方进行着艰难的谈判。

2. 中国和美国在双边谈判中达成协议推动中国的入世进展

中国加入世界贸易组织的谈判除了在 GATT 时期的多边谈判外（即由中国复关问题工作组和中国政府代表团进行谈判），还增加了双边入世问题的谈判，即由 WTO 各成员方政府和中国政府进行双边谈判，正式要求和中国政府谈判的有 37 个 WTO 成员方，其中欧盟实际包括 15 个国家。在双边谈判中最重要、要价最高而且影响最大的是美国。经过几年艰难的谈判，中美双方本着互谅互让和平等互利的精神，终于达成一个双赢的结果，于 1999 年 11 月 15 日正式签署了最终协议。该协议的主要内容包括：关税减让、分销权、非关税措施、视听产品、金融业开放、电信业开放、纺织品贸易和服务贸易等。中美达成双边协议对中国加入 WTO 起到了积极的推动作用。

3. “多哈会议”中国最终加入世界贸易组织

当中国与大多数成员方的双边谈判进入后期，新的多边谈判开始。与双边谈判的复杂和艰难相比较，中国与入世问题工作组的多边谈判较为容易和顺利，主要议题是中国“入世”的法律文件（包括中国入世议定书和工作组报告书）起草问题。2001年9月17日世界贸易组织中国工作组第18次会议通过了中国加入WTO的法律文件，中国加入世界贸易组织的多边谈判正式结束。在此之后，中国入世问题工作组按照程序把中国入世的法律文件交给世界贸易组织总理事会。2001年11月10日，在卡塔尔首都多哈举行的世界贸易组织第四届部长级会议一致通过中国加入世界贸易组织的决议。中国的立法机构——全国人大常委会批准了这些报告和议定书，并由中国政府代表交存世界贸易组织总干事。2001年12月11日中国正式成为WTO的第143个成员方，第二天中国的台湾地区以单独关税区的名义也加入了世界贸易组织，成为第144个成员方。

第二节　中国加入WTO面临的机遇和挑战

中国加入世界贸易组织是中国改革开放的重大事件，对于进一步推动中国的经济发展和市场经济的建立与完善有着重大的战略意义。根据世界贸易组织的贸易自由化原则，加入WTO以后我国的经济发展面临难得的机遇，也同时要接受入世的冲击和挑战。

一、中国加入WTO以后享受的权利

（一）享受世界贸易组织多边、无条件的最惠国待遇和国民待遇

世界贸易组织的基本原则之一就是非歧视原则，主要通过最惠国待遇和国民待遇体现出来。根据WTO的有关规则，这些待遇应该是多边的、无条件的和稳定的。中国加入WTO以后，WTO各成员方都应该向中国提供这种待遇，这将使中国产品可以在最大的范围内享受有利的竞争条件，从而有效促进中国的进出口贸易和利用外资的发展。

（二）享受各成员方对我国出口产品的进一步开放的政策

根据WTO的自由贸易原则，中国入世以后其出口产品进入各成员方市场的贸易壁垒将不断减少，主要产品的进口关税越来越低，各种非关税壁垒也逐步减少和取消。特别是中国有一定竞争优势的纺织品和服装，由于WTO“纺织品服装协议”长期实行的配额制度的全部取消和贸易自由化的实施，极大地刺激了中国纺织品服装的生产激增、出口激增和就业激增。入世之前中国的进出口贸易总额（2001年）为5098亿美元，到2008年则快速增长到2.5万亿美元，入世后7年总额翻了两番多。

（三）享受普遍优惠制及其他发展中国家的特殊优惠

中国加入 WTO 的一个重要前提条件就是以发展中国家地位进入世界贸易组织的多边贸易体系，根据 WTO 的发展中国家例外的原则，中国可以享受许多特殊的照顾和优惠。如可以享受更为广泛的普遍优惠制，使中国的出口商品可以以更低的关税进入发达国家市场；中国可以在过渡期内适度保护本国的幼稚工业；在国际收支恶化时可以实行数量限制；在服务贸易开放中可以采取"循序渐进和适度保护"的政策；在贸易救济政策中可以实施对本国更有利的贸易措施等。

（四）可以充分利用 WTO 的争端解决机制处理我国与各成员方的关系

随着中国进出口贸易的迅速发展，中国和主要贸易对象的贸易争端和贸易纠纷也越来越多了。在没有加入 WTO 的时候，我们只能采取与有关国家进行双边谈判的方式，往往使我国处于不利地位，很多国家长期对我国实行歧视性的贸易政策。中国入世以后，可以通过 WTO 的争端解决机制和程序，比较公平地解决贸易争端，维护中国的贸易利益。如美国政府在 2002 年根据保障措施宣布以高关税限制外国钢铁产品的进入，使中国和其他钢铁出口国的利益遭到严重损害。中国政府和有关国家同时到 WTO 的争端解决机构指控美方的不公平行为，最后 WTO 宣布美国方面败诉，有效地维护了中国的经济利益。

（五）可以参与国际贸易规则的制定和修改

在中国加入世界贸易组织以前，中国在国际经济贸易活动中只能消极地遵守 WTO 的国际通行规则，而不能参与规则的制定与修改。中国加入 WTO 以后，就可以以一个成员方，特别是发展中大国的身份参与各种国际贸易规则的制定与修改，充分表达中国政府的要求和关切，有利于维护中国在世界贸易中的地位和合法权益，并在建立和维护公正合理的国际经济秩序方面发挥更大的作用。此外，中国还能利用 WTO 的讲台宣传中国的改革开放政策，积极发展和世界各国各地区的经济合作，还将通过 WTO 收集到世界各国各地区的经济贸易信息资料。

二、中国加入 WTO 以后要承担的责任和义务

（一）削减进口关税

WTO 的自由贸易原则要求各成员方应该不断开放国内市场，提高市场准入度，具体来说就是要削减对外国进口产品的关税和降低各种非关税壁垒。为了适应 WTO 的有关规定，中国在加入世界贸易组织的承诺中保证将中国的进口关税逐步降低到发展中国家的水平。在 1986 年中国申请恢复关贸总协定成员地位以前，中国的进口关税总体水平达到 44%的世界最高水平，显然不符合

WTO 的要求。2000 年中国的平均关税水平已经降低到 15.3%，入世后则要降低到 10%左右（实际到 2005 年 1 月 1 日中国的关税水平已经降低到 9.9%）。其中，最高关税不能够超过 30%，如进口汽车的关税到 2006 年降低到 25%，汽车零件为 10%；进口塑料的关税 2008 年降低到 6.5%，技术信息产品逐步过渡到零关税。关税的不断降低将使中国的许多产业更直接地面对国际产品的激烈竞争，同时国家财政收入也会因此而减少，但是最终可以使国内消费者受益。

（二）逐步取消若干非关税措施

WTO 在实行自由贸易的进程中不但要求逐步降低各国的关税壁垒，而且要求大幅度降低、规范甚至取消形形色色的非关税措施。中国的非关税措施种类繁多，很多是在计划经济时期为保护国内产业而制定的严格限制进口的措施，因此在加入 WTO 以后大多数非关税措施将要逐步取消，有一些政策允许的措施也要严格限制和规范。我国在过渡期内对部分产品可以实行配额制度，但是这些配额要逐步减少，2005 年以后各种配额大多数已经取消。指令性进口计划和进口替代等计划经济时期限制进口的措施都已经取消。进口许可证要以自动许可证为主，实施制度要规范，保护性的进口许可证将要取消。

（三）逐步开放国内服务市场

中国加入 WTO 以后，根据“乌拉圭回合”的有关协议，要逐步开放国内的服务市场，允许各成员方进入中国的银行、保险、运输、建筑、旅游、通信、法律、咨询、商业批发、零售等领域，并给予和国内同行业同等地位的国民待遇。对各服务市场的投资方式、投资比例、区域限制和数量限制，也采取循序渐进的策略。如对外资银行的地域限制逐步减少到最后取消，人民币业务 5 年后完全开放；对于因特网和卫星服务，同意按增值电信和基础电信分别承诺因特网和卫星服务，2004 年外资比例达到 50%；对于超市等零售业，外国零售商的地域限制和数量限制在 2005 年后取消，外商所占股份不得超过 65%的规定也取消；对于电影，承诺入世后每年允许进口 20 部分账电影。

（四）增加贸易政策的透明度

根据 WTO 的贸易政策透明度原则，各成员方应该在经济贸易政策方面实行透明的公开措施。《关税与贸易总协定》第 10 条规定：“缔约方有效实施的关于海关对产品的分类或估价，关于税捐或其他费用的征收率，关于对进出口货物及其支付转账的规定、限制和禁止，以及关于影响进出口货物的销售、分配、运输、保险、存仓、检验、展览、加工、混合或使用的法令、条例与一般援用的司法判决及行政决定，都应迅速公布，以使各国政府及贸易商对它们熟悉。”在这里，所谓透明度，即要求各缔约方公布各种有关经济贸易的数据、法规、条例、决定等，对于一些主要成员还要求经常提供报告。世界贸易组织会定期检查其透明度状况。中国以往除公开一些重要法律、条例外，一般习惯于制定若干内部决定，因此中国被认为在贸易上缺乏透明度。现在中国已公布或废除了众多以往的内部决定，以适应世界贸易组织的要求。

（五）扩大对知识产权的保护范围

“乌拉圭回合”的另一新议题是要求各缔约方扩大对知识产权的保护范围。由于一些发达国家拥有先进科技和工艺的专利、名牌的商标、科技文化著作以及在计算机软件等方面的很大优势，扩大对知识产权的保护无疑是符合这些发达国家愿望的。中国作为发展中国家，在知识产权方面目前还相当落后，和发达国家相比尚有相当大的差距。某些国际公约虽然规定任何国家的企业无偿地仿造别国的专利产品被认为是侵权行为，但对保护范围没有明确规定，尤其是随着新科技发展和发明创造，对计算机软件等新的项目一时还来不及做出规定，因此在国际上专利权的争执时有发生。中美有关“特别 301 款”的谈判就是专门讨论扩大知识产权保护范围和保护期限等问题，由于双方都做了某些让步，才使谈判最终达成协议。中国加入世界贸易组织后，也要遵守世界贸易组织有关知识产权的协议，知识产权扩大保护范围以后（如扩大到化工产品、药品、食品、计算机软件等），将使中国的有关企业必须支付专利许可证费用，来合法地购买西方发达国家的专利，中国政府也要禁止任何有损国家和企业名誉的侵权活动，依法严肃处理侵犯国外知识产权的行为。

（六）积极扩大利用外资

“乌拉圭回合”第三个新议题谈判是“与贸易有关的投资措施”。在中国大力引进外资的情况下，这一议题谈判所达成的协议与中国的引进外资有着密切的关系。当然，从发达国家的观点来看，输出资本，尤其是在劳动力比较丰富、工资比较低廉的国家进行投资，可以获得比在本国投资设厂更优厚的利润。中国自实行对外开放政策以来，举办合资、合作及外商独资企业已经取得初步成效。中国已积累了自对外开放以来十多年的引进外资的经验，也颁布了有关引进外资的各种条例法规。由于鼓励外资的引进，在税收方面，外资企业还可享有优于中国企业的税收减免的特殊优惠。并且，这些特殊优惠不是针对特定的国家和区域，而是给予一切外国投资者的无差别待遇。因此，这也是符合世界贸易组织非歧视原则的，但中国引进外资的法规还不够完善，允许外商投资的范围还有待扩大，其他一些投资环境也急需改进。

第三节 中国贸易政策与WTO规则的全面接轨

从1986年7月开始，我国政府就启动了恢复在关贸总协定中合法席位的进程，一直到2001年12月加入世界贸易组织，我们经过了整整15年的历程，世界上很少有国家为进入这个多边贸易体制用了如此长的时间，其主要原因就是我国的贸易政策与WTO的国际通行规则差距太大，传统的计划经济与WTO的市场经济差距巨大，保护贸易与自由贸易差距巨大，封闭型经济与开放型经济差距巨大。因此，在申请加入WTO和加入这一多边贸易体制以后，我们要不断使中国的贸易政策和WTO的国际规则进行接轨和承诺接轨。

一、我国有关国际贸易的法律框架

改革开放以前，我国的对外贸易处于非常落后的状态，经济体制长期实行的是计划经济体制，所以当时我国的有关国际商务的法律法规很不健全，主要通过国家垄断对外贸易和依靠行政管理的方式管理我国的对外贸易活动。因此那时我国没有一个系统的国际商务的法律框架，其特点是对进出口贸易实行严格的集中管理；外贸部通过组建一些主要的国有垄断行业性对外贸易总公司垄断对外贸易；我国的对外贸易体制基本是封闭型的高度集中、统一经营的模式。但是在进入改革开放的新时期以后，我国逐步建立与完善了社会主义市场经济体制，特别是加入世界贸易组织以后，我国的经济体制和贸易体制更要全面向WTO的国际通行规则靠拢，必须建立和完善自己的有关国际商务的法律框架。

当前，我国基本上改变了过去单纯依靠指令性计划和行政命令来管理对外贸易的做法，而是主要运用法律手段和经济杠杆，并辅之以必要的行政手段来实行对外贸易的管理。

（一）我国国际商务法律框架的核心

1994年7月1日我国公布了中国第一个《中华人民共和国对外贸易法》，这就是我国国际商务法律框架的核心。在中国加入世界贸易组织以后，为了全面使我国的商务法律与WTO的多边贸易体系对接，2004年7月1日又公布了第二个《中华人民共和国对外贸易法》，该法的目的是为了发展对外贸易，维护对外贸易秩序和促进社会主义市场经济健康发展。新的《对外贸易法》确立了我国发展国际商务的基本原则，这就是自由贸易、公平贸易和统一的对外贸易政策。这部分内容在本书第十二章有具体的介绍。

（二）我国有关发展对外经济贸易的立法

1. 进出口经营权管理立法

我国在改革开放前实行的是国家垄断对外贸易；1979 年以后实行简政放权，改为国家审批制度，企业应提交申请和各项有关资料，由有关国家机关审批许可。中国加入 WTO 以后逐步向登记核准制度过渡，在加入世界贸易组织三年内取消国家审批制。

2. 进出口商品管理制度立法

在自由贸易原则下，我国确立了对进出口商品实施管理的制度，并规定对限制进出口的商品实行配额和许可证管理制度。根据 WTO 的“国营贸易”原则我国对部分商品规定由指定的国营贸易企业专营，但是随着市场经济的发展也逐步允许非国营贸易企业在一定范围内经营。

3. 进出口商品检验检疫制度立法

我国过去在商品检验检疫上实行的是内外贸分开的办法，但是入世后内检外检开始合一，成立了国家质量监督检验检疫机构，并于 2002 年重新修订了《中华人民共和国进出口商品检验法》及相应的《实施细则》。

4. 技术引进和技术出口立法

技术引进一直是我国进口的主要内容，为了更积极、有效地进行这一工作，防止盲目引进和重复引进，我国在改革开放后就制定了有关技术引进的工作条例，加强对引进工作的管理；同时，在发展技术输出中也制定了有关的法律法规。对外承包和国际劳务合作一直是我国国际商务的重要方面，国家也制定并不断完善有关法规。

（三）利用外资和对外投资的法律法规

改革开放初期，我国为了加快利用外资的步伐，先后制定了中外合资企业法、中外合作企业法和外资企业法，有力推动了利用外资工作的发展。加入 WTO 以后，为了和 WTO 的与贸易有关的投资措施协议对接，特别是要在该领域实行国民待遇政策，我国又修订和公布了上述三个新的法律法规。

（四）海关和关税制度立法

在加入世界贸易组织的进程中，我国对关税制度做出了重大的改革，由原来的以防范为目的的关税制度转变为以促进为目的的关税制度，平均进口关税水平由 1986 年的 43%下降到 2005 年的 9.9%。我国新颁布的《海关法》和一系列有关海关工作的法律法规，对海关的权力、货运监管、征收关税、查禁走私等法律责任都做了具体的规定。

（五）外汇管理立法

改革开放以后，为了保证外汇收支平衡、合理调配外汇资金、增加外汇收入，使外汇管理走向规范化，我国颁布了《外汇管理条例》等许多有关外汇的法律法规。1994年，为了和国际通行规则接轨，开始实行汇率并轨和银行的结售汇制等，实行以市场供求为基础的、有管理的、单一的浮动售汇制，对各项有关外汇管理的法律法规予以重新修订和公布。2005年7月我国对人民币汇率生成机制又进行了市场化改革，即建立以市场供求为基础的参考一篮子货币的浮动的汇率制度。

（六）保护知识产权立法

虽然在世界上知识产权立法很早就出现了，但是中国的知识产权法律法规是在改革开放以后才开始制定和公布的。在申请加入世界贸易组织的进程中，我国在这方面的立法与国际通行的规则仍存在着很大的差距，加入WTO后我国根据向国际规则靠拢的原则，重新修订了《专利法》、《商标法》、《著作权法》等，使我国在国际商务的知识产权领域基本上与WTO的有关国际通行规则接轨，做到了有法可依。

二、中国的贸易政策与世界贸易组织的规则接轨

2001年12月11日，历经15年谈判，中国成为世界贸易组织第143个成员。根据加入世界贸易组织的承诺，中国扩大了在工业、农业、服务业等领域的对外开放，加快推进贸易自由化和贸易投资便利化。在履行承诺过程中，中国深化外贸体制改革，完善外贸法律法规体系，减少贸易壁垒和行政干预，理顺政府在外贸管理中的职责，促进政府行为更加公开、公正和透明，推动开放型经济进入一个新的发展阶段。

（一）加快对外经济贸易法制化建设

加入世界贸易组织后，中国集中清理了2300多部法律法规和部门规章。对其中不符合世界贸易组织规则和中国加入世界贸易组织承诺的，分别予以废止或修订。新修订的法律法规减少和规范了行政许可程序，建立健全了贸易促进、贸易救济法律体系。根据世界贸易组织《与贸易有关的知识产权协议》，中国对与知识产权相关的法律法规和司法解释进行了修改，基本形成了体系完整、符合中国国情、与国际惯例接轨的保护知识产权法律法规体系。

（二）进一步降低关税，削减非关税措施

在加入世界贸易组织后的过渡期，中国进口商品关税总水平从2001年的15.3%逐步降低到2005年的9.9%。到2005年1月，中国绝大多数关税削减承诺执行完毕。根据承诺，中国自2005年1月起全部取消对424个税号产品的进口配额、进口许可证和特定招标等非关税措施，仅仅保留了依据国际公约以及在世界贸易组织规则下为保证生命安全、保护环境而实施进口管制产品的许可

证管理。2010 年，中国关税总水平已经降至 9.8%，其中农产品平均税率降至 15.2%，工业品平均税率降至 8.9%。关税约束率自 2005 年起一直维持在 100%。

（三）全面放开外贸经营权

根据 2004 年新修订的《中华人民共和国对外贸易法》，自 2004 年 7 月起，中国政府对企业的外贸经营权由审批制改为备案登记制，所有对外贸易经营者均可依法从事对外贸易。取消外贸经营权审批，促进了国有企业、外商投资企业和民营企业多元化外贸经营格局的形成。在国有企业和外商投资企业进出口持续增长的同时，民营企业对外贸易发展迅速，进出口市场份额持续扩大，成为对外贸易的重要经营主体。2010 年，国有企业、外商投资企业和民营企业进出口分别占中国进出口总额的 20.9%、53.8%和 25.3%。

（四）进一步扩大服务市场开放

中国认真履行加入世界贸易组织的承诺，为境外服务商提供了包括金融、电信、建筑、分销、物流、旅游、教育等在内的广泛的市场准入机会。在世界贸易组织服务贸易分类的 160 个分部门中，中国开放了 100 个，开放范围已经接近发达国家的平均水平。2010 年，中国服务业新设立外商投资企业 13905 家，实际利用外资 487 亿美元，占全国非金融领域新设立外商投资企业和实际利用外资的比重分别为 50.7%和 46.1%。

（五）营造更为公平的市场竞争环境

中国通过建立、完善公平贸易法律制度和执法监督机制，遏制与打击对外贸易经营中的侵权、倾销、走私、扰乱市场秩序等不公平贸易行为，努力为境内外企业提供一个宽松、公平、稳定的市场环境。中国政府依据国内法律和国际贸易规则，加强预警监测，同时利用贸易救济和反垄断调查等措施，对贸易伙伴的不公平贸易行为予以纠正，维护国内产业和企业的合法权益。在应对国际金融危机过程中，中国与国际社会一起坚决反对任何形式的贸易保护主义，严格遵守世界贸易组织相关规定，在实施经济刺激计划时平等地对待境内外产品，促进了境内外企业的公平竞争。

（六）与世界贸易组织的公平贸易原则接轨

世界贸易组织的非歧视原则主要包括最惠国待遇和国民待遇两方面，因此接轨主要体现在：在对外贸易法律中明确提出给予与中国签订各种贸易条约和协定的国家和地区以最惠国待遇和国民待遇；在有关利用外资的法律法规中规定对外商投资者给予国民待遇，不得歧视外国投资企业，也不能歧视内资企业。此外，建立中国的对外贸易救济制度，与 WTO 的有关规则对接。制定符合 WTO 规则的知识产权保护制度，保护与贸易有关的知识产权拥有人的利益，打击各种侵权盗版行为，同时也要限制知识产权拥有人滥用权利。建立规范的国营贸易制度，反对不公平竞争行为和垄断行为，维护国际贸易领域的公平竞争。

截至2010年，中国加入世界贸易组织的所有承诺全部履行完毕。中国认真履行承诺的实际行动得到世界贸易组织大多数成员的肯定。2006年、2008年和2010年，中国政府接受了世界贸易组织的三次贸易政策审议。世界贸易组织所倡导的非歧视、透明度、公平竞争等基本原则已经融入中国的法律法规和有关制度。市场意识、开放意识、公平竞争意识、法治精神和知识产权观念等在中国更加深入人心，推动了中国经济进一步开放和市场经济体制进一步完善。

本章小结

由于历史原因，中国长期以来中断了和关贸总协定及世界贸易组织的往来关系，使中国被关在这个多边贸易体制的大门之外。党的十一届三中全会以后，确立了改革开放的基本国策，加入WTO多边贸易体制就成为了中国发展对外经济关系的一项重要工作。在中国恢复GATT合法席位和加入WTO的15年艰难进程中，中国政府做出了重大的努力和巨大的让步，并承诺大幅度减让进口关税和削减各种非关税壁垒，努力开放货物和服务市场。中国政府在申请加入WTO的过程中始终坚持三项基本原则，这就是以发展中国家地位加入世界贸易组织；在“乌拉圭回合”谈判的基础上进行入世谈判；坚持权利和义务相平衡的原则。随着中国开放度的不断提高和社会主义市场经济的建立与完善，中国的贸易体制与政策逐步接近与达到WTO的要求，终于在2001年12月完成了加入WTO的谈判，正式成为世界贸易组织的成员。

中国加入世界贸易组织以后，根据其规则可以享受多边最惠国待遇和国民待遇，可以利用世界贸易组织的争端解决机制解决与有关国家和地区的贸易纠纷，并以此维护我们国家的利益；我国可以得到发展中国家应该得到的各种优惠政策，这将有利于发展中国的对外贸易和利用外资，并因此刺激国民经济快速增长。同时，入世也要加大国内市场的开放程度，使更多的外国产品和服务进入中国国内市场，对中国的民族产业也必然带来一定的压力和冲击。加入世界贸易组织以后，我国的贸易体制和经济体制要全面和WTO的国际通行规则接轨，为此，我国制定了一系列与国际规则接轨的对外贸易法律法规，并实行更加规范的贸易政策，如关税政策、非关税政策、外汇管理政策、知识产权政策、服务贸易的市场准入政策等。中国贸易政策的改革以及与国际通行规则的接轨也促进了我国社会主义市场经济的建设与不断完善，并因此推动中国经济快速增长。

本章思考题

1. 什么是世界贸易组织？世界贸易组织在货物贸易、服务贸易和知识产权等领域的国际规则主要包括哪些内容？

2. 中国在申请恢复关贸总协定合法席位和加入世界贸易组织的进程中，所提出的基本原则分别是什么？

3. 与关贸总协定相比较，世界贸易组织有哪些特点？

4. 中国加入世界贸易组织对于中国经济发展和对外贸易发展有什么样的战略意义？

5. 中国加入世界贸易组织对于中国的利用外资有什么意义？

6. 中国的贸易政策是怎样和世界贸易组织的国际通行规则接轨的？

7. 为加入世界贸易组织，中国对经济贸易体制进行了哪些重大的改革？

第四章　中国货物进出口贸易及发展战略

本章学习目标

货物贸易是对外贸易的重要内容，因此在本章里主要介绍中国货物进出口贸易的发展状况，并进行综合分析，包括增长态势分析、商品结构分析、地区结构分析、贸易差额分析等。在货物进出口贸易的发展战略里，最重要的是大经贸战略、以质取胜战略、市场多元化战略和出口商品战略等。

在《中华人民共和国对外贸易法》中，根据贸易的标的划分，对外贸易的具体内容一般分为三种形式，即货物进出口贸易、服务进出口贸易和技术进出口贸易。实际上，技术贸易的一部分属于货物贸易，如成套设备和先进的生产线等，一部分属于服务贸易，如特许权的转让。在当前的国际贸易中，货物进出口贸易一直占有重要的位置，是贸易的主体。在世界贸易中货物进出口贸易约占全球总贸易的80%左右，在中国对外贸易中货物进出口贸易的比重则达到90%以上。

第一节　货物进出口贸易概述

一、货物贸易的含义和特点

（一）货物贸易的含义

在国际贸易中其商品的形式和内容是以有形产品表现的，这种贸易就是货物进出口贸易。也就是说，货物贸易的商品是有形的、看得见摸得着的具体产品。如纺织品服装、农产品、水产品、矿产品、机电产品（包括飞机、汽车、机床、船舶等），都属于货物贸易的交易产品。在世界贸易中，货物贸易所占的比重一直是非常高的。尽管战后服务贸易发展的速度超过了货物贸易，但是目前货物贸易仍旧占世界贸易的 80%以上，如 2007 年世界货物贸易总额为 28.1 万亿美元，占该年贸易总额的 81.68%，而世界服务贸易总额是 6.32 万亿美元，占该年贸易总额的18.32%。中国的货物贸易所占比重更大一些，2009年的比重是88.53%，服务贸易仅占11.47%。

（二）货物贸易的特点

货物贸易与服务贸易相比较，其最大的不同点是：

1. 有形性

就是货物贸易的商品是具体的、看得见摸得着的产品，生产者和消费者可以就某一种产品的式样、图纸或说明书进行交易；而服务贸易的产品是无形的，看不见摸不着，仅仅是一种劳务或服务。

2. 可储存性

货物贸易的商品是可以储存的，一般都是生产者首先生产，然后进行一段时间的储存，然后再销售给消费者；而服务贸易是不能储存的，生产和消费一般是同时进行。正因为货物贸易的可储存性，所以商人们就可以利用其价格的变动进行投机活动，以获取利益，期货交易就是由此而产生的。

3. 贸易规模的统计

货物贸易因为是有形的，所以其进出口都是由所在国的海关进行监管，贸易规模也都是由海关进行统计；但是服务贸易是无形的，海关对此无法进行监管和统计，所以各国对服务贸易的统计多是由外汇管理部门负责。

4. 贸易壁垒

目前世界各国为了保护本国国内的工农业，都设置了多种形式的、合法或不合法的贸易壁垒，以限制外国产品的进入。货物贸易的壁垒大体有两大类：一是关税壁垒，即通过对进口产品征收较高的关税，以提高其进口成本，并相应降低其竞争能力，达到保护国内市场的目的；另一种是形形色色的非关税壁垒，如进口配额、外汇管制、海关估价、技术标准等，也是为了达到限制进口的目的。服务贸易因为不受海关的监管和征税，所以就不存在关税壁垒和非关税壁垒，它的贸易壁垒一般是通过对外商投资进行限制和国民待遇的不平等来实施的。

二、货物贸易的统计指标

（一）货物进出口贸易规模统计

货物进出口贸易的规模是一个国家或地区在一定时期内货物进口和出口的统计指标。在具体统计中一般有两种形式，即对外贸易额和对外贸易量。对外贸易额是一个国家或地区在一定时期内对外货物贸易和服务贸易的相加之和。货物贸易是由海关统计的，而服务贸易是由外汇管理部门统计的。对外贸易额自然是用货币金额来统计的，过去许多国家习惯用本国货币来统计，但是这种统计方法对于统计分析不利，而且汇总上报到 WTO 后在综合和分析时也会出现许多困难，所以现在各国一般使用国际货币来统计，也就是使用美元来进行统计。因为美元长期比较稳定，而且在国际贸易中使用比例超过 2/3。世界贸易组织每年编制和发表的各国各地区对外贸易额，就是以美元为单位来表示的。

世界贸易组织在归纳和统计全球贸易额的时候，对货物额按出口和进口分别计算。从理论上说，一国的货物出口就是另一国的进口，所以全世界的货物出口贸易额就应该等于全世界的货物进口额。但是实际上世界货物出口额总是小于世界货物进口额，这是因为各国在统计出口货物贸易额时，一般都是按照离岸价格计算的，而统计进口货物贸易额时则是按到岸价格来统计的。到岸价格除了成本外还包括运费和保险费，这样进口额中就把属于服务贸易的一部分收入计算到货物贸易中，造成了重复计算，因此我们一般所说的世界货物贸易总额实际就是世界货物出口总额。我们在表 4-1 中可以看到 WTO 在统计全球贸易规模时所采用的统计方式。

表 4-1　1997～2009 年世界货物贸易额及增长率统计表

单位：亿美元

年份	出口总额	进口总额	贸易总额	出口增长	进口增长	总增长
1997	53054.78	53576.22	106631.00	0.9%	0.6%	0.7%
1998	52419.83	52972.90	105392.73	－1.2%	－1.1%	－1.2%
1999	54221.77	55134.00	109355.77	3.4%	4.1%	3.8%
2000	60642.54	62180.17	122822.71	11.8%	12.8%	12.3%
2001	58270.08	59973.23	118243.31	－3.9%	－3.5%	－3.7%
2002	64240.00	65010.00	129250.00	4.0%	3.0%	2.5%
2003	74820	77650	152470	15.9%	19.4%	17.9%
2004	91240	94580	185420	21.0%	21.8%	21.6%
2005	104720	108420	213140	14%	14.63%	14.94%
2006	120830	124130	244960	16%	14.48%	14.92%
2007	139000	142000	281000	15%	14.39%	14.71%
2008	161270	164150	325420	16.02%	15.59%	15.80%
2009	123180	125770	248950	—22.7%	—23.4%	—23.1%

资料来源：联合国《统计月报》，世界贸易组织新闻稿。

由于 20 世纪 70 年代以后石油价格的飙升带动整个世界市场价格大幅度上涨，以国际货币表示的对外贸易额已经不能真实地反映一国及世界贸易的实际规模，因此经济学家们就提出了对外贸易量的概念。当然，对外贸易量并不是用量的单位来统计全球的贸易规模，因为各类商品计量的单位是完全不一样的。所谓对外贸易量，就是为了真实反映对外贸易规模，在贸易统计中以不变价格为基础，统计某一时期的对外贸易值，即以固定年份为基期计算的进口或出口价格指数，除当时的进口额或出口额，得到当年按不变价格计算的进口额或出口额。对外贸易量实际就是剔除了价格变动因素以后的贸易统计值，但是这种统计值仅仅是学术研究或市场分析时使用的指标，WTO 在统计和发表各国各地区及世界贸易规模时并不使用这种指标。

（二）货物进出口贸易的商品结构

国际贸易的商品结构统计，一般按货物贸易和服务贸易分别统计和公布。货物贸易的商品结构是指一个国家或整个世界在一定时期（一般是一年）内各类商品在进出口贸易中所占的比重，从中可以反映出这个国家或整个世界的经济发展水平、产业结构的优化状况和科学技术的进步水平。国际贸易中货物种类繁多，为了便于统计，联合国《国际贸易标准分类》中把货物贸易分为 10 大类、63 章、233 组、786 个分组和 1924 个基本项目。其中 0～4 类是初级产品，5～9 类为工业制成品：

0 类：食品和主要供食用的活动物

1 类：饮料及烟类

2 类：燃料以外的非食用粗原料

3 类：矿物燃料、润滑油及有关燃料

4 类：动植物油脂及其他油脂

5 类：未列名化学产品及有关产品

6 类：主要按原料分类的制成品

7 类：机械和运输设备

8 类：杂项制品

9 类：没有分类的其他产品

从出口贸易的角度来看，一个国家的出口中初级产品所占比重较大，说明该国经济水平比较落后，产业结构优化度低；如果工业制成品出口所占比重较大，则说明该国经济比较发达，产业结构优化，科学技术也比较先进。所以世界上大多数国家和地区的经济贸易发展战略之一就是努力提高其出口产品中工业制成品和高科技产品的比重，实现产业结构的升级。世界贸易也是如此，1937 年世界贸易中初级产品和工业制成品的比例是 63.3:36.7，1970 年是 42.6:55.4，1987 年是 27.8:68.8。世界的产业结构水平和工业化程度也在不断提高。有关服务贸易的商品结构在本书服务贸易部分专门介绍。

中国在改革开放以前，由于产业结构落后，所以出口贸易中基本上是以初级产品为主，工业制成品所占的比重不大，这在一定程度上反映出中国的对外贸易水平、产业结构优化状况和科学技术水平都是非常落后的。但是在改革开放以后，尤其是20世纪90年代以后，中国的出口商品结构发生了非常大的变化，目前制成品的比重已经超过了90%，而初级产品的出口却不到10%，这是中国经济发展和产业结构优化的表现（相关数据见本书附录3的统计资料）。

（三）货物进出口贸易的地区结构

从一个国家对外贸易的角度来看，对外贸易的地区结构就是该国或该地区在一定时期内，与之进行贸易的各个国家、地区或各类国家集团在其进出口贸易中所占的比重，从中可以看出这个国家或地区的市场结构是否多元及合理。随着中国的对外开放深入发展，中国和世界各国各地区的贸易有了突飞猛进的发展，进出口市场逐步多元化。我国目前已经与世界上220多个国家和地区建立了经济和贸易关系，进出口市场从主要集中于西方发达国家向多元化发展。2008年中国的货物出口贸易中排名前五位的国家和地区是欧盟、美国、日本、东盟、中国香港；货物进口贸易中排名前五位的国家和地区是日本、欧盟、中

表4-2　2009～2010年世界主要国家和地区货物出口贸易排名统计表

单位：10亿美元

位次	国家或地区	2010年		位次	国家或地区	2009年	
		出口额	比重（%）			出口额	比重（%）
1	中国	1578	10.4	1	中国	1202	9.6
2	美国	1278	8.4	3	美国	1057	8.5
3	德国	1269	8.3	2	德国	1121	9.0
4	日本	770	5.1	4	日本	581	4.7
5	荷兰	572	3.8	5	荷兰	499	4.0
6	法国	521	3.4	6	法国	475	3.8
7	韩国	466	3.1	9	韩国	364	2.9
8	意大利	448	2.9	7	意大利	405	3.2
9	比利时	411	2.7	8	比利时	370	3.0
10	英国	405	2.7	10	英国	351	2.8
11	中国香港	401	2.6	11	中国香港	330	2.6
12	俄罗斯	400	2.6	13	俄罗斯	304	2.4
13	加拿大	381	2.5	12	加拿大	316	2.5
14	新加坡	352	2.3	14	新加坡	138	1.1
	全球额	15238			全球额	12461	

资料来源：WTO网站数据库统计资料。

国台湾、东盟和韩国。进出口综合来看，欧盟、美国、日本、中国香港、东盟分别为中国第一到第五大贸易伙伴。

从世界贸易的角度来看，国际贸易的地区结构实际表示的是国际贸易地位，即世界各洲、各国及地区在国际贸易中所占的比重及位次。具体计算方法是将该国或该地区的货物或服务的出口总额除以当年的世界出口总额，即得出占世界贸易的比重。

（四）贸易差额

贸易差额是一个国家和地区在一定时期内（一般是一年）出口总额和进口总额之间的差额。如果出口贸易额大于进口贸易额，称之为顺差，又叫出超；如果进口贸易额大于出口贸易额，称之为逆差，又叫入超。如果出口贸易额和进口贸易额相等，则称为贸易平衡。当然，任何一个国家或地区都不可能出现绝对的贸易平衡，所以出现贸易逆差或贸易顺差都是正常的现象。从货物与服务的分类上看，有货物贸易差额和服务贸易差额，两者都是一国国际收支里的经常项目的重要组成部分。每个国家都有程度不同的贸易差额，但是如果一个国家长期出现巨额的贸易不平衡，则会严重影响该国的贸易政策、财政政策和货币政策。

一个国家对外贸易是顺差还是逆差，主要由其经济结构以及产品或服务的国际竞争力决定。中国并不刻意追求对外贸易的顺差。中国服务贸易长期以来一直存在一定逆差；中国货物贸易在 1990 年以前多数年份都是逆差，1990 年以后随着大规模承接国际产业转移，工业制成品竞争力增强，出口增长速度超过进口，中国的货物贸易由总体逆差转变为总体顺差。2005 年中国货物贸易顺差首次突破 1000 亿美元，并持续 4 年大幅攀升。2008 年中国货物贸易顺差达到 2981 亿美元的历史高点，此后逐渐收窄。2009 年和 2010 年，中国货物贸易顺差分别为 1957 亿美元和 1816 亿美元，比上年分别下降 34.4%和 7.2%。2010 年，中国货物贸易顺差占进出口总额的 6.1%，占国内生产总值的 3.1%。在全球贸易差额（顺差或逆差）最大的九个国家中，中国的这两个比值并不处在偏高水平。2009 年在经济危机与出口下滑的情况下仍实现顺差 1960 亿美元，2010 年 3 月底的中国外汇储备达到 24471 亿美元，其数额已经超过西方七大国的外汇储备总额。这在一定程度上也引发了与美国等西方国家的贸易摩擦。我国的货物贸易顺差主要来源地为香港地区、美国和欧盟等贸易伙伴，贸易逆差主要来源地则主要为台湾地区、韩国、日本和东盟等贸易伙伴。

（五）总贸易和专门贸易

WTO 各成员在统计贸易额时一般分为两种统计体系，即总贸易体系和专门贸易体系。总贸易体系也称一般贸易体系，是以进出国境为标准来统计货物进出口的方法，因此在这些国家凡是进入或离开本国国境的货物一律按进口或出口来统计在内。专门贸易体系也称特殊贸易体系，是以进出关境为标准来统计货物进出口的方法，因此凡是通过海关结关进出关境的货物均按进口或出口来统计在内。目前世界上采用总贸易体系的国家和地区有90多个，主要有美国、日本、英国、加拿大、澳大利亚等；采用专门贸易体系的国家和地区主要有德国、法国、意大利等欧洲国家。世界贸易组织并不强求各成员采用统一的贸易体系。中国采用的是总贸易体系，就是说进口货物进入保税区、出口加工区等非关税区后，并没有进入中国的内地时，海关也要统计在进口数据内；出口货物进入这些非关税区内加工或储存，并没有离开国境时，也统计在中国的出口数据内。

（六）对外贸易依存度

对外贸易依存度又称为对外开放度，是指一个国家或地区在某一时期内其对外贸易额和国内生产总值（GDP）的比值。对外贸易依存度也有许多种形式，如对外贸易总依存度、货物贸易依存度、服务贸易依存度、货物贸易的出口依存度和进口依存度等。一般来说，较小的外向型经济国家和地区对外贸易依存度较高，如韩国、中国香港、中国台湾、新加坡等都是对外贸易依存度较高的地区；外向型经济大国则因 GDP 数值大而依存度较小。中国长期是一个对外贸易依存度较小的国家，但是进入20世纪90年代以后由于对外贸易的快速增长，而 GDP 与发达国家还有较大的差距，因此对外贸易依存度也达到较高的水平（具体统计数据见本书附录3：中国对外贸易统计资料）。如根据最新的统计，2011年中国的进出口总额是36420亿美元，其中出口总额是18986亿美元，进口总额是17434亿美元，经统计，该年的对外贸易依存度为50.1%，其中出口依存度为26.1%，进口依存度为24%。

三、货物贸易的贸易方式

中国的货物贸易在贸易方式上一般习惯分为一般贸易、加工贸易和其他灵活的贸易方式。

（一）一般贸易

一般贸易是某个国家或地区正常的进出口贸易，即出口国利用本国的资源、技术、设备生产国外需要的产品，然后通过不同的贸易渠道出口到国外市场。一般贸易应该是一个国家的最主要的贸易方式。

（二）加工贸易

加工贸易则是某个国家或地区通过进口原材料和零部件在国内加工组装成产品后再出口的业务。加工贸易又可以分为进料加工和来料加工。进料加工是国家或企业进口原材料和零部件，在国内加工组装后再出口；来料加工是由外国厂商提供原材料及零部件，本国按照对方的要求进行加工生产以获取工缴费的贸易方式。我国的加工贸易发展非常迅速，1980年加工贸易总额仅为16.7亿美元，到2002年则增长到3021.7亿美元，加工贸易的规模、结构、方式、内容和主体都发生了很大的变化。如2006年中国的一般贸易出口额为4162亿美元，加工贸易出口额则是5103亿美元，加工贸易出口额达到全部贸易的52.67%，超过一般贸易的比重（42.96%），2008年以后其比重有所下降。金融危机以后，为了调整贸易方式中不合理的结构，特别是加工贸易的大大减少，国家有效调整产业结构，提高一般贸易的比重，到2010年以后则使一般贸易比重超过加工贸易比重。

表4-3　1990～2011年我国各种贸易方式情况统计表

单位：亿美元

年份	一般贸易		加工贸易		其他贸易	
	出口	进口	出口	进口	出口	进口
1990	430.80	336.20	254.20	187.60	12.10	80.90
1992	430.80	336.20	396.20	315.40	16.40	154.30
1994	615.60	355.20	569.80	415.70	24.70	325.20
1996	628.40	393.60	843.30	622.70	38.80	372.00
1998	742.35	436.80	1044.54	685.99	50.22	278.50
2000	1051.81	1000.79	1376.52	925.58	63.70	304.57
2002	1361.87	1291.11	1799.28	1222.01	94.82	498.59
2004	2436.06	2481.45	3279.72	2216.94	217.44	919.91
2006	4162.00	3330.74	5103.55	3214.72	423.81	1369.15
2008	6628.62	5720.93	6751.14	3783.77	927.17	1820.92
2009	5298.3	5338.7	5869.8	3223.4	848.49	1493.5
2010	7207.3	7679.8	7403.44	4174.3	1168.60	2094.2
2011	6740.9	7416.6	6127.59	3488.4	1054.20	1946.7

资料来源：中国统计年鉴。

世界上大多数国家和地区在开放的初期阶段都是以加工贸易为主，特别是资源短缺的国家和地区更是如此。加工贸易有效地推动了中国的工业和贸易的发展，但是也存在着一些负面作用，如出口贸易额的快速增长和中国实际外汇收入并不相称；某些有竞争优势的产品增长速度过快，引发了中国与一些相关国家的贸易纠纷和冲突等，为此我国在今后也要控制加工贸易的发展，特别是来料加工的贸易方式。金融危机以后，国家有效调整产业结构，2010年以后一般贸易比重超过加工贸易比重。2011中国的一般贸易出口为6740亿美元，大于加工贸易的6127亿美元，这是中国出口结构有效调整的积极信号。

（三）其他灵活的贸易方式

在货物贸易进出口的统计中，除了一般贸易和加工贸易外，还有少量的各种形式的灵活贸易方式，如补偿贸易、易货贸易、租赁贸易、寄售贸易、对销贸易等。补偿贸易是我国在进口国外先进的技术和设备时，在与对方签订信贷协议的基础上，不用现汇支付，而以产品或劳务分期偿还价款的一种贸易做法。我国采用的补偿贸易一般分为直接产品补偿、间接产品补偿和劳务补偿等方式。易货贸易有狭义的易货和广义的易货之分，狭义的易货贸易是纯粹的以货换货的方式，不用货币支付，其交换的商品价值相当或近似，没有第三者参加。我国目前在边境贸易中经常出现这种小额易货贸易方式。广义的易货贸易又称现代易货贸易，主要是政府之间的记账贸易，这在中国改革开放以前和原苏东等计划经济国家广泛使用，但是在这些国家逐步向市场经济转轨以后，国际间的记账贸易大多不再延续了。国际租赁贸易实际是一种融资方式，即在技术和设备贸易中，租赁公司支付货款以后再与进口方签订租赁协议，进口方分期向租赁公司支付租金，合同完成以后一般就获得设备的所有权。寄售贸易是出口方按照寄售协议先将准备销售的货物运往国外的寄售地，委托当地代销人按照协议的规定条件代为销售，再由代销人向货主结算货款。对销贸易是指在互惠的前提下，由两个或两个以上的贸易方达成协议，规定一方的进口产品可以部分或者全部以相对的出口产品来支付。前面说的补偿贸易、易货贸易，以及反购贸易、互购贸易等都属于对销贸易。

四、有关货物贸易的国际规则和法律规定

为了使世界货物贸易能够积极和有序地发展，国际社会制定了一系列有关国际货物贸易的规则和法律规定。世界上第一个全球多边货物贸易的国际规则，就是在1947年成立的关贸总协定通过的“1947GATT”法律规定。在这个多边贸易协议中，确定了世界货物贸易的基本原则，即自由贸易原则、关税保护和关税减让原则、非歧视原则、一般禁止数量限制原则、公平贸易原则、政策统一性和透明度原则、发展中国家优惠的原则等。作为货物贸易的实体法《1994关税与贸易总协定》的附件，世界贸易组织制定了一系列的有关货物贸易的具体协议。与实体法相比较，这些具体协议更具体化，又是相对独立的。当《1994关税与贸易总协定》与多边货物贸易具体协议相冲突的时候，具体协议的规定在冲突涉及的范围内具有优先效力。

（一）有关非关税壁垒的协议

目前世界上流行的非关税壁垒种类非常多，但是大体分为直接非关税壁垒和间接非关税壁垒两种。直接非关税壁垒主要指配额和数量限制等，这些在自由贸易原则中已经明确规定禁止实施或即将逐步取消。但是大多数间接的非关税壁垒是不可能立即取消的，只能制定有关规则限制和规范其行为，为此世界贸易组织已经制定和公布了六个重要的非关税措施的多边的有关协议。这些非关税协议是："技术性贸易壁垒协议"、"实施动植物卫生检疫措施协议"、"海关估价协议"、"装运前检验协议"、"原产地协议"和"进口许可证协议"。

（二）规范特定产品的多边贸易规则

由于历史的原因，特别是一些发达国家为了保护国内相关产业的原因，货物贸易中一些特定产品还专门制定了几个重要的多边贸易协议，主要是"农业协议"、"纺织品和服装协议"和"技术信息产品协议"。"农业协议"和"纺织品和服装协议"出台的主要背景是长期以来在某些发达国家的要求下，对农产品和纺织品及服装实行了公开的数量限制，严重违背了贸易自由化的原则。为此，这两个协议实际是促使这两种特定产品"回归"到自由贸易的轨道上来，逐步取消数量限制。"技术信息产品协议"是WTO成立以后新制定的，目的是实现技术信息产品在全世界最大限度的自由化，鼓励技术信息产业在世界的不断进步，为此要求各成员对于技术信息产品无例外地尽快实现零关税和取消各种形式的贸易壁垒。

（三）保护国内产业的有关协议

在WTO的多边贸易协议中还有几个重要的保护国内产业的协议，被称为"安全阀"，使货物贸易中各成员可以合法、适度和有限地保护国内竞争力较弱的产业，这就是"反倾销协议"、"补贴和反补贴协议"和"保障措施协议"。这些内容在本书的第十三章将具体介绍。

（四）与贸易有关的投资措施协议

这是一个相对独立、与货物贸易又有一定关系的多边协议，目的是促进世界贸易的增长和自由化，使国际资本移动更加自由化和便利化，加速各成员特别是发展中国家和地区的经济增长。在国际投资中强调了国民待遇原则，东道国不能对投资者实施歧视性的出口比例要求、当地成分要求和外汇平衡要求等，禁止使用数量限制来阻碍投资者进入市场。该协议还有对发展中国家的特殊优惠和投资制度透明度的要求。

（五）只对部分国家有约束力的诸边贸易协议

主要包括"政府采购协议"、"民用航空器协议"、"国际奶制品协议"和"牛肉贸易协议"，这也是规范货物贸易的多边协议，但是由于当时实行的是"点菜式”承诺的政策，即哪个国家或地区在协议上签字，该协议就对这个国家或地区有约束力，该国或该地区就可以享受其权利并承担其义务，反之就不受该协议约束，所以以上四个诸边贸易协议在 WTO 贸易体制中并不是针对所有成员方的，只是针对当初签字的成员。目前 WTO 正在从法律上逐步将有些协议改为正式的多边协议，如“政府采购协议”就将成为正式的多边协议。

上述这些有关货物贸易的国际多边规则和协议，在中国加入世界贸易组织以后，多数也逐步演化为中国的相关的国内法律与规定，如中国的“反倾销条例”、“反补贴条例”、“保障措施条例”和利用外资的法律规定；有些则是体现在中国加入世界贸易组织的议定书和工作组报告书的政府承诺之中，这些都是中国发展货物贸易的法律和法规。

第二节 中国货物进出口贸易的综合分析

自新中国成立以后到改革开放以前，中国的对外贸易基本是以货物贸易为主，而且从产品结构和贸易规模上看都是低水平的，最低的时候不足世界贸易的百分之一。但是在改革开放以后，随着市场经济的发展和市场准入度的不断提高，中国的货物贸易每年都保持高速发展，出口商品结构也在不断优化，到 2005 年中国已经成为世界第三贸易大国。尽管如此，目前中国在货物贸易中仍然不能算是世界强国，其贸易结构和贸易方式还存在着许多不合理的因素。在中国加入 WTO 以后的今天，中国还面临着货物贸易的产品结构、市场结构和贸易方式的进一步调整的问题。

一、中国货物贸易的发展阶段

（一）改革开放的起步阶段（1979 年～1990 年，即“六五”和“七五”时期）

在 1978 年我国实行改革开放政策之前，中国货物进出口贸易在世界上处于非常落后的水平，贸易规模只有 206.4 亿美元，其中出口贸易 97.5 亿美元，进口贸易 108.9 亿美元，而当年世界货物贸易总额已经达到 26573 亿美元。中国这一年的货物贸易额只占全球贸易的 0.75%，列世界第 32 位。我国的货物贸易额不仅远远落后于西方发达国家，甚至还落后于香港地区、台湾地区、韩国和新加坡等所谓的亚洲“四小龙”。我国的出口额占国内生产总值的比重（即“出口贸易依存度”）仅为 5.6%。由此可以看出，中国在改革开放初期货物贸易发展的起点是非常低的。

1979年开始中国的对外贸易体制发生重大的变革，由传统的国家垄断逐步转向经营体制多元化，中国与大多数国家和地区的贸易关系向正常化发展。中国的货物贸易发展迅速，到1989年我们的对外贸易规模达到1116.8亿美元。"六五"期间的货物贸易年平均增长率为12.8%，"七五"期间的年平均增长率为10.6%，都高于世界贸易的平均增长水平，也高于国民经济的增长水平。我国出口贸易依存度也由"六五"末年的9%提高到"七五"末年的11.7%。虽然在这10年内中国的货物进出口贸易增加了5倍多，但是由于同期世界贸易发展也处于高速增长阶段，所以中国在世界贸易中的排名提高得并不快，至"七五"末年，我国对外贸易占世界贸易的比重也只达到1.8%，其中出口为1.7%，进口为1.9%，与改革开放前的1978年相比较，所占比重只提高了1个百分点，在世界贸易中排名第15位。至此中国的对外贸易在世界贸易中的比重约上升了2个百分点，贸易规模在世界上的排名一直徘徊不前，提高得不快。

（二）进入市场经济以后的快速增长阶段（1991年～2000年，即"八五"和"九五"时期）

1991年以后，中国的经济体制改革开始提出逐步建立与完善社会主义市场经济，对外开放进一步发展，中国的货物进出口贸易进入快速发展阶段，在"八五"期间对外贸易实现了年均增长19.2%的高速度。1991年至1995年中国对外贸易分别增长17.6%、22%、18.2%、20.9%和18.7%。在如此高速度增长水平的推动下，中国对外贸易占世界的比重也由1990年的1.7%上升到1995年的2.9%，对外贸易依存度也由1990年的29.8%上升到1995年的40.1%。

"九五"初期，中国的对外贸易依旧维持前阶段的增长速度。但是1997年下半年，亚洲金融危机席卷我国的周边国家和地区市场，日本、韩国、我国港澳台地区及东盟国家都受到金融危机的沉重打击，经济萧条，市场需求萎缩，严重影响了中国对外贸易的发展。1998年中国出现了改革开放以来第一次货物贸易的负增长，尤其出口贸易严重受挫。但是1999年我国的对外贸易再次恢复活力，当年对外贸易就实现了11.3%的增长，而在2000年对外贸易更是实现了31.5%的高速度增长，创造了改革开放以来货物贸易增长的最高速度，对外贸易依存度也创造了43.9%的最高指标，中国对外贸易额占世界贸易的比重急剧上升到3.6%，货物贸易排名也由第9位提升到第7位，其中出口排名世界第7位，进口排名世界第8位。

（三）加入世界贸易组织以后的高速增长阶段（2001年以后，即"十五"和"十一五"时期）

经过15年的努力和长期的"入世"谈判，中国终于在2001年底正式加入了 WTO 这一全球重要的多边贸易组织，并在政府承诺中大大提高了中国的市场准入度，同时各世贸组织成员也对中国产品进一步开放市场，给予非歧视待遇，这样为中国货物贸易的高速增长创造了良好的条件。同时，由于中国利用外资进度的加快，大型跨国企业在中国的出口迅速增长；中国的人民币与美元挂钩，2001 年“9.11”事件后美国经济的萎缩和美元的疲软，客观上因人民币的贬值而推动了中国货物贸易的出口发展；中国的贸易体制进一步改革，使大多数有条件的企业都可以直接进入国际市场，这一切都推动了中国对外贸易的高速增长。2001 年中国对外贸易总额达到 5089 亿美元，是 1989 年的 4.6 倍，是 1997 年的 1.57 倍，年增长幅度远高于世界贸易同期的 6.1%，也高于中国同期 GDP 的 9.3%的增长水平。中国对外贸易在世界上的排名也第一次进入前 6 名。中国加入世界贸易组织以后，对外贸易进入高速增长阶段，3 年翻了一番，即贸易总额超过 1 万亿美元；6 年又翻一番，贸易总额超过 2 万亿美元，达到 21738 亿美元，年增长 23.2%，其中出口贸易 12180 亿美元，进口贸易 9558 亿美元。2007 年中国对外贸易依存度达到 67%，贸易规模列世界第三位，超过日本，仅次于美国和德国。

（四）世界性金融危机与经济危机爆发后的负增长阶段（2008 年～2011 年）

2008 年 9 月 15 日由于美国严重的次贷危机而引起世界性的金融危机和经济危机，美国许多商业性投资银行和保险公司纷纷倒闭和破产，美国的失业率达到 10%以上。市场需求严重萎缩，这种危机从伤害虚拟经济发展到严重伤害了汽车、钢铁等实体经济，全世界的贸易和投资也因此出现倒退和下降。中国是一个开放型经济的国家，在这场大危机中自然也不能独善其身，对外贸易和引进外资也进入倒退和萧条阶段。2008 年 11 月中国的对外贸易开始呈现下降态势，2009 年的对外贸易总额由 2008 年的 2.56 万亿美元下降到 2.20 万亿美元，下降幅度为 13.9%，但是由于西方发达国家的跌幅更大，中国的出口贸易 2009 年还是超过了美国和德国，居世界第一位；该年中国进口贸易居世界第二，贸易总额居世界第二，贸易顺差居世界第一。经济与出口的萧条对中国的出口型企业打击很大，大量出口企业出口萎缩甚至倒闭破产，这类企业的工人失业情况也非常严重。由于中国政府采取刺激出口和扩大内需的政策，中国的经济和出口逐步走出萧条，开始恢复到 2008 年的水平。2011 年中国的进出口贸易总额已经达到 3.64 万亿美元,仍居世界第二的位置，出口达到 18986 亿美元，居世界第一位。

二、中国货物贸易发展的态势分析

（一）增长态势分析

从1978年中国对外贸易处于非常落后的状态到2004年跃居世界第三位，中国的货物进出口贸易的发展速度远远超过世界平均水平，也大大高于中国国民经济的平均增长速度，对外贸易在国民经济中的地位不断提高，中国对外贸易在世界贸易中的比重以及在世界贸易中的排位不断提高，经济开放度明显提高。

在中国改革开放以前的近30年里，对外贸易的发展是不均衡的，有正常的增长，也有波动甚至是大的倒退。但是自1978年改革开放以后，中国对外贸易基本是大幅度增长的。从增长态势上看，货物进出口贸易几乎是每5年翻一番，1978年为206亿美元，2004年则超过10000亿美元，共计增长了约56倍。这期间对外贸易年平均增长速度为16.7%，而国民经济增长速度是9.8%，对外贸易依存度从1978年的10.7%增长到2004年的59.8%，在全世界都居于较高的水平。1978年至2004年中国货物贸易年平均增长速度，不仅高于中国同期的国民经济的年平均增长速度，而且也高于世界贸易的年平均增长速度。1980年至2000年间，世界贸易的年平均增长速度为7%，其中发展中国家的贸易增长率略高于发达国家的贸易增长率，转型经济国家的贸易增长率最低，仅为1%～2%。中国对外贸易的持续增长，尤其是出口贸易的高速增长，使中国在世界贸易的排名不断提升，中国对外贸易在世界贸易中的比重也不断提高。1978年中国货物进出口贸易在世界贸易中仅占0.75%，居世界第32位；2009年则占世界贸易的9.05%，居世界第2位，该年中国的出口贸易还超过了美国和德国，居世界第1位，进口贸易居世界第2位，贸易顺差居世界第1位，成为世界贸易大国。

2008年至2009年全球性金融危机和经济危机的爆发使中国对外贸易大幅下滑，贸易额负增长达13.9%，许多出口企业破产或倒闭，2010年成为中国进入21世纪以来最困难的一年。为此，中国政府把这一年的重点定为转变增长方式，在对外贸易中加快推进对外经济发展方式转变，坚持对外开放的基本国策，坚持互利共赢的开放战略，统筹好国内发展和对外开放，加快调整出口贸易结构和进口贸易结构，加快提高利用外资质量和水平，加快实施“走出去”战略，不断提高开放型经济水平。

（二）贸易差额的态势分析

贸易差额是一个国家或地区在一定时期出口贸易和进口贸易之间的差额，出口额大于进口额称为顺差，进口额大于出口额则称为逆差。一般来说，一个国家的货物贸易差额对该国的国际收支和外汇储备起着重要的作用。中国在1981年至1990年的10年间，货物进出口贸易整体上呈现逆差状态。贸易逆差最高的年份是1985年，逆差额达到149亿美元；贸易顺差最高的年份是1990

年，顺差额为87.5亿美元，大量的贸易逆差使中国的外汇储备长期处于低水平状态。20世纪80年代初期中国的外汇储备平均只有30多亿美元，个别年份甚至出现负储备状态。1991年至2005年就彻底改变了整体逆差的状态，整体上呈大规模的长期的贸易顺差。除了1993年贸易逆差为121.8亿美元外，其余年份都保持贸易顺差。2008年的贸易顺差达到2954亿美元的新高，即使是危机严重、出口下滑的2009年，顺差仍旧维持1960亿美元。持续的贸易顺差对我国外汇储备的积累起到了重要的作用，到2009年12月中国的外汇储备达到2.399万亿美元，占全球总储备的30.7%，已经超过西方七大国的储备总额而居于世界第一位。当然，长期大量的贸易顺差也存在着不利因素，如外汇储备过多会促使人民币升值，对出口贸易必然起到遏制作用；长期大量的贸易顺差，会引发中国与逆差国家的贸易摩擦和贸易争端；外汇储备过多，也会给货币政策带来不利影响，外汇风险也会加大。因此，我们在积极发展出口贸易的同时，也应该逐步开放国内市场，适当加大进口贸易量，有效控制顺差量。

表4-4　2010年货物贸易差额最大的9个国家比较分析

单位：亿美元

国家	出口额	进口额	贸易差额	差额/总额	GDP	差额/GDP
美国	12781	19681	−6900	21.3%	145824	−4.7%
德国	12688	10671	2017	8.6%	33097	6.1%
中国	15778	13962	1816	6.1%	59266	3.1%
英国	4047	5575	−1528	15.9%	22461	−6.8%
俄罗斯	4000	5575	1528	23.4%	14798	10.2%
印度	2162	3227	−1065	19.8%	17290	−6.2%
法国	5205	6059	−854	7.6%	25600	−3.3%
日本	7698	6926	772	5.3%	54978	1.4%
西班牙	2445	3122	−677	12.2%	14074	−4.8%

数据来源：进出口数据来自世界贸易组织，国内生产总值来自世界银行。

中国的货物贸易顺差反映了现阶段中国的国际分工地位。中国目前在工业制成品加工组装环节具有较大优势，是最大的工业品生产国和出口国。美国、欧盟等是最主要的终端消费市场。由于大量劳动密集型加工组装环节由日本、韩国、新加坡、中国台湾、中国香港等转移到中国大陆，这些国家和地区原来对美、欧的贸易顺差也转移到中国大陆。其结果是，目前中国货物贸易顺差主要存在于中美贸易、中欧贸易之间，而中国与日本、韩国、东盟等工业中间品主要生产地区则长期存在贸易逆差。2010年，中国对美国、欧盟的货物贸易顺差分别为1813亿美元和1428亿美元，对日本、韩国及东盟的货物贸易逆差共计1416亿美元；中国大陆对台湾地区的货物贸易逆差为860亿美元。中国生产和出口工业制成品需要大量进口初级产品，因此与一些初级产品出口国的货物贸易呈现逆差。正是现阶段中国制造业和服务业参与国际分工的水平和地位不同，所以中国货物贸易存在着大量顺差，而服务贸易则长期逆差。中国的贸易顺差主要来源地为中国香港地区、美国、欧盟等贸易伙伴，贸易逆差主要来源地为中国台湾地区、韩国、日本、东盟等贸易伙伴。香港是世界最大的自由港，我们对其出口的许多产品是转口到美国等最终消费地的，所以对香港的顺差是正常的，长期以来香港一直是内地获取外汇收入的重要市场。但是我国对美国、欧洲的长期贸易顺差则是出口市场过于集中的结果，因而经常引发美欧国家对我国产品的限制与报复，如日益严重的反倾销调查、实行“特别”保障措施、技术性贸易壁垒的限制等。因此我们应该力争逐步缩小与这些国家和地区的贸易顺差，采取分散市场、扩大进口、调整商品结构等措施。对于长期呈现逆差的国家和地区，则要积极扩大出口，提高产品的竞争能力，力争缩小逆差。

中国的货物贸易顺差主要来源于外商投资企业和加工贸易。在经济全球化不断深化的过程中，由于分工的细化和规模经济的要求，越来越多的国际贸易由跨国公司主导，是基于价值链分工的产业内贸易或加工贸易。改革开放以来，中国吸收外商直接投资迅速增长。在相当长的时间里，外商投资企业进出口和主要由外商投资企业经营的加工贸易在中国货物贸易中的比重都保持在50%左右。外商投资企业进出口和加工贸易是中国货物贸易顺差的主要来源。2009年和2010年，外商投资企业货物贸易顺差分别为1270亿美元和1243亿美元，占同期中国货物贸易顺差总额的64.8%和68.4%；加工贸易顺差分别高达2646亿美元和3229亿美元，大大高于同期中国顺差总额。在外商投资企业进出口和加工贸易存在大量顺差的同时，国有企业进出口、一般贸易和其他贸易方式则存在逆差。

中国政府高度重视对外贸易发展中的不平衡问题，采取了一系列政策措施抑制顺差过快增长。第一，积极调整经济结构，努力扩大内需，尤其是增加改善民生的投资，刺激居民消费增长。第二，出台一系列扩大进口政策，简化进口管理和进口付汇手续，降低部分商品进口暂定税率，完善进口促进体系，提高进口便利化程度。第三，调整出口退税政策，先后降低或取消部分高耗能、高污染和资源性商品的出口退税。第四，修改加工贸易禁止类和限制类目录，扩大禁止类的范围，促进加工贸易转型升级。第五，改变自亚洲金融危机以后人民币兑美元变动区间收窄的状况，从2005年7月21日起实行以市场供求为基础、参考一篮子货币进行调节、有管理的浮动汇率制度。自2005年7月汇率机制改革至2011年8月末，人民币兑美元名义汇率升值了约30%。

（三）商品结构的态势分析

在新中国成立以后到改革开放之前，中国是一个经济十分落后的国家，所以其出口商品结构也是低水平的，基本以初级产品为主，主要是农副产品、水产品、矿产品和少量的轻纺产品。改革开放以后，中国的货物进出口贸易规模迅速扩大的同时，进出口贸易的商品结构也发生了重大的变化。一般来说，一个国家的出口商品结构的优劣在一定程度上反映了该国的产业结构状况、对外贸易发展状况和科学技术发展的水平，该国的货物出口中初级产品所占比重越高，说明该国的经济水平越落后；反之，工业制成品出口所占比重越高，则说明该国经济水平越发达。20世纪50年代中国的工业制成品出口不足一成，初级产品出口约占整个出口的90%以上；60年代这个比例改变到2:8；70年代则为3:7；1980年是46.6%:53.4%；1990年为74.4%:25.6%；2000年是89.8%:10.2%；2008年为94.46%:5.39%。

1．出口商品结构不断优化

从1978年到2004年中国的出口商品结构在明显优化，制成品的比重不断上升，并达到90%以上；初级产品的比重不断下降，达到10%以下。改革开放以来中国出口商品结构出现两次大的跨越，第一次是1986年，纺织品和服装取代石油成为中国第一大出口产品，标志着中国摆脱了以资源为主的出口结构，进入了以劳动密集型制成品为主导的时代。第二次是1995年，中国的机电产品超过了纺织品服装成为最大类的出口产品，机电产品总体上看是资本和技术密集度较高的产品，机电产品成为中国出口结构中的一个新的支柱，标志着中国出口商品结构的又一次升级。2009年中国机电产品出口值达到7131亿美元，占我国出口总值的58.5%。此外，我国高新技术产品出口也在高速增长，2009年出口值达到3769亿美元，约占总出口的30.94%。虽然中国的出口贸易中机电产品和高新技术产品所占比重很大，但是此类产品多是境外在中国直接投资企业出口，而且其技术和知识产权也多是境外的，中国的成分主要是加工和组装，所以这类产品实际还是出口中国的劳动密集产品。

表4-5 1980～2010年中国出口商品结构变化统计表

单位：亿美元；%

	1980年		1990年		2000年		2010年	
	金额	比重	金额	比重	金额	比重	金额	比重
出口商品总额	181.2	100	620.9	100	2492.1	100	15777.5	100
初级产品	91.1	50.3	158.9	25.6	254.6	10.2	817.2	5.2

续表

	1980 年		1990 年		2000 年		2010 年	
	金额	比重	金额	比重	金额	比重	金额	比重
工业制成品	90.1	46.7	461.8	74.4	2237.5	89.8	14962.2	94.8
化学有关产品	11.2	6.2	37.3	6.0	121.0	4.9	875.9	5.6
原料分类产品	40.0	22.1	125.8	20.3	425.5	17.1	2491.5	15.8
机械运输设备	8.4	4.7	55.9	9.0	826.0	33.1	7803.3	49.5
杂项制品	28.4	15.7	126.9	20.4	862.8	34.6	3776.8	23.9
未分类产品	2.1	1.2	116.3	18.7	2.2	0.1	14.7	0.1
机电产品	13.9	7.7	110.9	17.9	1053.1	42.3	9334.3	59.2
高新科技产品	—	—	—	—	370.4	14.9	4924.1	31.2

注：机电产品和高新技术产品有相互重叠部分；资料来源是中国海关统计。

2．进口商品结构不断改善

中国的进口商品结构自改革开放以来不断改善，其变动呈现如下几个特点：第一，在进口贸易中初级产品进口的比重逐步上升，制成品进口比重则逐步下降。特别是由于中国经济的快速增长，国内市场的重要能源和原材料已经不能满足国内生产的需要，这样就需要大量进口原油、成品油、天然气、铁矿石等能源与矿产品，其所占比重越来越大。目前中国已经成为除美国外第二大石油进口国。1985 年中国的初级产品进口占总进口的 12.5%，1991 年则上升到 17.5%，2000 年为 20.8%，2008 年为 32.6%。初级产品进口量的增加，也说明我国工业的加工能力有了明显的提高。第二，在中国的进口商品结构中，近年来大量进口了国内短缺的资源型产品，如石油、煤炭、小麦、大豆、天然橡胶等，中国目前是世界上石油、煤炭、铁矿石等能源和资源的进口大国。第三，以信息、通信类产品为主的高新技术产品进口呈现高速增长。第四，国内技术和生产能力逐步完善和提高的产品进口大幅度减少。

（四）市场结构的态势分析

一个国家或地区的经济发展和贸易进步在市场结构中一般都有明显的表现，经济和贸易落后的国家和地区，其市场结构往往狭小和单一，进出口市场一般只集中在少数国家和地区；而经济与贸易发达的国家和地区，则逐步实现市场的广阔与多元。随着中国改革开放的深入发展，全方位协调发展的国别地区政策使中国与世界各国各地区的贸易关系有了突飞猛进的发展，进出口市场分布逐渐向多元化发展。改革开放后，中国全方位发展对外贸易，与世界上绝大多数国家和地区建立了贸易关系。贸易伙伴已经由 1978 年的几十个国家和地区发展到目前的231个国家和地区。欧盟、美国、东盟、日本、金砖国家等成为中国的主要贸易伙伴。新世纪以来，中国与新兴市场和发展中国家的贸易持续较快增长。2005年至2010年，中国与东盟货物贸易占中国货物贸易的比重由9.2%提高到9.8%，与其他金砖国家货物贸易所占比重由4.9%提高到6.9%，与拉丁美洲和非洲货物贸易所占比重分别由3.5%和2.8%提高到6.2%和4.3%。

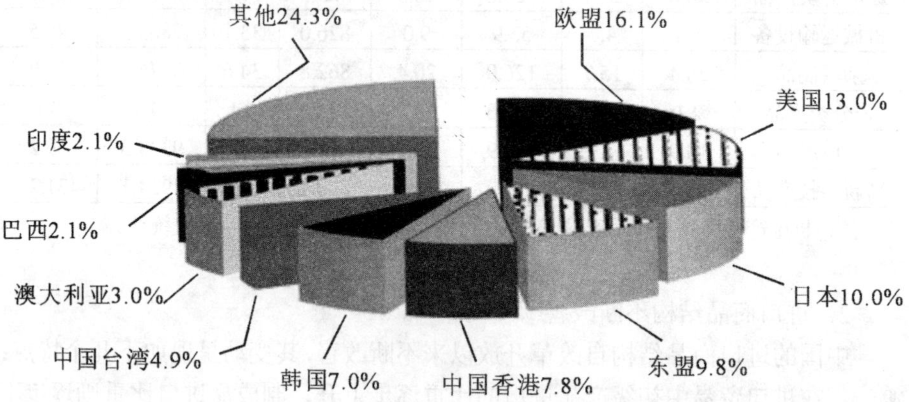

图4-1　2010年中国前十大货物贸易伙伴货物贸易比重

资料来源：中国海关统计。

2010年，中国货物出口排名前五位的国家和地区是欧盟、美国、东盟、中国香港、日本；货物进口排名前五位的国家和地区是日本、欧盟、东盟、韩国、中国台湾。进出口综合来看，欧盟、美国、日本、中国香港、东盟分别为我国第一至第五大贸易伙伴。

随着我国出口市场多元化战略的实施，我国对十大出口市场的依赖程度有所降低，十大出口市场在总出口中的比重已由1995年的92.2%降到2000年的88.9%，2008年进一步下降到87.2%。2008年我国对十大进口市场的依赖度也降到79.1%。在继续巩固发达国家和地区市场的同时，我国与东盟、俄罗斯及东欧国家的贸易全面展开，与亚洲、拉丁美洲、中东和非洲的发展中国家和地区的贸易也广泛建立起来。贸易禁区被打破，过去由于政治原因中国不能与之进行贸易的国家，如与韩国、南非和以色列等国的贸易关系迅速发展，中韩两国贸易发展尤为迅速，南非成为我国在非洲最重要的贸易伙伴。我国大陆与台湾地区的贸易从无到有，发展很快，2008年，台湾地区是中国大陆第七大贸易伙伴。

三、我国当前货物进出口贸易中存在的问题

自改革开放以来，随着中国经济的迅速发展，我国货物进出口贸易实现了持续、快速的增长，到 2004 年中国已经在该领域超过日本而成为世界第三贸易大国。尽管如此，我国在货物贸易发展中仍存在着许多问题，制约着对外贸易的进一步发展，如出口结构不合理、缺乏具有国际竞争优势的出口产品、许多劳动密集型产品存在着“价低量大”的现象等。因此，中国要成为一个真正的货物进出口贸易的强国，就必须解决这些问题。

（一）贸易扩张主要是数量扩张型增长

从 2002 年到 2008 年，我国外贸年均增速超过 20%，进出口总额翻了两番多。但与欧美等发达贸易强国相比，我们在出口产业结构、产品技术含量、创新能力以及人均贸易规模、盈利能力等方面都存在着很大差距。同时，金融危机使得长久以来高速增长背后的结构不优化、增长方式粗放等问题凸显出来，并与外部需求萎缩、保护主义盛行等新矛盾交织在一起。我国目前成为世界第一出口大国，主要依赖廉价的劳动密集型产品的出口，出口产品的质量、品牌及科技含量都是较低水平的，因此我们称之为“数量型的粗放性增长”。在实证分析中，我们从中国 1992 年至 1999 年出口商品中选择了 57 种主要商品，比较各种综合指数，计算结果表明这 57 种出口商品在 7 年里出口额增长了 1.2 倍，而出口数量却增长了 1.3 倍，也就是说出口数量的增长速度快于出口总额的增长速度，出口产品的平均价值实际下降了 4.3%。由此可以看出，1992 年至 1999 年的 8 年中，中国的外贸增长主要是由出口商品数量的增长带来的，贡献率达到 108.2%。一些商品出口价格的提高多数也是受汇率、国内物价、国内技术革新和劳动生产效率等方面因素的影响。

（二）较高的出口依存度和不断恶化的贸易条件

由于中国的货物贸易增长速度长期高于国内生产总值的增长速度，因此出口依存度提升的速度很快，由 1978 年的 5.2%发展到 1990 年的 16.3%、2000 年的 23.15%、2004 年的 38.6%。这种出口依存度的高指标不仅高于许多发展中国家和地区，而且也高于美国、日本等发达国家。但是出口的高增长主要依靠少数资源型产品和劳动密集型产品的出口，而且在国际市场竞争日趋激烈的情况下，很多出口企业靠压低价格来挣取外汇，从而造成中国的贸易条件不断恶化。贸易条件是一个国家在一定时期出口价格的平均指数与同期进口价格的平均指数的比值，在一定程度上可以反映出这个国家的宏观经济效益。近年来中国主要进口商品（如能源、矿产、机械设备等）的国际市场价格都是呈上涨的趋势，而纺织品、服装、茶叶、工艺品等中国主要出口商品的价格却不断下降。自相竞争与无序出口的局面恰恰是这些产品价格下降的主要原因。因此使我国

经常出现出口额增长速度落后于出口量增长速度的现象，表面的出口快速增长被称为“贫困化增长”，这是我国货物贸易今后进一步发展所面临的一个十分严峻的问题。

（三）贸易方式不合理

中国货物进出口贸易的贸易方式主要包括三类，即一般贸易、加工贸易和包括补偿贸易、易货贸易等在内的其他多种形式的灵活贸易方式。改革开放前中国是以政府易货贸易为主，改革开放以后补偿贸易、加工贸易迅速发展，而政府间的易货贸易逐步萎缩。20世纪90年代以后，中国的加工贸易快速增长，在引资工作中大量的外资企业多数从事的是加工贸易。1990年中国的加工贸易约占全部货物贸易的40%，但是到了2000年加工贸易的比重迅速增长到全部货物贸易的55%，一般贸易却大大减少了。加工贸易对我国经济发展起到了一定的推动作用，如解决了国内原材料和能源的不足，开拓了新的海外市场，利用了国内充裕的加工能力等。但是加工贸易也存在着许多副作用，一般来说，加工贸易附加价值低，通过加工贸易只能赚取很低的加工费。以耐克运动鞋为例，一双耐克鞋可以卖几十美元，而中国只能赚取不到1美元的加工费，对于来料加工，货权、市场都在外商的控制之中，中国企业完全处于被动，很难依靠自身力量发展对外贸易。另外，加工贸易的进口料件和出口报关均是全额计算的，不能不承认它对我国贸易规模的扩大起到了相当大的作用。我国在统计货物进出口贸易规模的时候，海关完全按照全额报关来统计，事实上一定程度夸大了统计规模，因此造成一些西方国家对我国实行贸易限制和制裁。在加工贸易中，报关的出口总额中相当部分是国外的进口部分，而自己的真正实际所得并不多。如近年来国际市场热销的美国苹果智能手机，虽然大部分是在中国生产的，但是技术、品牌、零部件等多数是美国、日本、韩国、德国的，而真正中国的部分只有很少的加工费。具体比例是：日本零部件占34%；德国零部件占17%；韩国零部件占13%；从美国进口部分占6%；而中国组装获得的加工费只占3.6%。市场的手机销售价格一般是每部200～300美元，中国获得的实际收益仅有2%～3%。所以苹果的巨头乔布斯有一句名言：“我们的思想，他们的汗水。”

（四）产品结构不合理

在货物进出口贸易中，一个国家的产品结构应该是不断改善和进步的，一般是由资源密集型产品为主逐步向劳动密集型产品为主、资本密集型产品为主、技术密集型产品为主和知识密集型产品为主转化。中国在改革开放初期，出口产品基本是以资源密集型产品（如原油、矿石、木材、粮食等）和劳动密集型产品（如纺织品服装、鞋类、玩具、工艺品等）为主，这与当时中国经济水平非常落后的背景是相适应的。但是三十多年后的今天，在中国已经成为经济大国和贸易大国的条件下，再以上述产品为主就有问题了。伴随着中国货物贸易的快速增长，我国货物贸易的产品结构也在改善，目前已经实现了初级产品为主导向制成品为主导的转变，但是在产品结构中仍存在着不合理的地方，需要今后进一步改善。

1. 工业制成品的国际竞争力不强

随着中国工业化的进步与发展，目前在货物出口中工业制成品的比重已经达到90%以上，应该说就这一指标来说已经达到世界上发达国家的水平。但是中国工业制成品与西方发达国家的同类产品存在的差距主要表现在国际竞争力上。在经济全球化的今天，全球企业逐渐增多，越来越多的制成品进入世界市场，国际竞争日趋激烈。在全球竞争中互为对手的贸易各方只有具备强大的国际竞争力，才能长期占领国际市场。中国的工业制成品要想拓展国际市场，同样需要提升自己的国际竞争力。但是目前中国的多数工业制成品的国际竞争力却存在着严重的问题，用贸易竞争力系数法对中国主要出口产品按国际贸易标准分类进行测算，有一定竞争力的主要是旅行包、纺织品服装、家具、无机化学品、金属制品、医药品等能够发挥劳动力要素禀赋优势的劳动密集型产品，橡胶制品、非金属矿产品、办公用机械、钟表的竞争力就较低，染料、有机化学品、电力机械、科学仪器、有色金属、通用工业机械的竞争力更低一些，而塑料、化肥、机械等资本密集和技术密集的产品大多缺乏国际竞争力。正因为如此，我国的许多制成品出口长期以来不得不依靠价格竞争方式来扩大出口，从而不断引发西方国家对我国低价产品的反倾销措施和各种形式的贸易摩擦。

2. 农产品的品种、质量和深加工与国际先进水平有较大差距

中国是一个传统的农业大国，有悠久的农业生产历史、广阔的土地和草原以及大量低成本的廉价农村劳动力，农产品本应该成为中国的具有比较优势的出口产品。但是与现代国际市场的同类产品相比较，中国的农业因科技投入不足，许多农产品、畜产品、水产品等都存在着品种和质量方面的较大差距，因此很难进入发达国家的市场，其销售价格和质量、品牌也很难和发达国家的同类产品相竞争。尤其是农产品的深加工问题一直没有真正解决，使我国农产品大多是以简单的初级产品形式进行出口，因为价格低廉，经常受到西方国家的反倾销和其他形式的限制。2000 年和 2001 年韩国、日本相继对中国的大蒜、大葱、鲜菇、蔺草席等农产品进行严格的“特保”限制，就是因为我们仅以最简单的初级产品出口，而且数量大、价格低，从而引发我国与相关国家的贸易摩擦。

3. 机电产品的科技含量和竞争力也存在着较大差距

机电产品是工业制成品的重要组成部分，这类产品在世界进出口贸易中发展最快，所占比重大，是发达国家最主要的出口产品。机电产品的市场广阔，发展潜力大，附加价值高，所以也是大多数发展中国家和地区发展出口的目标与方向。在中国此类产品的工业基础薄弱，所以在改革开放初期出口量很少，其出口所占比重很低，"六五"期间中国该类产品的年出口额仅为2亿美元。随着我国工业化的快速发展和贸易结构的不断优化，机电产品在出口中的比重持续增长，1995年机电产品出口额达438亿美元，首次超过纺织品服装而成为我国最大的出口商品类别；2004年的机电产品出口总值为3234亿美元，占我国出口总值的54.5%。虽然中国机电产品的生产和出口发展十分迅速，但是其产品构成与发达国家相比仍旧存在很大的差距。从机电产品的内部结构分析，发达国家主要出口高附加价值、高科技含量的资本密集、技术密集甚至是知识密集的产品，这些国家重点发展的是飞机、汽车、船舶、数控机床、成套设备等"高、精、尖"的产品。如日本的机电产品出口占总出口的70%以上，而机电产品中93%属于先进的机械设备；而我国的机电产品中占主要地位的是家用电器、船舶、普通机床、金属制品、小五金、工具和农具等，这些一般属于机电产品中的劳动密集产品，其附加价值和对外竞争力都比较低。

4. 纺织品服装所占比重大，而且价格较低

由于劳动力的成本优势和纺织原材料的资源优势，纺织品和服装长期以来是中国的主要出口商品，1980年其出口额为44亿美元，占全国总出口的24%；1990年为167亿美元，占全国总出口的27%；1995年出口额为379亿美元，占全国总出口的25.5%，该年纺织品服装出口退居第二位，机电产品为第一大出口产品；2004年出口额为973亿美元，比重为16.4%；2009年受经济危机的影响，纺织品出口降低，总出口额为1690亿美元，比重为14.06，比2008年下降10%，但仍旧是中国第二大类出口产品。在世界纺织品贸易市场上，中国长期居于出口第一的位置。中国纺织品出口数量巨大，而且增长幅度很大，但是平均单价却是低水平的，和发达国家相比较有很大的差距。究其原因还是产品的内在结构问题，即我国出口的纺织品服装多数是附加价值低的廉价产品，大多数产品没有自己的品牌，而是采取加工贸易的方式生产和出口，使用的多是进口国的商标，因而价格很低。这样不但影响中国整个纺织产业的经济效益，而且还会因此遭到有关国家的报复和进口限制，反倾销、反补贴和保障措施频繁启动，必将严重影响此类产品今后的发展和出口。

第三节　中国货物贸易发展战略及总体规划

对外贸易发展战略是指一个国家或地区经济发展战略在对外贸易领域的体现，是在国民经济总体规划的指导下，在一个比较长的时期内有关对外贸易发展的全局性决策和规划。对外贸易大体分为货物贸易和服务贸易两大部分，而货物贸易长期以来是中国对外贸易的主体部分，因而我们在本节所研究的对外贸易发展战略实际就是货物贸易的发展战略。

一、我国制定对外贸易总体发展战略的基本原则与指导思想

（一）我国制定对外贸易发展战略的基本原则

1. 增强国家综合国力的原则

应具有国际交换和国际分工的合理性、实效性和竞争性，使之符合客观规律，强调实施实效并增强综合国力。

2. 考虑国情的原则

应具有我国国情的客观性和可能性，既要考虑国际环境因素，又要考虑国内对外的可容度，在客观、可能的前提下，起到促进生产力发展和解放生产力的作用。

3. 科学性与严肃性的原则

应具有战略实施的统一性、阶段性和可调性，并将三者有机结合，增强内在的科学性，强调外在的严肃性，减少人为的随意性。

（二）指导我国对外贸易发展战略的指导思想

货物贸易领域的进出口战略要想切实可行，具有现实性和科学性，就必须有正确的指导思想。

1. 要坚持对外开放政策

对外开放是党的十一届三中全会以来我国一直坚定不移贯彻执行的战略方针，因此制定货物贸易领域的进出口战略也必须坚持对外开放这一基本国策，摆脱过去那种基本封闭型的民族经济的自我循环状态，建立以国内资源和市场为主、国外资源和市场适当有机结合的良性经济循环。必须发展面向全世界的、多方位或全方位的对外贸易关系。

2. 要坚持自力更生的方针

自力更生是我国进行革命与建设的根本指导方针。在一个13亿人口的社会主义大国进行现代化建设，必须主要依靠本国的资源、资金和市场，主要依靠本国人民的劳动和智慧。实行对外开放，充分利用两种资源和两个市场，目的就是增强自力更生的能力，促进现代化建设，而决不是放弃自力更生，完全依赖国外的援助。在制定货物贸易的发展战略时，我们既要反对闭关自守、自给自足的思想，又要反对一切依赖国外市场的想法和做法；要充分利用国内外两个市场、两种资源，为我国经济现代化服务。

3. 以提高经济效益为中心

坚持以经济建设为中心是中国对外贸易工作的基本出发点。我们在制定货物贸易发展战略时，必须以经济效益为中心，正确处理对外贸易发展中效益和速度的关系，争取最佳的经济效益。提高我国对外贸易的经济效益，关键是制定适合中国国情的进出口商品战略。这种商品战略，不仅从使用价值方面看是最有利于国民经济发展的最佳平衡点，而且在价值方面看也应该最有利于提高劳动生产率、促进科技进步、节约社会劳动，最终实现经济和贸易的可持续发展。

4. 既要符合我国国情，又要符合国际贸易规范

制定对外贸易发展战略，必须从我国国民经济建设的需要和可能出发，既要符合国民经济总体发展战略的要求，又要与国民经济部门紧密衔接。如果脱离了我国的国情，脱离国民经济的总体战略和各个部门的经济规划，就不可能正确制定对外贸易的发展规划。因此，我国社会主义建设的现实条件是制定我国对外贸易发展战略的内部依据。此外，我国在制定对外贸易发展战略时，还必须从世界经济的客观实际出发，特别是中国加入世界贸易组织以后，要认真研究与学习 WTO 的国际贸易规则与规范，使我国在货物贸易方面逐步与相应的国际规则接轨，使中国进出口贸易成为世界贸易的组成部分。

二、我国在货物贸易领域的总体发展规划

1. 1980年制定的战略目标

货物贸易发展的战略目标就是国家在货物贸易发展中要达到的规模和速度，一般包括预期在货物贸易中实现的进出口贸易总额、与上一年度相比的增长幅度、在世界贸易中所占的比重和排名、贸易总额与国内生产总值的比率等指标。20世纪80年代初，中国政府制定了20年的国民经济发展规划，即从1981年到2000年要实现国民生产总值翻两番的目标，全国人均收入也要相应地翻两番，这样到世纪之交时中国应该进入小康社会。在各个部门制定的发展目标中也提出了20年翻两番的规划，这样国家制定的中国货物贸易总体发展战略就是以1981年为基数，到2000年应提高4倍。以1981年我国货物贸易中进出口总

额400亿美元为基数，到1990年应该达到800亿美元，2000年应该进一步达到1600亿美元。根据这个要求，在这段历史时期我国货物进出口贸易的年平均增长率必须达到7.5%。

根据20世纪80年代初期我国的具体情况分析，实现上述目标和速度并不是轻而易举的，因为这个增长速度远远高于当时世界货物贸易年平均增长3%～4%的速度。特别是从出口商品结构上看，当时中国的出口商品结构中初级产品仍然占有七成的比重。在初级产品中，原油等资源密集产品又居重要位置，而此类产品的出口前景并不乐观。在制成品中，简单加工和粗加工的产品又占了很大比重。中国的有一定比较优势的出口产品是纺织品和服装，但是却长期受国外配额的限制，进一步扩大出口也受到制约。尽管如此，在中国改革开放的第一个20年里中国的货物进出口贸易发展速度依然很快。国家不断深化国民经济体制改革和对外贸易体制改革，不断扩大对外开放，沿海地区经济的迅速发展和大力发展外向型经济，极大地解放和发展了生产力，促进了我国的货物贸易发展进入快速增长阶段。1987年中国货物进出口总额达到826亿美元，提前3年实现了第一个翻一番；1992年达到1656亿美元，提前8年实现了预期翻两番的战略目标。

2. 1992年对货物贸易发展规划的调整

在改革开放后第一个20年的发展规划中，由于种种原因，如对外开放的速度加快、沿海地区发展的加快、中国市场准入度的不断提高等，使当初提出的20年内货物贸易“翻两番”的战略目标提前8年得以实现。同时，在制定货物贸易发展目标时没有考虑国内物价上涨的因素，仅以贸易值计算发展目标，而不是按照“贸易量”来计算；另外，一般国家的发展实践证明，对外贸易增长速度总是要超过该国 GDP 的增长速度，但是我国在制定战略发展目标时，是按照与国内 GDP 的发展同步制定的。1992年党的十四大召开，正式宣布中国经济体制改革的目标是建设社会主义市场经济，并提出进一步对外开放和加快对外贸易发展的战略规划。这样，1992年在提前实现货物贸易“翻两番”之后，调整了中国对外贸易发展规划的目标，提出我国货物进出口贸易总额2000年要达到4000亿美元、出口和进口各2000亿美元的要求。经过8年的努力，2000年中国的货物进出口贸易实现了4737亿美元，其中进口贸易2251亿美元，出口贸易2492亿美元。

3. 2001年对货物进出口贸易制定新的发展战略规划

2001年12月中国政府正式加入了世界贸易组织，经过15年的努力，中国终于成为这个全球多边贸易体制的成员。加入 WTO 以后的中国，市场开放度大大提高，国外市场更加广阔，WTO 各成员将给予中国更普遍的非歧视待遇，因此将更有利于中国货物进出口贸易的快速发展。为此，中国根据国内外经济环境的变化，制定了新的货物进出口贸易的发展战略规划，提出了改革开放第二个20年内再实现第二个“翻两番”的目标，即以2001年的约5000亿美元为基数，到2020年进出口贸易总额要增加4倍，要达到20000亿美元，其中进口和出口各实现10000亿美元，届时中国要成为世界第三甚至第二贸易大国。事实上，中国入世以后，由于进入了自由贸易的轨道，中国货物进出口贸易的发展进入了高速阶段，仅仅7年的时间，到2008年货物进出口总额就达到25616亿美元，其中出口贸易为14285亿美元，进口贸易为11330亿美元，该年贸易顺差达到2954亿美元，均超过预期的翻两番的规划，中国也因此而成为世界上最大的外汇储备国。

三、大经贸战略

根据20世纪90年代我国面临的国内外环境和现代化建设提出的新要求，考虑到进一步深化改革、扩大开放、促进经济发展的要求，并结合对外经贸发展的实际，我国于1994年5月明确提出了“大经贸战略”的构想。它是我国今后对外经贸发展与改革的关键措施，也将极大促进货物进出口贸易的发展。

（一）大经贸战略的基本含义

大经贸战略就是实行以进出口贸易为基础，商品、资金、技术、劳务合作与交流相互渗透、协调发展，外经贸、生产、科技、金融等部门共同参与的经贸发展战略。

（二）大经贸战略的基本内容

1. 扩大开放

要通过进一步拓展对外经贸的广度和深度，形成对内对外全方位、多领域、多渠道的开放格局。开拓以亚太市场与周边国家和地区市场为重点，发达国家和发展中国家合理分布的多元化市场，提高我国的整体开放度，加快国内经济与世界经济的接轨，奠定我国开放型经济体系的基本格局，最大程度地获取参与国际分工的好处。

2. 加快融合

一是加快实现对外经贸各项业务的融合，实现商品、技术和服务贸易一体化协调发展；二是在维护全球多边贸易体制的前提下，努力实现双边、区域和多边经贸合作；三是积极推进贸易、生产、科技、金融等部门的密切合作，提高企业的国际竞争力；四是外贸稳定发展，维护国际收支平衡，把对外经贸的宏观调节与国民经济宏观调控更好地结合起来。

3. 转变功能

进入新世纪，我国外经贸的功能将发生重大转变，在扩大外贸规模、提高外贸贡献度的同时，着力发挥其促进产业结构调整、加快技术进步、提高宏观和微观经济效益的作用。同时，通过利用国际分工，还要对国民经济发挥引导性功能，提供多方面的综合服务。

（三）大经贸战略构想的理论依据和实现意义

大经贸战略的提出不是偶然的，它不仅有着丰富的实践基础，而且有着深刻的理论依据。这是在总结改革开放以来对外经贸发展的实践经验和科学地分析了今后我国对外经贸发展面临的新的国际国内环境，特别是国内加快建设社会主义市场经济体制这一新形势的基础上，结合目前我国对外经贸发展的现状，提出来的具有重大理论指导意义的战略构想。这一战略构想以社会主义市场经济为依据，是社会主义市场经济理论在对外经贸领域的具体运用。实施大经贸战略是建设社会主义市场经济的必然要求。

大经贸战略具有极强的针对性和鲜明的时代特色，这一战略的提出和实施具有重大的现实意义，将为加强和改进对外经贸宏观调节和管理提供依据，有利于推动目前对外经贸发展面临的一系列深层次问题的解决；有利于进一步打破国内外市场间的隔离层及国内各部门、各地区间的界限，促进专业化协作和联合，推动工贸结合及推行代理制改革目标的实现；有助于质量、效益不高和经营秩序不佳等问题的解决；有利于促进产业结构调整和技术进步，实现产业结构和出口产业产品结构升级；有利于推动贸、工、农、技、商、银等各类企业在微观层次上的联合，克服经营中“散、乱、差、小”等无序现象，为实现集团化、国际化经营创造条件；同时，对于推动我国对外经贸领域的改革开放具有十分积极的意义。

第四节　货物贸易的出口战略措施

对于发展货物贸易的进出口战略，在比较长的一段时期里，我国提出了发展的战略目标和设想。这里的发展战略一般包括货物贸易的出口战略与货物贸易的进口战略，在具体的进出口战略里又包括战略目标和战略措施两大部分。战略目标是指在规定的时期内进出口贸易应该达到的贸易规模和增长速度；战略措施则是为了实现既定的目标我们应采取的具体措施。

一、出口商品战略

（一）出口商品战略的提出与演变

所谓出口商品战略是为了达到预定的出口战略目标，根据我国的国情、经济发展的具体情况和国际市场的需要，对出口商品的构成所做的战略性安排。自1980年开始我国经历了六个五年计划阶段，从2011年开始中国已进入第十二个五年规划时期。改革开放以后中国经济和对外贸易快速发展，我国每个五年计划期间的出口商品战略都在不断地调整和演变。

1. “六五”计划期间的出口商品战略（1981～1985年）

十一届三中全会以后，我国开始进入改革开放的时代，我们面临的第一个阶段为1981年至1985年的第六个五年计划时期。在“六五”计划开始的1981年，我国制定了出口商品战略：“要根据我国的情况和国际市场的需要，发挥我国资源丰富的优势，增加出口矿产品和农副土特产品；发挥我国传统技艺精湛的优势，发展工艺美术和传统的轻纺织工业品的出口；发挥我国劳动力众多的优势，发展进料加工；发挥我国现有工业基础的作用，发展各种机电产品和多种有色金属、稀有金属加工产品的出口。”当时我国主要出口商品的结构安排是资源型初级产品、劳动密集型的轻纺产品，而机电产品出口所占比重很低。

2. “七五”计划期间的出口商品战略（1986～1990年）

1986年至1990年为我国第七个五年计划时期，考虑到当时初级产品所占比重仍然很大，而制成品所占比重尚不到50%，制成品出口中轻纺等粗加工产品又占绝大比重，附加价值高的精加工制成品比重则很低，我国的出口商品战略提出了两个转变的方针。考虑到世界经济贸易的发展趋势，以及我国现代化建设的需要，国家提出在“七五”期间“逐步由主要出口初级产品向主要出口制成品转变，由主要出口粗加工制成品向主要出口精加工制成品转变”。经过“七五”计划期间的努力，到1990年我国工业制成品出口已占总出口的70%以上，初级产品出口降为30%以下，而1994年我国工业制成品出口已达83.7%，初级产品出口仅占16.3%。这表明由初级产品出口为主向工业制成品出口为主的转变已经基本完成。

3. “八五”计划期间的出口商品战略（1991～1995年）

在实现了第一个转变的基础上，我国第八个五年计划时期提出的出口商品战略是：“逐步实现粗加工制成品出口为主向精加工制成品出口为主的转变，努力增加附加值高的机电产品、轻纺产品和高技术产品的出口，鼓励那些在国际市场上有发展前景、竞争能力强的拳头产品出口。”根据上述方针，“八五”期间国家重点发展的是机电产品的出口、轻纺产品的出口、高科技产品的出口，同时继续发展某些矿产品和传统农副土特产品的出口。

4.“九五”计划期间的出口商品战略（1996～2000年）

从1996年开始我们国家又进入了第九个五年计划时期，为此第八届全国人民代表大会第四次会议于1996年3月17日通过了《国民经济和社会发展“九五”计划和2010年远景目标纲要》及关于《纲要》报告的决议。在这个《纲要》中，对我国出口商品战略提出了新的设想，即“进一步优化进口商品结构，着重提高轻纺产品的质量、档次，加快产品升级换代，扩大花色品种，创立名牌，提高产品附加值。进一步扩大机电产品出口，特别是成套设备出口，发展附加价值和综合利用农业资源的创汇农业。按照国际标准组织出口商品生产，加强售后服务”。

5.“十五”和“十一五”计划期间的出口商品战略（2001～2010年）

“十五”和“十一五”时期是21世纪的前十年，是以信息技术为核心的科学技术高速发展的知识经济时代，对外贸易的一个重要任务是推动技术密集型的高科技产业进一步发展。与此相适应，在国际贸易中高附加值、高技术含量的产品增长更加强劲，在贸易中所占比重进一步提高。经过改革开放三十多年的发展，我国产业结构和出口商品结构都有了较大的提升，但是我国出口商品结构总体上尚未完成第二个转变，即由粗加工制成品出口为主向精加工制成品出口为主的转变，出口产品中低技术、低附加值产品仍占主导地位。因此我国在这一时期提出要继续贯彻以质取胜战略，重视科技兴贸，优化出口商品结构。为此在新的历史时期我国应加快推进对外经贸领域的两个根本性转变，基本实现对外经贸发展从主要依靠规模扩张和数量型增长向主要依靠质量和效益提高的根本性转变，增强我国出口产品的对外竞争力，努力保持对外贸易的可持续发展。实施科技兴贸战略和以质取胜战略是实现上述目标的必要保证。

（二）现阶段我国出口商品构成的安排

中国加入WTO以后货物进出口发展进入高速增长时期，根据世界产业结构和国际市场变化趋势以及今后我国的产业政策，在充分发挥我国传统产品出口创汇优势的同时，要大力调整和优化出口商品结构，积极扶持和培育一批新的出口主导产业和人才，从根本上增强我国出口产品的整体竞争能力。

1. 大力发展机电产品的出口

机电产品一般包括发电设备、家用电器、飞机、船舶、汽车、成套设备、机床工具等，这类产品在世界货物贸易中所占比重最大，发展速度最快，目前约占世界货物贸易的42%，而发达国家所占比重要达到50%以上。机电产品市场广阔、潜力大、附加价值高，随着我国经济的进步和产业结构的不断优化，此类产品的出口潜力是非常大的。我国在改革开放初期，机电产品出口所占比重很低，1980年仅出口8.4亿美元，所占比重为4.6%；但是进入20世纪90年代后发展速度很快，1990 年出口达到 110 亿美元，所占比重为 18%；1995 年出口达到 438 亿美元，所占比重为 29%，这时已经超过纺织品服装而成为中国第一大类出口产品；2000 年出口达到 1053 亿美元，所占比重为 42.3%，达到世界平均水平；2008 年出口为 8235 亿美元，所占比重为 57.6%，这一指标已经达到中等发达国家水平；2009 年金融危机大大影响了机电产品出口，该年机电产品出口总额为 7131 亿美元，所占比重是 59.34%，还是超过了 2008 年的水平。2010 年我国进入后金融危机时代，由于国家实行有效的刺激机电产品出口政策，该年中国机电产品出口达到 9334 亿美元，比上年增长 30.9%，达到历史最高水平。

我国机电产品的出口发展非常迅速，原因是多方面的。首先，我国多年来的工业化发展使中国现有工业基础雄厚，门类齐全，少数工业部门已经有较高的水平；其次，我国劳动力成本的优势使某些劳动密集型的机电产品具有较强的比较优势；再次，我国在政策上历来是向机电产品出口倾斜的，政策上鼓励这些产品出口；最后，三资企业发展迅速，在中国使用的国外直接投资中，机电产品的生产和出口企业占有相当的比重，我国目前的机电产品出口总量中 40%以上是三资企业生产和出口的。虽然机电产品已成为我国货物贸易出口的主要力量，有些机电产品特别是家用电器在国际市场上已经有了一定的知名度和竞争力，但是与发达国家相比较，我国的机电产品在科技含量、产品构成、附加价值等方面还有较大的差距。

在机电产品出口上我们的具体措施是：全方位、多元化开拓机电产品的国外市场，采取灵活的贸易方式，拓宽出口渠道；积极引进外资，发展机电产品的生产和出口，逐步实现机电产品的质量升级，使我国的机电产品出口从低科技含量向高科技含量转化；对我国机电产品的构成也要逐步调整，由简单加工的一般产品向成套设备、发电设备、飞机、船舶、汽车等“高、精、尖”产品转化；完善机电产品的保障系统，在出口信贷、国家担保、质量保证、售后服务上下功夫，以树立我国机电产品的信誉。

2. 积极发展纺织品服装等劳动密集型产品

由于我国劳动力资源丰富，劳动力成本较低，所以我国历来把劳动密集型产品作为出口的主导产品，而轻纺工业品，特别是纺织品服装一直是我国重要的出口产品。所谓劳动密集型产品是指产品中物化劳动消耗比较低，活劳动消耗所占比重较大的产品。发展劳动密集型产品生产需要丰裕的劳动力资源，而中国的劳动力资源丰富且成本较低，使此类产品在国际竞争中有明显的优势。劳动密集型产品主要包括纺织品、服装、玩具、鞋类、塑料制品、竹（藤、草、柳）编制品、旅行箱包、家具、灯具、自行车、床垫等。20 世纪 80 年代中期以后，中国的纺织品服装业开始实施“以扩大出口为突破口，面向世界，带动全行业全面振兴”的发展战略，使这一行业的出口发展非常迅速。1979 年我国纺织品服装出口仅 38 亿美元，1985 年则出口 64 亿美元，所占比重为 23%；1990 年出口达到 167 亿美元，所占比重为 27%；2000 年出口达到 530 亿美元，所占比重为 21%；2009 年出口为 1690 亿美元，但是所占比重则降低到 14.06%。目前中国的纺织品服装出口数量和出口金额均居世界第一位，在中国总出口中纺织品服装出口额仅次于机电产品和高新技术产品居第三位，但是净出口额则超过机电产品，成为中国最大的净收汇产品。

虽然我国的纺织品服装出口有一定的竞争优势和广阔的出口前景，但是仍有许多不利因素制约着其出口发展。首先是目前纺织品服装出口的国际环境仍存在着问题。由于发展中国家的纺织品服装出口有其竞争优势，所以美国、欧洲等发达国家早在 20 世纪 70 年代初就在关贸总协定框架下成立了“多种纤维协定”（MFA）。该协定允许这些发达国家对来自中国等发展中国家的纺织品和服装实行进口数量限制，中国政府也加入了 MFA 协定，因此几十年来我国的纺织品服装对美国、欧盟、加拿大、土耳其等发达国家就一直在配额制度下有控制地出口。根据 WTO 新的“纺织品服装协议”（ATC），原来对纺织品服装的数量限制于 2005 年完全取消，因此我国的该类产品本来应该享受到自由贸易的待遇，但是发达国家担心中国的此类产品出口过多会损害它们的纺织品服装产业，因此在中国入世时又提出了一系列的限制要求，包括特别保障措施、2008 年到期的“中国入世工作组报告书 242 条款”等，都允许在中国纺织品出口激增并给所在国带来“市场扰乱”的条件下继续对我国的纺织品服装出口实施数量限制。2005 年 5 月美国与欧盟国家对中国纺织品服装实行配额限制，并引发双边贸易争端，就是典型的例子。影响中国纺织品服装出口的内部因素，是我国的此类产品大多是低价格、低层次的产品，没有品牌优势，因此长期处于“量大价低”的状态，目前只能依靠数量型增长来维持出口大国的地位。我国今后要发展纺织品服装等劳动密集型产品出口应该采取的措施是：发挥群体优势，实现规模效益；以国际市场为导向，以“实业化、集团化、国际化”为基础，优化产品结构，加快产品的升级换代；发挥科技先导的作用，不断提高轻纺工业品的科技含量和加工层次；实施名牌战略，促进新产品开发，变数量型增长为质量型增长。

3. 积极发展高科技产品出口

高科技产品是目前世界经济和贸易发展中最具有发展空间和潜力的产品，它既是高新技术的结晶，又对其他产业有较大的关联作用。从经济发展角度看，高科技的应用可以降低能源消耗和自然资源的消耗，使生产要素得到最佳配置。

从发展对外贸易角度看，高科技产品不仅售价高，利润丰厚，而且是出口商品结构优化的最终契机。因此，对商品结构进行适应性调整的同时，要从长远观念来设计中国未来的重点发展产业，创造新的比较优势。我国在高科技产业发展上虽然与发达国家相比较还存在着很大差距，但是改革开放以来，我国在高科技方面进行了巨大的投资，并拥有一支 300 万人的高科技产业人员队伍，特别是在利用外国直接投资方面，高科技产业占有很大的比重，这一切都有效推动了中国高科技产品出口的快速增长。我国的高科技产品出口主要是技术信息产品和现代通信产品，如我国的台式计算机、手机、电话机等多项产品。目前我国手机出口居世界第一位，光驱、硬驱、显示器、打印机等产品出口居世界前列，2000 年我国的高科技产品出口仅 370 亿美元，约占总出口的 14.8%，而 2010 年则扩大到 4924 亿美元，约占总出口的 30.7%，已经成为仅次于机电产品的第二大类出口商品（见表 4-6）。我国今后重点发展高科技产品出口应采取的措施是：建立科工贸联合体，推动高科技产品商品化、产业化和国际化；让更多的科研机构直接进入国际市场，发展高科技产品出口；积极利用外资，引进技术，提高国内科技产业出口产品的技术含量和附加价值；对高科技产品出口给予更多的政策支持。

表 4-6　1996～2010 年中国高新技术产品出口增长统计表

年份	高新技术产品出口额（亿美元）	占总出口的比重（%）
1996	126.63	8.3
1997	163.10	8.9
1998	202.51	11.0
1999	247.04	12.7
2000	370.43	14.9
2001	464.57	17.5
2002	677.07	20.9
2003	1101.60	25.1
2004	1655.40	27.9
2006	2814.90	29.04
2008	4156	29.09
2009	3769	31.36
2010	4924	30.7

资料来源：根据商务部网站统计资料整理。

4. 积极发展创汇农产品的出口

中国是一个传统的农业大国，农产品过去就是中国的主要出口产品之一。

目前我国大多数农产品属于资源密集、劳动密集和技术密集相结合的产品。我国幅员辽阔，有着多样的自然和气候条件，因此有着丰富的农业、林业、水产业和畜牧业资源；而且我国劳动力资源丰富，有农村劳动力成本非常低廉的优势，在发展农产品出口上具有很大的潜力。改革开放以后，我国农业生产能力的提高，确保了农产品供求的基本平衡，部分农产品在品种上还存在着季节性和区域性的过剩，这样为农产品出口创造了物质条件。目前中国的农产品出口总值及其在贸易中的比重都不高，如2003年约出口212亿美元，仅占总出口的3.9%，但是与进口比较还有33亿美元的顺差。但是2004年我国从农产品的净出口国变为净进口国，农产品贸易出现了55亿美元的逆差，产生的原因主要是粮食的进口量增长速度加快，据世界市场估计，2005年中国的粮食进口为1400万吨，2010年和2020年将分别达到1900万吨和3200万吨。我国农产品出口中存在的主要问题是产品的品种、质量、品牌和加工层次水平较低。另外，许多西方国家出于对国内农业的保护，对我国出口的农产品制定了较高的技术标准、动植物卫生检疫标准、包装材料标准、加工标准和绿色贸易壁垒，这些在一定程度上都影响了我国农产品的出口。我国今后发展农产品出口应采取的措施是：建立农工贸联合体，大力发展农产品的生产、加工和出口；加大对农业发展的科技投入，努力开发新的品种和新的产品，提高农产品的品质、品种和对外竞争能力；在农产品生产中积极利用国外的直接投资，引进先进的生产和加工技术，推动中国的农产品走向世界。

表4-7　2000～2011年中国农产品出口额及其占总出口的比重

单位：亿美元，%

年份	农产品出口额	总出口额	农产品出口所占比重
2000	156.2	2492.0	6.3
2001	160.7	2661.5	6.0
2002	180.2	3255.7	5.5
2003	212.4	4383.7	4.8
2004	230.9	5933.6	3.9
2005	271.8	7620.0	3.56
2006	310.3	9690.8	3.19
2008	401.9	14285.0	2.81
2009	391.8	12016.0	3.26
2010	494.1	15779	3.13
2011	601.3	18986	3.16

资料来源：中华人民共和国商务部网站。

二、市场多元化战略

市场多元化战略是指一个国家或地区在货物进出口贸易中，应有一个更为广泛、均衡的世界市场，而不能仅仅集中在少数国家和地区。在新中国成立之初，由于许多西方国家对中国实行贸易禁运政策，因而我们的国外市场十分狭窄，这样影响了我国对外贸易的进一步发展。改革开放以后，世界上绝大多数国家和地区都在与我国进行经济贸易与交流，我们的贸易对象已经由1990年的173个发展到当前的230多个。但是与我国内地进行货物贸易的最大的15个国家和地区在我们的对外贸易总额中比重仍然过高，这15个国家和地区所占贸易总额的比重为85%，这就意味着其他200多个国家和地区与我国的贸易额仅占15%左右。因此，提出和制定有关货物贸易出口市场多元化的发展战略，有着重要的意义。

（一）我国目前出口市场状况和存在的主要问题

虽然在世界市场上与我国进行贸易的国家和地区越来越多，但是出口市场过于狭窄与集中的问题并没有真正解决。我们的出口市场目前还主要集中在美国、欧盟、日本、韩国、中国香港、中国台湾、东盟、俄罗斯、加拿大、印度和澳大利亚等国家和地区。由于我国内地对香港地区出口的80%是转口到发达国家，因此事实上我国出口市场是高度依赖美国、日本和欧盟这三大发达国家和经济体的。对于我们的对外贸易前十大出口市场，1995年的出口在总出口中的比重是92.2%，2000年则下降到88.9%，2004年又进一步下降到81.50%，到2009年金融危机后则降低到76.4%（见表4-6）。虽然市场多元化战略的实施取得了一定的成效，但是对少数主要市场的出口比重仍然过高，市场多元化战略任重道远。

表4-8 2005～2009年对主要贸易对象进出口总值表

单位：亿美元

国别或地区	2005年	2007年	2008年	2009年
欧盟	2173.1	2361.5	4255.8	3640.8
美国	2116.3	3020.8	3337.4	2982.5
日本	1844.5	2360.2	2667.8	2288.4
中国香港	1367.1	1972.5	2036.7	1749.5
东盟	1303.7	2025.5	2321.2	2130.1
韩国	1119.3	1599.0	1861.1	1562.3
中国台湾省	912.3	1244.8	1292.2	1062.8
俄罗斯联邦	291.0	481.7	568.3	418.04
澳大利亚	272.5	438.5	596.6	600.84

续表

国别或地区	2005年	2007年	2008年	2009年
印度	191.7（加拿大）	386.5	517.8	433.8
总值	14221	21738	25616	22072
比重	81.50%	73.09%	77.50%	76.42%

资料来源：根据中国海关统计综合。

我国目前的出口市场过于集中的不正常状况，有其历史原因，也与我国的经济发展水平、进出口商品结构以及市场需求等客观条件有一定关系。在新的国际政治格局和世界经济大环境中，这种出口市场过于集中与狭窄的情况对我国的经济发展十分不利，其主要弊端是：

1. 不利于减少市场风险，保证对外经济贸易的正常发展

一个国家的出口市场过于集中，其市场风险就会明显加大。因为过于集中在少数几个国家和地区，一旦这些主要市场发生重大的政治或经济的突变，则该国对外贸易就会出现巨大的波动，很少有可以替代的市场和回旋的余地。20世纪60年代初由于与苏联等国家的政治关系破裂，中国的对外贸易大幅度下滑，因为对苏联一国的贸易就占我国整个对外贸易的50%左右，对苏东国家贸易所占比重最多时达80%，这种过于狭窄的市场结构使我国的出口连续几年难以恢复。1998年是中国改革开放以后的唯一一次贸易负增长，主要原因就是1997年7月爆发了东亚金融危机，而受危机打击最大的日本、韩国、东盟国家和我国的港澳台地区，恰恰是我们出口比重最大的地区，1997年对上述国家和地区的出口占总出口的55%，因此这些国家和地区的市场萎缩、货币贬值、企业破产等状况直接造成了我们对外贸易的下降。

2. 容易引发和强化与西方国家的贸易摩擦和贸易争端

出口市场过于集中，特别是对美国、欧盟等发达国家的出口集中，增长幅度过快，很容易引发这些国家对我国的出口产品实施反倾销、反补贴和保障措施等进口限制，从而引发和强化与西方国家的贸易摩擦和贸易争端。中国在加入世界贸易组织以后，根据双边政府的谈判和承诺，有15年的反倾销的非市场经济地位的过渡期，12年的“特别”保障措施的过渡期，以及8年的对纺织品服装的配额限制期限，这就是说在入世后的很长一段时期内，我国的某些出口产品出口数量增长过快，出口过于集中，对方就可以对我国的相关产品实施进口限制，不利于持续稳定的出口发展。因此我们就应该对纺织品服装、家用电器、五矿化工产品等敏感性产品的出口实施多元化战略，市场的分散将有利于尽量减少西方国家各种形式的贸易壁垒。2010年开始，美国和欧盟对中国出口

产品的贸易救济措施增长速度加快，而且美国还因贸易不平衡问题而指控中国为"汇率操纵国"，威胁如果人民币不大幅度升值，就要对中国出口产品征收反补贴关税，为此两国的贸易摩擦愈演愈烈。

3. 不利于优化出口商品结构，促进国内产业结构的调整

多元化的市场结构是与多层次的国内产业结构和出口商品结构相适应的。我国的出口产业和发展地区存在着差异性，因此需要通过内部产业结构和布局的专业化发展与对市场多元化的安排，优化商品结构，促进不同地区产业结构的调整，扩大不同层次的商品出口，增强产业的互补性。如果一味依赖少数发达国家市场，只能使中国出口产品的档次停留在原来的水平上。

4. 不利于改善贸易条件，提高国家的整体经济效益

出口市场长期集中在少数国家和地区，就会导致我国出口企业在一个狭小的市场内自相竞争、恶性压价，在对方进口市场内也会由于供过于求或买方垄断而导致出口成交价格偏低。由于市场过于集中而造成的价格下降，不但损害了出口企业的利益，而且也使中国的国家宏观经济效益受到不利影响，造成贸易条件恶化。近年来我国贸易条件不断恶化，国家外贸主管部门一再要求企业禁止低价出口，但是许多商品仍旧存在愈演愈烈的"削价竞争"现象，并因此导致进口国采取贸易保护措施，出口市场过于集中就是原因之一。

5. 不利于我国与发展中国家的经济贸易往来

我国在货物贸易的出口中长期依赖于西方发达国家和我国港澳台地区市场，必然在一定程度上影响与发展中国家的正常贸易关系。改革开放以后，我国与发展中国家的贸易绝对值虽然不断增长，但是由于其增长速度低于与发达国家贸易的增长速度，因此其贸易比重一直呈下降趋势。在20世纪60年代我国对发展中国家的出口占总出口的30%以上，70年代下降到25%左右，80年代下降到20%左右，90年代以后则下降到20%以下，进入21世纪后这一比值有所提高。2001年我国与发展中国家的贸易总额是1136亿美元，占当年总贸易的22%，但是如果不包括韩国、东盟等新兴工业化国家，与一般发展中国家的贸易仍然处于低水平状态。我国要努力发展与发展中国家的经济贸易关系，扩大"南南合作"的新途径，就应该改变对外贸易市场过于集中的状况，制定和实施市场多元化战略。

（二）市场多元化战略的主要内容

当今世界正处于深刻的变革之中，东西方冷战结束以后，各种力量不断分化组合，多极化趋势发展加快，和平与发展已成为时代的主旋律。目前，世界经济的新格局出现"一超多强和多层次经济发展"的局面，即美国这一超级大国、发达国家集团、新兴经济体、石油输出国、转型经济国家和一般发展中国

家。在这一国际大背景下，我国在制定出口市场战略中提出：要广开渠道，积极发展对外贸易和国际经济合作，积极参与和维护区域经济合作和全球多边贸易体系，双边和多边贸易相互促进，进一步实施市场多元化战略。

当前我国的市场多元化战略的主要内容是：以亚太市场为重点，以周边国家和地区为支撑，发达国家市场和发展中国家市场合理分布的战略布局。因此我们要继续巩固发展发达国家和港澳台地区的传统贸易市场，还要重视和发展亚非拉发展中国家市场，发展独联体国家、东欧国家以及周边国家和地区的市场。

1. 继续发展与巩固西方发达国家市场

西方发达国家主要包括美国、欧洲各国、日本、加拿大、澳大利亚和新西兰等，这些国家长期以来是中国传统的出口市场，在经济和贸易方面与我国有很强的互补性。一方面，中国需要从这些国家引进资金和先进技术；另一方面，它们也需要中国的资源、廉价的劳动力和巨大的市场。从商品销售角度看，发达国家的市场是一个多层次的消费市场，不仅优质名牌的高档产品在这里可以找到理想的销售市场，而且物美价廉的中低档产品也会受到中下层消费者的青睐。拥有巨大容量的发达国家市场，仍是我们需要高度重视的市场。市场多元化绝不是简单的对传统市场出口的减少。

2. 重视和发展港澳台地区市场

大陆与港澳台地区的贸易在我国对外贸易中占有重要的地位。在经济上与港澳台地区的贸易有很强的互补性，在政治上也有利于祖国的统一和体现大陆对港澳台地区同胞的关怀。此外，内地与香港地区的贸易还有着特殊的意义，因为香港是世界最重要的自由港，我们对香港出口的产品大多数转口输往欧美等许多国家，内地对香港的出口额远远大于进口额，所以香港市场也是内地获取外汇收入的重要来源。最后，在利用外资方面，港澳台地区是我们引进直接投资的最重要地区。

3. 发展与转型经济国家的贸易关系

20 世纪 90 年代初期苏联解体后，俄罗斯和部分国家建立了独立国家联合体，独联体和其他东欧国家的政治和经济发生了重大变革，形成了今天的转型经济国家。我国和转型经济国家有着传统的经济贸易关系，而且经济的互补性很强，这些为我国发展与转型经济国家的贸易创造了更为有利的条件和更多的机遇。在此类国家中，我们特别要重视与我国比邻的大国俄罗斯。俄罗斯资源丰富，工业基础雄厚，而且还是一个很大的消费市场，我国的轻纺日用消费品和手工艺品为主的商品在那里很受欢迎，而这些正是我国出口的优势产品，因此我国和俄罗斯发展对外贸易的潜力很大。东欧国家近年来经济发展也很快，也是值得开拓的具有一定潜力的大市场。

4. 积极拓展我国周边国家和地区的市场

发挥地缘优势，拓展周边国家和地区的市场，由近及远，稳定发展，这是我国实施市场多元化战略的一个重要的组成部分。世界各国的对外贸易市场格局都有一个共同的特征，就是非常重视与周边国家和地区的贸易关系。如美国的对外贸易总额中与加拿大、美洲国家的贸易占34%；英国、法国、德国、意大利等国家对其他欧盟国家的贸易额所占比重达50%～60%；韩国、新加坡对日本、中国等周边国家的贸易额比重也接近一半。我国对外贸易的一个重要市场就是中国的周边国家和地区，大体包括：日本、韩国、俄罗斯等东亚国家市场；中国香港、中国澳门、中国台湾地区市场，以东盟国家为主的东南亚市场；印度、巴基斯坦、尼泊尔等南亚国家市场；哈萨克斯坦、吉尔吉斯斯坦、塔吉克斯坦、阿富汗等西亚国家市场。这些周边国家和地区与我们有贸易的地理优势和商品结构的互补性，历史上有着长期友好的贸易关系，因此巩固和发展与周边国家和地区的贸易关系，是我国今后实施出口市场多元化战略的重要任务。

（三）实施市场多元化战略的目标和措施

1. 实施市场多元化战略的目标

（1）努力改变我国进出口贸易过于集中在少数国家和地区的局面

目前我国的对外贸易市场构成主要集中在少数发达国家和地区，这样会加大贸易风险。在新的市场战略中，应在巩固和发展美国、欧洲、日本等传统市场的同时，多方面地开拓新市场，包括独联体国家、东欧国家、拉丁美洲国家、中东国家和非洲国家等地区的市场，争取对中东、非洲、独联体、拉丁美洲国家的贸易比重有明显的提高。

（2）开拓新的销售渠道

在新开拓的市场上建立销售网络和渠道，设立商品的储存和分拨中心，以该国为中心向周边国家和地区辐射，以扩大我国商品的市场占有率。

（3）以货物贸易带动服务与技术出口

在新开拓的市场上实现贸易与海外投资、对外经济技术援助、对外承包工程及劳务合作的相互协调配合，以商品贸易带动服务贸易、技术贸易的进一步发展。

2. 实施市场多元化战略的主要措施

（1）政府应对出口市场多元化战略加强引导和调控

政府主管部门必须制定和推进出口市场多元化的方针和规划，对企业贯彻多元化战略进行宏观调控，如：优先对新市场的出口提供信贷；对新市场的出口信贷提供政府担保，由政府承担出口的风险；对某些敏感性产品出口过于集中的，应通过出口税或取消出口退税等经济手段予以控制；对开拓新市场工作做得好的企业，政府应给予奖励；对多家企业用低价竞争的方式抢占同一市场的，应给予惩处。

（2）积极组建区域经济一体化组织，以开拓新的市场

对于努力开发的新市场，政府应该争取与有关国家政府谈判，建立区域经济一体化组织，通过一体化组织内部的自由贸易机制，加快我国与这些国家贸易的发展速度，提高其在我国贸易中的比重。如我国政府正在与海湾阿拉伯国家组织、南亚国家、北非国家等就成立自由贸易区问题进行谈判，如果签订了双边或多边的自由贸易协定，那么我国与这些国家的贸易关系就会快速发展，有利于市场多元化战略的实施。

（3）利用对外直接投资的形式带动对新市场的出口

我国出口比较少的国家多是发展中国家和地区，这些国家和地区大多资金和技术比较落后，购买能力较低。因此，我们应适当向一些发展中国家进行直接投资，鼓励中国企业在这些国家设立海外企业，并以此作为开拓当地市场的支点，提高我国出口产品在当地市场的占有率，并带动我国的机电设备、原材料、零配件和劳务的输出。我国政府还可以向一些发展中国家提供优惠的政府贷款，以鼓励购买中国生产的机电产品和大型成套设备。

（4）运用灵活的贸易方式，开展多种形式的经济合作

对于出口比重较低的发展中国家，在政策上应鼓励企业积极开展加工贸易、补偿贸易、转口贸易、边境易货贸易等灵活贸易方式。对于一些经济比较落后的国家，我们应该考虑在该国交通便利的港口、城市或商品集散地设立保税仓库或分拨中心；对有共同边境的国家，首先通过边境小额贸易打下基础，再向其内地城市推进；对于货物贸易水平较低的国家，可以以外交、经济援助为先导，在该地区开展承包工程和劳务合作业务，进而开拓商品市场，带动商品的出口；应处理好我国与一些发展中国家的双边贸易不平衡问题，如我国顺差过大，应考虑增加从这些国家的进口，以带动今后出口贸易的发展。

三、以质取胜战略

（一）以质取胜战略的提出

质量问题是经济发展中的一个战略问题，特别是出口商品的质量高低是一个国家经济、科技、教育和管理水平的综合反映，是影响该国国民经济和对外贸易发展的重要因素之一。在国际贸易的激烈竞争中，产品已经成为竞争的焦点，价格竞争则逐步退居次要地位，因此产品能否在国际市场上竞争取胜，质量已经成为决定性因素。长期以来，中国经济发展走的是“以量取胜”的数量

型增长道路，国家发展战略中重视的是工农业产品总量的增长、GDP总量的增长；对外贸易方面强调的是进出口总额的增长、外贸企业的出口额和收购额的增长、外贸顺差和外汇储备的增长、对外贸易依存度的增长，但是较少关心经济效益、节能减排、环境保护、贸易条件、要素比率、科技含量、自主创新等，这样造成中国的对外贸易发展迅速，但是国际竞争力却不能同步发展。在世界性金融危机给我国经济发展带来严重冲击时，我们提出的加快经济发展方式转变，即由过去的数量型增长方式逐步转变为质量型增长方式，这种转变是在新形势下我国经济领域的一场深刻变革。在对外贸易领域就是由传统的“以量取胜”转向“以质取胜”，即由附加价值低、科技含量低、售价低的普通产品甚至是低档的大路产品出口转向附加价值高、科技含量高、售价高的优秀产品和名牌产品的出口，这样才能使中国逐步由一个贸易大国向贸易强国转变。

我国的出口商品长期以来存在着各种各样的质量问题，困扰着中国出口的发展。其主要问题是出口商品的质量信誉不强，产品合格率不高，履约率低，档次低，包装差，一般是以“低质价廉”为主。现代社会中质量的基本概念实际已经大大扩展了，不仅是指产品的品质及质量，还包括出口产品的装潢设计、花色品种、售后服务、环保标准、能源消耗、加工层次、科技含量等。因此，用现代的、广义的和更高层次的质量要求来衡量，我国出口产品的质量与世界先进水平相比较还有很大的差距。从总体上看，我国对外贸易的增长方式还是依靠数量型的粗放式经营，而不是依靠产品的质量和效益的提高，主要表现在以下几个方面：

1. 长期依靠以量取胜，以价格竞争方式冲击国外市场

我国外贸体制改革以后，越来越多的企业可以直接进入国际市场，但是大多数出口企业长期依赖于靠数量增长获取外汇收入，对外竞争不是使用现代的非价格竞争方式，而是依靠低价取胜，结果使企业效益和国家利益都遭受重大损失。少数企业和个人片面追求眼前利益，只满足于完成出口任务和指标，以次充好，将质量不合格的商品销往国外，常常引起索赔和质量纠纷。更有甚者，一些假冒伪劣产品也从国内市场发展到国外市场，严重破坏了我国出口商品的信誉和中国的形象。

2. 出口商品结构还需要进一步优化和提升

出口商品结构的优化程度也是一个国家出口质量的表现。我国自改革开放以来出口商品结构虽然有了很大的改善，初级产品出口目前不到10%，制成品出口已经超过了90%，就这一指标来看，中国的出口商品结构已经达到或接近发达国家水平。但是如果对制成品按要素密集来划分的话，我国的出口商品结构仍然存在着许多问题，与西方发达国家相比还是有较大的差距。如果按要素

密集度来划分，我国目前的出口产品中资源密集型产品和劳动密集型产品仍旧占有很大的比重，资本密集型产品和技术密集型产品所占比例仍达不到发达国家水平。在我国出口中所占比重很大的机电产品和高科技产品中，也有相当比重的产品属于粗加工的、附加价值低的产品；特别是科技含量较高的产品中，核心技术大多掌握在外国跨国公司手中，我国拥有自主知识产权的产品不多。

3. 出口企业不重视产品质量和品牌

我国许多出口产品在开拓新市场的初期，还比较重视产品的质量，但是一旦进入市场后就不重视出口商品的质量稳定和进一步提高，而且也不重视维护自己的出口产品的品牌。往往一种出口商品在国外赢得信誉后，国内许多企业都跟着生产甚至假冒，这样不仅损害了名牌产品的利益，而且最终也会因为出口产品的质量不断下降而使名牌产品倒了牌子。许多出口企业不懂得保护知识产权的法律，致使许多名牌产品在国外被人抢先注册，产品被迫退出市场。

4. 由于出口商品的质量问题造成经济效益下降

在许多西方发达国家的市场里，虽然中国的出口商品数量很多，但是由于质量问题，多数产品是低档次、粗加工、科技含量不高的廉价产品。出口商品价格的低廉，不但容易引起进口国的限制和报复，还会使我国对外贸易的经济效益大幅度下降，造成出口企业利润损失或亏损，对国家的经济效益也产生很大的负面作用，使中国的贸易条件不断恶化，单位出口额耗费的资源和能源水平提高，本身也不利于中国经济的可持续发展。近年来，我国努力提高出口商品的质量和安全要求，中国出口商品质量总体上不断提高，得到全球消费者的欢迎和认可。2009 年和 2010 年，经出入境检验检疫机构检验检疫的中国出口货物分别为 1103.2 万批和 1305.4 万批，不合格率分别为 0.15%和 0.14%；出口货值分别为 4292.7 亿美元和 5521.8 亿美元，不合格率分别为 0.12%和 0.13%。2010 年，中国出口美国的食品为 12.7 万批，合格率为 99.53%；出口欧盟的食品为 13.8 万批，合格率为 99.78%。日本厚生省进口食品监控统计报告显示，2010 年日本对自中国进口的食品以 20%的高比例进行抽检，抽检合格率为 99.74%，高于同期对自美国和欧盟进口食品的抽检合格率。但是，中国国内仍有少数企业为降低成本而忽视商品质量和安全，也有一些外国进口商不讲质量和诚信，压低商品价格甚至直接授意中国生产商使用不合格原料。这些行为损害了“中国制造”的信誉。针对这些问题，中国政府近年来不断完善商品质量安全法律法规，加强了各环节监管，严厉查处少数违法违规造成质量问题的企业。2011 年 3 月，中国启动“外贸商品质量提升年”活动，进一步健全外贸商品质量和安全的许可、认证和监督机制，提高了对出口商品质量与安全的保障效率。

（二）以质取胜出口战略的内涵

实施“以质取胜”出口战略，必须牢固树立“质量第一，信誉第一”和“质量是效益的核心”的观念，努力提高出口产品的质量和信誉；要重视科技开发，加强新产品的研制，提高产品的科技含量，优化出口商品结构；要按照国际标准组织生产，创造名牌产品。以质取胜战略的目标是使对外贸易逐步走上高质量、多品种、高效益和高创汇的发展轨道。“以质取胜”战略的内涵主要包括以下几点：

1. 提高出口商品的质量和信誉

提高出口商品生产者和外贸企业经营者对商品质量与信誉的认识，在生产、流通、包装、运输、售后服务等领域，对出口商品加强质量监督和执法力度，从而提升我国出口商品的质量和信誉。我们不但要在新产品进入市场时加强对产品质量进行监管，而且在广泛进入世界市场以后，更要保证出口产品质量的稳定和进一步提高。

2. 不断优化出口商品结构

以质取胜战略不仅是在微观上要求每一批出口货物、每一笔交易都应该使出口商品符合国家的质量标准和对方的要求，避免出现质量纠纷和索赔要求，而且要在宏观上不断优化我国的出口商品结构，努力提高制成品，特别是精加工制成品的比重。在科学技术迅猛发展的今天，产品更新换代的周期越来越短，我们更应该加强对科技产品的研制和开发，使科技成果尽快实现商品化和产业化，提高我国出口商品的质量、档次和加工深度，形成国际竞争的综合优势。

3. 推行与国际标准接轨的质量管理体系

随着国际贸易的发展，国际市场竞争日益激烈，国外市场对商品的质量要求越来越高，许多国家要求按照国际标准组织生产，并对出口生产企业的质量体系进行评价。因此，推行国际标准化，是提高我国产品技术标准化水平、立足国际市场的必由之路。为了适应国际贸易发展的新需要，国际标准化组织ISO于1987年发布了用于生产企业质量体系评审的ISO9000系列标准，目前世界上许多国家和地区都已采用这个标准。只有与国际标准接轨，才能使中国产品更好地进入国际市场。

4. 努力开发名牌出口产品

名牌产品的多少，反映了一个国家的综合国力、经济竞争能力和科技发展水平。因此，创立名牌也是提高产品附加价值的有效途径。名牌产品是开拓国际市场的有力武器，它意味着产品优秀的品质和企业良好的信誉与素质。企业要创造世界名牌，首先必须依靠科技进步，坚持高技术起点，引进国际先进技术，高标准开发新产品。其次，要坚持采用新工艺、新技术、新材料，为生产名牌产品提供坚实的物质基础和装备条件，有效保证名牌产品的高质量、高技术含量和高附加价值。

（三）以质取胜出口战略的重要意义

1. 出口商品质量是国际市场竞争的基础

当今世界是自由贸易与垄断交织的世界，国际市场的竞争也日趋激烈，国际贸易集团化、区域化和贸易保护倾向日益发展。在这种情况下，只有提高出口商品质量，加速产品的升级换代，使产品适应国际市场的需要，才能增强出口商品的竞争力。提高出口商品质量，提供优质的服务，“以质量求生存，以品质求发展”已成为发展出口贸易的必由之路。出口商品质量好，符合交易对方的具体要求，才能通过激烈的竞争而进入国际市场；进入国际市场后还要保持质量的稳定并不断改进提高，才能不退出国际市场。质量已经成为产品进入国际市场的通行证，中国真的要成为世界出口强国，就一定要坚持“质量第一，信誉第一”的原则，生产和销售质量好、款式新、花色品种多和符合国际化标准的适销对路的商品，去参与国际市场的竞争。

2. 出口商品质量可以提高对外贸易的经济效益

外贸企业经营的根本目标是经济效益，而效益和产品质量有着密切的关系。一个国际化企业要想使企业效益处于较高的水平，就必须努力提高自己的出口产品的质量水平、加工层次、包装装潢、科技含量，最终实现以较高的价格进入国际市场。我国的许多产品，如纺织品、服装、鞋类等产品，出口数量长期居世界第一，但是商品的单位售价在世界上始终是低水平的，就是因为产品质量问题。提高产品质量能够提高对外销售价格，进而降低企业的出口换汇成本，有效提高企业的利润率和劳动生产效率，这是提高企业经济效益的根本途径。衡量一个国家宏观经济效益的重要统计指标是贸易条件或进出口价格比率，即一个国家的出口价格水平和进口价格水平的比值。我国近几年来对外贸易的快速发展并没有带来贸易条件的改善，反而引起贸易条件的不断恶化，其主要原因是主要进口产品（如原油、矿石）的价格上涨和主要出口产品的价格下跌。进口产品价格上涨是不可控因素，但是出口制成品价格的下跌却是我国的产品质量、加工层次、科技含量和售后问题造成的，因此“以质取胜”战略将直接有效提高我国对外贸易的宏观经济效益。

3. 出口商品质量可以有效提高国家的出口余力

所谓出口余力是指一个国家某种商品的最高出口能力，因为任何一个国家生产任何一种产品的能力都是有限的，不可能无止境地扩大生产。这里的有限包括本国资源的局限性、本国加工能力的局限性以及各门类均衡发展对该产品生产与出口的限制。一个国家的出口余力可以用如下公式表示：

出口余力＝国内生产能力－国内消费水平

所以出口余力要受到两方面的限制：一是国内生产能力，二是国内消费水平。在这两个基数都不变的情况下，能否通过其他办法突破其限制，从而进一步扩大该商品的出口余力呢？这就要求我们坚持“以质取胜”出口战略，提高出口水平。

为了实施以质取胜战略，我们首先应该努力提高产品的加工层次，由原材料出口逐步转化为半制成品和制成品出口。我国虽然被称为资源大国，但是许多重要资源和能源的人均占有率在世界上都是低水平的，而且随着中国经济的快速发展，许多重要资源和能源已经由出口转为进口，而且像原油这样的不可再生资源的国际市场价格不断上涨，仅仅依靠资源产品或简单加工产品出口，已经没有出路了。目前我国提倡的节约型经济，不仅是在生产和生活中要节约资源和能源，更重要的是提高加工层次和附加价值，以尽量少的资源消耗获取尽可能多的出口收益。

其次，应该积极采取加工贸易的方式来扩大出口。加工贸易又称以进养出，这一贸易方式可以完全不考虑国内资源的限制，即利用国外的资源、原材料和半制成品，在国内加工生产后再出口到国外市场。但是加工贸易也要以质取胜，因为产品质量好才能提高售价，以获取更多的工缴费，使外汇增值比率处于比较高的水平。

再次，应该提高出口产品的质量、包装水平，开发名牌产品出口本身也可以有效突破出口余力的限制。国际市场的基本特点就是质量差价极大，大路货、低档货售价很低，而高档商品、名牌产品的价格则很高，往往是低档商品的十几倍甚至是几十倍。我们的许多出口企业不愿意在质量上下功夫，长期生产低档廉价的产品出口，这是对我国出口资源的极大浪费。我国许多在价格上有竞争优势的产品，长期是以量取胜，从而使我国许多此类产品被视为低档货而充斥国外市场，这种情况下再想以数量激增的形式扩大出口是非常困难的，即使实现了数量的激增，也会引致进口国实施反倾销等贸易限制措施，结果被人家赶出国门。只有坚持以质取胜战略，实现高质量、高科技、高价格，才能不断扩大出口规模。

4. 出口商品质量与突破西方国家的贸易保护

近几十年来由于世界经济的不景气和西方市场的萧条，使许多西方国家的贸易保护主义又悄悄兴起，尤其是美国、欧盟等发达国家更是如此。美国自1971年以来开始出现长期巨额的贸易逆差，许多产品的对外竞争能力全面下降，而我国又是对美贸易顺差最大的国家之一，因此美国对中国出口商品的贸易保护更加严重。当然，由于WTO自由贸易原则的制约，各成员不能再随意地使用传统的高关税、数量限制、国家垄断和禁止进口等手段了，但是根据公平贸易的原则，目前许多欧美国家大多在允许的条件下使用反倾销、反补贴、保障措施、技术性贸易壁垒和绿色贸易壁垒等措施，来限制我国某些有一定竞争能力的产品的出口，这将直接影响我国今后出口贸易的发展。根据中国商务部贸易救济统计，自2001年中国加入世界贸易组织以后至2011年，国外对中国实施的贸易救济措施共计602例，其中反倾销措施510例，反补贴措施43例，保障措施106例，特别保障措施33例。中国是世界上贸易救济最大的受害国。特别是世界经济危机以后，美国等西方国家又开始大规模对中国产品启动贸易救济调查，新的贸易保护浪潮越来越严重。这些贸易保护措施致使中国的许多传统出口产品大幅度减少，甚至被迫退出国外市场。目前中国是世界上受"两反一保"伤害最大的国家。国外对我国出口产品实施大规模的"两反一保"，原因固然是多方面的，但根本原因还是我方被指控的商品多是低价位的大路商品，长期实行的低质量、低档次、低价格的策略使我们在国外反倾销中深受其害。因此我们只有一条出路，就是实施"以质取胜"战略。以高质量、高档次、高价格的出口商品面对国外的贸易壁垒，是最有效的办法。

另外，近年来西方发达国家对一些工业制成品的技术标准要求越来越严格，对农产品和畜产品的动植物检疫措施及各种各样的绿色贸易壁垒也不断提高标准。对我国许多重要产品的出口而言，这无疑也是一种新的压力和挑战。我们要想真正成为一个出口强国，就必须坚持"以质取胜"战略，按国际标准组织生产，强化质量管理和质量检验制度，把好质量关。对于绿色贸易壁垒，我们应该认真研究其标准和特点，努力提高产品质量，向国际规范靠拢，使中国的农产品真正成为适应国外政府与消费者要求的安全的生态农业产品，以高标准、高质量和高价格进入世界市场。

5. 出口商品质量涉及国家和民族的信誉

出口商品质量问题，不仅关系到企业的效益和信誉，而且关系到国家和民族的形象和信誉。出口商品质量的好坏和对外贸易部门的工作质量，直接反映一个国家和民族的素质，关系到维护社会主义中国改革开放的形象。因此，对于出口商品质量问题，我们不仅要从微观的企业利益和宏观的社会效益角度去认识，还要从国家信誉和民族精神的高度去认识。我们要进一步发展出口贸易，首先就应该从抓出口商品质量入手，用实际行动来维护中国商品的信誉，尽快使中国制造的产品在整体上都是以质量优异、有强大竞争力的形象进入世界市场。

总之，无论是从国际市场竞争，还是从提高企业经济效益，或是从扩大我国出口贸易、提高我国出口商品信誉的角度讲，以质取胜都已成为我国发展出口贸易别无他途的战略选择。

四、因环境问题而产生的对外贸易转变和调整战略

（一）环境问题与可持续发展的提出

环境与气候问题早在20世纪70年代就被人们所关注，而环境危机与气候问题很大程度上是由世界工业化的发展与国际贸易的快速增长造成的。1972年联合国环境大会在瑞典举行，共同讨论全球环境问题，并提出“我们只有一个地球”的警句。1973年联合国成立环境署，1975年建立全球环境监测系统，1987年在世界环境与发展会议上正式提出“可持续发展”的概念。所谓可持续发展，就是在不损害后代人满足其自身需要能力之前提下，满足当代人需要的发展。具体说，就是我们在发展当代经济时，要充分考虑到后代人的利益与发展。1992年联合国在巴西举行级别最高、规模最大的环境与发展大会，将可持续发展列为全世界的发展战略。1997年12月在日本京都召开的联合国气候变化框架公约大会上通过了《京都议定书》，规定发达国家从2008年到2012年要大规模减排温室气体，而发展中国家和发达国家则承担共同的但有区别的义务。

（二）环境与气候危机产生的原因

目前的环境与气候危机是二百多年来经济快速增长和工业化造成的，主要表现为地球上不可再生资源遭到掠夺性开采，许多资源已近乎枯竭；人类生活的环境严重恶化，大气、水、土壤都遭到严重污染；全球气候日益变暖，海洋水平面不断提升；酸雨普遍出现，天上降下来的雨含有大量硫酸，造成水质污染、鱼类死亡，这些都给我们的地球带来灾难性后果。环境和气候危机的原因其实就是工业化和经济的快速发展与失控。如地球气温升高的罪魁祸首就是我们这个以石化燃料为基础的现代文明。气候变暖的主要“贡献者”是二氧化碳（50%）、氯氟烃（20%）、甲烷（15%），在二百多年前大气中该类成分是很少的，而现代文明大量燃烧石油、煤炭、天然气等，使大气中碳的成分灾难性增长。气候变暖使地球风暴灾难频率与破坏性大大增强，使北冰洋和南极洲的冰雪面积减少，冰层厚度由2米降到1米，冰川融化和海平面提升给世界带来的灾难更严重，因为受海洋平面影响的多是人口稠密、物产富饶的平原和三角洲。造成如此严重后果的是世界的工业化发展，特别是发达国家二百多年来工业发展累积的结果，即便是今天二氧化碳的排放也是以发达国家为主体。美国橡树岭国家实验室发现，世界24个发达国家的二氧化碳排放量占全球的80%。美国《科学》杂志载文说，如果北冰洋格陵兰的冰层完全消失，海洋平面将上升7米，中国的广州也将沉没于水下。

（三）中国政府面对危机采取的对策

为了解决全球性环境与气候问题，2009年12月在哥本哈根举行了联合国全球气候大会，由于发达国家的干扰，会议没有达成具有法律效力的文件，但

是中国政府的态度是积极促进会议成功，主张积极磋商，凝聚共识，推动会议取得合理、公平、平衡和可实现的成果。会议上中国政府提出具体的减排目标，即到2020年中国单位GDP二氧化碳排放将比2005年下降40%～45%。而且具体减排计划是无条件的，不与任何国家的减排挂钩。美国政府提出中国的减排应该按照发达国家的标准进行，并认为中国不应该得到国际社会在减排方面的援助，这些都是违背国际框架公约的，当然被我们所拒绝。不管此次哥本哈根会议成功与否，我们的减排目标和计划都不会改变。在经济快速发展的今天，制定较高的减排指标，必然会使我国高耗能和高污染产业的发展受到制约和影响，如钢铁、冶金、化工、水泥、能源等，这些都是有关国计民生的重要部门。若要减排，这些部门的产能就必须控制甚至减少，对经济增长、就业、出口都会产生消极影响。即使不减少产能，也要花费巨大的投入，进行技术改革，把碳排放降低到最低水平，因此也要提高成本，降低企业效益，对经济增长的负面影响也是不可低估的。在全球环境危机和减少碳排放的大背景下，我们也可以找到新的机遇，主要是：（1）全面进行国家与地区的产业结构调整，限制或减少高排放、高污染、高耗能的产业，发展新兴的低碳经济、绿色经济和循环经济；（2）国家应该加大投入发展清洁能源，逐步替代传统能源，如太阳能、风能、水能、核能、地热、潮汐发电等，这样也能进一步推动经济的可持续发展；（3）进一步发展服务贸易，如文化、旅游、教育、金融、服务外包等，因为文化等产业是节能和低碳的典型产业；（4）传统产业要加大技改的投入，发展循环经济，对排放的有害物质提高其利用程度，变害为利，如煤炭工业的瓦斯可以排出使用，还能防止煤矿事故频发，废水、废气、废渣可以提炼，变废为保，循环使用；（5）发展新兴的环保和减排产业，如污水处理、垃圾处理和碳排放中和服务产业，建立减排交易市场等。

在环境与气候危机的大背景下，中国的对外贸易发展战略也应做出具体的转变与调整。在出口政策上，国家要通过出口管制与出口退税等经济杠杆，严格控制高污染、高耗能、资源型产品的出口，如对木材与木材产品限制出口，防止滥砍盗伐与森林破坏；限制焦碳等产品出口，防止环境污染和碳排放超标。在进口贸易中，要通过技术性贸易壁垒，限制污染环境的产品输入，鼓励资源性产品进口，以降低国内此类产品的生产、投资与开发，适应中国可持续发展战略。在进出口商品战略上，要进行必要的调整，提高中国出口商品的加工层次和技术含量，鼓励高新技术产品的出口，降低“两高一资”产品出口比重；鼓励国内短缺的资源型产品进口，逐步降低中国的贸易顺差额。

为了加快推进外贸发展中的节能减排。早在1994年，中国政府就制定并发表了中国21世纪人口、环境与发展白皮书，将节能减排纳入国民经济和社会发展目标。“十一五”和“十二五”规划都把降低能源消耗和二氧化碳排放强度作为约束性指标。2004年以来，中国多次下调甚至取消部分高耗能、高污染和资源型产品出口退税，禁止和限制部分此类产品的加工贸易，鼓励进出口企业向国际上先进的环保标准看齐。近年来，中国出口商品中“两高一资”商品的比重大幅下降，新能源和节能环保产品出口大幅增长。大部分达到一定规模的进出口生产企业都已经获得ISO14000等与环保有关的标准认证。中国将努力调整经济结构和产业结构，加快先进节能环保技术的应用，促进对外贸易与资源节约、环境保护更加协调发展。

第五节 货物贸易的进口战略措施

进口贸易是一个国家对外贸易的重要组成部分，是每个国家的对外贸易活动中不可缺少的重要环节。从某种意义上讲，出口贸易的目的就是为了进口，以增强一国的生产能力，提高科学技术水平，促进国民经济的协调发展。过去我国长期实行奖出限入的政策，通过关税壁垒、非关税壁垒和其他行政限制措施限制进口贸易发展。但是在加入世界贸易组织以后，实行自由贸易政策，对进口贸易也采取鼓励和促进的措施，如大幅度降低进口关税，减少和规范非关税措施，在海关和检验检疫方面进一步简化进口程序，鼓励资源型产品的进口等。在进口政策的调整下，我国努力扩大进口规模，逐步成为世界进口大国，2011年我国进口贸易规模已经达到17434亿美元，占世界贸易总额的9.5%，在世界上居第二位（美国是世界第一进口国家，占12%；德国居第三位，占6.8%）。我国在制定对外贸易发展战略的时候，也专门制定了有关货物贸易的进口战略措施，其中包括进口商品战略和进口市场战略。

一、进口商品战略

进口商品战略是指根据国民经济发展及消费市场的需要，对一定时期的进口商品构成所做的战略性规划。

（一）我国进口商品战略的演变

进口贸易是国民经济的有机组成部分，因此进口贸易战略是以国民经济的发展目标为依据的。我国各个五年计划都对进口贸易结构进行了规划和调整。

1. “六五”计划期间的进口商品结构

引进先进技术和关键设备；确保生产和建设所需要的短缺物资的进口；组

织好国内市场所需要的物资和“以进养出”物资的进口；对本国能够制造和供应的设备，特别是日用消费品不要盲目进口，以保护和促进国内民族工业的发展。

2. “七五”计划期间的进口商品结构

进口重点是引进软件、先进技术和关键设备，以及必要的、国内急需的短缺物资。

3. “八五”计划期间的进口商品结构

按照有利于技术进步、增加出口创汇能力和节约使用外汇的原则合理安排进口，把有限的外汇集中用于先进技术和关键设备的进口，用于国家重点生产建设所需物资以及农用物资的进口；防止盲目引进和不必要的引进；发展替代进口产品的生产，促进民族工业的发展；国内能够生产供应的原材料和机电设备争取少进口或者不进口；严格控制奢侈品、高档消费品和烟酒等产品的进口。

4. “九五”计划期间的进口商品结构

积极引进先进技术，适当提高高科技、设备及原材料的进口比例，努力发展技术贸易和服务贸易。

我国各个五年计划中对进口结构的规划，反映出我国的进口原则多年来没有太大的变化，进口结构因而比较稳定。相对于出口结构的变化，我国进口商品结构变化的程度是很有限的。随着国内产业结构的调整，国内供需平衡状况变化加剧，因而各时期进口结构调整的重点不同，加之随着我国贸易体制和政策的改革，对外开放市场的程度不断提高，国家对进口结构的调控主要是宏观层次的规划指导，大幅度减少了对进口的限制。

（二）“十五”和“十一五”计划期间的进口商品结构

2001 年中国进入了第十个五年计划时期，这一年中国又正式加入了世界贸易组织；2006 年则进入“十一五”时期，入世的过渡期基本结束，中国的市场准入度和贸易自由化程度都因此大大提高了，传统的由国家统一制定进口计划的做法被按市场需求安排进口的方式所替代。根据此期间我国社会经济发展目标与产业结构和进口结构的状况，该时期的进口商品结构的重点应该是引进先进技术和设备，保证重要能源、资源和加工贸易物资的进口，按照我国对国际社会的市场开放承诺扩大消费品的进口。根据这一原则，我国“十五”和“十一五”计划期间的进口商品结构主要安排如下：

1. 积极引进先进技术和关键设备

为了加速我国的经济建设，使我国的科技水平赶超发达国家，长期以来我们一直把引进先进技术和设备作为进口的重点。在进入 21 世纪以后，根据我国“十五”计划中关于促进科技进步和创新中提出的“有所为，有所不为”的方针，为了加速实现产业结构合理化、现代化，围绕着国家重点建设和技术改造目标，根据国家产业结构调整部署，我国技术引进和设备引进的重点包括如下内容：

（1）确保电子信息等先导产业发展所需要的技术设备的引进

电子、信息、航天、生物工程和新能源、新材料工业等是对我国经济发展有重大意义的先导产业，也是我国技术引进的重点。我们要跟踪国际先进水平，根据我国的实际情况，优先发展先进的微电子技术、计算机技术和传感技术，使之成为我国今后的带头产业。信息化是当今世界经济和社会发展的大趋势，也是我国产业结构升级和实现工业化、现代化的关键环节。因此，我国当前应重点发展信息产业，努力实现跨越式发展。发展信息产业包括高速宽带网络、大规模集成电路、高性能计算机、大型软件系统、超高速网络系统等。信息产业在我国还是一个幼稚产业，与国外先进水平有较大差距，需要积极引进国外该领域的先进技术和设备。

（2）确保能源、交通等基础设施所需技术设备的引进

能源是我国经济建设的战略重点，又是我国的薄弱环节。我国不仅能源增长率低，而且利用率也低。能源工业引进技术设备，一是要扩大能源的生产和开发；二是推广能源节约和综合利用技术，合理有效利用能源，以提高能源利用率；三是将能源对环境的有害影响减至最低。交通运输是我国国民经济的战略重点，也是制约经济发展的瓶颈。为了改变我国交通运输的现状，应该重点引进有关的技术和设备，加强公路、铁路、港口、机场的基础设施建设，建设现代化的综合运输体系。

（3）确保传统产业技术改造所需技术设备的引进

我国经过几十年的工业化建设，建立了庞大的、门类齐全的工业体系，其中传统产业占有很大比重，所以传统产业技术改造是经济结构高级化的重要组成部分。我国许多传统产业设备陈旧、技术落后，严重制约我国的现代化进程，要从根本上改变这种落后状况，必须加强传统产业的技术改造。因此，我国应该通过进口贸易，积极引进精密高效机床、仪器仪表、先进的关键设备等，加强轻纺、冶金、化工、汽车、建材等传统工业部门的技术改造，使其尽快赶超世界先进水平。

（4）确保我国农业现代化所需技术设备的引进

“十二五”规划期间，加强农业现代化是经济结构调整的重要内容，也是保持经济发展和社会稳定的基础。农业结构的调整要面向市场，依靠科技，不断向生产的深度和广度进军。根据这一要求，我国要引进与农业现代化和农业结构优化有关的技术设备，加强高新技术在农业上的应用，如计算机技术、生物工程技术和其他高新技术等。

2. 确保重要能源和资源的进口

任何一个国家都不能拥有发展本国经济所需要的一切物资，因此需要通过进口国内短缺的资源和物资来实现国民经济的综合平衡。我国在 1995 年以前还是一个原油和成品油的净出口国，但是随着中国工业化的发展和国内对能源需求的增加，国内能源生产的增长远远赶不上消费的增长，1995 年以后我国成为能源的净进口国。2009 年中国原油进口达 2 亿吨，成为仅次于美国的世界第二大原油进口国，我国石油进口依存度已经达到 50%以上；中国的煤炭进口量 2009 年也超过了国内产量。除能源外，在中国制造业快速发展的情况下，许多工业原材料也主要依靠进口，如铁矿石、天然橡胶、棉花、纸浆、化工原材料等都是当前进口中的重要物资。中国是一个钢铁生产大国，2009 年钢铁产量达到 5.68 亿吨，约占世界钢铁总产量（12.2 亿吨）的 46.6%，因此铁矿石成为重要的进口产品，1990 年为 1400 万吨，2000 年进口 7000 万吨，2004 年进口 2.08 亿吨，2009 年则达到 6.27 亿吨（用汇为 500 亿美元）。我国虽然在数量上是钢铁生产第一大国，但是钢铁产品的结构很不均衡，一般普通钢铁产品生产过剩，需要依赖于出口，但是许多重要的特殊钢铁产品却生产不足，需要大量从国外进口，目前中国也是世界上最大的钢铁产品进口国。中国是个传统的农业国，所以许多重要的农业生产资料，如化肥、农药、塑料薄膜等也是重要的进口物资。

3. 重视“以进养出”物资的进口

“以进养出”即通过进口原材料及辅助材料和零部件等，在国内加工为制成品或半制成品后再出口的业务，是我国发展加工贸易、获取外汇收入的重要贸易方式。“以进养出”一般包括进口原材料加工制成品出口；进口主件或零部件，加工装配产品出口；以国产原料为主，进口辅料加工成品出口；进口饲料、肥料、种子、种畜等养殖、种植农副土特畜产品出口；以及进口某些商品调换国内农副产品出口。这是一种利用国外资源、发挥国内劳动力优势的创汇增收的贸易方式。但是，开展此项业务必须认真考察几个基本条件，即外汇增值比率、加工能力、出口能力和经济效益。例如外汇增值比率，按正常情况下此指标不应该低于 30%。我国为了发展“以进养出”业务，在进口中将这项业务所需要的物资作为重点予以保证，国家还对其进口实行免征关税等优惠政策。

“以进养出”在我国对外贸易中居于十分重要的地位。尤其是进入 20 世纪 90 年代以后，加工贸易方式完成的对外贸易额占我国对外贸易的比重增长较快，如 1992 年的加工贸易占总贸易的 42%，2000 年为 48.55%，2004 年达到 55.27%。保证加工贸易所需物资的进口，对于我国出口贸易持续稳定发展是十分重要的。

4. 扩大社会必需品和一般消费品的进口

在保证重点（即生产资料）的前提下，我国在进口中也应重视一般物资（即生活资料）的进口。在计划经济和国家垄断对外贸易的时候，我国进口的绝大部分是生产资料，生活资料的进口仅占很小的一部分。改革开放以后，中国的对外贸易体制发生了重大的变化，进口渠道越来越多，生活必需品和一般消费品的进口在逐步上升。这种进口可以繁荣国内市场，改善人民生活，特别是可以补充国内生产不足的生活必需品的进口，如我国目前大量进口的有粮食、食用植物油、棉花、化纤、成品油等，国家进口这些物资是关系国计民生的大事，对于保证社会稳定和经济增长有着重要的作用。中国加入世界贸易组织之后，中国承诺的市场开放度不断提高，越来越多的生活消费品也大规模进入国内市场，如汽车、计算机、彩电、录音机、录像机、摄像机、照相机等产品的进口量在逐年增加，纺织品、服装、食品、水果、饮料、药品等也成为大宗进口产品。今后，随着自由贸易区逐步增加和缩小贸易顺差，中国的进口贸易还要适度增长，一般消费品必将成为增速最快的进口商品。这些产品进口的增多给国内同类产品带来一定的压力，但也将有力推动国内工业的发展。

二、配合我国的外交活动，实施进口市场多元化战略

在制定和实施货物贸易的进口战略中，进口市场多元化战略也是重要的组成部分。进口市场多元化就是在安排主要大宗进口产品时，要考虑从更多的国家和地区进口，而不要长期过分集中在某一个或少数市场上。进口市场多元化的意义在于：有利于我国外交工作的开展，使我国可以与更多、更广泛的国家和地区发展对外经济贸易关系；有利于保持与多数国家和地区的贸易平衡，防止出现大规模的贸易顺差或逆差的不正常现象，尽量减少国际之间的贸易摩擦和贸易争端；有利于利用不同出口国之间的价格竞争，利用买方市场的有利地位，提高经济效益。如我国在进口原油时，除了主要考虑从中东地区的海湾国家进口外，目前正努力开发从北非国家和南美国家的进口，并和俄罗斯开展合作，开发和利用俄罗斯西伯利亚的丰富石油资源，建设从西伯利亚油田到中国大庆的石油运输管道，开拓更多的石油进口市场。

本章小结

货物贸易是对外贸易的重要组成部分，其贸易规模大小在一定程度上反映了一个国家或地区的经济发展和科学技术进步程度。在改革开放初期中国的货物进出口贸易在世界上是十分落后的，产品结构也是以初级产品和劳动密集型

产品为主，对外贸易依存度也很低。30多年来由于中国的对外开放程度不断提高，社会主义市场经济逐步建立与不断完善，货物进出口贸易发展呈高速发展态势。特别是2001年中国加入世界贸易组织以后，根据入世的政府承诺，中国的市场准入度逐步提高，WTO各成员对来自中国的产品也给予非歧视的、自由的、公平的贸易待遇，这一切都推动了中国货物进出口贸易的迅速发展。到2008年中国已经成为世界第二贸易大国，进出口商品结构也有很大的提升。尽管如此，在中国货物进出口贸易中仍存在着许多问题，主要表现在：贸易增长主要依靠数量扩张；较高的出口依存度和不断恶化的贸易条件；贸易方式中加工贸易所占比重过大；贸易结构不合理，工业制成品的国际竞争力不强，机电产品的结构较为落后，高附加值、高科技含量的产品比重过小，而纺织品服装等劳动密集产品比重过大；此外，中国的出口市场过于集中在发达国家，容易引发这些国家对中国产品的贸易限制。

为了促进中国对外贸易的持续和稳定发展，我们必须制定对外贸易的发展战略。我国的对外贸易发展战略是根据国民经济发展的规划，在一个比较长的时期内，有关对外贸易特别是货物贸易发展的全局性决策和长期性规划。我国在1980年就制定了从1981年到2000年货物进出口贸易"翻两番"的战略目标，实际上我国提前8年完成了第一阶段的发展目标。加入世界贸易组织后，我们又提出了2001年到2020年的第二阶段的"翻两番"战略目标，力争使中国在20年内从一个贸易大国发展成一个真正的贸易强国。为此，我国提出了重要的"大经贸战略"构想，就是实行以货物进出口贸易为基础，商品、资金、技术、劳务合作与交流相互渗透、协调发展，外经贸、生产、科技、金融等部门共同参与的对外经济贸易发展战略。大经贸发展战略的主要内容是扩大开放、加快融合、转变功能，其战略目标是实现贸易的适度超前增长、集约化发展、市场多元化、地区分工合理化以及实现良性循环。

我国有关货物贸易的发展战略，包括出口战略措施和进口战略措施两大部分。出口战略措施是指为了达到预期的发展目标与规划而必须采取的重要战略措施，即出口商品战略、出口市场多元化战略和"以质取胜"战略。出口商品战略是我国为了达到预定的出口战略目标，根据我国的国情、经济发展的具体情况和国际市场的需要，对出口商品的构成所做的战略性安排。一般说来，一个国家的出口商品构成层次越高，工业制成品的比重越大，特别是技术密集程度高的产品所占比重越大。所以，我国的出口商品结构也应该随着我国经济发展水平的不断提高而有相应的调整与变化。在进入21世纪以后，中国的主要出口商品应该是精加工的工业制成品为主，特别是技术含量高的机电产品、高新技术产品、有一定竞争优势的劳动密集型产品，同时也要发展优质的和深加工的农产品出口。“以质取胜”战略是推动中国出口贸易发展的重要战略措施，具体要求是应牢固树立“质量第一，信誉第一”和“质量是效益的核心”的观念，重视科技开发，加强新产品的研制，提高出口商品的技术含量和加工层次，按照国际标准组织生产，加强出口商品的质量检验工作。“以质取胜”战略的目标是使对外贸易逐步走向高质量、多品种、高效益和高创汇的发展轨道。

改革开放30多年来中国的对外贸易发展非常迅速，但是出口市场格局不合理的状况却没有得到根本性的改变。我国的出口市场长期以来仍然过分集中于少数发达国家和港澳台地区，在新的国际政治局势下，这种市场状况对于我国今后持续稳定发展对外贸易是非常不利的，因此我国提出了市场多元化战略，并把这一战略提升到“促进对外贸易持续稳定发展”的高度。当前我国的市场多元化战略就是以亚太市场为重点，以周边国家和地区为支撑，发达国家和发展中国家合理分布的战略。具体来讲，就是要继续巩固和发展西方发达国家和港澳台地区市场，特别重视和发展亚非拉第三世界国家市场，发展转型经济国家与周边国家和地区的出口市场。

进口贸易是一个国家对外贸易的重要组成部分，是每个国家的对外贸易活动中不可缺少的环节。我国长期以来“奖出限入”的封闭性贸易政策已经不适合今天的形势。努力发展进口贸易可以增强一个国家的生产能力，提高该国的科学技术水平和劳动生产效率，促进国民经济的健康协调发展。因此我们在制定进口贸易战略措施时要合理适度安排进口，不断提高中国的市场准入程度，以保持适度的进口规模和速度，调整和优化进口商品结构，实现多元化的进口市场结构。

本章思考题

1. 与服务贸易相比较，货物贸易有什么特点？

2. 我国在货物进出口贸易中存在的主要问题是什么？

3. 什么是“大经贸战略”？实现大经贸战略的目标有哪些？

4. 什么是对外贸易发展战略？我国制定对外贸易发展战略的原则和指导思想是什么？

5. 什么是出口商品战略？当前我国出口商品战略的主要内容是什么？应重点发展哪些大类商品的出口？

6. 过于集中的出口市场战略格局对于我国对外贸易的持续稳定发展有哪些不利的影响？

7. 当前我国出口市场多元化战略的主要内容是什么？

8. 以质取胜战略的具体内容是什么？为什么说以质取胜是我国发展出口贸易的非常重要的战略选择？

9. 在世界性的环境问题与气候危机日益严重的情况下，我国的经济结构和贸易结构应该怎样进行调整？

10. 当前我国进口商品战略的主要内容是什么？

第五章　中国服务贸易发展与服务市场开放

本章学习目标

服务贸易是国际贸易的新领域，因此本章主要介绍有关服务贸易的基本知识和相关的国际规则。改革开放以后中国的服务贸易发展非常迅速，在国民经济中发挥了非常重要的作用，但是由于经济发展的滞后性和市场经济的不完善，中国的服务贸易发展仍旧存在着许多问题。在中国加入 WTO 以后，服务市场的开放程度不断提高，中国的服务市场开始与世界服务市场全面对接。

现代对外贸易概念的内涵已经远远超出传统的对外贸易概念，即现代的对外贸易不仅包括货物进出口贸易，还包括服务贸易和技术贸易。在世界贸易组织的三大领域里就涉及货物贸易、服务贸易和知识产权三部分，并分别制定了有关的三个实体法和成立了三个理事会。在《中华人民共和国对外贸易法》的总则里，也将对外贸易分类为货物贸易、服务贸易和技术贸易三大部分。随着世界经济的迅速发展和产业结构的调整，服务业已经成为世界各国重点发展的产业与出口部门。

第一节　服务贸易概述和有关服务贸易的国际规则

一、服务贸易概述

服务是指以提供活劳动（脑力或体力）的形式来满足他人需要并索取报酬的活动，服务跨越国界在国际间流动便构成了国际服务贸易。在统计上，国际服务贸易总额为各国服务出口额之和。虽然服务业作为一个传统的产业部门已有数千年的发展史，但是很长一段时期，经济学家们却没有从国际贸易的角度对服务业给予应有的重视。资料显示，“服务贸易”一词首次出现在官方文件中是在 1972 年，当年 9 月经济合作与发展组织（OECD）提交的《高级专家对贸易和有关问题的报告》中用简短的一章讨论了服务贸易。一直以来，国际货币基金组织（IMF）在进行国际收支统计时把服务贸易列入“无形贸易”（invisible trade）一栏中，这种情况直到1993年才做出了调整；而中国过去一直把服务贸易称为劳务贸易。在“乌拉圭回合”多边贸易谈判发起之前，服务贸易只是在发达国家的有限范围内开展。随着世界经济结构的调整、服务业的兴起和发展，“服务贸易”开始成为普遍使用的术语，1991年12月《服务贸易总协定》（GATS）的签订标志着服务贸易和货物贸易一样，成为世界贸易组织（WTO）多边协定管辖的范围。

（一）GATS对服务贸易的定义和服务贸易范围

1. 服务贸易的定义

长期以来，服务贸易由于其内在本质的复杂性和各国服务业及竞争能力各不相同，没有形成统一规范的解释与规定，各国统计和各种经济贸易文献并无统一的、公认的、确切的定义，同时不同国家的研究人员从各自的立场出发也有不同的视角。“乌拉圭回合”签订的《服务贸易总协定》（GATS）对服务贸易做出了明确的定义，形成了权威性和指导性的解释，它将服务贸易按提供方式分为四种形式：

（1）过境交付

即由一个成员境内向另一个成员境内提供的服务。在这种形式下，服务提供者和被提供者分别在本国境内，并不移动过境，所以这种服务提供方式，往往要借助于远程通信手段，或者就是远程通信服务本身，例如国际电话通信服务。

（2）境外消费

即在一缔约方的境内向其他任何缔约方的服务消费者提供服务。在这种服务提供方式下，服务的被提供者，也就是消费者，跨过国境进入提供者所在的国家或地区接受服务。出国旅游、出国留学实际上都是接受的这种服务提供方式。

（3）商业性存在

即一缔约方在其他任何缔约方境内通过直接投资的方式建立其分支机构，以服务的商业存在而提供服务。这种商业实体或商业存在，实际上就是外商投资企业，其企业形式可以采用独立的法人形式，也可以仅仅是一个分支机构或代表处。在这种形式下，服务的提供是以直接投资为基础的，涉及资本和专业人士的跨国流动。例如，外资银行提供的服务就属于这种形式。

（4）自然人流动

即一缔约方的自然人在其他任何缔约方境内提供服务，这种形式涉及服务提供者作为自然人的跨国流动。与商业存在不同的是，它不涉及投资行为，例如我们请一个国外著名会计师事务所的注册会计师前来作财务咨询以及进行讲学，那么这可以看作“自然人流动”，但如果该事务所来中国开设了一家分支机构，那么这就是“商业存在”了。

GATS 定义的服务贸易与无形贸易有所区别，它没有无形贸易涵盖的范围广。因为各国和有关国际组织一般将无形贸易划分为要素服务贸易和非要素服务贸易两种，而GATS 定义的服务贸易基本上只包括非要素服务贸易，不包括一国因向其他国家提供劳动、资本及土地等生产要素的服务而从国外得到的货币报酬，如直接投资和间接投资的收益及侨民的汇款等。

GATS 定义的服务贸易与国际收支平衡表（BOP）中经常项目下的服务贸易的涵义也有不同，GATS 定义的服务贸易的内涵比 BOP 的定义要广。国际收支平衡表中经常项目下的服务贸易指的是居民与非居民之间的服务交易。一国的居民通常被理解为在该国境内居住满 1 年的自然人和设有营业场所并提供货物生产或服务的企业法人。由此可见，BOP 定义的服务贸易只是服务的跨境交易。而 GATS 定义的服务贸易既涵盖了 BOP 的居民和非居民之间的跨境交易，同时还包括了作为东道国居民的“外国商业存在”同东道国其他居民之间的交易，即居民与居民的交易。

服务贸易的行业范围与第三产业既有联系又有区别。通常第三产业包括一切非直接物质生产部门，即除第一产业、第二产业以外的所有部门，不仅包括通常所说的服务业，还包括国家机关、政党机关和社会团体等部门，而服务贸易的行业范围基本上以第三产业为基础，但不包括政府、军队、警察、法院、宗教等政治领域的部门。

2. 服务贸易的范围

服务贸易的范围十分广泛，几乎涉及人类生活的所有领域。为了谈判、统计等工作的需要，世界贸易组织统计和信息系统局对服务贸易有一个部门分类目录，将服务贸易分为：（1）商业服务；（2）通信服务；（3）建筑及相关的工程服务；（4）分销服务；（5）教育服务；（6）环境服务；（7）金融服务；（8）健康及社会服务；（9）旅游及与旅游有关的服务；（10）娱乐文化和体育服务；（11）运输服务；（12）其他服务。每个部门又再分为若干分部门，共计 155 个分部门。1997 年以前，世界各国的服务贸易按国际货币基金组织编制的《国际收支手册》第四版进行分类，将服务分为运输、旅游、其他商业服务三类；从 1997 年开始，按照《国际收支手册》第五版进行分类，将服务分为 13 大类，其中包括世界贸易组织服务贸易定义中排除的政府服务。

（二）服务贸易的特点

服务的“无形性”、“不可运输性”和“不可储存性”，决定了服务贸易与货物贸易相比有其独特的特性，可以概括为以下四个方面：

1. 服务贸易与货物贸易的交易基础不同

关贸总协定制度下的货物贸易概念建立在货物物理特性及原产地的基础上，而服务贸易是建立在服务生产与交易发生的方式和地点的基础上。理论上，服务贸易是由活劳动提供的特殊使用价值，其普遍表现的不是有形货物与货币的交换，而是活劳动或作为这种活劳动的物化产品与货币的交换。

2. 服务与服务贸易主体的不可分离性

对于货物来说，货物生产、货物贸易、货物消费本身是分离的，因此可以有生产领域与贸易（交换）领域之分；而对于服务来说，服务一般是无法储存的，服务的生产与消费、交换经常是在同一时间、同一地点，由提供者和消费者面对面接触来完成，或者用其他联系方式来进行，服务的生产领域与贸易领域是合二为一。因此，对于国内的服务交易来说，服务贸易这一概念显得毫无必要，只有涉及服务在国际间的流动时“服务贸易”一词才有意义。

在国际服务贸易中，活劳动（服务）的提供与消费多同时进行，一国服务生产和出口的过程一定程度上讲也就是相应国家进口和消费服务的过程，服务和服务贸易主体不可分离。比如，我国一专家医生受聘于美国一医疗机构向美国居民提供医疗服务，如果其工资大部分汇回中国，那么这一过程就是中国向美国出口医疗服务的过程。其中，医生、医生提供医疗服务和患者，三者不可能分离，医生提供服务的同时患者消费服务。

3. 通常不涉及服务所有权的转让

服务是活动过程，通常是利用服务提供者的技能和知识完成的，其目的是使服务消费者所处的状况发生某种变化或不发生变化。一般说来，服务是不含所有权转移的特殊交易方式，国际服务贸易中价值实体与使用价值分开，即不同时发生转移，消费者一般只得到使用价值，而不拥有价值实体。

4. 监管方式不同

由于服务贸易的上述三个特征，特别是服务贸易的无形性而使其可以绕过各国海关监管，所以各国的国际服务贸易活动较少显示在海关进出口统计中，而是显示在各国的国际收支表中。为适应服务贸易的这种特征，各国对服务贸易的管制主要不是通过海关措施而是通过国内立法和规章来实现的，而且管理的对象不仅仅是服务本身，还包括服务的提供者。这样，服务贸易的市场准入不是关税问题，而是国家政策、法规措施的限制问题，即能否允许外国服务业进入本国服务市场，能否给予他们国民待遇和最惠国待遇。

二、国际服务贸易壁垒和形式

既然对服务进口的管理和控制，主要是通过国内法律和规章来实现的，那么限制外国服务者进入的法律、法规和行政措施，则成为保护国内服务市场的主要手段。当这些手段成为国际服务贸易发展的障碍时，就形成服务贸易壁垒。

国际服务贸易壁垒是指一国政府制定并采取的阻碍国际服务贸易进行的措施，既包括政策措施，也包括法律措施。凡直接或间接地使外国服务生产者或提供者增加生产或销售成本以及其他限制服务进出口的政策或法律措施，都有可能被外国服务厂商认为属于贸易壁垒。从阻碍服务贸易的要素，即人员、资本、服务产品、信息在国际市场上流动的角度对其进行划分，有以下几形式：

（一）产品移动壁垒

涉及市场准入的限制，即东道国允许外国服务进入本国市场的程序或限制，包括数量限制、当地成分限制、本地要求、补贴、政府采购、歧视性技术标准和税收制度，以及落后的知识产权保护体系等。

数量限制方面，如航空服务上不允许外国航空公司利用本国航空公司的预订系统，或者给予一定的服务进口配额。当地成分限制，如服务厂商被要求在当地购买设备，使用当地的销售网络或者只能租赁而不能全部购买等。本地要求，如德国、加拿大和瑞士等禁止在东道国以外处理的数据在国内使用。政府对本国服务厂商补贴也能有效地阻止外国竞争者，如日本政府以低息贷款补贴日本造船业。改变补贴可以改变某个厂商在本国范围内贸易上的竞争优势，如英国政府改变在英国学习的外国留学生的补贴，由此使得学费高到足以禁止留学的程度。政府采购，如规定公共领域的服务只能向本国厂商购买，或者政府以亏本出售方式对市场进行垄断，直接或间接地排斥外国竞争者。美国开展的“购买美国货”运动有效地限制了外国服务厂商对美国政府合同的投标。

政府还可以通过不给予外国厂商国民待遇的方式限制进口，如日本要求外国货运者通过一系列仓库转运他们的货物，但日本航空公司承运的货物只要通过一个仓库就可以了。歧视性的技术标准和税收也构成重要的服务贸易壁垒，如对外国服务厂商使用设备的型号、大小和各类专业证书等的限制，外国服务厂商可能比国内厂商要缴纳更多的交易附加税、更高的经营所得税和使用设备（如机场）的附加税。

缺乏保护知识产权的法规，或保护知识产权不力，都可能有效地阻碍外国服务厂商的进入。缺少对专利和版权的保护，可能使专业服务和转让服务产销权受到阻碍，因为知识产权既是服务贸易的条件，也构成服务贸易的内容和形式。服务贸易受其内在信息要素的影响，比货物贸易敏感得多，也广泛得多。美国政府估计，每年外国盗版影视片使美国娱乐业出口损失约10亿美元，大约

80%的影片不能从影剧院的票房收入中收回成本，即使加上出口，也大约有 60%不能收回成本。

（二）资本移动壁垒

资本移动壁垒的主要形式有外汇管制、浮动汇率，以及汇出投资收益的限制等。外汇管制主要是指政府对外汇在本国境内的持有、流通和兑换，以及外汇的出入境采取的各种控制措施。外汇管制将影响到除外汇收入贸易外的几乎所有外向型经济领域，而不利的汇率将严重削弱消费者的购买力。对投资者投资收益汇回母国的限制，如限制外国服务厂商将利润、版税、管理费汇回母国，或限制外国资本抽调回本国，或限制汇回利润的额度等措施，也在相当程度上限制了服务贸易的发展。

（三）人员移动壁垒

作为生产要素的劳动力的跨国界移动，是服务贸易发展的主要途径之一，也自然构成各国政府限制服务提供者进入本国或进入本国后开展经营的主要途径之一。这主要涉及各国限制移民的法律，由于各国移民法及工作许可、专业许可的规定不同，限制的内容和方式也不同。例如，规定有一定的投资额和股权额，才可移民或暂时入境提供服务；要求雇用东道国工作人员，暂时入境的只能是高层管理人员；外国服务者须熟悉东道国语言和法律，专业人员须接受东道国教育和培训并取得其考试机构的资格证书。

（四）信息移动的壁垒

由于信息传递模式涉及国家主权、垄断经营和国家公用电信网、私人秘密等敏感性问题，因此各国普遍存在各种限制，如技术标准、网络进入、价格与设备的供应、数据处理及复制、储存、使用和传送、补贴、税收与外汇控制和政府产业控制政策等限制或歧视性措施。而这些措施还不只阻碍信息服务贸易的发展，因信息流动又是金融、旅游、运输、仓储、建筑、会计、审计、法律等服务者提供服务的先决条件，故其同时制约着其他服务贸易的进行。

（五）经营权限的限制

这是通过对外国服务实体在本国的活动权限进行规定，以限制其经营范围、经营方式等，甚至干预其具体的经营决策，来达到阻碍外国服务的进入，以保护国内服务市场的目的。值得注意的是，随着服务贸易自由化的逐步推进，以开业权限制等为表现形式的绝对进入壁垒正面临越来越大的国际压力，而对具体经营权限的限制则既体现了适度的对外开放，又往往能有的放矢地削弱外国服务经营者在本国的竞争力和获利能力。因此，经营权限制将成为国际服务贸易的一种十分重要的壁垒形式。并且，这还是一种“可调性”较强的壁垒，各种经营限制的内容及限制的程度、方式等均可依本国社会经济及产业发展的要求和国际服务贸易自由化推进的要求而不断做出相应的变化和调整。

服务贸易壁垒有以下几方面主要特点：（1）以国内政策为主；（2）较多对“人”（自然人、法人及其他经济组织）的资格与活动的限制；（3）由国内各个不同部门掌握制定，庞杂繁复，缺乏统一协调；（4）灵活隐蔽，选择性强，保护力强；（5）除了商业贸易的利益外，还强调国家的安全与主权利益等作为政策目标。

三、世界服务贸易的发展和GATS的产生

世界服务贸易的发展基本上与服务业的发展同步。20世纪60年代以来，服务业的大发展带动了服务贸易的发展。主要西方工业国家在步入后工业化发展阶段后，国内经济的重点逐步向服务业转移，发展中国家经济实力的增强也为服务业的发展奠定了基础。随着经济的发展和收入水平的提高，人们对服务的需求越来越多。70年代后期，世界服务贸易的增长速度超过了货物贸易的增长速度。劳务输出、技术贸易、旅游、银行、保险等服务贸易活动表现尤为突出。80年代以后，技术、知识、资本密集型服务业迅速发展，金融、银行、保险、法律、租赁、咨询等服务贸易的范围不断扩大，世界范围内的服务贸易规模和范围进一步得到扩展。进入90年代以后，服务业继续发展，服务贸易持续增长。

从国际直接投资的部门流向看，服务业已经成为国际直接投资的主要方向。20世纪70年代初，服务业只占全球外商直接投资总量的1/4。1990年，服务业的外商直接投资超过了第一、第二产业之和，达到了50.1%。1999年以后，服务业外商直接投资在国际直接投资总额中的比重超过了60%。发达国家向发展中国家的服务业转移也在不断增加。全球IT服务项目外包是服务业国际转移的热点，仅软件项目外包每年就有1300亿美元的规模。2003年，美国整个IT行业5%的就业设在海外。

随着服务贸易的迅猛发展，发达国家积极倡导服务贸易自由化。大部分发展中国家一方面迫于来自发达国家的压力，另一方面也认识到如果不积极地参与服务贸易的谈判，将会导致由发达国家制定服务贸易的规则，而自己只能成为被动的接受者，其利益将会受到更大的损害。因此，许多发展中国家逐渐改变了对服务贸易自由化的态度，积极应对，主动争取自己的权益，先后表示愿意参与服务贸易谈判。1986年9月，埃斯特角部长宣言中将服务贸易作为三项新议题之一列入“乌拉圭回合”多边贸易谈判议程，拉开了服务贸易首次多边谈判的序幕。大体经过三个阶段的谈判，1994年4月15日，各成员方在马拉喀什正式签署了《服务贸易总协定》（GATS），它于1995年1月1日和世界贸

易组织同时生效，至此，长达 8 年的“乌拉圭回合”谈判终于宣告结束。

表 5-1　1995～2010 年世界服务贸易情况统计表

单位：亿美元　%

年份	服务出口额		服务进口额
	出口金额	增长率	
1995	11890	14.6	11910
1996	12750	7.2	12620
1997	13270	4.1	13030
1998	13410	1.1	130270
1999	13910	3.7	13770
2000	14760	6.1	14610
2001	14780	0.1	14700
2002	15700	6.2	15460
2003	17630	12.3	17430
2004	21000	19.1	20800
2005	24590	12.0	23800
2006	27560	12.0	26480
2007	32600	18.3	30600
2008	37394	14.7	34760
2009	33116	−12.9	31145
2010	36639	10.63	35027

资料来源：WTO 贸易统计，载国家商务部网站。

《服务贸易总协定》作为多边贸易体制下规范国际服务贸易的框架性法律文件，以“建立一个有关服务贸易的原则和规则的多边框架，以促进贸易各方的经济增长和发展中国家的经济与社会发展”为宗旨，以“促进服务贸易自由化的早日实现，通过增强其国内服务业能力、效率和竞争性来促进发展中国家在国际服务贸易中的更多参与和服务出口的增长”为目的，它的出现是服务贸易自由化进程中的一个里程碑。

目前，服务贸易成为各经济体重点发展的领域，而技术进步已成为推动服务业发展和服务贸易扩大的巨大动力。从全球服务业的发展和服务贸易的分工格局来看，发达成员在金融、保险、通信、信息、专利许可、咨询、法律、广告等服务业务中所占比重会进一步提高，建筑、运输、旅游、餐饮等服务将逐渐走向衰退或向发展中成员转移。发展中国和地区家受经济发展水平的限制，服务业起步较晚，基础较差，发展较快的服务业有旅游、建筑工程承包、劳务输出、海上运输等，相比之下，金融、通信、信息、技术贸易和知识产权等方面还远远落后于发达国家，服务贸易普遍逆差。

第二节　中国服务贸易的发展

在计划经济时代，中国经济发展的原则是以农业为基础，以工业为主导，因此第三产业（即服务贸易）一直处于非常落后的状态。改革开放以来，我国服务业有了较快的发展，服务业产值占国内生产总值的比重由1990年的31.3%上升到2008年的40%，服务业对中国国内生产总值累计增长的贡献为42%，对国内生产总值拉动3.8%。服务业的发展带动了服务贸易的迅速发展，但是也存在着一些问题，如竞争力不足等。

一、发展服务贸易对经济发展的意义

（一）服务贸易在世界经济中的地位和作用

随着生产力的发展、科学技术的进步和社会分工的深化，服务几乎渗透到社会再生产的过程的各个领域。服务既可产生于物质生产领域，也可产生于非物质生产领域，并且成为个人生活、社会和生产活动的重要组成部分，成为世界经济发展的一支生力军。

1. 服务贸易对世界各国经济发展起到积极的推动作用

世界经济发展的趋势表明，现代经济发展的主要动力来自服务贸易，服务业和服务贸易在一国经济贸易活动中的地位日益重要。主要表现在：（1）服务是世界各国扩大社会再生产、实现商品价值不可缺少的经济要素。（2）服务业占就业人数和国内生产总值的比重不断上升，成为国民收入和就业机会的重要来源，对经济的发展起着巨大的推动作用。（3）发展服务贸易是世界各国获取外汇收入、弥补本国不足、改善本国在国际经济贸易交往中的地位、降低资源和能源消耗、减少污染、提高经济效率和效益的重要途径。西方最发达的国家，例如美国、英国等，甚至用巨额的服务贸易盈余来弥补货物逆差。另外，发展服务贸易还能促进货物贸易的发展，如降低货物贸易成本、促进商品生产和销售国际化的进程等，从而对国内经济增长起到间接推动作用。

2. 服务贸易发展构成一国的竞争优势

随着世界经济进入服务经济时代，以产品为基础的竞争向以服务为基础的

竞争转变，服务业在维护一国经济和政治利益方面处于重要的战略地位，服务贸易成为国际化大生产的必要条件和国际经济生活的一个重要方面。服务贸易不仅已成为国际贸易越来越重要的领域，而且也成为衡量一国国际竞争力强弱的一项标准。一国服务业和服务贸易的发展水平，对该国在国际经济生活中的参与程度和国际竞争力有着重大影响。在技术水平不断提高、竞争日益激烈的情况下，服务贸易可以改善和创造要素配置，为本国产业和企业提供低廉的有效服务，降低生产成本，提高产品在国内外市场的竞争力。可见，未来一国在国际经贸中的地位如何，很大程度上要看其服务贸易的发展状况。

3. 服务贸易是影响国际收支的重要因素

以美国为例，1991 年货物贸易逆差 734.36 亿美元，军事援助 55.24 亿美元，共有逆差 789.6 亿美元；而服务贸易顺差 508.19 亿美元，加上投资所得收入 164.29 亿美元和纯转移收入 80.28 亿美元，当年国际收支逆差下降 961 亿美元；要素和非要素服务贸易出口共 2903 亿美元，顺差 626.5 亿美元，抵消掉了货物贸易的大部分逆差。目前，美国是世界上最大的货物贸易逆差国，2010 年货物贸易逆差为 6903 亿美元；但它同时又是最大的服务贸易顺差国，同期服务贸易顺差是 1570 亿美元。而德国是最大的货物贸易顺差国，2010 年货物贸易顺差为 2017 亿美元；而同年服务贸易逆差为 264 亿美元。可见服务贸易在国际收支平衡中具有相当重要的作用。2010 年世界服务贸易进出口排名前十位的国家是美国、德国、英国、中国、日本、法国、意大利、西班牙、爱尔兰、荷兰。

4. 服务贸易推动产业升级和发展

服务输出对发挥比较优势、获取比较利益、增加国内就业、增加国民收入、增加外汇收入、带动国内产业升级等都有直接的作用。这些作用在美国表现得最为典型，美国正是靠大量输出服务来改善国内经济状况的。例如，2010 年美国在货物贸易方面存在着 6903 亿美元的贸易逆差，而同期在服务贸易方面却存在着 1570 亿美元的贸易顺差。

服务输入对增加国内服务总供给、引导服务需求变化、引进资金、引进先进的服务业的技术和管理、改善经济环境、促进其他产业发展、提高国民经济整体素质和效益等也具有积极的作用。

5. 促进服务产业的对外开放和加速发展

国际服务贸易必然会促进国内服务产业面向国际市场，参与国际分工、开展国际交换和国际竞争。对发展中国家来说，经济发展的关键是要有一个正确的方针战略，使服务贸易和国内范围产业的发展相互协调，其中重要的是确定对外开放的重点和发展，这样国内服务产业才会在对外开放的过程中得到快速发展。

（二）发展服务贸易对我国国民经济发展的影响和意义

我国服务贸易总体发展水平虽然与发达国家的标准还相去甚远，但是对我国国民经济的发展而言，风险与利益同在，挑战与机遇共存。中国在积极发展国内服务业的同时，按照世界贸易组织的规则，改善服务贸易市场准入条件，扩大国内服务市场开放的范围和程度，并取得了世人瞩目的成就。我国的服务贸易无论是从解决就业，还是从引进技术方面来说，对国民经济的贡献都很大，在我国的现代化建设中发挥了积极作用。

通过发展服务贸易，我国引入了国际惯例和先进的市场营销技巧与经营管理方法，突破了传统的经营方式和经营范围，培育了新的服务行业，提高了国内服务业的发展水平，缩小了同发达国家的差距；通过发展服务贸易，造就了一批服务领域的人才，为中国服务业的发展奠定了人才基础；通过发展服务贸易，积极参与了世界范围内经济资源的配置与重组，改善了国内投资环境，扩大了国际间的经贸往来和交流。

1. 发展服务贸易有利于提升中国产业的国际竞争力

服务业与服务贸易的发展，特别是金融、保险、物流、信息、会计、法律等服务的发展，可以降低农业和制造业的运输成本和交易成本，促进整个国民经济效率的提高。

2. 发展服务贸易有利于解决国内就业

作为占世界 1/5 人口的发展中国家，就业问题一直是中国需要优先解决的问题。对外劳务输出、承包工程等服务出口可以直接带来就业机会。同时，与货物进口不同，由于服务进口往往与服务业的外资流入结合在一起，也可以吸纳劳动力就业。尽管中国传统服务产业积压了大量的失业和半失业的劳动力，但新增服务业投资创造的就业机会远远大于市场开放造成的下岗人员数量。2001 年，全部外商投资企业就业人数超过 2700 万人，按外商投资的行业结构计算，其中 35%的就业人数在服务行业。随着服务市场的进一步开放，外商在服务业的投资会大幅度增加，将会为中国创造出更多的就业机会。

3. 有利于为外资创造更好的环境

长期以来中国吸纳的外资主要集中在制造业，但是从长远看，服务业将成为中国吸纳外资的主要领域。2003 年 1～10 月中国服务业领域新设立外国投资企业 8110 家，实际使用外资金额 105.17 亿美元，同比增长 6.97%，占同期全国吸纳外国直接投资实际使用外资金额的 24.15%。服务进口和服务业的发展可以改善投资环境，降低商务成本。

二、中国服务贸易的发展状况和特点

（一）服务贸易发展状况

一个国家产业结构是否优化和先进，很大程度要看农业、工业和服务业在GDP中的比重，服务业所占比重越高，说明该国的经济结构越先进、越优化。2003年全世界的GDP比重分布，农业、工业和服务业的百分比分别是4%、26%和68%；其中美国分别是2%、23%和75%，日本分别是1%、31%和68%，巴西分别是23%、26%和52%，印度是23%、26%和52%，而中国的这一比例是15%、53%和32%。中国的农业和工业增加值占GDP的68%，大大高于西方发达国家。由此可以看出中国的服务贸易在世界上还处于十分落后的地位。

随着我国改革开放的深化，服务市场的对外开放范围和程度不断增大。随着1979年的海外工程承包和20世纪80年代初国内旅游业的开发，我国服务贸易开始活跃起来。在1982年至1991年间，服务贸易进出口总额以年均12.22%的速度飞快增长，高于同期世界平均的年增长速度，同时，随着引进外资、引进技术和货物贸易的发展，服务贸易的领域越来越宽，相关的货物追加服务（如运输、国际结算）、通信、金融、保险、技术服务、咨询、人员培训等服务贸易也迅速发展。对外开放三十多年，我国服务贸易取得了长足发展。服务贸易总额由1982年的43亿美元增加到2007年的2509亿美元，25年增长了57倍，年均增长17.6%。2008年，服务贸易总额占我国全部对外贸易总额的比重从1982年的9.4%上升到10.7%，占世界服务贸易的比重从0.6%升至4%；世界排名仅次于美国、英国、德国和日本等国家和地区，位居第7位，成为世界服务贸易的重要国家。

2001年加入世界贸易组织后，中国的服务贸易进入新的发展阶段，规模迅速扩大，结构逐步优化，排名也进入世界前列。旅游、运输等领域的服务贸易增势平稳，建筑、通信、保险、金融、计算机和信息服务、专有权利使用费和特许费、咨询等领域的跨境服务以及承接服务外包快速增长。2001年至2010年，中国服务贸易总额（不含政府服务）从719亿美元增加到3624亿美元，增长了4倍多。2009年由于世界性金融危机的爆发，对中国的服务贸易也产生负面影响，进出口都有所下降，尤其是服务出口下降了12.5%。中国服务贸易出口在世界服务贸易出口中的比重从2.4%提高到4.6%，2010年达1702亿美元，从世界第12位上升到第4位；服务贸易进口比重从2.6%提高到5.5%，2010年达1922亿美元，从世界第10位上升到第3位。具体情况见表5-2。

表 5-2　1998～2009 年中国服务贸易进出口统计和占世界的比重

单位：10 亿美元；%

年份	出口			进口			差额
	数额	占全世界	年变化率	数额	占全世界	年变化率	
1998	24.1	—	−2	28.8	—	−4	−4.7
1999	23.7	1.8	−1	30.7	2.3	16	−7
2000	30.1	2.1	15	35.9	2.5	16	−5.8
2001	32.9	2.3	9	39.0	2.7	9	−6.1
2002	39	2.0	20	46	2.5	18	−7
2003	46.4	2.6	18	54.9	3.1	19	−8.5
2005	74.4	3.1	18	83.8	3.3	16	−9.4
2006	91.0	3.4	13	100	3.7	18	−9.0
2008	147.1	3.9	30	158.9	4.2	29	−11.8
2009	128.7	3.9	−12.5	157.5	5.1	−0.8	−28.8

资料来源：WTO 官方网站历年统计资料，按照 WTO 的统计规定，该统计不包括政府服务。

从进出口结构上看，我国服务贸易优势部门主要集中在海运、旅游等比较传统的领域。从 2009 年上半年我国服务贸易构成看，运输和旅游依然是我国国际服务贸易的主要项目，这两项的收支规模占我国服务贸易总量的 55.44%。主要逆差项目为运输、保险、专有权使用和保险，主要顺差项目包括计算机信息服务、咨询和建筑服务。除了传统的运输和旅游外，保险、建筑、咨询、计算机和信息服务、专有权利使用费和特许费等项目出口增长速度较快；保险、计算机和信息服务、电影音像、政府服务、咨询、广告宣传等项目进口发展较快（见表 5-3）。

表 5-3　2009 年上半年中国服务贸易产业构成情况

金额单位：亿美元

指标 / 项目	进出口		出口		进口		贸易差额
	金额	同比增长（%）	金额	同比增长（%）	金额	同比增长（%）	
总计	1257.4	−14.4	545.0	−24.1	712.4	−5.0	−167.4
1. 运输	304.1	−31.2	106.3	−44.6	197.8	−21.0	−91.5
2. 旅游	393.4	3.9	182.5	−9.8	210.9	19.6	−28.5
3. 通信服务	10.3	−32.5	5.5	−25.7	4.8	−38.8	0.6

续表

项目＼指标	进出口		出口		进口		贸易差额
	金额	同比增长（%）	金额	同比增长（%）	金额	同比增长（%）	
4. 建筑服务	60.7	−10.0	36.8	−22.2	23.9	18.7	12.9
5. 保险服务	54.5	−20.7	6.0	11.4	48.5	−23.5	−42.5
6. 金融服务	3.4	−15.7	1.6	24.7	1.9	−34.0	−0.3
7. 计算机和信息服务	41.7	2.5	28.8	3.9	13.0	−0.5	15.8
8. 专有权利使用费和特许费	48.0	1.1	1.8	−7.8	46.2	1.4	−44.4
9. 咨询	142.2	1.5	82.5	5.3	59.6	−3.4	22.9
10. 广告、宣传	20.5	9.6	11.0	4.8	9.5	15.6	1.5
11. 电影、音像	1.8	−37.7	0.4	−78.3	1.4	26.1	−1.0
12. 其他商业服务	176.7	−27.1	81.9	−42.6	94.9	−4.9	−13.0

资料来源：国家外汇管理局。

（二）中国服务贸易发展的特点

1. 发展速度较快，但总体水平不高

1982年中国服务贸易总额只有46亿美元，而2009年已上升到2850亿美元，居世界第9位，年均增长率为16.3%。与世界其他国家相比，我国服务贸易发展速度是很快的，但是总体水平不高，我国服务贸易额占世界服务贸易的比重仅为2.8%。

2. 出口结构以劳动密集型为主

劳动力资源丰富是中国的比较优势，虽然近些年来我国服务贸易结构有明显的变化，但仍以传统的、劳动密集型的商业、服务业为主，以2009年上半年为例，旅游、其他商业服务和运输项目依旧是服务贸易的主要收入来源，收入分别为182.5亿美元、81.9亿美元和106.3亿美元，分别占服务贸易总收入的33%、15%和19%，三项合计占服务贸易收入的67%。

3. 长期处于逆差状态

从表5-2可以清楚看到，我国服务贸易一直是逆差。据统计，2010年中国服务贸易逆差达220亿美元。

三、中国服务贸易发展中存在的问题

（一）整体水平差

尽管我国服务贸易发展速度很快，但是从总体上看，规模小、水平低，与发达国家相比有较大差距，甚至与一些发展中国家和地区相比也有明显差距。到2003年，中国服务出口占世界的比重只是2.6%，进口比重也只是3.1%，而同期美国分别是8.0%和12.8%。

我国服务贸易水平差是因为我国服务业基础薄弱。作为一个发展中大国，与世界大部分国家和地区相比，我国服务业增加值在 GDP 中所占比重偏低。目前绝大部分发达国家的这一比重为60%～80%，发展中国家平均水平也达到50%，而中国2002年这一比重仅为33.7%。从第三产业占国民生产总值和就业总人数的比重看，目前发达国家的这两个比重一般都在60%～70%之间，中等收入国家平均也达到50%以上，就是低收入国家，这两个比重一般也在30%以上，而我国仅分别为28%和20%，不仅低于高收入和中等收入国家和地区，甚至也低于发展水平相近的低收入国家和地区。

服务贸易与货物贸易相比也明显落后。据WTO统计，2004年中国货物贸易出口总额5934亿美元，同比增长35%，占全球出口总额的6.5%；进口5614亿美元，同比增长36%，占全球进口总额的5.9%；在货物贸易全球排名中，中国出口和进口中均排第3位。而2004年我国服务出口占贸易出口总额的比重只有9%，明显低于19%的世界平均水平，而且服务贸易连年逆差，2004年逆差达97亿美元。

（二）内部结构不合理

从服务业内部结构看，发达国家主要以信息、咨询、科技、金融等新兴产业为主。而我国服务贸易优势部门长期以来主要集中在海运、旅游等比较传统的领域，其出口占中国服务总出口一半以上；而一些基础性服务行业（如邮电、通信）以及全球服务贸易发展迅速的金融、保险、咨询、专利服务等技术密集型、知识密集型和资本密集型的新兴服务部门，在中国还处于发展阶段，发展水平不高，竞争力不强，这与知识经济时代的要求不相适应。同时，地区之间的服务业发展差距也在扩大。

（三）整体竞争力较弱

改革开放以来，中国服务贸易虽然得到了迅速发展，但整体发展水平不高，与中国整体国民经济的发展不相适应。相对于工业发达国家，中国服务贸易占世界服务贸易的份额是相当低的，出口额占世界服务贸易出口额的 2%左右（2003 年为 2.6%），并且中国服务贸易与商品贸易没有做到同步发展，服务贸易在中国对外贸易中的比重偏低，最终将制约中国商品贸易的进一步发展。

由于我国自然资源和初级劳动力资源丰富，因此在国际旅游业、海洋运输业和劳务输出等资源密集型和劳动力密集型服务产业方面具有一定优势。但是当今世界服务贸易的竞争受自然资源、人力资源等初级要素的影响越来越小，相反，对知识、人才、通信手段等高级要素的依赖性却越来越大，因此，缺乏高级资源和才能要素已成为我国服务贸易在国际竞争中的一大障碍。

（四）服务贸易立法不健全，严重滞后

有关立法工作有待进一步加强，服务贸易政策体系有待进一步完善。尽管近几年有了较大的改观，我国服务贸易和服务产业的现行管理体制和政策法规还很不健全和完备。我国颁布的《对外贸易法》已经把服务贸易作为一项重要内容纳入其中，但与国际服务贸易的发展要求相比还存在明显不足：至今中国没有一部关于服务贸易的一般性法律，现有立法不成体系，相当一部分领域法律处于空白，已有的规定主要表现为各职能部门的规章和内部文件，不仅立法层次较低，而且缺乏协调，从而影响了中国服务贸易立法的统一性和透明度。如，在《公司法》、《反不正当竞争法》、《统计法》、《票据法》等综合性法律中缺乏与之配套的涉外经济条款，并且缺乏《移民法》等配套法律。此外，服务部门众多，其中许多部门或行业还没有专项法规，而这种部门法和行业法规都应有相应的涉外经济条款与《对外贸易法》相配套。现行《对外贸易法》也缺乏反对外国对我国的服务贸易设置壁垒、实行歧视性待遇和不公正贸易等专项的详细规定。应加快《对外贸易法》的完善，使其与国际法衔接，从而为我国企业在国际贸易争端中争取有利地位提供更有效的法律手段和法律武器。

（五）统计分析资料和数据不完备，缺乏统一的标准和口径

由于国际服务贸易发展成为相对独立的贸易领域，是从20世纪下半叶才开始的，因此相对于货物贸易和国际投资，国际服务贸易理论研究还是一个崭新的领域。在我国，对于国际服务贸易的认识和理解以及相应的学术观点是从1986年“乌拉圭回合”谈判开始产生的，并随着《服务贸易总协定》（GATS）的达成而有所发展，因此处于起步阶段。另外，由于服务贸易的无形性，很难通过海关、税务进行统一严密的监管。目前，除了国际收支表上反映的情况以外，各部门缺乏统一的统计口径，亟需围绕对外支付工具制定一套服务贸易的统计指标体系和统计管理办法，以加强对服务贸易的宏观调控和监测。

第三节　中国服务贸易市场的开放

早在中国争取复关谈判的后期，服务市场的对外开放问题就已经不可回避，而加入WTO就必须在服务市场的开放上做出明确承诺，既要满足中国国民经济发展对服务市场开放和发展的需要，又要达到WTO其他主要成员的要求。

在GATS谈判中，欧美主要成员政府代表本国企业的利益，向中国政府谈判代表团提出了很高的市场开放要求，重点是要求中国开放一些欠发达的服务部门的市场，尤其是基础电信、银行、保险以及分销服务等敏感服务部门。这些服务部门不仅市场需求巨大，而且利润丰厚，同时欧美发达成员的企业在这些领域中已经形成了绝对优势。因此，在欧美发达成员的跨国公司向其本国政府提出对中国施加开放相关服务市场的压力的要求时，其政府作为它们利益的代言人，自然会在与中国的谈判中提出各自的要价。

一、中国服务市场开放原则

服务市场的开放对中国国民经济发展关系重大。对于WTO其他成员提出的要价，中国政府结合自己的实际承受能力，认真地分析了它们的合理性，坚持以中国的现实国情为出发点，有效地控制和降低开放风险，而不是简单地屈服于WTO其他成员的压力。

（一）坚持以中国的现实国情为出发点

主要服务市场的开放将直接关系到中国国民经济发展的长远利益和根本利益，因此把握好对外开放度是至关重要的。中国政府坚持以中国经济和社会发展的整体利益和长远利益为核心，以有利于中国服务业发展和国民生活水平的提高为前提，在与WTO其他成员的谈判中坚持以中国的现实国情为出发点，逐步开放，掌握开放的主动权，并不是简单、被动地接受其他成员的要求，而是有理、有节、有据地与其他成员开展有效的沟通和谈判。有关中国服务市场的谈判成为中国“入世”谈判中最激烈、最耗时的一个领域。

（二）逐步开放原则

逐步开放服务市场，实现服务贸易自由化，是WTO的重要原则。尤其对于广大的发展中国家，为了鼓励它们广泛参与，GATS给予广大的发展中国家很多的优惠待遇。因而在中国加入WTO的谈判中，中国能否以发展中国家的身份加入，将直接关系到中国在WTO中的权利和义务的问题。具体到GATS项下，是中国服务贸易的承诺水平和开放度的问题。经过多年的艰苦努力，中国政府始终坚持以发展中国家的身份加入WTO的原则立场，最终得到了WTO其他成员的理解。

逐步开放中国服务市场能够有效地控制开放风险。中国政府对主要服务业的开放承诺基本上以经济发展的需要为基础，采取分阶段、分部门的方式进行开放，并有效地采取了WTO所允许的数量控制的方式，从而降低了中国服务业开放给国内相关服务企业带来的巨大冲击。

二、中国服务市场开放承诺

经过中国政府与 WTO 主要成员的多轮谈判，中国政府对于服务贸易做出了具体承诺，最终形成了最后的具体承诺减让表，具体体现在《中华人民共和国加入 WTO 议定书》的附件 9 中。承诺在保持从事服务业经营的其他成员的服务提供者已有的市场准入水平的前提下，逐步取消目前对许多服务业的限制中的绝大部分，其中包括银行、保险、证券、电信、旅游、分销服务、与商业和计算机相关的服务、电影和视听服务等。现对我国在主要服务部门的市场准入（主要是以商业存在形式提供服务方面）承诺做一简单介绍：

（一）银行及其他金融业

1. 银行业和其他金融业（不包括保险和证券）

（1）在中国设立外资金融机构的许可条件

允许外国金融机构在中国设立外国独资银行或外国独资财务公司的条件是，提出申请前一年年末总资产超过 100 亿美元；允许外国金融机构在中国设立外国银行的分行的条件是，提出申请前一年年末总资产超过 200 亿美元；允许外国金融机构在中国设立中外合资银行或中外合资财务公司的条件是，提出申请前一年年末总资产超过 100 亿美元。

（2）外汇和人民币业务领域的开放

对于外汇业务，自加入时起取消地域限制和客户对象限制，允许外资银行向所有中国客户提供外汇服务。对于本币业务，地域限制将按下列时间表逐步取消：自加入时起，开放上海、深圳、天津和大连；加入后 1 年内，开放广州、珠海、青岛、南京和武汉；加入后 2 年内，开放济南、福州、成都和重庆；加入后 3 年内，开放昆明、北京和厦门；加入后 4 年内，开放汕头、宁波、沈阳和西安；加入后 5 年内，将取消所有地域限制。

客户限制方面，加入后 2 年内，允许外国金融机构向中国企业提供服务。加入后 5 年内，允许外国金融机构向所有中国客户提供服务。获得在中国一地区从事本币业务营业许可的外国金融机构可向位于已开放此类业务的任何其他地区的客户提供服务。外国金融机构从事本币业务的资格是：在中国营业 3 年，且申请前连续两年盈利。

2. 证券业

自加入时起，外国证券机构在中国的代表处可成为所有中国证券交易所的特别会员；自加入时起，允许外国服务提供者设立合资公司，从事国内证券投资基金管理业务，外资最多可达 33%；加入后 3 年内，外资可增加至 49%。中国加入后 3 年内，将允许外国证券公司设立合资公司，外资拥有不超过 1/3 的少数股权，合资公司可从事（不通过中方中介）A 股的承销、B 股和 H 股及政府和公司债券的承销和交易、基金的发起。

3. 保险业

（1）设立外资保险机构的许可条件

投资者应为在某WTO成员方有30年以上设立商业机构经验的外国保险公司；应连续 2 年在中国设有代表处；在提出申请的前一年年末总资产超过 50 亿美元，但保险纪经公司除外。保险经纪公司的总资产应超过5亿美元；加入后1年内，其总资产应超过4亿美元；加入后2年内，其总资产应超过3亿美元；加入后4年内，其总资产应超过2亿美元。

（2）外资在中国设立外资保险企业的形式和股比限制

自加入时起，将允许外国非寿险公司设立分公司或合资企业，外资占51%；加入后2年内，将允许外国非寿险公司设立外资独资子公司，取消企业形式限制；自加入时起，将允许外国寿险公司设立外资占50%的合资企业，并可自由选择合资伙伴。合资企业合资伙伴有权议定合作条款，只要它们不超过本减让表所包含承诺的限度。

对于大型商业险经纪，再保险经纪，国际海运、空运和运输保险和再保险经纪：自加入时起，将允许设立外资股比例不超过50%的合资企业；加入后 3 年内，外资股比可增至51%；加入后5年内，将允许设立外资独资子公司。对于其他经纪服务，不做承诺。

将允许保险公司随着地域限制的逐步取消设立内部分支机构。

（二）通信服务（不包括现有中国邮政部门专营的服务）

1. 速递服务

在速递服务方面，加入时，允许外商在中国设立合资企业，但外资持股比例不超过49%；加入后1年内，将允许外资拥有多数股权；加入后4年内，允许设立外商独资子公司。

2. 移动话音和数据服务

加入时，允许外商在上海、广州、北京设立外方持股比例不超过25%的合资企业，在这些城市内及三者之间提供服务，无数量限制；加入后1年内，扩展到成都、重庆、杭州、南京等 14 个城市，外资持股可增至35%；加入后 3 年内，外资持股可增至49%；加入后5年内，取消地域限制。

3. 其他业务

其他业务在加入后6年内取消地域限制，外资比例不超过49%。

（三）运输服务

1. 海运服务

海运服务，包括国际运输（货运和客运），不包括沿海和内水运输服务。允许外商设立合资船运公司（外商在中国境内只能设立合资企业），外资不得超过合资企业注册资本的49%，合资企业的董事会主席和总经理应由中方任命。

2. 内水运输（货运）

内水运输（货运）的跨境支付只限于在对外国船舶开放的港口从事的国际运输服务。对于外商在中国境内设立企业或机构不做承诺。

3. 铁路和公路运输服务

铁路运输服务（铁路货运）和公路运输服务（卡车和汽车货运），加入时外商在中国只能设立合资企业，外资持股比例不超过49%。对于公路运输，加入后1年内，允许外资拥有多数股权；加入后3年内，允许设立外资独资子公司。对于铁路运输，加入后3年内，允许外资拥有多数股权；加入后6年内，允许设立外资独资子公司。

（四）分销服务

加入后3年内，取消对外资参与佣金代理及批发服务（盐及烟草除外）和零售服务（烟草除外）的地域、股权、数量限制，取消对外资参与特许经营的设立企业或机构的限制；加入后5年内，取消对外资参与分销领域的所有限制。但是，销售多个供货商的不同种类和品牌产品的连锁店，如其分店数量超过30家，并销售以下产品——粮食、棉花、植物油、食糖、书报杂志、药品、农药、农膜、成品油、化肥，则不允许外资控股。

（五）旅游服务

1. 进入条件

主要从事旅游业务且年全球收入超过4000万美元的外商，可自加入时起，以合资旅行社和旅游经营者的形式，在中国政府指定的旅游度假区和北京、上海、广州、西安提供服务。

2. 注册资本

合资旅行社/旅游经营者的注册资本不得少于400万元人民币；加入后3年内，注册资本不得少于250万元人民币，允许外资拥有多数股权；加入后6年内，将允许设立外资独资子公司，并取消地域限制。

3. 业务范围

旅行社/旅游经营者的业务范围包括：（1）向中外旅游者提供由中国的交通和饭店经营者直接完成的旅行和住宿服务；（2）在中国境内为中外旅游者提供导游和旅行支票兑现业务。

（六）专业服务

1. 法律服务

外国律师事务所只能在北京、上海、广州、深圳、海口、大连、青岛、宁波、烟台、天津、苏州、厦门、珠海、杭州、福州、武汉、成都、沈阳和昆明以代表处的形式提供法律服务，代表处可从事营利性活动；驻华代表处的数量不得少于截至中国加入之日已设立的数量。一外国律师事务所只能设立一个驻华代表处。上述地域限制和数量限制将在中国加入WTO后1年内取消。

2. 会计、审计和簿记服务

合伙或有限责任会计师事务所只限于中国主管机关批准的注册会计师。允许获得由中国注册会计师主管部门颁发的中国注册会计师执业许可的外籍人士在华设立执业机构，允许外国会计师事务所在中国发展成员所。经过批准取得中国注册会计师资格的境外人士，与境内的中国注册会计师一样，执行法定审计业务出具的审计报告在中国境内具有同等法律效力，其执业活动同样受到中国法律的保护。

三、中国服务贸易管理

服务市场的有序开放离不开对服务贸易的良好管理，长期以来我国服务贸易不发达，服务贸易管理很不完善，直到最近几年才逐步走上正轨。“加快发展现代服务业，提高第三产业在国民经济中的比重”是我国产业结构调整的一个重要目标，扩大服务业领域的对外开放成为我国广泛地参与国际竞争的重要内容，与之相适应，我国服务贸易制度和管理体制不断完善。

目前我国没有统一调整服务贸易管理方面的基本法，服务贸易管理的基本原则体现在《对外贸易法》第四章“国际服务贸易”中，包括了服务贸易管理的原则、主管机构、禁止和限制服务贸易的范围和市场准入目录等总体要求。《对外贸易法》第二十四条规定了国际服务贸易管理的原则，即“中华人民共和国在国际服务贸易方面根据所缔结或者参加的国际条约、协定中所作的承诺，给予其他缔约方、参加方市场准入和国民待遇”。《对外贸易法》第二十五条规定了国际服务贸易管理的主管机构，“国务院对外贸易主管部门和国务院其他有关部门，依照本法和其他有关法律、行政法规的规定，对国际服务贸易进行管理”。目前，商务部和具体行业管理部门是国际服务贸易管理部门，商务部作为服务业政策的归口管理部门，其宏观管理职能主要是规划进出口发展战略，制定或参与制定贸易法律、法规，对外协调与其他国家的服务贸易关系，并落实《服务贸易总协定》的有关条款。《对外贸易法》第二十八条规定了对市场准入方面的管理，“国务院对外贸易主管部门会同国务院其他有关部门，依照本法第二十六条、第二十七条和其他有关法律、行政法规的规定，制定、调整并公布国际服务贸易市场准入目录”。即服务贸易市场准入目录的制定、调整和公布，由商务部会同国务院其他有关部门来行使。目前服务贸易市场准入的具体规定主要见于各服务行业的基本法律、法规和规章。

近几年我国已先后颁布了一些服务贸易领域的重要法律法规，如《商业银行法》、《保险法》、《海商法》、《广告法》、《民用航空器法》、《注册会计法》、《律师法》、《外资金融机构管理条例》等，对规范我国服务贸易市场发挥了很大作用。在服务贸易具体行业的管理上，国家规定由具体国家管理机关实施管理，如银行业由国家银监会管理，保险业由国家保监会管理，证券业由国家证监会管理，教育产业由国家教育部管理，旅游产业由国家旅游局管理,交通运输业由交通部管理等。

服务业的强大是服务贸易顺利开展的基础，为了保证服务产业的健康、有序发展，我国在宏观上也进行了战略性调控和部署。2001 年底我国政府颁布了《关于"十五"期间加快发展服务业若干政策措施的意见》，这是自 1992 年《关于加快发展第三产业的决定》以来，中国政府第二次专门就服务业发展颁布的全面性政策性文件。该文件从 12 个方面对中国服务业的发展做出明确规划：优化服务业行业结构；扩大服务业就业规模；加快企业改革和重组；放宽服务业市场准入；有步骤地扩大对外开放；推进部分服务领域的产业化；促进后勤服务的社会化；鼓励中心城市减少工业企业用地比重，提高服务业用地比重；加快服务业人才培养；多渠道增加服务业投入；扩大城乡居民的服务消费；加强服务业的组织领导。

在改善贸易环境方面，中国加入世界贸易组织后，积极有序地扩大服务业的对外开放，政府对一些重要的服务贸易领域均颁布了新的关于外资市场准入的法规和规章。在服务贸易出口方面，政府通过扩大开放，促进服务业管理体制、企业机制、组织形式以及服务品种的创新；促进先进服务技术和标准的引进，带动服务业整体水平的提高；促进和培育服务业比较优势的形成，增强国际竞争力，减少服务贸易逆差。另外，政府鼓励有条件的企业实施"走出去"战略，发展服务业的跨国公司；鼓励开展设计咨询、对外工程和技术承包、服务外包、劳务合作。有关部门也在金融、保险、外汇、财税、人才、法律、信息服务、出入境管理等方面，为企业开拓国际市场、扩大市场份额、提高国际竞争力创造必要条件。

本章小结

二战后随着世界经济结构的调整，服务业作为建立在新技术革命和产业升级基础上的新兴产业迅速发展起来，在各国经济活动中占据着越来越重要的地位。国际间的服务交换活动也随着各国服务业的发展而蓬勃兴起，服务贸易已经成为除了货物贸易和对外直接投资以外，国际经济交往活动的第三大重要方式，日益成为影响各国经济发展的重要力量，也成为衡量一国国际竞争力的一项重要标准。“乌拉圭回合”多边贸易谈判正式将服务贸易纳入了全球多边贸易体制框架，最终达成了《服务贸易总协定》，旨在“建立一项包括服务贸易的各项原则和规则的多边贸易框架，藉以在透明度和自由化条件下扩大服务贸易，作为促进所有贸易伙伴和发展中国家经济增长和发展的一种手段”，标志着世界贸易结构的深刻变化和服务贸易自由化的推进。中国加入 WTO 后，服务贸易的发展必须在 GATS 规则框架下运行，逐渐融入自由化的浪潮中。

本章在介绍了服务贸易的一般概念后，针对我国服务贸易的发展情况进行了论述。几十年来，我国服务业有了较快的发展，但是还存在着诸如整体水平差、内部结构不合理、整体竞争力较弱等问题。通过发展服务贸易，我国引入了国际惯例和先进的市场营销技巧与经营管理方法，突破了传统的经营方式和经营范围，培育了新的服务行业，提高了国内服务业的发展水平，缩小了同发达国家的差距。通过发展服务贸易，造就了一批服务领域的人才，为中国服务业的发展奠定了人才基础。通过发展服务贸易，积极参与了世界范围内经济资源的配置与重组，改善了国内投资环境，扩大了国际间的经贸往来和交流。发展服务贸易有利于提升中国产业的国际竞争力，有利于解决国内就业，有利于为外资创造更好的环境。“加快发展现代服务业，提高第三产业在国民经济中的比重”是我国产业结构调整的一个重要目标，扩大服务业领域的对外开放成为我国广泛地参与国际竞争的重要内容，与之相适应，我国服务贸易制度和管理体制不断完善。

目前我国没有统一调整服务贸易管理方面的基本法，服务贸易管理的基本原则体现在《对外贸易法》第四章“国际服务贸易”中，包括了服务贸易管理的原则、主管机构、禁止和限制服务贸易的范围和市场准入目录等总体要求，服务贸易市场准入的具体规定主要见于各服务行业的基本法律、法规和规章。

本章思考题

1．如何理解 GATS 对服务贸易的定义？

2．什么是服务贸易壁垒？一般有哪些形式？

3．发展服务贸易对我国国民经济的发展有什么重要意义？

4．目前我国服务贸易发展具有什么样的特点和问题？

5．加入 WTO 过程中，我国对服务市场的开放坚持什么样的原则？

6．《对外贸易法》是如何规定我国服务贸易管理机构的？该机构一般通过何种形式对我国服务贸易进行管理？

第六章　中国技术进出口贸易

本章学习目标

本章主要介绍有关技术贸易的概念、特点、作用和相关的国际规则，中国技术引进的基本情况和存在的主要问题，技术引进的基本原则和国家相应的管理规定。在技术出口中，国家也制定了管理规定和有关政策。对外承包工程和国际劳务合作也是中国对外开放的重要内容。

随着国际经济和科学技术的迅速发展，国际技术贸易在世界贸易中占据的位置越来越重要。2004 年 7 月公布的新的《对外贸易法》明确地将技术进出口贸易和货物进出口贸易、服务贸易一起作为我国对外贸易的三大支柱，并宣布国家准许技术的自由进出口。我国的技术贸易从新中国成立开始就大规模进行了，改革开放以后在技术引进迅速发展的同时，技术出口也积极地发展起来。

第一节　技术贸易概述

一、技术与技术贸易的概念

技术泛指人类在利用自然、改造自然、实现自身需要的过程中创造和积累起来的知识、经验、技巧、手段和方法的总和。对技术的解释从不同角度看是多种多样的。国际上一般认为，技术可以是制造某种产品或提供某种服务的系统知识，其表现形态可以是文字、语言、表格、数据、公式、图形、配方等有形形态，也可以是实际生产的经验、个人的专门技能或头脑中的观念，但必须是可以传授，可以用于生产并产生一定的经济效果，不依附于任何个人生理特点的，其表现形态可以是无形的。不论技术是何种形态，技术一旦被掌握，必然能在地位上具有竞争优势，在较量上具有竞争实力。

技术和设备是两个不同的概念。前者是非物质形态的，能够通过一定途径传递给劳动者，并和生产工具、劳动对象结合直接转化为生产力，其作用可以广泛转移与扩大，在一定条件下是无限的；后者是物质形态的，作为生产资料作用于劳动对象，没有转化作用，任何一台设备的能力是定量的，作用是有限的。但技术和设备是有一定联系的，无形的技术是结合在有形的设备内的，从而称为软技术；设备经常是一定技术的体现，从而称为硬技术。一个国家要提高其技术水平，必须提高本国设备中内含的技术水平，拥有先进技术的生产设备，才能生产出具有先进技术的产品。所以，我国习惯上把设备和部件也包括在技术引进中，称为“硬件”，而把技术本身称为“软件”。引进技术就是从国外引进本国没有的或尚未完全掌握的先进生产技术。从技术输出方来讲，叫技术转让，也称技术转移。技术转让依据其是否具有商业性质来划分，分为商业性技术转让（即技术贸易）和非商业性技术转让（即技术援助）。国际上最主要的技术转让形式是以赢利为目的的技术贸易。在技术贸易中，引进软技术是较为高级的方式，其优点是费用低，能够充分发挥国际科技力量的作用，提高引进国的制造能力，但要求引进国具备一定的工业和科技发展水平；引进硬技术，优点是节约引进国的社会劳动，能迅速提高生产能力，但引进费用昂贵，掌握不了制造技术本身；引进软技术同引进硬技术相结合也是技术贸易中的一种方式。

二、技术贸易的特点

《中华人民共和国技术进出口管理条例》总则中规定：技术贸易是指从中华人民共和国境外向中华人民共和国境内，或者从中华人民共和国境内向中华人民共和国境外，通过贸易、投资或者经济技术合作的方式转移技术的行为。技术引进又称技术进口，是通过贸易或经济技术合同等途径从境外获得技术的总称。技术引进或技术贸易属于无形贸易的范畴。与有形的货物贸易相比，国际技术贸易的特点大体有如下方面：

（一）技术贸易的标的是无形的

技术贸易不像货物贸易具有固定的形态，可以对其质量进行衡量，所以技术贸易的标的无须报关也无法报关，海关也无法对其征收关税。技术贸易不报关、不通关，自然不在海关的统计范围内。因为海关统计对外贸易额，所以真正的技术贸易额不论在我国还是在国际上是不列入对外贸易平衡表的，但要反映在国际收支平衡表中经常项目的无形贸易项目中。正是由于技术贸易的无形性，因而技术也无法商检，关税壁垒和非关税壁垒对其也束手无策。

（二）技术贸易双方转让或接受的是技术的使用权而非所有权

国际技术贸易是技术的所有方或供应方在一定条件下将技术贸易标的物使用权转让给接受方使用，但技术的所有权并没有转移给接受方。技术的接受方只能取得技术贸易标的物的使用权，而不能取得技术贸易标的物的所有权。因此，国际技术贸易实质是一种标的物的所有权与使用权相分离的贸易。

（三）技术贸易双方当事人在提供和使用技术的过程中往往有较长的合作关系

国际技术贸易双方当事人所签订技术贸易合同的履约期一般较长，通常为5～7年，最长10年。双方当事人在转让和使用技术方面必须结成长期的技术合作关系。技术的提供方有两方面的心理，既希望通过转让技术获得更多的利润，又不希望对方的技术迅速发展而成为自己强劲的竞争对手，因而发达国家对核心技术的封锁仍然存在，仍在加强。技术的接受方对引进的技术必须吸收、掌握。因此，技术贸易双方当事人的合作是在限制与反限制条件下的合作。

（四）技术贸易有特殊的作价方法

技术贸易的作价通常采用利润分成的原则，或根据使用技术后的效果作价。也就是说，利润越大，使用技术后的效果越好，技术的使用费就越高，技术的价格就越贵。因此，技术引进过程中，价格谈判十分困难与复杂，一项技术的报价与成交价格往往相差十分悬殊，需要认真进行调查研究，进行可行性分析，否则可能要花冤枉钱。

（五）技术贸易所涉及的法律广泛而复杂

国际技术贸易除了适用买卖法、合同法外，还受到包括专利法和商标法在内的工业产权法、反托拉斯法、公平贸易法，甚至是民法等法律的规范与制约，更受诸如国际保护知识产权等有关国际公约的管辖。

二、技术贸易与WTO《与贸易有关的知识产权协议》

科教兴国是我国的一项国策，但是科学技术产业同其他产业一样，只有进入规则有序的市场竞争，只有全面参与国际技术贸易市场的竞争，只有实行现代产业化的管理，才能对国家经济的振兴发挥最强大的效率，才能体现“第一生产力”的作用。国际技术贸易与知识产权的保护，经过百余年的贸易实践形成了一些一般原则和特点，特别是在国际技术贸易中知识产权的保护越来越受到各国重视。WTO把技术进出口纳入国际贸易的范围，在《与贸易有关的知识产权协议》（TRIPs）中对技术进出口做了规定。这些规定已对各国国内立法产生广泛的影响，呈现保护范围逐渐扩大、保护力度逐渐增强的特点。

TRIPs的内容共有七个部分，包括：总条款与基本原则，有关知识产权的效力、范围及标准，知识产权执法，知识产权的获得与维持及有关程序，争端的防止与解决，过渡协议，机构安排及最后条款。基本原则包括国民待遇原则，最惠国待遇原则，“权利穷竭”原则，“最低保护标准”原则，成员应履行《巴黎公约》、《伯尔尼公约》、《罗马公约》和《关于集成电路的知识产权条约》。TRIPs 的目标是：有利于促进技术革新、技术转让与技术传播，以促进技术的生产者与技术的使用者互利，并促进权利与义务的平衡。TRIPs 的宗旨是：（1）需要加强对知识产权实行有效和充分的保护，并确保实施知识产权的措施和程序不会成为贸易障碍；（2）建立多边框架和规则，处理国际假冒产品贸易问题；（3）知识产权是私有权利，未经权利人许可的使用，一般构成侵权；（4）承认各国保护知识产权的公共政策的目标，包括发展目标和技术上的目标；（5）对最不发达国家成员其国内实施法律和规章方面特别需要最大的灵活性；（6）通过多边程序解决与贸易有关的知识产权争端。

随着科学技术的发展和世界经济结构的调整，知识产权在国际贸易中的地位迅速上升，不仅技术和知识密集型产品及高科技产品在国际贸易中的比重不断攀升，而且国际技术贸易领域得到了空前的发展。在这样的形势下，知识产权及其保护与国际贸易特别是国际技术贸易之间的关系将日趋紧密。

第二节　中国技术引进及分析

我国对外开放的一个基本内容就是大规模引进国外的先进技术和设备，以改变我国长期以来技术落后的状况。科学技术是具有最大潜力的社会生产力，实践证明，技术是经济增长的"发动机"，技术进步是振兴经济的必由之路。许多国家都把技术引进作为迅速发展本国科学技术的捷径。我国在长期的技术引进工作中，把引进内容分为如下五大项：一是先进设备与部件；二是新型和优质材料；三是新的原理、数据和配方；四是新的工艺和科学的操作规程；五是先进的经营管理方法。我国 1985 年的《技术引进合同管理条例》对技术引进范围的界定包括：专利权或其他工业产权的转让或许可；以图纸、技术资料、技术规范等方式提供的工艺流程、配方、产品设计、质量控制以及管理等方面的专有技术；技术服务。

一、技术引进的由来和发展

自古以来，人类就在不断地进行科学技术交流，技术在国与国之间的不断转移，是人类社会经济发展的客观要求。科学技术是人类共同拥有的宝贵财富，在科学技术迅速发展的今天，任何国家要发展本国经济，都必须充分利用世界上已有的先进的科学技术成就。

许多人认为技术贸易是科学技术现代化的产物，其实技术贸易和商品贸易一样是一个十分古老的行业，有着悠久的历史。通过著名的“丝绸之路”，早在公元6世纪左右，我国的养蚕织丝技术就传入中亚、西亚和欧洲；我国的造纸、火药、印刷术、指南针等古代重大发明大约在公元13世纪至15世纪先后传到欧洲。公元13世纪，意大利发明了眼镜技术，大约16世纪传到日本。16世纪初，德国发明了机械表技术，日本和中国在17世纪初也先后获得了这种技术。工业革命以前，技术转移活动是自然地、缺少意识地向四周逐渐递次扩散，转移周期很长；工业革命以后，商品生产的发展成为科学技术发展的强大动力，同时技术属于私人财产，技术的拥有者要从技术的独占中获得竞争优势，要使技术成为获取利润的重要手段。随着专利制度在全球范围内的普遍建立，国际范围的技术转让已不再受地理条件的限制，可以跳过邻国，通过现代的交通和通信工具使技术在短时间内直接转移到技术需求方。从此，国际技术转让活动迅速发展并逐步走向成熟。

二战后，随着科学技术的迅速发展，国际技术转让活动的发展突飞猛进，并且商业性质日趋明显，最引人注目的是国际技术贸易额迅速增长。据联合国统计，1965年国际技术贸易额只有30亿美元，1975年为110亿美元，1985年为500亿美元，1990年已超过1000亿美元，21世纪初已突破5000亿美元。可见，科学技术的发展是促进国际技术贸易的动力；反过来，国际技术贸易又促使科学技术突破国界，在世界范围内得以迅速普及与提高。现代科学门类繁多，它们不仅相互独立，而且相互交叉，使得二战以后发展起来的现代化科学技术具有开拓性、协作性、国际性等特点，某些重大的综合性科研已经不是一个学科或一个国家能够独立完成的了。

世界上几乎所有发达国家都是从发展科学技术开始进入经济起飞阶段的，而发展科学技术也都是通过国际合作与技术引进推动其高速发展的。18世纪以前，美国还是一个落后的农业国，工业基础薄弱，很多行业还是空白。18世纪以后，美国从英国引进蒸汽机技术、铁路运输技术、炼铁技术、机械制造技术等，并根据本国资源特点进行消化、吸收与创新，发展本国的蒸汽机车、无烟煤炼铁等，推动了美国的工业革命。到20世纪初美国已成为世界第一经济大国与科学技术中心，在当代的国际技术贸易额中美国几乎占总额的一半左右。日本则是通过引进技术发展国家经济的典型。二战后日本经济受到战争的严重破坏，科学技术落后于世界水平20～30年，从1952年开始到20世纪70年代，日本投入100亿美元引进88000项先进技术，差不多把美国和欧洲等发达国家在半个世纪中取得的绝大部分科学技术成果都吸收过来，几乎涉及各个领域。因此，日本在战后仅用二十多年，就改变了经济和科学技术落后的面貌，跃居为世界第二经济大国。

很多发展中国家和地区为了迅速改变贫穷落后的面貌，也非常重视技术引进工作。据估计，发展中国家和地区技术引进费用1975年为11亿美元，1985年为60亿美元，20世纪90年代后期则超过100亿美元，其中以亚洲“四小龙”及巴西、墨西哥等新兴经济体最为突出。韩国在20世纪50年代是一个人均国民生产总值80余美元的世界上最贫困的国家之一，从60年代开始，大量引进美国、日本等发达国家的先进技术，使其工业现代化迅速发展。今天韩国的汽车、钢铁、电子、造船、机械等产品的竞争能力使美日等强国也为之震惊。

建国六十多年来，我国的技术引进工作对于国民经济的结构调整发挥了重要作用。通过技术引进、消化、吸收、创新，加快了我国产业升级和产品更新换代，加速了我国产业结构调整，提高了我国产品在国际市场的竞争力，扩大了出口。

二、技术引进的形式

技术引进是我国同技术先进国家进行的一种特殊交易，其形式是多种多样的，主要有：

（一）许可证贸易

许可证贸易又称许可贸易，它是技术引进中最主要、最基本、最普遍的一种方式。这种方式是指技术的许可方将其交易标的物的使用权通过许可协议或合同的形式转让给技术的被许可方，并由被许可方支付一定数额报酬的贸易方式。所谓“许可证”实际是一个合同，一个对买卖双方都有约束力的契约。与一般货物贸易合同不同，许可合同是一个长期合同，许多国家对其期限都有规定，一般有效期为5～10年，我国规定许可合同一般为10年，经批准还可延长。许可合同条款多，涉及面广，内容复杂，特别是含有很强的技术性条款，而且许可合同也是具有很强法律性的合同，合同本身要符合有关法律规定。只有这样，它才能受到有关法律的承认与保护。

许可证贸易的标的主要包括专利、商标和专有技术，可以是其中的一项、两项或全部；还包括版权和计算机软件等。因此，许可证就包括专利许可、商标许可、专有技术许可、版权许可、计算机软件许可等。专利（Patent），根据世界知识产权组织的定义，是指由政府机构根据申请而发给的一种文件，文件中说明一项发明并给予它一种法律上的地位，即此项得到专利的发明通常只能在专利持有人的授权下，才能予以利用（制造、使用、出售、进口）。专有技术（Know-how）是以图纸、配方、数据、公式、工艺资料等多种形式表现的人们的发明创造，它是从事生产活动所必需的，而又尚未公开的秘密技术知识和经验；有时它还包括生产管理和经营方法的内容。由于专有技术属于私人财产，同样受法律保护，未经所有人的授权或许可，他人不得使用。商标（Trademark）是用特定文字、图形组合而成的商品标志，代表着商品的品质与信誉，商标经过注册后享有独占使用权，并受法律保护。

许可证贸易买卖的不是技术本身，而是一种权利的转让，即某种技术的使用权、某种产品的生产权或销售权。许可证贸易的卖方（即许可方）一般不会将技术的所有权转让出去，所以技术贸易原则上是一种标的使用权和所有权相分离的贸易。因而许可证贸易下的技术便成为一种非常独特的商品，技术的拥有者可以把技术一卖再卖，出售多次而仍保持其所有权。当然，一旦失去法律保护，如专利逾期之后，这种独占权就会丧失。技术贸易的这一特点相应降低了其售价，使引进方可以用较低的价格购买其使用权。这不但繁荣了国际技术市场，而且也为落后国家争取经济振兴和经济起飞开辟了一条重要途径。

表 6-1　2010 年中国技术引进按引进方式统计表

技术引进方式	数量（项）	金额（亿美元）	技术费（亿美元）	金额占比 %	金额同比 %
总计	11253	256.35	218.46	100	118.84
专利技术	494	19.01	18.95	7.4	4.4
专有技术	2639	94.11	91.38	36.7	−1.6
技术咨询、技术服务	6809	74.74	63.38	29.2	13.2
计算机软件	745	22.95	22.76	9.0	111.0
商标许可	100	4.22	4.22	1.7	196.8
合资生产、合作生产	135	8.22	8.19	3.2	32.9
成套设备、关键设备、生产线	140	27.16	3.99	10.6	81.0
其他方式	191	5.91	5.56	2.3	151.2

资料来源：商务部技术贸易统计。

（二）工程承包

工程承包的交易标的不是制造技术，而是设备，但不是单纯的设备买卖，实质是含有知识产权或专有技术转让的设备购买。具体方式有三种：成套设备、生产线和关键设备的买卖。其内容包括工程设计、技术设备器材提供，厂房建筑等项目，有时还包括生产管理、产品销售、人员培训等项目，这些内容综合起来称为“工程”。工程承包中由卖方全部完整出售给买方，习惯称为“交钥匙”工程，即“工程”的“承包商”根据协议负责设计、安装，直至建成全部工程后再完整地移交给引进方。这样，如果引进方自行负责的原料、能源、运输等能够相应配套，就可以立即开工生产。“交钥匙”工程对设备的引进方来说，是一种配套最完整、最省力气但也是价格最昂贵的技术引进方式。对于技术水平非常落后的发展中国家来说，适当地搞一些此类工程作为技术引进的起步，以增大本国生产能力是可以的；但大规模开展此类工程则不足取，因为这种引进方式不但成本过高，而且不利于本国消化、吸收和推广先进技术，不利于通过引进技术迅速提高本国的科技水平和管理水平。

（三）顾问咨询

顾问咨询实际上是一种雇佣关系的智力引进，即引进方与国外工程咨询公司签定合同，由咨询公司负责对引进方所提出的技术课题提供建议或解决方案。咨询服务的内容很广泛，如项目的可行性研究、技术方案的设计和审核、招标任务书的拟订、生产工艺或产品改进、设备的购买、工程项目的监督指导等。咨询费一般可以按工作量计算，也可以采用技术课题包干定价。我国由于技术力量不足，或由于解决某些技术问题缺少经验，用这种方式聘请国外工程咨询公司提供咨询服务，可以避免走弯路和浪费资金。

（四）合作生产

合作生产是两个或两个以上国家的法人或自然人通过订立合作设计或合作生产合同，在合同有效期内当事一方或各方提供有关技术，共同设计或生产某种产品部件，并在生产过程中实现技术转让的一种合作方式。这种合作一般是技术弱方在技术强方的指导下，由对方提供专利、商标或专有技术，提供图纸、资料、数据等，并派专家组指导技术弱方生产某种产品的某一部件或不同部件，然后合作各方将各自生产的部件运到指定国家组装并销售。技术弱方随着合作的发展，可以不断增加自己所生产的部分。技术强方提供的专利、商标、专有技术、图纸、资料、数据等都要由技术引进方付汇购买，专家提供的服务要付费。因此合作生产对双方当事人都有利。合作生产的方式比较灵活，既可以在生产领域合作，也可以在销售方面合作，双方各自经营，分别核算，自负盈亏，产品销售后双方按比例分成。所以，合作双方比较容易达成协议。

（五）技术服务与协助

这是更为灵活的一种引进技术的形式，即技术的输出方或提供方或服务方受技术的输入方或受让方或被服务方的委托，通过签订技术服务与协助合同，为委托方提供技术劳动，完成某项服务任务并由委托方支付一定技术服务费的活动。技术服务与协助的内容包括工程项目设计、可行性研究、产品开发、指导企业生产、产品质量控制、传授技术、技术改造、技术管理、成果推广、工程建设、调试设备、企业或产品诊断等。技术服务与协助的形式有派出专家和技术人员到引进方，必要时还可以向引进方提供专利、技术秘密、图纸、资料、数据等。技术服务与协助的目的是帮助引进方提高产品质量和市场竞争能力。在技术服务与协助中，委托方根据协议按产品销售数量或利润获取一定比例的分成。

（六）BOT 方式

即“建设——经营——转让”（Build—Operate—Transfer）的意思。它是指项目承包公司、咨询公司、金融机构、制造商、建筑公司等联合与东道国政府签订特许协议，建设某个项目，并在项目竣工后经营一定时期，通常为 15 年至 20 年，期限届满将该项目转让给东道国。

上述几种技术引进的方式各有一定的适用范围或最佳的适用条件，在实际应用中，可能发生相互交叉或结合。

三、我国技术引进概况

中国的技术引进可以追溯到 20 世纪 50 年代初期。当时，新中国刚刚成立，百废待兴，中国进行经济建设的一个突出矛盾就是技术落后。1951 年至 1978 年的 28 年中，中国的技术引进工作取得了一定成绩，但发展始终有限。改革开放以后，中国的经济建设发展速度不断加快，对技术进口的需求也在不断加大，特别是由于技术引进战略的调整，技术引进工作才真正大规模地发展起来。

（一）改革开放以前的技术引进（1950～1978 年）

新中国成立以后，由于美国等西方国家对我国实行封锁、禁运，所以当时技术引进的方向单一，只能从前苏联和东欧国家引进技术和进口设备。在第一个五年计划建设期间，我们从这些国家进口成套设备和技术 400 多项，用汇 27 亿美元，其中从前苏联引进 300 多项，从东欧国家引进 68 项，其中最有名的被称为“156”项工程，包括冶金、机械、汽车、煤炭、石油、电力、通信、化学及军工等重点项目。这一大批重点工程奠定了我国社会主义工业化的基础，包括今天仍充满生机的长春第一汽车制造厂、西安飞机制造厂、保定胶片厂等企业。但是到了 20 世纪 50 年代末，由于中苏关系恶化，苏方撤走专家，致使一些工程被迫中断，使我国刚刚起步的技术引进工作遭受很大的挫折。

从 1962 年开始我国又进行了第二次大规模技术引进工作，技术引进的方向发生了变化，主要从日本和西欧国家引进技术和进口设备，包括石油、化工、冶金、矿山、电子、精密机械等 84 个项目，用汇 2.8 亿美元。这一时期的引进填补了我国部分工业的空白，积累了从发达国家引进技术的经验。但是由于“文革”期间政治动乱的干扰，许多项目被迫中断，或达不到设计指标，有的甚至以莫须有的罪名被砍掉，使技术引进工作遭到极大的破坏。

在 20 世纪 70 年代，随着国际和国内形势的变化与发展，我国的技术引进工作又有了起色和发展，技术引进的方向主要是日本、美国及西欧国家。从1972年到1977年，我国先后从日本和美国等几十个国家引进技术和进口设备222项，包括化肥设备、化纤设备、数据处理设备、武钢轧机工程、综合采煤机组等，用汇39.6亿美元。1978年，这种引进达到顶峰，共引进宝山钢铁总厂、大庆石化总厂等22项工程，成交金额达到78亿美元，但是大部分项目没有进行认真的可行性研究，仓促上马，盲目性较大，从而加重了国民经济比例失调的状况，给我国经济建设的发展造成沉重的负担。

自1950年至1978年，我国共引进技术和进口设备845项，合同总金额119.72亿美元。该阶段技术引进的主要特点是：受发展战略的制约，进口数量有限；以进口成套设备为主，以新建大型企业为主；外汇渠道主要是中央外汇和政府间的记账贸易，基本上没有利用外资引进技术和进口设备；技术引进的形式单一，主要以中央部门为主进行谈判、签约、执行合同和建设。

（二）改革开放以后的技术引进（1979～2010年）

改革开放以后，我们总结了20世纪70年代，特别是1978年大规模盲目引进成套设备的深刻教训，从国情出发，控制技术引进总体规模，调整引进重点，使我国技术引进工作进入健康发展的时期。自实施科技兴贸战略以来，中国引进国外先进技术进入迅速发展的时期，大批先进技术和关键设备落户中国，极大地促进了产业结构调整和优化，特别是推动了传统产业升级换代，加快了我国相关产业的科技进步，国民经济增长质量显著增强，在国际竞争中的优势地位进一步巩固，抗风险能力进一步加强。据商务部科技发展和技术贸易司业务统计，2010年我国共登记技术引进合同11253份，合同总金额256.35亿美元，同比增长18.84%。该阶段技术引进的主要特点是：

1. 逐步贯彻产业结构调整的方针

在引进技术和进口设备的构成上，重点导向是能源、交通、通信、化工、原材料等我国国民经济优先发展的行业和领域；同时技术引进档次不断提高，加大了在现代科技发展方面具有代表性的高技术的引进比重，包括军用程控电话交换机、微电子、大中型飞机制造、航天技术和核能等；而在利用先进技术改造和发展传统工业方面，侧重于机械制造、汽车、冶金等产业。

2. 循序渐进，实施技术引进多元化战略

技术引进来源逐步实现多元化，2010年我国的技术来源国家和地区共有71个，表明引进技术的渠道更加宽广。但技术引进来源国家和地区仍高度集中，美国、欧盟、日本等发达国家和地区仍然是我国主要的技术来源地，在欧盟成员国中，德国是我国技术引进的最大来源国。从这三个国家和地区引进的技术总金额为181亿美元，占全部合同总金额的70.7%。2010年，技术引进合同金额排在前十位的国家和地区依次是欧盟、美国、日本、韩国、俄罗斯、中国香港、东盟、瑞士、英属维尔京和新加坡，上述国家和地区的合同总金额为256.35亿美元，占全部合同金额的97.2%。

3. 软件、硬件技术引进的比例进一步优化

通过调整软硬件引进的比例，实现从单纯进口生产线向更加重视引进软技术和必要的关键设备转变。20世纪90年代以后签订的技术引进合同中，平均软件费用占合同总金额的比例已由“八五”期末的10%提高到现在的25%，单纯的专利和专有技术许可合同占合同总数的一半以上。我国技术引进工作在向以引进软件为主发展的同时，技术引进的管理体制也逐步走上法制化、规范化的轨道。

4. 拓展了技术引进的资金渠道

除了国家投资外，还通过利用外国政府贷款、国际金融机构贷款、出口信贷等渠道筹集资金引进技术，而且使用商业信贷有所增加；另外，将技术贸易与投资相结合，投入或转让先进技术和设备已成为我国利用外资的主导；特别是技术引进主体从以国家为主体向以企业为主体的转变过程中，越来越多的企业拥有自主权，企业根据自我发展的需要，自筹资金，自定引进项目也开始占有相当的份额。

5. 技术引进主体发生了显著变化

技术引进主体从以国家为主体向以企业为主体转变，同时技术引进的主体不仅仅局限于国有大中型企业，也包括了外商投资企业和私营企业，并且从企业单独引进向科研、制造系统联合引进转变，而且引进目的从生产使用和“进口替代”为主向消化创新和参与国际合作转变。

6. 技术引进成为扩大出口的重要途径之一

我国具有一定实力的工业产品和技术出口，不论是15万吨级舰舶、32万千瓦大型火电站、城市轨道交通、年产130万吨水泥和30万吨合成氨生产线，还是大规模集成电路、航空器材等在国际上有竞争力的技术产品，都是在技术引进的基础上通过消化吸收而形成的。

表6-2　2010年中国技术引进来源国家和地区统计表

序号	国别或地区	合同数量（项）	合同金额（亿美元）	技术费（亿美元）	金额占比%	金额同比%
1	欧盟	11523	78.17	63.80	30.5	21.6
2	美国	3058	57.49	56.04	22.4	−1.9
3	日本	2010	45.59	41.26	17.8	21.8

续表

序号	国别或地区	合同数量（项）	合同金额（亿美元）	技术费（亿美元）	金额占比 %	金额同比 %
4	韩国	2473	20.95	20.47	8.2	−16.0
5	俄罗斯	769	17.48	3.12	6.8	2309.5
6	中国香港	1212	11.23	9.87	4.4	10.5
7	东盟	447	5.09	4.58	2.0	86.0
8	瑞士	160	4.77	4.09	1.9	55.7
9	英属维尔京	80	4.37	4.37	1.7	20.0
10	新加坡	356	3.91	3.40	1.5	107.3
11	总计	11253	256.35	218.46	100	18.84

资料来源：商务部技术贸易统计。

四、我国技术引进的意义和作用

我国的基本国情之一就是科学技术相对落后，而引进先进技术可以加快科学技术进步。这样可以尽快取得现成的科技成果，不必再重复别人走过的道路，从而找到一条发展本国经济的捷径；可以从一个较高的基点起步，赶超发达国家的经济发展水平。我国经济增长方式转变的实质是要提高劳动生产率，发展生产力。在诸多因素中，对劳动生产率的提高起决定作用的是科学技术的进步，因为科学技术进步通过作用于生产力的其他因素，通过提高劳动者的科技文化素质，变革劳动资料，扩大和改善劳动对象，必将提高劳动生产率。另外，我国经济增长必须注重生产力结构即产业结构的调整。科学技术进步还对产业结构、产业布局产生影响，使产业结构由低级向高级演进。同时，我国经济增长必须走可持续发展的道路，而科学技术的进步是经济可持续发展的有力保证。在各项经济活动中都要注重科技进步，提高生产要素的效率，并且在保证经济有效增长的前提下，利用一切有利于科技进步的条件，加速科技进步，为经济可持续发展创造条件。技术引进的作用主要表现在：

（一）有利于国民经济的快速发展

引进先进的科学技术与设备，有助于加速我国国民经济的发展，增强自力更生的能力，有效地促进民族经济的发展。一个国家经济发展的重要因素之一是技术进步，而经济起飞的基础恰恰是科学技术的发展。通过技术引进与合作开发，可以使我们的科学技术走到世界前列。

（二）有利于提高我国出口商品的竞争力

引进先进的科学技术与设备，有利于提高出口商品的竞争能力，促进对外经济贸易的发展。在国际市场的激烈竞争中，科学技术水平的高低往往起着重要的作用。无论是提高产品品质还是降低生产成本，都要以开发技术作为先导。要使技术进步，途径之一就是必须积极引进国外先进技术，引进先进技术又需要发展出口创汇，提高支付能力。在这种情况下，一国才能形成“引进技术—提高技术水平—增加出口创汇能力—再引进技术”的良性循环。

（三）有利于培养现代化人才

引进先进的科学技术与设备，有利于培养科学技术人才和现代化管理人才，迅速提高我国的科学技术水平。现代化的技术必须有与之相适应的现代化的经营管理，我们在引进技术时包括引进管理经验和引进人才的内容，同时也能通过技术引进来造就现代化科学技术的专家和善于组织现代化大生产的管理人员。

（四）有利于繁荣国内市场

引进先进的科学技术与设备，可以增加消费品生产，使其面貌发生显著的变化，也可以迅速提高产品的质量、品种、花色、包装，丰富国内市场，改善人民生活。改革开放以来，我国家用电器、纺织服装、食品饮料等都因引进国外先进技术而迅速提高了水平，很多行业已达到足以与发达国家产品相抗衡的水平。

五、我国技术引进工作存在的主要问题

新中国的工业发展史，在某种程度上就是一部国外技术引进史。当前我国陷入产业结构升级缓慢、产品国际竞争力不强和供给创造需求的动力不足等重大困境，都是源自缺乏拥有自主知识产权的核心技术，处于技术的“瓶颈”制约阶段。诚然，我国技术引进工作取得了很大的成绩，发展很快，但经过认真总结与分析，核心技术和高新技术的缺乏，一个重要原因就是我国在技术引进过程中存在不少问题和失误。这些问题主要有：

（一）技术引进的方式比较落后

在技术引进中，重“引进”轻“消化”，重“硬件”轻“软件”，重“引资”轻“技术”，而且引进成套设备过多。长期以来，我们对引进技术的消化吸收与创新不够，技术改造、技术引进与消化吸收、自主创新相脱节，即所谓的重“引进”轻“消化”。引进国外先进技术要认真学习，有所创造，这样才能达到引进的目的。技术引进的根本目的决不是仅仅为了增加某种产品的产量，而是为了实现引进国的技术进步。在国外的技术引进中，通常是引进1美元的技术，要花2～5美元的投资来搞消化吸收。有人总结出日本引进技术的一个公式，即“一号机引进，二号机国产，三号机出口”。据日本工业技术院的调查，在20世纪

60年代中期，机械行业研究费的16.9%用于引进，68.1%用于对引进技术的革新；电工行业研究费的24.4%用于引进，48.1%用于对引进技术的改进。而在我国的情况则是，“大钱搞引进，小钱搞改革，没钱搞消化”。

重“硬件”轻“软件”，集中表现为我们在引进技术时，主要以成套设备进口为主，以软件技术引进和其他方式为辅。从总体来说，以设备为主的合同金额所占比重高达80%，而以技术为主的合同金额所占比重，从20世纪80年代开始逐步增长到20%左右。从20世纪50年代开始，我们的引进工作长期存在着重设备引进而轻技术引进，重成套设备引进而轻关键设备引进的问题。50年代我国成套设备引进占全部引进总额的89%，60年代占70%，70年代占95%，特别是1978年这一比重竟达99.8%。我国在解放初期技术水平非常落后、许多基础工业还是一片空白的时候，从前苏联、东欧地区引进一些大型成套设备还是必要的，但几十年后我们仍以这种形式作为技术引进的主要形式，则是重大失误，其本身也不利于我国的技术进步。比如，汽车制造设备从20世纪50年代就开始引进，集成电路生产线从60年代就开始引进，到了70～90年代我们还在引进汽车制造设备，引进集成电路生产线。

重“引资”轻“技术”，主要是利益与“政绩”驱动的结果。近些年来，一些地区为了追求本地区的“政绩”，不惜一切代价和条件，盲目招商引资，有些地区急功近利，只注重外资的引进数量而不重视引进质量，重资金不重技术，对技术引进把关审查不严，忽视在自主产权条件下的技术引进和合资合作。

（二）重复引进现象十分严重

在技术引进中，由于重“引进”而轻“消化”，不能有效提高自主开发和创新能力；由于重“硬件”而轻“软件”，引进大批设备并未构成我国创新活动的源泉，未能引发出技术水平的自我提高，仅仅停留在原有水平上重复，常常是时间过不了多久，引进的新技术就会变成旧技术，引进的新设备又变为旧设备，继而被日新月异的技术发展所淘汰，于是不得不再次引进，形成对国外技术的依赖，最后陷入“引进—落后—再引进”的怪圈。重复引进是一国或企业在同一时期多次引进功能、规格、标准相同或相似的技术或设备的行为。在20世纪80年代，伴随着不合理的重复建设所发生的重复引进现象更是十分突出。我国的彩电、洗衣机、电冰箱、化肥、汽车等行业都存在大量的重复引进，如彩电生产线引进了100多条。作为一个幅员辽阔的大国，一定程度的重复引进不一定都是不合理的，因为有些处于同一市场的企业，为了取得竞争优势，相继引进同类技术并加以消化吸收，有利于企业之间的良性竞争，这是其合理的一面；有一些技术外方不允许自由转让，我们也不能提出“推广”和“一家引进，多家开花”，在这种情况下，重复引进也是合理的。然而，我国长期大搞设备的重复引进，特别是大型成套设备及流水线的重复引进，产品没有销路，规模效益又差。这种重复引进是极大的浪费。

（三）科研机构与企业生产脱节，技术引进未能发挥应有的作用

我国技术支撑结构不合理，体制性的原因是，我国的科研开发以科研院所为主导，企业研发尚未发展起来；科研人员分布不合理，主要集中在科研院校，分布在企业的仅占27%；科研方针与市场经济相悖，科研院所实行的“先研究技术，后找市场”科研方针，与企业所需要的“先研究市场，后研究技术”、“出产品，出效益”科研方针相悖。其结果是科研机构与企业生产脱节，产学研相结合的运行机制尚未形成。从世界经验来看，一百多年来，世界上对经济发展起决定作用的技术几乎全部源自企业。如通信现代化源于贝尔实验室，汽车现代化源自福特实验室，钢铁现代化源于奥钢联、新日铁实验室等。发达国家的共同特点是“技术企业化，企业技术化”，形成了以企业为主体、大企业为主导的科研体系。2000年，美国研发投入2653.2亿美元，企业占66.8%，政府只占29.2%；日本研发投入982亿美元，企业占72.2%，政府只占19.5%，形成了“企业为主，政府为辅”的科研发展格局。而在我国，虽然早就提出要使企业成为研发主体，但并未引起重视，也缺少规律性认识，不但没有大力支持，反而财政对企业科研的投入从1985年的13.17%降到2001年的3.92%；全国77%的研发经费投向科研院校，因而引进的技术未能很快提高企业的生产技术水平，对经济发展的促进作用未能有效地发挥。

（四）引进中未能考虑我国国情

技术引进存在很大的盲目性。许多企业在技术引进中，不考虑实际情况，引进技术时片面追求尖端昂贵的技术设备，认为越先进越好，越昂贵越好，越成套越好；许多企业没有充分考虑自身的技术条件和支付能力，引进的技术超过了企业可接受的水平，以致被迫对设备进行改造，降低了设备的效能，造成支付困难；有些企业在技术引进中没有进行充分的论证，没有掌握充分的信息，造成引进的不是关键的技术设备，被迫不断地引进后续相关设备，从而受制于人；由于信息不对称，有些企业引进的技术总体而言比较落后，先进技术和高新技术较少，有的专利已过期，有的技术已淘汰，有的产品环保部分严重不合格，造成不应有的损失。这种盲目引进如果全面铺开，必然会造成国民经济比例失调，使引进工作同能源动力、原材料供应、管理水平、交通运输、市场销售、环境保护等工作不相适应，结果是耗费了大量外汇，却达不到预想的经济目的。1978年大引进的失误就主要表现在这一方面。

六、我国技术引进的基本方针

我国五届人大四次会议指出:“今后主要应该引进技术和进口自己不能制造的单机、关键设备，不要都搞成套设备进口，不要重复引进，不要只进口设备不引进技术，不要在引进后不加消化和推广。”六届人大四次会议又强调:“合理调整进口商品结构,坚持把重点放在引进软件、先进技术和关键设备上”,“对进口国外散件、零部件进行加工装配的生产线，要严格审查，限制进口和避免重复进口”。十三大又重申:“切实加强对引进技术的消化、吸收和创新。”根据以上内容，引进技术的基本方针可以简单地归纳为四句话，即：凡是能够引进制造技术的，就不要买设备；凡是进口关键设备自己可以配套的，就不要买成套设备；凡是引进的设备，就不要重复引进；引进后要加以消化、吸收和创新。在《关于国民经济和社会发展“九五”计划和2010年远景目标纲要的报告》中我国政府提出引进技术必须坚持的基本原则为:“积极利用国外资金和技术，在引进技术的同时，加强自主开发和创新能力，把引进先进技术和自主开发创新结合起来，逐步形成自己的优势。按规模效益和专业化分工的要求，调整企业组织结构，提高生产效益。”根据进一步提高对外开放水平的总要求，我国在引进国外先进技术上要掌握如下基本原则：

（一）引进适用软件技术

在技术引进中凡是能够引进制造技术（即软件）的则应引进制造技术，不要动辄进口设备（即硬件）；而引进软件技术也应考虑国内实际情况，要引进适用技术，不要盲目追求其尖端和过分先进。任何技术的适用，都受到输入方的自然条件、经济条件、社会条件、技术基础等的限制，只有与本国具体条件相适应的先进技术才能发挥最佳的社会经济效益。因此，我们从国外引进先进技术时，必须考虑引进企业的各种基本条件，其中最主要的是企业对该技术或设备的经营管理能力与水平。这种适应实际情况、可获得最好实际效果的技术，在国际上被称为“适用技术”。对于像我们这样的幅员辽阔、资金不足、能源紧张、劳动力充裕、管理与技术比较落后的发展中国家来说，选择适用技术的引进更是至关重要。

技术引进的目的无非有三个方面：一是提高产品质量，二是增加产品产量，三是提高生产效率。为了达到上述目的，我们可以通过将引进技术或设备的原设计能力与引进后投入生产的实际完成能力相比较来测定该项技术的使用程度，即：

$$\text{实际效果比值}=\frac{\text{实际生产能力}}{\text{原设计生产能力}}\times 100\%$$

通过这种比值测定法，可以分别测出引进技术的质量比值、产量比值与生产效率比值。如果这个比值很高，接近100%或超过100%，则说明这项技术是可以引进的适用技术；反之，如果这个比值较低，甚至低于70%或在60%以下，则说明这项技术固然先进，但与我们企业的管理水平及工人的技术水平差距较大。与其花高价引进效果比较差的过分先进的技术，倒不如花较低的价格引进效果比较好的适用技术。为了更有效地引进国外先进技术，并符合我国实际情况，我们必须重视和加强对引进适用技术的宏观指导，注意不同地区、不同部门的差异，进行合理布局。如果没有这种宏观指导或宏观指导不力，就可能出现各种问题，如花高价引进过分先进的技术而实际效果比值很低；引进的是对本地区或本部门不适用的技术，白白浪费外汇；引进的是本地区或本部门已经引进过的或自己已经掌握的技术，搞无谓的重复引进。所以，对于一定规模的技术引进要认真进行可行性研究，由国家或地方主管部门审查批准，真正做到引进的技术既适合国情又具有先进性，收到应有的经济效益，促进我国社会主义现代化建设事业的发展。

（二）进口关键设备

长期以来我国在技术引进工作中重视成套设备的引进，而忽略了进口自己不能制造的单机与关键设备。在成套设备的引进中，许多随配套而进口的一般机器设备都是我们自己能够制造的，有些还有出口能力，但引进企业为了贪大求洋，为了见效快，为了在短时间内形成生产能力，而花巨资大搞成套设备引进，把那些我国能够生产的一般设备也买了进来。因此，我们在新建企业中，除了自己不能生产的单机及关键设备可以引进外，其他自己能够生产的机器设备而且质量过关的，应统一安排，由国内企业制造，然后再与引进的关键设备形成设备分交，完成全部配套，调试后形成生产能力。这一方针既可以节约外汇，减少进口，同时又有助于民族工业的发展与提高。但在安排国内企业制造部分设备时应注意如下几点：一是保证产品质量合格；二是与进口的关键设备配套；三是供货单位严格执行合同，如期交货，不得延误。

（三）避免重复引进

重复引进的原因很多，如国家管理体制不严和措施不力，各企业大而全、小而全的自然经济思想严重以及微观的自我约束机制尚未形成等。重复引进的结果是热门产品大家一哄而上，使各企业规模效益差，产品供过于求，不能收到应有的规模效益。彩色电视机、电冰箱需求旺盛时，全国各地相继大规模引进其生产线，结果很快供过于求，许多生产线还未上马便被迫锁在仓库里。重复引进的现象主要集中在地方用汇以及来料加工、来件装配、中小型补偿贸易方面。我们应加强宏观调控，坚决制止这种重复引进，树立起社会化大生产观念，克服大而全、小而全的小农经济思想，把重复引进减少到最低限度。

（四）引进后要加以消化、吸收和创新

一般说来，我们引进的技术是比较先进的，但是发达国家在技术输出时也不愿意把先进的技术卖给我们，转让的往往是对他们来说已经过时或即将淘汰的技术。发达国家对核心技术的封锁仍然存在，仍在加强。日本曾扬言要保持领先中国15年的优势，所以日本对中国输出技术持谨慎态度。特别是在欧美一些著名汽车企业大举进入中国市场时，日本仍坚持出口汽车而不愿出口汽车生产技术。这进一步说明技术的接受方对引进的技术必须要消化、吸收和创新。如果我们仅仅把人家转让给我们的技术做到掌握和使用这一步，那么我们只能永远在人家后面爬行，赶超只是一句空话。所以我们对引进的技术要老老实实地学习，加以消化和吸收，并熟练运用，同时在这一基础上还要努力提高并不断创新，形成新的生产力。只有这样才能通过技术引进推动出口商品结构的优化，推动生产力水平的提高，才能赶超世界先进水平。从国外技术引进的成功经验看，就是引进国外先进技术后，不要急着用于生产，而应认真对其技术进行全面、系统、深入的科学分析，反复研究其性能、结构、配方、设计等，既学习其长处，又改进其短处，真正掌握国外先进技术，以推动国内技术的整体进步，并赶超世界先进水平。

第三节　中国技术出口

技术贸易和商品贸易一样是双向的，它包括技术引进与技术出口。我国作为一个技术比较落后的发展中国家，其主要任务当然是大规模引进技术，力争使中国尽快成为一个技术先进的国家。随着我国经济水平和科学技术的不断发展，技术出口也成为我国出口贸易中发展最快的一类出口产业。

一、我国技术出口概述

从20世纪50年代到70年代，我国很少有真正意义上的技术出口，当时主要通过对外经济援助的方式向第三世界发展中国家提供某些技术和成套设备，援助这些国家的农业、铁路、公路、水利等项目。我国的技术出口起步于1980年，进入90年代后有了较大的发展。到2001年底，技术出口已超过11000项，合同总金额近500亿美元。2001年中国加入世界贸易组织以后，随着经济与科学技术的快速发展，技术出口合同金额快速增长。2009年，全国共登记技术出口合同31195份，合同金额111.5亿美元。在技术出口合同数量明显增长的同时，出口金额也增长较快。目前我国已拥有大量成熟的技术，其中一些已达到世界先进水平。我国目前的技术出口的主要特点有：技术出口以计算机软件的出口、专有技术的许可与转让、技术咨询和技术服务等纯技术出口合同为主，附带关键设备或成套设备的技术出口合同很少，因此，技术出口合同金额中，技术费占比较高；计算机应用服务业、综合技术服务业和电子及通信设备制造业是技术出口的主要行业；外资企业和民营企业是技术出口的主要力量；技术出口目的地日趋多元化，美国、日本和我国香港地区是技术出口的主要目的地；从出口地区上看，技术出口以东部发达地区为主。

（一）我国技术出口的发展阶段

我国技术出口大致经历以下三个阶段：第一阶段是探索阶段。从 20 世纪 80 年代开始，我国的外贸和科技人员一起尝试对外转让技术。这一时期技术出口的特点是凭机遇、无计划、纯属自发性。技术出口的目的地主要是发达国家和地区。技术出口的主要内容是新技术、新工艺，并以软件技术为主。国家没有确定技术出口的归口管理部门，没有制定技术出口的管理法规和鼓励、扶植政策。第二阶段是起步阶段。1986 年国务院确定外经贸部和国家科委为我国技术出口的归口管理部门，并确定了技术出口的政策、审批权限和程序等。外经贸部和国家科委制定了鼓励技术出口的优惠政策，从而推动了技术出口的起步。这一时期技术出口的目的地中已有不少发展中国家和地区，但发达国家仍占相当大的比重。除了出口软件技术外，成套设备、技术服务等出口方式逐渐增多。第三阶段是初步发展阶段。进入 20 世纪 90 年代后，我国技术出口发展迅速，合同金额上升较快。1991 年技术出口合同总金额 12.27 亿美元，1997 年技术出口合同总金额 55.21 亿美元。

（二）我国技术出口的结构

我国的技术出口包括技术出口和成套设备、高技术产品出口，前者是无形的，后者是技术含量高的有形产品输出。

1. 技术出口

20 世纪 80 年代初期我国开始尝试对外技术转让，如杂交水稻技术、高炉喷煤粉技术和顶燃热风技术、VC 二步发酵法技术曾分别向美国、卢森堡、英国、瑞士进行转让。当时技术出口合同总额每年在 1000 万美元左右，出口内容主要是新技术、新工艺等软件技术。90 年代以来，在中央和地方的共同努力下，我国技术出口进入新的发展时期。1989 年我国技术出口合同金额猛增到 8.82 亿美元，1993 年为 21 亿美元，1995 年为 25.32 亿美元，1996 年为 46.94 亿美元。

2. 成套设备和高技术产品出口

成套设备和高技术产品出口是以成套设备和高技术产品为载体的技术出口，也是技术含量高、附加值高、经济效益好、高层次的货物出口。许多发达国家都把成套设备和高技术产品作为优化出口商品结构的重要产业予以发展。进入20世纪90年代，日本出口的成套设备和其他高技术产品已占其出口总额的70%以上。我国曾对成套设备和电子器件、计算机零件、飞机、船舶等机电产品进行过比较研究，使成套设备技术密集度提高到74%，附加价值率提高到73%。近年来我国出口的大中型成套设备，单项出口价格达几千万甚至数亿美元，例如我国对巴基斯坦出口的30万千瓦核电站项目，合同金额达5.6亿美元，其中技术费达2000多万美元。2001年我国高技术产品出口总额为464.5亿美元。

目前，经过改革开放三十多年的经济建设和对引进技术的消化吸收，我国已经建立起门类齐全的工农业实用技术与尖端技术并举的科研体系和生产体系。已经拥有大量成熟的工业化技术，其中不少已达到世界先进水平，拥有较丰富的技术资源，形成了全方位、多层次的技术出口能力。我国生产的成套设备和高技术产品，不仅配套能力强，而且在价格上有相当的竞争能力，因此对发展中国家和地区是非常适合的。同时，技术出口的领域也由少数专业领域向多专业领域扩展。成套设备和高技术产品出口项目涉及机械、船舶、建材、电子、化工、纺织、轻工、冶金、能源、通信和医药等许多行业。当然，我国成套设备和高技术产品出口在整个外贸出口中所占比重还很小，但随着我国今后经济的发展与科技水平的提高，要努力实现多部门的协作配合，形成企业联合和集团化，加大成套设备和高技术产品出口的力度，这样就一定能使我国逐步成为这类产品的出口强国。

二、我国技术出口的特点

我国技术出口及成套设备、高技术产品出口的主要特点是:

（一）发展速度快

改革开放以来，我国签订技术出口合同金额的增长速度逐年加快，“八五”期间，合同金额以年均24.55%的速度增长；1995年同1994年相比，技术和成套设备出口增长幅度比整个外贸增长幅度高出近35个百分点。

（二）技术含量不断提高

按平均每个项目技术含量计算，“八五”期间我国技术出口项目平均单项合同额比“七五”期间提高近24%。

（三）成套设备出口向大型化发展

20世纪80年代初我国出口成套设备大多是轻工、纺织、食品等领域的小规模出口。随着科学技术水平和工业化程度的提高，我国大型设备和成套设备出口能力日益增强。目前，我国已具备了出口 32 万千瓦大型电站、年产 100 万吨水泥设备和年产 30 万吨合成氨设备的能力。

（四）市场向多元化发展

由于市场多元化发展战略的实施，我国技术出口的目的地呈现多元化趋势，既包括广大发展中国家和地区，也包括发达国家和地区。东南亚、西亚、我国香港地区等市场是我国技术出口稳固发展的重点市场，对非洲以及对欧美发达国家的出口也有了较大增长。20 世纪 90 年代末，我国技术出口的目的地国家和地区已达 110 多个。

（五）技术出口方式多样化，融资方式多样化

我国的技术出口方式更加灵活、多样，逐步适应日趋激烈的国际市场竞争的需要，既包括单纯的技术转让，也包括技术输出的大型成套设备出口；既有许可证贸易，也有各种形式的技术合作。技术输出的融资方式呈多元化发展，有发展中国家使用国际金融机构贷款以带动我国的技术输出，也有我国进出口银行提供的出口信贷。这样才使我国技术出口初步形成体系，并在今后能向纵深方向发展。

三、我国技术出口的意义和作用

（一）技术出口推动国民经济发展和科学技术进步

技术出口的迅速发展，对我国国民经济的发展和科学技术的进步，发挥了重要的推动作用。这是我国改革开放、加快社会主义经济建设的结果；是国家大力发展对外经济贸易，尤其是发展技术贸易的结果；也是我国技术出口管理在法律、法规和政策方面不断完善，并逐步走上规范化、法制化的结果。我国将根据社会主义市场经济发展的需要和进一步扩大对外经济贸易的需要，在技术与成套设备出口中积极开拓市场，加强技工贸相结合，实行政策倾斜，以出口成套设备和高新技术产品为重点，实现技术出口集约化经营，使成套设备和高新技术产品尽快成为出口主导产品，创造和形成新的国际竞争优势。

（二）技术出口可以进一步促进技术开发

提高我国出口产品的整体竞争力，重要途径之一是提高产品的高科技含量，鼓励成熟的产业化技术出口，不仅可以进一步促进技术开发，还可以通过转让技术带动我国生产线、成套设备的出口，扩大出口规模。只有这样，技术及高新技术产品出口在对外贸易中的贡献率才会越来越高，地位才会越来越重要。

（三）技术出口可以促进产业结构调整

1. 技术出口促进了科技成果的产业化和商品化

技术出口对科技成果的转化具有良好的示范和推动作用。特别是近年来，

技术出口增长较快，一批先进成熟的科技成果在国际市场推广应用，并取得成功，实现资源的有效配置，这大大推动和加快了国内相关产业科技成果的产业化和商品化进程。

2. 技术出口带动了成套设备、产品和服务出口

技术出口在带动成套设备、产品和服务出口，促进国民经济发展等方面作用显著。20 世纪 90 年代以来，我国在电力、通信、建材生产、交通运输等领域出口大量技术的同时，该领域成套设备、服务及相关产品也随之一同出口，大大提升了我国企业及行业的竞争力，同时也促进了我国出口的增长，一定程度上缓解了我国技术贸易逆差，推动了对外贸易的健康发展。

3. 技术出口推动了国内产业结构升级

2008 年以来，全球金融危机给我国对外贸易的发展带来了负面影响，而技术出口却保持了良好发展态势，在一定程度上带动了我国对外贸易发展。技术出口的发展引导了高新技术、先进适用技术和成熟配套技术进入国际市场，提高了外贸出口的技术含量和附加值，增加了货物贸易附加值，带动了产业技术提升和制造业发展，也符合国家调结构保增长的发展方向。

4. 技术出口为发展中国家技术升级做出了贡献

技术出口进一步密切了我国与其他国家特别是广大发展中国家的关系。在过去几十年里，技术出口的主要目的地是发展中国家。通过对外承包工程及技术援助等方式出口到这些国家的技术，极大改善了当地的基础设施条件，也为当地创造了大量的就业机会，促进了当地经济的发展，为发展中国家技术升级做出了贡献。

考虑到国际市场对成套设备和技术的需求以及我国的供给优势，今后我国在成套设备和技术出口上的重点是：电站、建材、化工、冶金、纺织等行业的成套设备，环保设备及高技术含量的船舶。为鼓励高技术产品出口，我国拟订了《高技术产品出口目录》（草案），在这个目录里我国拟出口的高技术产品有电子信息、航空航天、光机电一体化、生物技术和医药产品、新型建材、新能源及高效节能产品、环境保护产品、地球空间海洋工程、核技术应用产品等九大类 346 种产品。其中，计算机及其软件、通信产品、生命科学、医药产品、航空航天、电子及光电产品将成为我国重点出口的高技术产品。

第四节　技术进出口管理与政策

我国在积极支持技术引进与技术出口的同时，也不断加强国家对技术进出口的宏观调控，即实施技术进出口管理。改革开放以来，我国在技术进出口管理方面公布过三个行政法规：一是1985年5月24日国务院发布的《中华人民共和国技术引进合同管理条例》；二是1987年12月30日国务院批准、1988年1月20日对外经济贸易部发布的《中华人民共和国技术引进合同管理条例实施细则》；三是1990年5月25日国务院批准、对外经济贸易部和国家科委下发执行的《技术出口管理暂行办法》。随着时间的推移和我国对外技术贸易的发展，这三个行政法规已经不能适应当前和今后我国技术进出口管理工作的需要，特别是它们与其后出台的有关法律在某些规定上不够衔接、不配套，而且有些内容与WTO的相关规定，尤其是与《与贸易有关的知识产权协议》（TRIPS）的有关规定有出入。

2002年1月1日起实施的《中华人民共和国技术进出口管理条例》的宗旨是：根据社会主义市场经济体制要求，建立起一套国家关于技术进出口方面的宏观运行机制，便利企业，促进技术进出口的发展。《中华人民共和国技术进出口管理条例》是为了适应新的形势，为用法律手段规范和加强技术进出口管理，在总结我国对外技术贸易的理论和实践的基础上，在技术贸易领域制定的第一部统一的技术进出口管理综合性法规。既立足于我国国情，具有鲜明的中国特色；又充分借鉴国际上先进的立法经验和管理办法，力求最大限度地和国际惯例接轨，以利于在我国创建良好的对外技术贸易法律环境，促进科学技术的进步和对外贸易的发展。在我国的技术进出口管理中，根据技术的性质，将技术分为禁止、限制和自由进出口三大类进行管理；根据技术流动方向，技术进出口分为技术进口（即技术引进）和技术出口，因而管理也分为技术引进管理和技术出口管理。

一、技术引进管理

技术引进是一项系统工程，自由进口不等于混乱和无序进口，引进工作要涉及计划、生产、经贸、财政、税务、海关、商检等多项部门。为此，我国制定的有关条例主要包括如下：

（一）我国对技术引进的管理规定

国务院外经贸主管部门会同国务院有关部门，制定、调整并公布禁止或者限制进口的技术目录。

1. 鼓励进口的技术

国家鼓励先进的、适用的技术进口。

2. 禁止进口的技术

国家规定属于禁止进口的技术，不得进口。如为了维护国家安全、社会公共利益或者公共道德，为了保护人的健康或者安全、保护动植物的生命健康和安全、保护环境等需要，国家可以规定禁止进口某些技术。

3. 限制进口的技术

属于限制进口的技术，应当向国务院外经贸主管部门申请技术进口许可证。技术进口许可证的作用为：第一，技术进口的批件。第二，合同生效的条件。《技术进出口管理条例》第十六条规定："技术进口经许可的，由国务院外经贸主管部门颁发技术进口许可证。技术进口合同自技术进口许可证颁发之日起生效。"第三，办理外汇、银行、税务、海关手续的凭证。《技术进出口管理条例》第二十条规定："申请人凭技术进口许可证或者技术进口合同登记证，办理外汇、银行、税务、海关等相关手续。"

属于限制进口的技术，首先，应当向国务院外经贸主管部门提出技术进口申请并附有关文件，技术进口项目须经有关部门批准，还应当提交有关部门的批准文件。国务院外经贸主管部门收到技术进口申请后，会同国务院有关部门对申请进行审查，并自收到申请之日起30个工作日内做出批准或者不批准的决定。第二，技术进口申请经批准的，由国务院外经贸主管部门发给技术进口许可意向书；进口经营者取得技术进口许可意向书后，方可对外签订技术进口合同。第三，进口经营者签订技术进口合同后，应当向国务院外经贸主管部门提交技术进口合同副本及有关文件，申请技术进口许可证；国务院外经贸主管部门对技术进口合同的真实性进行审查，并自收到上述规定的文件之日起10个工作日内，对技术进口做出许可或者不许可的决定。第四，技术进口经许可的，由国务院外经贸主管部门颁发技术进口许可证。

4. 自由进口的技术

属于自由进口的技术，应当向国务院外经贸主管部门办理登记，但是合同自依法成立时生效，不以登记为合同生效的条件。技术进口合同登记证的作用为：办理外汇、银行、税务、海关手续的凭证。属于自由进口的技术，当向国务院外经贸主管部门办理登记时，须提交下列三种文件：一是技术进口合同登记申请书；二是技术进口合同副本；三是签约双方法律地位的证明文件。国务院外经贸主管部门自收到上述规定文件之日起3个工作日内，对技术进口合同进行登记，颁发技术进口合同登记证。

（二）技术引进基本程序

1. 技术引进项目的确定

技术引进项目的确定必须根据国家技术政策、行业发展规划、市场前景进行综合考虑和妥善安排。项目的外汇资金和国内配套资金及其他条件必须落实，以期取得预期的经济效益。另外，技术引进前应当对项目进行认真的可行性论证，只有在充分论证的基础上才能确定项目。

2. 对外询价、谈判与签订合同

确定项目后，如果项目单位具有技术贸易的经营权，则可直接进行对外询价、谈判与签订合同。如果项目单位没有技术贸易的经营权，则应由项目单位自行委托具有技术贸易经营权的外贸公司、工贸公司，开展对外询价、谈判和签约工作；项目单位和委托的代理公司应签订委托或代理协议，明确双方的权利和义务。

3. 合同的审批及合同管理

技术贸易不同于商品贸易，根据《技术进出口管理条例》的有关规定，属于限制进口的技术，应当向国务院外经贸主管部门申请技术进口许可证。技术进口许可证是限制进口技术引进合同生效的条件，没有技术进口许可证其技术引进合同不具有法律效力。技术引进合同的审批机关是国务院外经贸主管部门，省、自治区、直辖市人民政府外经贸主管部门根据国务院外经贸主管部门的授权，负责本行政区域内的技术引进管理工作。审批单位对合同主要进行三个方面的审查：（1）从法律角度，审查合同的条款是否符合我国有关法律、法规，是否符合国际惯例；（2）从合同内容角度，审查引进的技术、设备及用汇是否符合可行性研究报告；（3）从合同条件角度，审查合同条款的规定是否公平合理，是否有失公正。

4. 合同的执行及其管理

经审查批准的合同，项目单位和有关公司必须按规定执行合同，包括涉外工作，如合同价款的支付、技术资料和设备的运输、保险、损害索赔等；还包括实施合同规定的各项目标，如组织技术力量消化引进的技术，落实产品生产条件以及承担合同规定的其他义务。技术引进项目单位的主管部门和国务院外经贸主管部门，省、自治区、直辖市人民政府外经贸主管部门在执行合同方面负有指导、监督责任。

5. 技术贸易合同数据的统计制度

技术贸易合同数据统计的目的是为以后技术引进项目的决策提供依据和可

供借鉴的经验，以少走弯路或者避免造成经济损失。目前已经形成了全国性的合同数据统计和信息交流体系。

（三）技术引进政策

1. 技术引进的基本原则

我国为支持引进先进技术设备，加快国民经济发展步伐，制定了一系列加快技术引进的政策和措施。其主要原则是：国家对技术引进的投向进行引导和控制；加强技术引进立法；提倡多种形式的技术引进；优化技术引进结构，着重引进产品制造、工艺技术及生产管理技术，控制成套设备引进；引进的重点，除引进少数新建项目外，主要为现有企业技术改造服务；利用多渠道资金引进技术；为鼓励多引进软技术、控制设备进口，实行必要的税收政策；加强技术引进的消化、吸收和创新。

2. 技术引进的税收政策

技术引进的税收政策包括两部分：一是技术引进合同中含有专利权许可、专有技术许可而向技术供方支付使用费的税收政策。对于技术使用费的支付，应向税务机关交纳企业所得税（即预提所得税），如此项技术被证明是先进的，或属于农林渔牧生产方面和科学研究、能源开发、发展交通运输及开发重要技术领域方面的先进技术，可申请减免所得税。二是进口先进设备的税收政策。为支持发展外商投资企业和国内投资项目进口设备，国家免征关税和进口环节增值税，目的是鼓励引进国外的先进技术和设备，促进产业结构调整和技术进步。但并不是所有的进口设备一律免征关税和进口环节增值税。免税进口的设备应是有较高技术含量、有广阔的发展前景、适应市场需求、能够提高产品档次和开拓新市场、有利于资源节约和环境保护的设备。对于技术含量低、国内能生产并能保证供应的机器设备进口，不予免征关税和进口环节增值税。

3. 技术引进的贸易审查

我国规定，限制技术引进的贸易审查应包括以下两方面内容：一方面，审查其是否符合我国对外贸易政策，有利于对外经济技术合作的发展；另一方面，审查其是否符合我国对外承诺的义务。对于限制技术引进的技术审查应包括以下内容：是否危及国家安全或社会公共利益；是否危害人的生命或健康；是否破坏生态环境；是否符合国家产业政策和经济社会发展战略，有利于促进我国技术进步和产业升级，有利于维护我国经济技术权益。

4. 技术引进合同的限制性条款规定

我国规定，技术引进合同中不得含有下列不合理的限制性条款：要求受让方接受并非技术进口必不可少的附带条件，包括购买非必需的技术、原材料、产品、设备或者服务；要求受让方为专利权有效期届满或者专利权被宣布无效的技术支付使用费或者承担义务；限制受让方改进让与方提供的技术或者限制受让方使用所改进的技术；限制受让方从其他来源获得与让与方提供的技术类似的技术或与其竞争的技术；不合理地限制受让方购买原材料、零部件、产品或者设备的渠道或者来源；不合理地限制受让方产品的生产数量、品种或销售价格；不合理地限制受让方利用进口技术生产的产品的出口渠道。

二、技术出口管理

（一）我国对技术出口实行的是按目录分类管理的方法

我国制定的有关技术出口的管理条例中按目录分为如下四种，即：鼓励出口类，国家鼓励成熟的产业化技术出口；禁止出口类，国家规定禁止出口的技术不得出口；限制出口类，属于限制出口的技术，实行许可证管理，未经许可，不得出口；自由出口类，对属于自由出口的技术，实行合同登记管理。此外还有特别规定，即出口核技术、核两用品相关技术、监控化学品技术、军事技术等出口管制技术的，依照有关行政法规的规定办理。

（二）技术出口管理模式

1. 出口原则

确定禁止和限制出口技术的原则是：维护国家安全或社会公共利益，保护生态平衡，遵守我国所缔结或参加的国际条约和协定。国务院外经贸主管部门会同国务院有关部门，制定、调整并公布禁止或者限制出口的技术目录。

2. 分类管理

国家对技术出口实行分类管理，具体是：属于禁止出口的技术，不得进口；属于限制出口的技术，应当向国务院外经贸主管部门申请技术出口许可证。技术出口许可证的作用为：（1）技术出口的批件。（2）合同生效的条件。《技术进出口管理条例》第三十八条规定："技术出口经许可的，由国务院外经贸主管部门颁发技术出口许可证。技术出口合同自技术出口许可证颁发之日起生效。"（3）办理外汇、银行、税务、海关手续的凭证。《技术进出口管理条例》第四十二条规定："申请人凭技术出口许可证或者技术出口合同登记证，办理外汇、银行、税务、海关等相关手续。"属于限制出口的技术，首先应当向国务院外经贸主管部门提出申请。限制出口技术须经有关部门进行保密审查的，按照国家有关规定执行。国务院外经贸主管部门收到技术出口申请后，会同国务院科技管理部门对申请出口的技术进行审查，并自收到申请之日起 30 个工作日内做出批准或者不批准的决定。第二，技术出口申请经批准的，由国务院外经贸主管部门发给技术出口许可意向书；申请人取得技术出口许可意向书后，方可对外进行实质性谈判，签订技术出口合同。第三，申请人签订技术出口合同后，应当向国务院外经贸主管部门提交四种文件并申请技术出口许可证。这四种文件是：技术出口许可意向书；技术出口合同副本；技术资料出口清单；签约双方法律地位的证明文件。国务院外经贸主管部门对技术出口合同的真实性进行审查，并自收到上述规定的文件之日起15个工作日内，对技术出口做出许可或者不许可的决定。第四，技术出口经许可的，由国务院外经贸主管部门颁发技术出口许可证。属于自由出口的技术，应当向国务院外经贸主管部门办理登记，但是合同自依法成立时生效，不以登记为合同生效的条件。技术出口合同登记证的作用为：办理外汇、银行、税务、海关手续的凭证。属于自由出口的技术，当向国务院外经贸主管部门办理登记时，须提交下列三种文件：一是技术出口合同登记申请书；二是技术出口合同副本；三是签约双方法律地位的证明文件。国务院外经贸主管部门自收到上述规定文件之日起3个工作日内，对技术出口合同进行登记，颁发技术出口合同登记证。

（三）技术出口的基本程序

1. 技术出口项目的确定及申请

属于限制出口的技术，应当向国务院外经贸主管部门提出申请；国务院外经贸主管部门收到技术出口申请后，会同国务院科技管理部门对申请出口的技术进行技术审查和贸易审查，经批准的，发给技术出口许可意向书。技术审查的内容包括：是否符合国家技术政策；是否影响发挥我国技术优势；是否符合国家技术保密规定。贸易审查的内容包括：是否符合国家对外贸易政策、法规；是否有利于国家对外贸易的发展；是否违反国家对外承担的义务。

2. 技术出口项目的经营委托

有技术出口经营权的公司，可直接自营出口。没有技术出口经营权的公司，须委托具有技术出口经营权的公司经营。双方应签订委托书，明确授权范围、双方的责任、风险分担和利益分享等。

3. 谈判和签约

技术出口申请经批准的，凭技术出口许可意向书方可对外进行谈判和签约。技术出口单位要做好谈判和签约的各项准备工作，拟订周密的技术谈判和商务谈判方案。前者包括：技术的范围、提供的方式、考核标准、资料交付的时间及方式等；后者包括：价格、支付方式、税费、适用法律、仲裁、索赔、侵权责任、保密、不可抗力等。

4. 技术出口合同的审批

对于限制出口的技术，签订技术出口合同后，应当向国务院外经贸主管部门申请技术出口许可证。技术出口许可证是合同生效的条件，否则技术出口合同不具有法律效力。

（四）技术出口的政策

1. 基本方针

我国技术出口的基本方针是：解放思想，积极鼓励，努力开拓，加强管理，稳步前进，讲求实效。发展我国的技术出口必须符合国家经济建设和对外开放的需要，使我国的技术出口沿着健康的道路发展。

2. 大力开拓国际技术市场

技术出口既要注意扩大发达国家和地区的市场，更要重视开拓发展中国家和地区的广阔市场。我国的技术及设备对发展中国家和地区更合适，更具竞争力，而且技术上的互补性也较强。

3. 出口方向

由纯技术出口逐步转向以技术带动成套设备、生产线和新技术产品出口。设备出口附加值高、创汇率高，更能带动我国相关产业的发展。

4. 鼓励政策

通过多种形式鼓励技工贸结合，加快科技成果商品化。国家实行有利于技术和成套设备出口发展的信贷政策，每年安排一定数额的人民币贷款和外汇贷款，专门用于技术和成套设备及高新技术产品出口的卖方信贷和买方信贷。

本章小结

为与世界贸易组织的国际通行规则接轨，我国已在《对外贸易法》中将技术进出口列为中国对外贸易的组成部分。中国的基本国情之一就是科学技术落后于西方发达国家，所以技术引进一直是我国进口贸易发展战略的重要组成部分之一。在长期的技术引进工作中，也存在着许多问题，为此，我们在中国经济发展战略中制定了引进先进技术的基本方针。随着经济和科学技术的不断发展，目前我国的技术出口成为出口贸易中发展最快的一类出口产业。技术进出口和商品进出口有一定的区别，政府通过制定技术进出口管理的政策措施，加强对技术进出口的国家宏观调控。我国对外开放的基本内容之一还包括对外承包工程和国际劳务合作。努力开展这一领域的工作，也成为发展外向型经济、扩大对外经济交流的重要桥梁和渠道。

本章思考题

1. 技术引进对于我国经济发展有哪些意义和作用？
2. 新中国成立以来我国在技术引进中主要存在哪些问题？

3. 我国引进先进技术的基本方针包括哪些内容?
4. 我国技术引进的基本形式主要有哪些?
5. 我国开展对外承包工程和国际劳务合作有哪些特殊的意义?
6. 什么是许可证贸易? 许可证贸易的主要内容包括哪些?
7. 我国的技术出口有什么特点?
8. 我国技术引进的基本程序有哪些主要环节?

第七章　中国的利用外资和对外直接投资

本章学习目标

中国对外开放的一个重要内容就是积极有效地利用外资和发展对外直接投资。本章主要学习有关利用外资的基本知识和 WTO 与贸易有关的投资措施的多边协议。利用外资一般包括直接投资和间接投资，在改革开放前期我国利用外资主要以间接投资为主，而 1992 年以后则逐步转化为以直接投资为主。在研究中国利用外资的发展及存在问题的基础上，本章重点介绍我国利用外资的基本方针和政策。进入新世纪以后，我国的资本移动呈双向移动状态，即在积极利用外资的同时，实行“走出去”战略，积极发展对外直接投资，并制定相应的政策。

利用外资是中国对外开放基本国策的重要内容。我国进行社会主义现代化建设中，面临的最大困难就是技术落后与资金不足问题。利用外资并不仅仅是一个资金问题，而是通过吸收外资带来技术、管理等诸多的生产要素。党的十一届三中全会以后，在改革开放总方针的指导下，我国利用外资的规模和领域不断扩大，利用外资的水平和质量不断提高，目前中国利用外资正在从弥补资金不足向发挥技术效应转型，在利用外资方面取得了举世瞩目的成就。

第一节　利用外资概述

新中国成立初期，我国已开始利用外资解决国内资金不足的问题。20 世纪 50 年代我国大规模从前苏联和东欧国家引进先进技术和设备时，就向前苏联政府借用 15 亿美元的低息政府贷款，用于 156 项重点工程。60 年代我国利用卖方信贷（对于我方即延期付款）的方式引进了一些日本、西欧的成套设备，利用中国银行在海外的分支机构吸纳的外汇存款购买了一些远洋船舶。这些也是事实上的利用外资。但改革开放以前，中国经济基本上是在一种半封闭状态下运行的，并曾以“既无内债，又无外债”而自豪，对于利用外资认识不清。1978年在党的十一届三中全会上，党中央根据20世纪70年代末以来国际分工和世界经济发展的形势，结合中国经济发展的实际情况，提出了对外开放的基本方针，并把利用外资作为我国对外开放的重要内容。随着我国利用外资的深入发展和外商投资企业对我国经济发展作用的明显增强，党的十五大报告明确指出，面对经济、科技全球化趋势，我们要以更加积极的姿态走向世界，完善全方位、多层次、宽领域的对外开放格局，积极合理有效地利用外资。要依法保护外商投资企业的权益，实行国民待遇，加强引导和监管。加入世界贸易组织后，新的形势要求我们在更大范围、更广领域和更高层次上参与国际经济技术合作与竞争，拓宽发展空间，为此党的十六大提出了“引进来”和“走出去”相结合的战略，进一步强调要积极吸引外商直接投资，提高利用外资的质量和水平。把利用外资与国内经济结构调整、国有企业改组改造结合起来。鼓励跨国公司投资农业、制造业和高新技术产业。努力改善投资环境，规范招商引资活动，对外资实行国民待遇，提高法规和政策的透明度。利用外资政策和理论的不断创新和完善，为我国进一步扩大利用外资创造了重要的前提条件和制度保障。

改革开放以后，我国利用外资的工作才积极开展起来，利用外资的规模不断扩大，方式也开始多样化。改革开放三十多年来，我国在利用外资方面取得了举世瞩目的成就。截止到2011年底，全国累计批准设立外商投资企业73万个，实际使用外资金额超过1万亿美元，这一规模位居世界第二。外商投资遍及制造业、服务业、农业、基础设施等领域。目前，来华投资的国家和地区超过190个，全球最大的500家跨国公司中近450家在华有投资，其中30多家设立了地区总部，外商投资设立的研发机构超过600家。2009年全年全国共批准外商投资企业23435个，实际使用外资金额900亿美元，分别比2003年增长6.3%，全年利用外资的规模再创历史新高。进一步提高利用外资质量，促进产业升级和技术创新将是我国利用外资工作的长期任务。

一、我国利用外资的渠道和形式

我国利用外资的渠道和形式多样，大致分为三类：一是外商直接投资（FDI），包括中外合资企业、中外合作企业、外商独资企业以及合作开发项目等。二是国外间接投资，包括对外借款，如外国政府、国际金融组织贷款，外国商业银行贷款以及出口信贷；证券投资（FPI），如对外发行债券、对外发行股票等。三是外商其他投资，包括国际金融租赁、补偿贸易、加工装配业务等。从资金投放的角度看，我国利用外资分为直接投资和间接投资两大类。我国利用外资的主要形式是直接投资，而证券投资在全球资本跨境流动中占有较大比重，发达国家主要以证券投资作为利用外资的形式。

（一）我国利用境外直接投资

对外直接投资是投资者输出生产资本，直接对一个国家或地区的厂矿企业予以投资，并由投资者直接参与经营管理。改革开放后我国利用外资的重点逐步从间接投资向直接投资发展，其中采用最多的直接投资是中外合资经营企业、中外合作经营企业、外商独资企业和中外合作开发项目。

1. 中外合资经营企业

中外合资经营企业亦称股权式合营企业。它是由外国公司、企业和其他经济组织或个人，按照平等互利的原则，依据《中华人民共和国中外合资经营企业法》，在中国境内和中国的公司、企业或其他经济组织共同投资兴办的企业。其基本特点是合资各方共同投资，共同经营管理，共担风险，共负盈亏。合资各方可以用货币出资，也可以用建筑物、机器设备、场地使用权、工业产权、专有技术等出资，但必须以同一种货币计算各自的股权。各方出资均折算成一定的比例，外国合营者的投资比例一般应不低于注册资本的25%，但无上限限制。中外合资经营企业的组织形式为有限责任公司，董事会为最高权力机构。中外合资经营企业是中国法人，受中国法律保护。

举办中外合资经营企业有利于引进先进的设备、技术和科学管理知识，有利于培训人才，能够带进一些通过一般的技术引进方式难以获得的先进技术，甚至取得动态技术。与外资企业相比，中外合资经营企业有利于中国大量老企业的技术改造，可以借助对方的销售网络，扩大产品出口。中国法律法规对外商投资举办合资企业的投资领域限制较少，国家鼓励和允许投资的项目还可以不限制经营期限。

2. 中外合作经营企业

中外合作经营企业亦称契约式合营企业。它是由外国公司、企业和其他经济组织或个人，依据《中华人民共和国中外合作经营企业法》，和中国的公司、企业或其他经济组织在中国境内共同投资或提供合作条件兴办的企业。中外合作经营企业的特点是合作方式较为灵活，它与中外合资经营企业的不同之处在于，双方投资一般不折算成出资比例，利润和风险也不按出资比例分配，所以它是非股权式企业。各方的权利和义务，包括投资或提供合作条件、利润或产品的分配、风险和亏损的分担、经营管理的方式和合同终止时财产的归属等，都在合作各方签订的合同中确定。

中外合作者的投资或者提供的合作条件可以是现金、实物、土地使用权、工业产权、专有技术和其他财产权利。中外合作企业一般由外国合作者提供全部或大部分资金，中方提供土地、厂房、可利用的设备和设施，有时也提供一定量的资金。合作期满时企业的全部资产归中方合作者所有，而外方合作者则可以在合作期限内先行回收投资及所得利润。中外合作经营企业可以组成中国法人，也可以不组成中国法人。组成中国法人的成立董事会；不组成中国法人的，由合作各方组成联合管理机构。由董事会或联合管理机构任命总经理负责经营管理。举办中外合作经营企业，一方面可以解决国内企业缺乏投资来源问题，另一方面对许多急于回收投资的外国投资者具有很大的吸引力。

中外合资经营企业与中外合作经营企业的区别，主要表现在以下方面：

（1）投资方式不同

合资经营企业是股权式合营企业，各方的投资物都要折价计算投资比例；而合作经营企业是契约式合营企业，各方的投资物一般不折价计算投资比例。

（2）法律依据和法人地位不同

合资企业的法律依据是《中华人民共和国中外合资经营企业法》及其实施条例，合资企业是中国独立的企业法人；合作企业的法律依据是《中华人民共和国中外合作经营企业法》及其实施细则，合作企业可以成为独立的企业法人，也可以不成为独立法人。

（3）组织方式和管理方式不同

合资企业的组织方式是建立董事会作为企业的最高权力机构，董事会任命总经理等高级管理人员，中外双方共同管理，根据一股一权原则获得经营控制权。合作企业的组织方式不尽相同，法人式的一般是成立董事会，非法人式的一般是成立联合管理委员会；在管理方面，一般是以一方为主，另一方协助，或者是委托第三方管理。

（4）收益分配方式不同

合资企业按注册资本的比例分配利润，承担亏损与风险；合作企业按合同规定的比例分配利润或产品以及分担风险和亏损。

（5）合营期满资产处理方式不同

合资企业期满后按注册资本比例分配资产净值；合作企业期满后，资产净值按合同的规定处理，如果外方在合作期限内已先行回收投资，则资产净值一般无偿归中方所有。

3. 外商独资企业

外商独资企业即我们通常所说的外资企业，是指外国的公司、企业、其他经济组织或个人依据《中华人民共和国外资企业法》，在中国境内设立的全部资本由外国投资者投资的企业。兴办独资企业对于我国引进先进的设备、技术和科学管理知识，提高就业水平，发展落后地区的经济，增加国家财政税收，增强出口能力有很大作用。设立独资企业应采用国际先进技术和设备，应有利于中国国民经济的发展。外商独资企业和外国企业是不同的概念，其特点主要有：

（1）独资企业的性质

外商独资企业是依据中国法律在中国境内设立的，是中国法人，受中国法律保护；外国企业是依照外国法律在国外设立并在该国从事经营活动的企业，是外国的企业，不是中国法人。

（2）独资企业的投资成分

外商独资企业的全部资本归外国投资者所有，因而与中外合资企业、中外合作企业不同，独资企业相当于外国跨国公司在东道国设立的拥有全部股权的子公司。

（3）独资企业是一个独立的实体

所谓独立实体，是指它是由外国投资者独自投资，独立经营，并成为独立核算、独立承担法律责任的经济组织。因而，独资企业不同于外国企业的分支机构（比如国外分公司）。后者是外国企业（如总公司）在东道国经批准后设立的一个附属机构，不是一个独立的法律实体，只能以总公司的名义从事活动，并由总公司承担法律责任。

上述三类直接投资方式，习惯上称为“三资企业”，在我国吸引外商直接投资中占据主导地位。最近几年，外商独资企业发展迅速，成为外商直接投资的主要方式。

4. 中外合作开发

中外合作开发是指外国公司依据《中华人民共和国对外合作开采海洋石油资源条例》和《中华人民共和国对外合作开采陆上石油资源条例》，同中国的公司合作进行石油资源的勘探开发。合作开发是目前国际上在自然资源领域广泛采用的一种经济合作方式，其特点是高风险、高投入、高收益。中国在石油资源开采领域的合作中都采用这种方式。我国有关法律中明确规定，在维护国家主权和经济利益的前提下，允许外国公司参与合作开采中国的石油资源。中外合作开发一般都采用国际招标方式，外国公司可以单独也可以组成集团参与投标，中标者与中方签订石油合作勘探开发合同，确定双方的权利和义务，合同期限一般在 30 年以内。合作开发合同经外经贸主管部门批准后生效，整个开发周期一般分为勘探、开发和生产三个阶段。勘探阶段由外方承担全部费用和风险，在勘探期内，如果在合同确定的区域范围内没有发现有开发价值的油气田，则合同即告终止，中方不承担任何补偿责任。如果在合同确定的区域范围内发现有开发价值的油气田，则进入开发阶段，中方可以通过参股的方式（一般不超过 51%）与外方共同开发，按双方商定的出资比例共同出资，并对勘探期内的费用进行分摊补偿。油田在进入正式生产阶段后，应按法律规定缴纳有关税款和矿区使用费，中外双方可按合同确定的分油比例以实物方式回收投资与分配利润。当遇到亏损风险时，则由各方分别承担。

在中外合作开采海洋石油资源时，中国政府对自然资源享有永久主权，国家授权中国海洋石油总公司统一负责中国对外合作开采海洋石油的业务。中外合作双方一般是采取非法人式的契约式合营，并不组成一个真正意义上的企业，而是在平等互利的基础上签订石油合同，按照石油合同所规定的权利和义务进行合作，中外双方仍是两个独立的法人，双方之间仅为合同关系。中外合作开采海洋石油资源目前主要是采用风险合同与联合经营相结合的模式，租用租让制和产品分成合同及承包作业合同等模式较少采用。

另外，外商投资股份有限公司是一种新的利用外商直接投资的方式。外商投资股份有限公司，又称外商投资股份制企业，是指依据《公司法》和有关规定设立，公司全部资本由等额股份构成，股东以其所认购的股份对公司承担责任，公司以全部财产对公司债务承担责任，中外股东共同持有公司股份，外国股东购买并持有的股份占公司注册资本25%以上的企业法人。外商投资股份有限公司是近年来出现的一种新的利用外商直接投资的方式，它是在中国证券市场不断扩大和企业股份制改造日趋深入的背景下产生的。外商投资股份有限公司与中外合资企业、中外合作企业和外资企业的相同点是它们都是有限责任性质的企业，并且都是我国利用外商直接投资的有效方式；它们之间的不同点表现在许多方面，如设立方式不同、股权转让不同和公开性要求不同等。

直接投资与间接投资相比，我们从政策上更支持与鼓励吸引直接投资，因为利用国外直接投资更具有特殊的意义。直接投资大量引进不会增加我国的债务负担，不影响我国的外债清偿能力。直接投资的一大特点是企业的经济效益与投资者的利益挂钩，所以投资者不单是只借钱物，而是千方百计地让企业获得最佳经济效益。一般说来，“三资企业”的经济效益就比其他企业要好。直接投资对于我国引进先进的生产技术和管理经验有特殊的作用，某种程度上“三资企业”成为了我国培养现代经营管理人才的学校。另外，直接投资可以利用外商的销售网络努力扩大我们的出口。目前，外商投资企业在我国出口总额中所占的比重已突破50%，我国已成为世界上吸引外资最多的国家。2004年全年全国共批准外商投资企业43664个，合同外资金额1534.8亿美元，实际使用外资金额606.3亿美元，分别比2003年增长6.3%、33.4%、13.3%。自1979年至2011年我国累计共批准外商投资企业73万家，实际利用外资金额超过1万亿美元（具体见表7-1）。

表 7-1　1979～2011 年中国利用外商直接投资统计表

单位：亿美元

年度	项目数	合同外资金额	实际利用外资金额
1979～1982	920	49.58	17.69
1983	638	19.17	9.16
1984	2166	28.75	14.19
1985	3073	63.33	19.56
1986	1498	33.30	22.44
1987	2233	37.09	23.14
1988	5945	52.97	31.94
1989	5779	56.00	33.93
1990	7273	65.96	34.87
1991	12978	119.77	43.66
1992	48764	581.24	110.08
1993	83437	1114.36	275.15
1994	47549	826.80	337.67
1995	37011	912.82	375.21
1996	24556	732.76	417.26
1997	21001	510.03	452.57
1998	19799	521.02	454.63
1999	16918	412.23	403.19
2000	22347	623.80	407.15
2001	26140	691.95	468.48
2002	34171	827.68	527.43
2003	41081	1150.70	535.05
2004	43664	1534.79	606.30
2005	44001	1890.65	603.25
2006	41473	1937.2	630.21
2007	37871		747.68
2008	27514		923.95
2009	23435		900.33
2010	27406		1147.30
2011	27712		1160.11

资料来源：商务部外资统计，2007 年以后原统计没有合同外资金额。

（二）我国利用境外间接投资

对外间接投资包括借贷资本输出和证券投资，其特点是投资者不参与企业的经营管理。

1. 借用国外贷款

我国借用国外贷款的渠道有四种，即外国政府贷款、国际金融组织贷款、外国商业银行的现汇贷款和出口信贷。

外国政府贷款是政府之间的双边贷款，往往带有浓厚的政治色彩与援助性质。它一般是指发达国家给予发展中国家的优惠贷款。其优惠表现在利率低、还款期长、赠与成分比较高。由于这种贷款必须用于两国政府商定的项目，所以通常叫做项目贷款。按照联合国的有关规定，发达的工业化国家和海湾石油输出国应把本国年国民生产总值的 0.75%拿出来作为政府贷款支援其他国家。这些国家一般都设有专门机构审查和发放此类贷款，如美国国务院设有“国际开发署”，日本政府经济企划厅设有“海外经济协力基金”，科威特政府设有“阿拉伯经济发展基金”等。西方国家的政府贷款要与我国双方协商，共同审查项目，而且他们一般只提供该项目全部投资的 50%，其余要由我方自筹。有的项目还设有采购条款，即首先考虑购买借贷国的设备。我国利用的国外政府贷款主要用于交通、邮电、能源、原材料、农业、城建、环保、医疗等基础产业和基础设施。

国际金融组织可分为全球性国际金融组织，如国际货币基金组织（IMF）、国际复兴开发银行（IBRD）〔简称世界银行（WB）〕、国际清算银行（BLS）等；区域性国际金融组织，如亚洲开发银行（ADB）、泛美开发银行（IDB）、非洲开发银行（AFDB）、欧洲复兴开发银行（EBRD）等。其中，向我国提供贷款的主要是世界银行、国际货币基金组织、亚洲开发银行和国际农业发展基金组织等。世界银行是目前世界上最大的国际金融组织之一。我们从世界银行获得的贷款主要有两类，即软贷款与硬贷款。国际开发协会（IDA）是世界银行的附属机构之一，任务是专门为最不发达国家提供长期的无息贷款，其贷款习惯称为软贷款。软贷款条件最为优惠，利率为零，期限目前为 35 年，贷款项目一般为农业、水利、科技、教育、卫生、环保等。世界银行则专门向发展中国家提供低于市场利率的中长期贷款，其贷款习惯称为硬贷款。硬贷款的期限为 20 年，宽限期 5 年，利率定期调整，1994 年 7 月的利率为 7.1%。世界银行及其附属机构的贷款被称为世界银行集团贷款。我国从世界银行集团混合贷款，其中软贷款为 40%，硬贷款为 60%。从 1981 年开始至今，我国已累计使用逾百亿美元的世界银行贷款，世界银行贷款已成为我国对外借款的重要渠道。除世界银行外，我国从 1986 年开始借用亚洲开发银行贷款 30 亿美元，1994 年我国成为亚洲开发银行第一大借款国。

外国商业银行贷款是国际金融市场私人银行提供的商业性贷款，可由借款人自由运用，但贷款的利率较高，一般随行就市，还须支付有关费用。如果是借款数额较大、期限较长的商业贷款，往往采用银团贷款形式，即由数家商业银行组成贷款团体，共同向借款人提供贷款。由于这类贷款无优惠可言，所以我们一般主张不用或少于这类贷款；但如果项目效益明显，还款有保证，也可以有选择地使用。

借用外国资金还有一种较为流行的方式，即出口信贷。出口信贷是西方国家政府为了支持和鼓励本国商品（特别是大型成套设备）输出而设置的一种专门信贷。由于有政府的资助，这种信贷比一般商业贷款要优惠得多。其具体形式有两种：买方信贷和卖方信贷。如果我们使用买方信贷进口大型成套设备的话，则只能用来购买债权国设备，而不能购买第三国设备，因为这是一种约束性贷款。出口信贷的期限视合同具体情况而定，一般为 18 个月到 10 年，建设期为宽限期。出口信贷利率一般按经济合作与发展组织的规定执行。该组织协调各成员出口信贷利率，半年调整一次，按签约时的固定利率计息。除利息外，借款人还要支付其他有关税费。

在上述几种借用国外贷款的渠道里，根据贷款优惠条件及经济效益，我们应主要采用政府贷款、国际金融组织贷款和使用一部分买方信贷。

2. 发行境外债券和股票

债券是一种不记名的票据凭证，债券持有人可持债券按期收取利息，到期持债券领取本金。发行境外债券是指一国政府、机构或企业在境外向投资者发行到期能够偿还并有一定收益的有价证券。通过这种方式筹集海外资金是我国利用境外间接投资的一条重要渠道。境外债券按利率可分为固定利率债券和浮动利率债券；按偿还期限可分为短期债券（1 年以下）、中期债券（1～5 年）和长期债券（5 年以上）。1982 年中国国际信托投资公司在日本东京证券市场发行了 100 亿日元武士债券，标志着我国进入国际金融市场通过发行债券利用外资的开始。

向境外发行股票，即发行国际股票，也是国际证券投资的一种，通过这种方式同样能够筹集境外资金。中国的股份有限公司经国家批准，可以在境内外发行向境外投资者募集股本的股票进行融资，其中包括在我国境内发行上市的 B 种股票和在境外发行上市的各种股票。B 种股票，是指中国股份有限公司以人民币标明股票面值，以外币认购和进行交易，在我国境内交易所上市，专供外国和我国香港、澳门、台湾地区的投资者购买转让的股票。有外商投资的公司，经中国人民银行批准后，可以发行 B 种股票。境外上市股票，是指中国股份有限公司以人民币标明面值，以外币认购和进行交易，在境外交易所上市，供境外投资者购买转让的股票。发行国际股票，是我国利用境外间接投资的一种新的重要形式。

（三）外商其他投资方式

1. 国际金融租赁

国际金融租赁是外国租赁公司从国外商业银行获得贷款购买国内承租人选定的设备，然后按照契约规定将设备租赁给国内承租人使用。承租人则向出租人定期交纳一定的租金，取得设备的使用权。租金实际上是在租赁期内分摊租赁公司购买设备的成本和利润。租赁业务实际上是租赁公司给予承租人的长期信贷，是商品信贷与货币信贷结合的一种融资方式。它适合办理长期、大型、巨额的设备租赁，如电子计算机、成套设备、建筑机械、飞机、轮船等。我国的国际租赁主要通过两种渠道进行：一是通过外国租赁公司租赁设备，二是通过我国租赁公司租赁设备。无论是外国租赁公司还是我国租赁公司提供的国际租赁，其购买设备所用资金都来源于国外商业银行的贷款，国内承租企业只是依据租赁协议按期支付租金，并不直接承担借款和偿还责任。

2. 补偿贸易

补偿贸易是指中方企业在由外商直接提供信贷的基础上，从外国企业进口机器、设备和技术，以商品或劳务偿还外商贷款本息的贸易方式。信贷是补偿贸易必不可少的前提条件，它可以表现为多种形式，但大量出现的是商品信贷，即设备的赊销；同时，外商还要承诺回购对方的产品或劳务，为对方创造还款条件。补偿贸易实质上是技术贸易、商品贸易和信贷相结合的一种利用外资方式。二战后补偿贸易发展非常迅速，其特点是进口与出口相结合，贸易与信贷相结合，贸易与生产相结合。补偿贸易根据用何种商品补偿可划分为三种：一是直接补偿（又称返销），即以外商提供的设备、技术所生产出来的直接产品偿还外商贷款本息；二是间接补偿（又称互购），即以双方商定的本企业生产的其他间接产品偿还外商贷款本息；三是综合补偿，即采用直接产品、间接产品、现汇或劳务相结合的灵活补偿方式。我国在改革开放后大规模开展了中小型补偿贸易，主要因为补偿贸易是一种较好的利用外资的形式，可以以此缓解外汇资金和建设资金不足的矛盾，扩大进口，加快建设步伐。通过补偿贸易可以引进先进的技术和设备，加快企业的技术改造，随着技术和设备的更新，可以提高产品质量，降低产品成本，增加产品的花色品种，增强产品在国际市场的竞争能力；可以通过外商销售渠道扩大出口，获得一个较稳定的市场，并为开拓商品的世界市场奠定基础；有利于扩大就业，培养各类人才。由于补偿贸易方式灵活，进口设备不用支付现汇，偿还也有保证，所以深受国内企业欢迎。但是补偿贸易不是一般的贸易合同，须按规定程序报有关部门批准后方能生效。另外，补偿贸易履约时间较长，往往会在履约期间发生一些变化，而且补偿贸易引进的并非是最先进的技术，因此必须做好项目的可行性研究并合理计算贷款的成本，安排好偿还期，注意技术与本地区社会经济发展的适应性，必要时还要考虑所使用的货币是硬币还是软币。

3. 对外加工装配

对外加工装配是来料加工、来件装配的统称。它是由外商提供原料、辅助材料、元器件、零部件、包装物料等，由我方企业按照对方要求加工装配成产品，我国企业按约定向外商收取工缴费的对外经济合作方式。从事对外加工装配的企业在承接业务时，大多需要由外商提供一些机器设备及生产线，以进行设备技术改造。外商提供的机器设备是有偿的，需要用外汇计价，但一般不需要我们支付现汇，而是采用劳务补偿的办法，以我方工缴费来偿还。对外加工装配有以下特点：（1）"两头在外"。对外加工装配是"两头在外"，即加工装配的料件来自外方、产品去向外方；我方企业除提供劳动力、厂房及少量辅助材料外，不必为采购料件所需的外汇和产品的销路承担风险。而且，我方提供的部分原、辅料和零部件等，要作价向外商收取。（2）间接劳务出口。加工装配的产品一般是劳动密集型产品，可以解决大量的劳动力就业，实质是一种以商品为载体的间接劳务出口。（3）关税优惠。一般对外加工装配的原、辅料和零部件均可享受免税进口，成品也可享受免税出口。（4）不发生所有权的转移。对外加工装配在中外双方之间实际是一种生产业务的委托，因此没有所有权的转移。原料、辅助材料、元器件、零部件、包装物料等的所有权属于外商，加工装配成的产品的所有权仍属于外商，我方企业对原、辅料和零部件进行加工装配，收取约定工缴费。

二、利用外资的意义和作用

通过吸收外资，我们获得了经济建设急需的资金，引进了先进技术和先进管理经验，增加了税收和就业，开拓了国际市场，加深了中国经济同世界经济的联系。大规模利用外资还从多方面促进了思想解放，推进了国内经济体制的改革。

（一）弥补我国建设资金的不足

对于资金短缺的发展中国家来说，利用国外资金来促进本国经济发展是一种重要的战略思路。新中国成立以来，虽然在经济建设上取得了巨大成就，但我国毕竟是一个人口众多、经济落后的发展中国家，资金短缺是我国长期以来的主要问题。据有关估计，20 世纪末我国现代化建设的资金缺口大约有 2000

亿美元，只有合理有效地利用外资才能保证经济建设的顺利进行。改革开放之初，我国就确立了利用外资弥补经济建设资金不足的长期方针。20世纪70年代末以来，外商直接投资作为外部资金来源，在我国全社会固定资产投资额中所占的比重总体上呈现较大幅度上升的趋势，是弥补我国储蓄和外汇缺口的重要资金来源，为我国国民经济的发展做出了重要贡献。我国利用外资修建铁路、港口，开发石油、煤炭，奠定了经济发展的能源、交通基础，并挽救了一些签约后因资金不足而面临停建、缓建的大型骨干企业。在利用外资规模上，我国总是根据今后一个时期国民经济必须保持较快增长速度的需要，根据基础建设投入必须继续加大的需要，提出利用外资要保持一定的规模、利用外资规模要与国民经济发展总体目标相结合的重要原则。这是我国利用外资的重要经验。

（二）促进我国经济结构的战略性调整

我国要参与世界经济新的分工，与世界经济的产业链衔接，就必须继续吸收外商来华投资。重要的是如何抓住新一轮全球生产要素优化重组和产业转移的重大机遇，扩大利用外资规模，提高利用外资水平，优化利用外资结构，促进国内产业升级和技术创新，从而促进国民经济持续、快速、健康、协调发展。

为适应国民经济结构战略性调整和加入世界贸易组织的新形势，我国颁布了新修订的《指导外商投资方向的规定》和《外商投资产业指导目录》，并于2002年4月1日起施行。新的产业政策和目录继续贯彻了积极、合理、有效利用外资的方针，将外商投资项目分为鼓励、允许、限制和禁止四类，列371个条目。新目录明显提高了对外商直接投资的开放程度，加大了对外商直接投资产业投向的引导力度。鼓励措施由186条增加到262条，限制措施由112条减少到75条。从事鼓励类投资的外商投资项目可享受免征进口设备关税和进口环节增值税的优惠政策；放宽外商投资的股权比例限制，如取消港口公用码头的中方控股要求；开放新投资领域，将原禁止外商投资的电信和燃气、热力、供排水等城市基础性行业首次列为对外开放领域；按照加入世界贸易组织承诺的地域、数量、经营范围、股比要求和时间表，进一步开放银行、保险、商业、外贸、旅游、电信、运输、会计、审计、法律等服务贸易领域，同时将有关承诺的内容列为附件。把利用外资与我国的产业政策、经济结构调整、经济增长质量提高紧密结合，对外商直接投资的产业与行业进行引导，是我国利用外资的宝贵经验。

（三）促进我国产业升级

在20世纪80年代和90年代初期，我国外商投资比较密集的行业主要是服装、鞋类、电子元器件、箱包、塑料制品、皮革制品等劳动密集型加工工业。20世纪90年代中后期以后，随着世界著名跨国公司在华投资的增加，我国产业结构迅速升级，外商直接投资主要集中在微电子、汽车制造、家用电器、通信设备、办公用品、仪器仪表、制药、化工等产业，这些产业都是技术、资本密集型的产业，明显地促进了我国产业升级。加入世界贸易组织以后，利用外资推动我国产业结构升级的力度进一步加大，通过进一步完善市场竞争机制，允许外商设立创业投资企业，外商投资企业可在境内A股和B股市场上市，外商投资企业可收购境内上市公司非流通股，外资可以参与金融资产管理公司资产的重组和处置，外商投资企业可与国内企业合并，通过市场竞争促进产业、产品结构升级。

（四）促进我国经济可持续发展战略的实施

坚持走可持续发展道路，促进经济发展与人口、资源、环境相协调，是我国的一项基本国策。在经济发展过程中，决不能以牺牲环境和浪费资源为代价求得一时的经济发展。在利用外商直接投资的过程中，我国始终把实施可持续发展战略放在十分突出的位置，使外资对我国可持续发展能力的贡献显著增大。一方面，我国自身加大了生态环境保护和建设的力度，加强了资源保护和合理利用，强化了环境污染的防治；另一方面，将利用外商直接投资与改善生态环境等问题相结合，利用外资实现了与资源组合和生态环境的协调，无论引进的技术、设备，还是外资企业的运行，都要注重保护国内的生态环境，而不是拼资源、拼消耗，或以破坏生态环境为代价。积极鼓励外商继续投资符合我国产业政策的劳动密集型项目和环保产业，促进我国生态产业的发展和生态环境的改善。

（五）引进先进技术与先进管理经验

由于外商直接投资项目的经营效果与投资者的利益直接挂钩，所以一些花钱也买不来的先进技术可以从吸收直接投资中获得。如天津王朝葡萄酒是中法合资生产的，该公司引进法国冷发酵酿酒工艺、设备和菌种，使我国传统的葡萄酒生产周期由三年缩短到两三个月，该公司也成为经济效益最好的外资企业之一。在实际利用外商直接投资的过程中，我国还制定了“以市场换技术”的战略，对属于高新技术的外商投资项目给予更优惠的待遇。引进国外先进的管理方法，则带来先进的生产管理、质量管理、销售管理、人才管理、财务管理等一系列管理经验，使引进国外先进管理方法的企业生产效率大大提高，增强了企业的竞争能力。我国还根据国有企业改革的现状和任务，积极引导外资投向传统产业和老工业基地的技术改造；通过嫁接方式，盘活国有企业存量资产，促进企业技术升级和管理水平的提高。加大引进先进技术和先进管理经验的力度，并注重加强对技术和管理的消化、吸收和创新，是我国对外开放的一项重要原则。

（六）促进生产发展，增加财政收入和扩大劳动就业

通过各种形式的利用外资，引进国外先进技术和设备，有力地支持国内产业技术能力提高的良性互动，技术外溢效应不断扩大，使我们的工业基础能力和产业结构迅速升级，大大增强了我国的生产能力，促进了经济增长质量的提高和生产的发展，企业的自主创新能力和国际竞争力显著增强。目前，以外商直接投资企业为主的涉外税收收入占全国工商税收总额的16%左右，特别是在一些沿海开放城市，外商投资企业上缴的税费已成为地方财政收入的主要来源；已经投产开业的外商投资企业中的直接就业人员已超过2000万人，占全国城镇就业人口的10%以上，为我国这样一个人口众多的国家创造了大量的就业机会。

（七）扩大出口，增加外汇收入

通过积极扩大利用外资，特别是着力提高利用外资质量，把利用外资与改善出口商品结构、提高产品质量和实施市场多元化战略结合起来，引导外商投资于出口创汇产业，重点引导其投向适应国际市场需要，能够提高产品档次，能够开拓新市场，扩大出口，具有较高附加值和国际竞争力的生产项目。尤其是外商直接投资项目，其产品适销对路、质量高，再加上外商信息灵、应变快、交货及时，不仅熟悉国际市场，又有自己的销售渠道，因而使出口贸易迅速发展，为国家增加了外汇收入。目前，外商投资企业产品已成为我国扩大出口规模和提升产品档次的重要力量，外商投资企业出口占全国出口的比重已超过50%。这对改善我国外汇收支状况起到了积极的作用。

（八）有助于社会主义市场经济体制的建立与完善

社会主义市场经济体制在制度建立方面包括：遵守WTO多边规则和我国的承诺，建立和完善与国内市场开放以及贸易投资活动市场化进程相适应的宏观调控体系，如利率与汇率制度的市场化改革、知识产权保护、外经贸行业协调体制、市场规范管理、金融服务体系、中介组织、信息与咨询机构、法律援助、贸易保险制度等。这不仅有利于改善投资环境、规范市场行为，而且对利用外资的长期发展具有积极的促进作用。应坚持把完善社会主义市场经济体制作为改善投资环境的重点。在利用外资中，大量“三资企业”的出现对于我国建立与完善社会主义市场经济体制起到一定的积极推动作用。因为“三资企业”的建立引进了市场机制和竞争机制，推动了国内企业产权的流动和重新组合，外资的流入使经济结构复杂化、资源配置国际化，这些都要求国家宏观管理部门运用利率、汇率、税收等经济手段和法律手段调控经济，从而促进政府职能的转变，因而也推动了我国宏观管理体制的改革，对于建立与完善我国社会主义市场经济体制发挥了积极的作用。

第二节　中国利用外资的发展与存在的问题

一、我国利用外资与 WTO《与贸易有关的投资措施协议》

改革开放以后，我国确立了利用外资的基本政策，使我国自 1993 年开始成为发展中国家中利用外资最多的国家，而且利用外资的效果越来越好，利用外资由规模扩大逐步向注重质量和效益转变，利用外资的政策逐步从以税收激励机制为主的优惠政策向以公平竞争机制为主的规则政策转变。目前，世界上绝大多数国家对外资都采取了不同程度的管制措施和鼓励措施，并制定了相应的法律和法规，其目的是使外资与本国的经济发展目标相一致。因此，投资国与东道国、投资者与东道国政府之间围绕着直接投资的问题是存在矛盾和纠纷的，东道国政府希望外国投资流向其需要投资的重点领域和重点地区，而投资者的兴趣在于获得范围更广和更自由的投资机会，因此东道国用来约束进入本国投资的那些条件，被视为阻碍外国投资者实现利润最大化的因素。目前这种矛盾和纠纷不断增多，已使发达国家的对外资本输出受到影响。在"乌拉圭回合"谈判开始时，发达国家极力主张将与贸易有关的投资措施列入谈判的议题。为减少和消除矛盾与纠纷，迫切需要加强国际投资协调与合作，WTO 达成了《与贸易有关的投资措施协议》（简称 TRIMs），旨在加强投资保护与规范。

TRIMs 中所指的"投资措施"，是指一个国家或地区对外资实施管理的具体办法。与贸易有关的投资措施主要分为鼓励措施和限制措施两类，前者多体现在税收的优惠上，后者往往对投资者有"最低出口额"、"外汇平衡"、"当地产品含量要求"等限制，而且后者不符合 WTO 的规定，会对贸易产生扭曲或限制。TRIMs 由序言和九个条款及一个附件组成，主要内容有：范围、国民待遇和数量限制、例外、发展中国家成员、通知和过渡性安排、透明度、与贸易有关的投资措施委员会、磋商和争端解决、货物贸易理事会的审议等条款。这些条款一般只对东道国政府制定纪律，而没有针对投资者投资行为的内容。制定该协议的目的，是为了限制那些会对贸易造成不利影响的规则，促进世界贸易的扩大和逐步自由化，并便利国际投资；在确保自由竞争的同时，提高所有贸易伙伴，尤其是发展中成员的经济增长水平。

二、我国利用外资的基本方针

为总结改革开放以来引进外资的经验教训，引导外资在我国经济发展中发挥更好的作用，特别是要适应加入世界贸易组织后的新形势，我国提出了利用外资的基本方针。中央提出积极、合理、有效地利用外资，为制定利用外资的方针、政策指明了方向。积极，是指今后利用外资仍是我国对外开放的基本内容；合理，是指各地区、各部门不能单纯为追求引进外资数量而不讲质量，盲目攀比优惠条件而造成重复引进，因而国家要对此进行宏观指导和调控，使外资结构合理、外资投向合理、外债规模合理；有效，是指利用外资的经济效益。在这一总方针的指导下，我国利用外资的基本方针应包括如下几个方面：

（一）外资结构

我国利用外资正在从弥补资金不足向发挥技术效应转型，从增加利用外资的数量向提高利用外资的质量与效益转变。外资结构包括多方面的内容，主要包括外资的来源结构和外资的利用结构。

1. 外资的来源结构

在20世纪90年代以前，我国引进的外资主要来自发展中国家和地区的一些中小型企业，以及与中国大陆有着紧密联系的香港、澳门和台湾地区等，来自发达国家大型跨国公司的直接投资项目不是很多，发达国家的直接投资所占比重较小。这一状况在90年代以后有所改善，世界著名跨国公司来华直接投资显著增加，但我国利用的外资仍不是以发达国家跨国公司投资为主体，这与我国对发达国家大型跨国公司的投资需求相比仍然不够。跨国公司作为经济全球化进程中的主要行为主体和核心推动力，在世界经济中的地位、作用和影响越来越大。按国家和地区划分，2011年对中国大陆直接投资排名前十位的（以实际利用外资金额计）依次是：中国香港、中国台湾、日本、新加坡、美国、韩国、英国、德国、法国、荷兰。这些国家和地区的实际投资金额占我国大陆实际使用外资金额的91.61%。

导致我国外商直接投资的资金来源结构失衡的原因，一方面是我国目前的投资环境尚不能满足发达国家跨国公司大规模投资的需要；另一方面，从主观上来讲，我们对做好吸收发达国家外商来华直接投资工作重视不够，具体的政策措施还不到位。事实上，在我国利用外资实现由数量扩张转向注重质量和效益提高的今天，加大对发达国家直接投资的引资力度，实现外资来源多元化，具有重要意义。不论是从经济实力上讲，还是从国际竞争力上比较，发达国家在资金、技术和管理方面都占有很大优势，特别是发达国家对外直接投资以跨国公司为主体的特点，对于促进我国国有企业的重组和国际竞争力的提高将会起到较大的促进和示范作用，对我国利用外商直接投资在保持规模稳定增长的前提下，着重提高直接投资质量和效益产生积极的影响。

与此同时，必须规范外资企业特别是跨国公司行为，要把反垄断放在特别重要的地位。从国际经验看，竞争法正在被越来越多的国家用来约束、规范大型跨国公司在本国市场的竞争行为。许多国家在对跨国投资扩大开放的同时，更加重视对跨国公司垄断行为的防范。我们要借鉴国外利用竞争法约束跨国公司行为的经验，制定各种预防措施，反对包括跨国公司在内的各种企业通过种种途径限制和妨碍竞争，监督大企业滥用经济力量，控制大企业的合并。对外国投资者并购我国具有战略性意义的内资企业，应设立制度保障；影响特定市场份额和销售水平的企业，其并购必须遵守法律；并购具有控制市场能力的企业必须得到政府批准；外国投资者收购国内企业20%有投票权的股票时，必须实行公开招标。强化信息披露制度，加强对关联交易的审计，对可能导致垄断经营的行为（例如并购行为）进行严格审查，约束跨国公司可能产生的垄断行为和其他不正当行为。

2. 外资的利用结构

利用外商直接投资，主要是建立中外合资企业、中外合作企业、外商独资企业以及合作开发项目等。利用国外间接投资，主要是对外借款，包括外国政府和国际金融组织贷款、外国商业银行贷款以及出口信贷等。我国把利用外资的重点放在吸收外商直接投资上，建立更多的中外合资、中外合作和外商独资企业。借用外债应首先考虑使用条件比较优惠的外国政府贷款和国际金融组织贷款，这些贷款多为中长期、中低利息货款，有些还是无息贷款，赠与成分高，经济效益好；其次可考虑使用一部分出口信贷，特别是买方信贷，因为其利率要比一般商业贷款低；最后，使用国际商业贷款要注重可行性条件。应更多利用中长期外资（一年以上），尽量少使用短期外资（一年以内），因为如果短期外资的规模过大，则经济的风险就会增大。短期外资如果频繁进出我国，会导致经济大起大落，不利于我国经济的安全和健康发展。

（二）外债规模

1984年3月，在国际货币基金组织、世界银行、国际清算银行等机构代表参加的关于外债统计的国际审计院工作会议上，对外债做出如下定义：存在制约性偿还责任的负债，不包括直接投资和企业资本。从这个意义上讲，外债仅指利用国外间接投资。从经济学角度上讲，国家完全没有外债也是不经济的，借入适当规模的债务，有利于加速本国经济的发展。外资对发展经济能起到积极作用，但我们也要充分认识到债务的负面影响，在一定程度上控制外债的规模。借外债总是要还的，包括本金、利息、费用以及汇率变动可能产生的风险。如果欠债过多，很容易陷入债务危机而不能自拔。所以我们借外债一定要慎重，不可没有限度地乱借。我们应控制外债规模，依照“用多少借多少，借多少还多少”的原则来借用国外资金。一般地说，所借外债规模取决于一国有效地吸收外资的能力和偿还本息的能力，其中首要的问题是清偿能力。国际上通常综合衡量一国的外债规模大小。衡量一国偿还能力的办法是外债清偿比率，即本年度因借用外债而还本付息的总额与本年度商品和劳务的出口收汇之比。外债必定是要靠出口来偿还的，出口创汇的规模是一国现实的偿债能力。国际上一般把这个比率画为三条线：一是安全线（15%），二是警戒线（20%），三是危险线（25%）。衡量一个国家对外债的承担能力的指标是负债率，即在一定时期内外债余额占同期国内生产总值的比率，它主要反映一国的偿债潜力，而不是一国现实的偿债能力。国际上一般认为，负债率不宜超过20%。衡量一国外债规模的指标是外债余额与外汇储备之比，一般不要超过1倍。此外，还有外债规模与一国总投资之比，一般不要超过5%～10%；外债增长速度与国民生产总值增长速度之比，一般要小于1；短期债务（主要是商业贷款）在全部外债中所占的比重，一般不能超过25%。当然，上述这些指标并不是绝对的，我们应多角度、多方面、多层次地综合分析与观察本国外债的规模。

截至2008年底，我国外债余额3746.61亿美元（不包括香港特区、澳门特区和台湾地区对外负债）。其中，中长期外债余额1638.76亿美元，占外债余额的43.72%，短期外债余额2107.85亿美元，占外债余额的56.24%。2008年外汇储备达到19462亿美元，全年出口14285亿美元，实现了2954亿美元的贸易顺差。综合分析，我国的外债规模还没有超过警戒线。但是，我们应吸取许多发展中国家发生债务危机与金融危机的教训，避免因外债规模失控而影响整个国家的经济。世界银行曾分析了45个发展中国家的债务情况，偿债率超过20%的17个国家中就有15个发生债务危机。非洲和拉丁美洲一些国家因偿债率超过40%而深深陷入债务陷阱中不能自拔。1997年末至1998年，韩国严重的金融危机的形成原因之一也是外债过多，其偿债率长期达到甚至超过国际规定的警戒线。

我国根据自身实际情况，偿债率长期保持在8%左右，这与一些发展中国家和地区相比是比较低的，离国际警戒线尚有一定距离。近年来为了提高利用外资的规模和速度，以加快经济建设的步伐，我国外债余额增长较快。但我们将偿债率定在15%左右，自2001年以来一直保持在14%左右，说明中国的外债余额还是得到了比较好的控制。同时，由于我国GDP增长迅速，对外贸易顺差，外汇收入大幅度上升，也使得外债相应上升比较合理。外汇收入本身的偿债能力已经相当强，加上还有充足的外汇储备，我国的外债规模仍然是安全的。在表7-2中可以看到我国2002～2008年的外债规模和外债余额。

表 7-2　2002～2008 年中国（大陆地区）外债余额统计表

单位：亿美元

分类	年份	2002	2003	2004	2005	2006	2007	2008
债务类型	外国政府贷款	244.23	254.20	322.08	271.95	276.67	300.57	324.73
	国际金融组织贷款	277.02	264.67	251.01	267.88	273.11	283.71	270.54
	国际商业贷款	929.10	1051.73	1247.83	1362.62	1635.10	1820.90	2010.34
	贸易信贷	263.23	365.74	465.04	908.00	1040.00	1331.00	1141.00
期限分类	长期债务余额	1155.60	1165.90	1242.87	1249.02	1393.60	1535.34	1638.76
	短期债务余额	558.00	770.44	1143.09	1561.43	1836.28	2200.84	2107.85
总 计		1713.60	1936.24	2285.96	2810.45	3229.88	3736.18	3746.61

资料来源：中国统计年鉴 2009 年版。

此外，外汇储备水平与外债规模关系密切。外汇储备是一国政府所持有的可以用于国际支付的外汇流动资金，包括黄金、国际间可兑换货币、国外存款、外国有价证券、外国银行的支票和汇票、特别提款权以及在国际货币基金组织中可动用的款项。外汇储备一般由货物贸易外汇收入、服务贸易外汇收入、国家库存黄金等几大部分组成。一般说来，外汇储备越多，该国应对国际收支逆差的能力就越强，借用外债时就要适度控制；一国外汇储备越少，应对国际收支逆差的能力就越弱，就可以多借用一些外债。因此，外债应与外汇储备保持一定的比率，以应付外债的最后清偿。1992 年我国外汇储备仅 200 亿美元，当年外债余额达 400 亿美元，是外汇储备的 1 倍多，此时外债规模就不宜再扩大了。2008 年底我国外汇储备 19462 亿美元，尽管我国外债余额达到 3746.61 亿美元，但这时中国的外汇储备是外债余额的 5.2 倍，仍有继续借用外债的能力。在 2011 年欧洲国家广泛出现严重的国家债务危机，使世界性金融危机继续恶化的时候，我国仍旧坚持计划管理国际间接投资，防止因债务问题而影响国家经济安全，是非常重要的决定。

（三）外资投向

外资投向是从政策上正确解决外资投向哪里的问题。1992 年七届人大五次会议上的政府工作报告指出：“吸引外资的重点要放在先进技术以及国际市场上适销对路、有竞争能力的项目上。”因此，外资投向的第一个重点是先进技术。引进先进技术可以通过借用外资来购买和转移。技术提供方的心理是既希望以高价转让技术，又不希望接受方的技术迅速发展而成为自己强劲的竞争对手，因而有很多的使用限制条件。引进先进技术更为行之有效的方法是通过外商直接投资而获得。由于直接投资的企业与外商的利益直接挂钩，外商为了获得最佳经济效益，必须通过投资带来利用贷款买不来的先进技术。外资投向的第二个重点是出口创汇项目。利用任何外资都要偿还，而偿还归根结底还是要依靠出口创汇。一项投资的可行性中最重要的是还债是否有保障。在我国传统的出口行业中投入更多的外资，无疑会提高这些行业的技术水平，增强这些行业的生产活力，扩大这些行业的出口规模，增加出口创汇，以促进利用外资质量和效益的提升。外资投向的第三个重点是发展进口替代行业。改革开放以来，我国利用外资重点发展了钢铁、化肥、电子、化纤等行业，目的是减少这些产品的进口量，改善国际收支，并逐步转向扩大出口。外资投向的第四个重点是基础设施部门和基础产业部门。这是一切经济落后国家外资投向的重点。基础设施是直接生产部门发展的基础，主要包括电力、交通、运输、城市建设、原材料开发等。这些部门投资大、周期长，只有利用政府贷款或国际金融组织贷款才能解决，而基础部门的发展又对进一步吸引和利用外资起到重要作用。外资投向的第五个重点是农林渔牧业。农林渔牧业既是我国经济的薄弱环节，也是利用外资的薄弱环节。我国是一个人口大国，落后的农业生产使我国人民的吃饭问题长期没有从根本上得到解决，而这个问题又不能单纯依靠国际市场。改革开放以来，农林渔牧业吸引的外资不到我国利用外资总额的 2%，为了尽快摆脱农业落后的束缚，不走某些国家牺牲农业发展工业的老路，必须加大农林渔牧业的投资比重，包括高质量、大规模地利用外资，发展现代化大农业。

1. 外资投向的投资部门结构

从中国利用外资三十多年的情况来看，由于我国处在工业化发展阶段，外商直接投资 70%以上进入工业领域，进入农林渔牧领域的比例很低，而且这种状况在短期内还不会根本改变。进入工业领域的外资，一半以上投入到了劳动密集型产业的小型项目上。20 世纪 90 年代后期，跨国公司纷纷进入中国，开始出现资金规模较大的项目投资，集中于重化工业、大型基础设施、高新技术产业和现代服务业，中国利用外资的结构开始得到明显改善。目前，要科学优化外资的投资部门结构，首先，鼓励外资重点投向高新技术产业、先进制造业和环保产业。这些产业具有投资大、周期长、风险高、技术更新快的特点。利用外国直接投资发展中国的高新技术产业、先进制造业和环保产业，有利于优化中国的产业结构，有助于中国尽快掌握国际先进技术，缩小与世界发达国家的差距。同时，要引导外资经济在新型工业化道路上走在前列。新型工业化是一种资源耗费少、环境污染小、要素利用率高的新型经济，走新型工业化道路是实现经济增长方式转变的重要途径，也是继续大量吸收外商直接投资的广阔天地。第二，鼓励外资投向现代服务业。服务业内部的知识和技术密集型行业迅速发展以及服务业在国民经济中的比重不断提高，是当今国际产业发展的普遍规律。加入 WTO 后，我国的服务业领域对外资敞开了大门，服务业发展水平的相对落后也为外资的进入和产业的提升创造了条件，外资进入服务业的意向和进度都在不断加快，我国服务业在利用外资总额中的比重也逐渐提高。2003 年第一季度，我国签订的合同外资金额中，制造业的比重已从 71.6%降至 70.7%，下降近 1 个百分点；而服务业的比重却从 22.8%提高到 24.1%，上升了 1.3 个百分点。电信、金融、保险、旅游、咨询和各种专业服务，已成为外商投资的新热点。然而，在许多现代服务业领域中外商投资还很少，一些领域的外资进入与对外开放程度有关。如金融、证券和保险业的开放还有一个过程，还有准入方面的限制，因此外资增长还需时日。扩大服务业利用外资是未来利用外资的另一重要增长点，这不仅有利于提高利用外资的水平，也有利于缓解中国经济增长新阶段中的主要矛盾，实现新的目标。第三，鼓励外资投向现代农业。我国加入 WTO 后，一方面，农业领域的进一步对外开放，为外资的大规模进入提供了可能；另一方面，我国农业资源丰富，开发潜力很大，劳动力成本低，具有比较优势，但农业劳动生产率低下，农产品技术含量不高，国际竞争力偏弱，特别是国际贸易领域的绿色和环保标准日益增多，我国农产品出口日益遭遇复杂的技术标准和苛刻的检测标准的壁垒，同时进口农产品也开始不断冲击国内市场。因此，农业领域迫切需要引进外资以发展现代农业，提高农产品科技含量和绿色产品的开发能力，增强国际竞争力。联合国贸发会议的问卷调查结果也表明，今后一段时期，国际产业转移的步伐有向农业倾斜的可能，我国农业领域利用外资的规模有望不断提高。另外，要鼓励外资企业加强原材料、零部件本地化配套；鼓励跨国公司来华设立地区总部、研发中心、采购中心和培训中心；推动外商投资加工贸易转型升级；把吸收外资与促进传统产业升级改造和振兴装备制造业结合起来。

2. 外资投向的投资地区结构

从我国利用外资三十多年的情况来看，外商直接投资项目和资金的绝大部分分布在我国经济较发达的东部地区，经济相对落后的中西部地区吸收的外资所占比重很小。改革开放初期，我国引用梯度理论，优先发展东部，逐步向中西部发展，形成了东部、中部、西部三个明显的梯度。20 世纪 80 年代，90%以上的外商直接投资分布在沿海地区，90 年代以来虽然情况有所改变，但并没有根本性的变化，目前东部沿海经济发达地区占我国利用外资总额的85%左右，中部地区约占10%，西部地区仅占5%。中西部地区外商直接投资企业占当地总产出的比重远远低于全国水平和东部地区的水平，吸引大型跨国公司投资的项目也相对较少。这不仅不利于中西部地区经济的发展和区位优势的发挥，加剧了地区经济发展的不平衡性，而且对我国利用外资整体水平的提高也是十分不利的。

根据入世时的承诺，我国利用外资将由以往的地区倾斜政策为主转变为以产业政策为主，同时辅以对中西部地区一定程度的地区倾斜。目前，我国已经出台了一些相应的政策法规，根据2002年新修订的《外商投资产业指导目录》，放宽了外商投资中西部地区的股比和行业限制，放宽了中西部地区外商投资项目的国内融资条件，加大了对中西部地区的产业政策倾斜力度，以促进外资投向中西部地区的基础设施、矿产资源、旅游资源开发、生态环境保护、农牧业产品加工等科技项目；创造条件促进沿海地区的外商投资企业向中西部地区再投资；鼓励外商投资参与西气东输、西电东送及其配套项目的投资等，最终实现东中西部地区经济共同快速、健康、均衡发展。与此同时，积极引导外资参与东北等老工业基地振兴。

（四）投资环境

投资环境是影响投资者投资效益的客观环境，亦称投资气候，是关系我们能否吸收外资和利用外资的前提条件。投资环境是一个综合概念，它包括我们常说的硬环境和软环境。硬环境包括许多地方搞的“五通一平”（通电、通水、通路、通信、通航、排污、排洪和平整土地）等基础设施；软环境一般包括东道国政局的稳定，政策、法律、法规的完备，经济发展水平，市场的公平与开放，各种资源（资本、劳动力、技术、原材料等）获取的难易程度及成本的高低，甚至还包括东道国居民的文化素质与消费倾向及是否同其他国家签订双边投资优惠的有关协定等，软环境的改善更为复杂和广泛。投资环境是一个相对概念，没有一个绝对统一的衡量标准。它随时间、地点的不同而有所变化，且不同的投资者对投资环境的要求也不尽相同。国际投资者投资的目的是利用当地的特殊环境，如自然资源、广阔市场、廉价劳动力、先进技术、低关税等，创造经济效益。哪里的环境易于实现经济效益，国际投资的资金就流向哪里。影响投资效益的环境大体包括：

1. 安全环境，即投资面临的风险大小。其中，政治因素包括东道国政权是否稳定，政策的连续性，社会治安状况，外部政治势力，外国军事干涉、封锁，边界纠纷与战争，东道国对外资的态度，能否出现国有化等；法律因素包括东道国对投资者能否给予法律保护，由东道国政治因素造成的损失能否给予合理补偿，资本和利润能否自由汇出等。

2. 经营环境，即其客观环境能否使投资者获取较高利润。这里主要包括：生产环境，地理位置，基础设施，东道国工作效率，出入境是否简便，运输条件，原材料，能源动力，劳动力成本，当地人员素质与精神面貌等。另外，优惠措施、投资范围、控股比例、经营期限、减免关税及营业税、银行贷款利率等也是经营环境中的重要因素。

3. 生活环境，即投资者在东道国的生活条件。它包括投资地生活基础设施，商业服务设施和文化娱乐设施，投资地服务态度与服务质量，投资地自然风光与气候条件，投资地各阶层对投资者是欢迎还是抵制或排斥。

我国自改革开放以来，积极、不断地改善外商投资环境：实质性地完善了利用外资的法规，制定并出台了各项优惠政策，大规模地进行基础设施建设，改革财税、金融、价格、外贸、外汇体制。我国十分注重利用外商直接投资服务环境的建设。为适应加入世贸组织的新形势，以建立和完善社会主义市场经济体制为目标，本着“合法、合理、效能、责任、监督”的原则，进一步下放审批权力，减少审批内容，简化审批程序，缩短审批期限，规范审批行为。同时，大力改革部门管理体制和运行机制，提高工作效率，增加透明度。我国政府也非常重视维护和完善开放、公平的市场环境。坚决制止对外商投资企业的乱收费、乱检查、乱摊派、乱罚款，打破地方保护和行业垄断，加大保护知识产权的执法力度，坚决打击侵权盗版行为，创造统一开放、公平竞争的市场环境。进一步完善外商投资企业诉讼制度，依法保护外商的合法权益不受侵犯，确保外商投资企业能在一个好的环境里从事生产经营活动。我国还积极参与国际直接投资的双边和多边合作，与 194 个国家和地区签订了双边“投资保护协议”，先后加入了《多边投资担保公约》、《关于解决各国与他国国民投资争端的公约》，不断推进、逐步实施对外商投资企业的国民待遇，努力创造一个有利的投资环境。利用外资的方针、政策、法律、法规和服务等软环境的不断改善，对外商来华直接投资的持续发展产生了较大的吸引力。

（五）讲求经济效益

利用外资必须讲求经济效益，所以必须认真研究“借”、“用”、“赚”、“还”四个环节，其中最重要的是“用”，只有用得好，才能提高经济效益。首先，要从整体上、宏观上去评价利用外资的经济效益，使外资流入真正需要的部门、地区和领域，充分发挥对国民经济的补充和促进作用，保证实现利用外资的总目标，收到投资省、见效快、收益高的效果。其次，在利用外资中切忌存在重数量轻质量的思想，以免影响利用外资质量的提高。我国利用外资经过三十多年的发展，在规模上已达到相当高的水平，无论在世界上还是发展中国家范围内都占有较大的比重。然而，仍有一部分属于技术水平比较低的劳动密集型的一般加工项目，项目质量偏低，规模偏小，特别是一些地方政府存在“不管好坏，先引进来再说”的思想，具有较大资金规模和较高技术水平的项目比较少，这很有可能最终成为我国利用外资用得不好的主要原因。再次，要合理地引导外资的投向与结构，要充分引进先进的设备与技术并不断吸收、开发、创新，这是提高利用外资经济效益的根本途径。最后，在具体项目上，必须认真进行可行性研究，要使项目具有偿还能力，要将创造的纯收入尽快用于还本付息，这样就能使我们保持良好的国际信誉，为进一步利用外资、提高经济效益创造条件。另外，要改善对外资企业监管的技术手段，提高对外资企业服务的质量。

第三节　中国利用外资的政策措施

一、外债管理政策

外债一般指利用国外间接投资。外债管理是一国对其全部外债的种类、规模、结构、营运方针等的总体监督行为。外债管理的中心是有效控制外债规模。外债管理的目标是将外债投入生产性、盈利性等项目，使外债项目的收益率高于支付的利息率，以提高使用效率和确保到期还本付息。外债管理的具体任务包括以下几个方面：外债投向，外债规模，外债控制及以何种方式、何种通货、何种期限引入外债。

从1979年开始，我国利用外债进行国家建设，取得了很大成绩，但也存在着不少问题，如借债窗口过多、投资短视行为较多、使用效益偏低、借还责任不清等。据初步测算，2010年末，中国债务率（外债余额与货物和服务贸易外汇收入之比）为29.25%，负债率（外债余额与GDP之比）为9.346%，短期外债与外汇储备的比值约为13.19%，各项指标均处于国际标准安全线之内。我国在外债余额总量安全的同时，机构有可能面临短期债务偏高的问题。如2004年在2285.96亿美元外债余额中，国务院部委借入的主权债务余额为335.91亿美元，占18.45%；中资金融机构债务余额为659.69亿美元，占36.23%；外商投资企业债务余额为446.46亿美元，占24.52%；中资企业债务余额为59.93亿美元，占3.29%；境内外资金融机构债务余额为316.34亿美元，占17.37%。与2003年相比较，国务院借入的主权债务大量下降，而中外资金融机构的债务则大量增加，说明大量的外债都集中于金融机构中，有可能存在一定的风险。因此，在合理控制外债规模的同时，必须优化外债结构。要做好《境内外资银行外债管理办法》实施工作，加强外债总量控制，密切关注国内外相关因素给我国外债带来的影响，加强外债风险防范。2010 年我国全部外债余额中，中长期外债余额为 1732.46 亿美元，占外债余额的 31.55%；短期外债余额为 3756.95 亿美元，占外债余额的 68.4%。短期外债余额大幅度上升，首先是境内外资金金融机构在华业务迅速扩张，导致我国短期外债余额和流量大幅度上升；其次是进出口规模大幅度增长，导致与之相关的贸易融资类短期外债增加；再次是受到本外币正利差和人民币升值的预期，境内机构纷纷增加外币负债，减少人民币贷款。因此，要应对央行加息以后短期债务增长、国内还款压力比较大的问题。

（一）关于外债的借用和偿还问题

关于借用外债，我国政府规定：对境外资金借用和偿还仍实行计划管理、金融条件审批和外债登记制度。目前，国家批准拥有对外借债权的部门和金融机构已近 200 多个，如果中央不进行有效管理的话，就会出现无序借债、重复借债、盲目使用、成本过高、效益低下的问题。为了确保国家的对外信誉，还必须加强外债偿还的管理，即实行“谁借谁还”的原则。债务人应加强对借用外债项目的管理，提高项目的经济效益和创汇能力，鼓励和支持借债地区或部门按债务余额的一定比例建立偿还基金，在外汇指定银行开立现汇账目以用于对外支付本息，不得转移或用作其他支付。如果借债企业到期偿还外汇有困难，经外汇管理部门批准，可以凭借债协议等凭证，用人民币到指定外汇银行办理兑付，用以还债。

（二）关于对外债的宏观管理问题

关于对外债的宏观管理问题包括以下任务：

1. 外债规划。即根据国民经济发展计划，制定外债中长期及年度计划，做到与国民经济发展总体综合平衡，合理安排，及时调整债务结构，确保按期偿还债务，维护国家信誉。

2. 外债监控。国家设置专门的监控机构，运用现代科学技术建立高效的计算机系统，采用国际通用的核算方法，准确、全面地反映我国外债的总体情况。通过外债监控系统对全国借用外债的总额、债务分布、外债结构、使用进度、偿还情况进行统计，为宏观管理提供决策依据，防止债务危机和金融危机的发生。

3. 咨询服务。即向利用外债的企业提供资料，介绍如何保值、如何避免外汇风险、如何争取最有利的低息优惠贷款。

4. 对外宣传。即为国外投资者服务，加强对外宣传，树立中国及时还本付息的良好形象，并对外介绍中国的外债分布与结构、外债规划与投资热点，加强中外沟通，保证利用外资工作健康有序地发展。

二、税收优惠政策

税收优惠政策在吸引国外直接投资方面起着重要的作用，直接关系到国外投资者的切身利益，也是一国投资环境的重要组成部分。根据WTO的有关协议，与贸易有关的限制性外资政策必须取消，但是，WTO对投资鼓励措施未做约束性规定，任由各国自主决定。在涉外税收政策上，世界上许多国家和地区，特别是发展中国家和地区，对国外直接投资大多采取税负从轻、从宽、优惠的政策，并通过立法对外公布，以尽可能吸引国外投资者。

国际上涉外税收优惠大体包括以下几种形式：（1）税率优惠。即对外资企业征收较少的国内税，如所得税、营业税、增值税、产品税等。（2）对新办企业的优惠。即外资企业开业后头几年予以减税或免税，使外资企业力争在减免税期间早投产、早收益，加快外资企业的建设速度。（3）对投资额的优惠。即根据国外投资者投资额的大小，确定优惠程度，投资额越大，优惠越多，以鼓励国外投资者兴办较大规模的企业，发展本国重点产业。（4）对投资重点行业的优惠。即根据本国经济发展的需要，对国外投资者投资国内急需重点发展的产业给予特殊优惠，这有利于从宏观上对外资投向予以指导。（5）对投资重点地区的优惠。即根据本国不同地区的发展状况，给予国外投资者投资某些地区以特殊优惠。（6）对出口企业的优惠。即为鼓励外资企业的产品返销国际市场，避免与国内企业抢占国内市场，对产品出口多的外资企业给予特殊优惠，这也有利于外资企业自身的外汇平衡。（7）对先进技术的投资优惠。即国外投资者如果带来的是符合国内条件的先进技术及设备，则可以享受特殊的优惠税收。（8）对再投资的优惠。即外资企业用纳税后的利润进行扩大再投资，则可以享受优惠。（9）对加速折旧的优惠。这种优惠可以鼓励外资企业在较短的时间内收回投资，借以减轻缴纳所得税的负担。

改革开放以来，为了吸引外商直接投资，我国在税收等方面对外商投资企业一直实行的是超国民待遇政策，内外税法分立。在世界范围内引资竞争越来越激烈的情况下，我国对外资提供一定的优惠政策是必需的。但给予外资优惠不等于外资优惠政策不能调整。因为我国加入WTO后实行的产业倾斜政策和地区倾斜政策要对内、外资企业一视同仁，依照国际惯例创造一种使内、外资企业平等竞争的条件和环境，促进市场公平。因此，我国利用外资政策要从以税收激励机制为主的优惠政策转向以公平竞争机制为主的规则政策，同时把优惠政策与转变增长方式结合起来。在充分考虑外国投资者利益的同时，要从中国的实际经济状况和需要出发，对于我国鼓励的投资项目、投资地区和投资产业给予优惠；对节约用地、节约能源的项目，对产出大、效益好的项目给予支持。这就有利于改善外资的产业结构和地区结构，有利于提高外资的质量。

三、外汇管理政策

外商投资企业出口产品或劳务所得的外汇，允许全部保留，直接存入其境内的外汇账户。外商投资企业在国家规定允许范围内对外支付和偿还境内金融机构外汇贷款本息，可从其现汇账户余额中直接办理；超出现汇账户余额的生产、经营、还本付息和红利汇出的用汇，由国家外汇管理部门根据国家授权部门批准的文件及合同审核批准后，向外汇指定银行购买。

如果外资企业出口自己的产品所获外汇不足以求得外汇收支平衡，可利用综合补偿政策，即购买和出口国内产品，但属于国家统一经营、有出口配额和许可证的商品要经国家主管部门批准。对外方投资者分得的人民币利润用于再投资的，给予退还已缴纳所得税的优惠。

外商投资企业可以用自有外汇和境外借入外汇作抵押，向国内银行申请办理人民币贷款。对国家鼓励的重点项目投资的外商投资企业，在贷款发放时，银行将给予重点支持，实行信贷倾斜政策。

四、自主经营政策

外商投资企业有权在批准的合同范围内自行制定生产经营计划，筹措资金，采购原材料和销售产品；自行确定机构设置和人员编制，聘用和辞退管理人员、技术人员和工人；自行确定工资标准、工资形式与奖励、津贴制度。另外，外资企业可以自营进出口。

加入世界贸易组织以后，随着我国市场经济的不断完善，根据世界贸易组织的基本原则和我国加入世界贸易组织的承诺以及对外开放新形势的要求，我国利用外资的政策措施将不断调整与改革。

五、国民待遇与利用外资政策调整

改革开放以来，我国为了吸引外商直接投资，虽然对外商投资企业的超国民待遇和低国民待遇并存，但一直以实行超国民待遇政策为主。随着世界范围引资竞争的日趋激烈，对外资提供优惠政策是必须坚持的，同时我国加入世界贸易组织，根据世界贸易组织的基本原则和我国加入世界贸易组织的承诺以及对外开放新形势的要求，我国外资政策必须逐渐向公平、透明政策转变，必须依照国际惯例创造一种使内、外资企业平等竞争的条件和环境，外资优惠政策也须与时俱进地进行调整。我国利用外资政策的调整方向之一就是逐步与国际投资制度接轨，逐步给外商投资企业以国民待遇。TRIMs认为不符合国民待遇原则的与贸易有关的投资措施，包括那些国内法律或行政条例规定的强制性实施的投资措施，或者为了获得一项利益必须与之相符合的投资措施。具体是指：当地成分（含量）要求和贸易（外汇）平衡要求。前者要求外商投资企业生产的最终产品中必须有一定比例的零部件是从东道国当地购买或者是当地生产的；后者规定外商投资企业为进口而支出的外汇，不得超过该企业出口额的一定比例。

传统的国民待遇是赋予与本国有特定关系的外国人、外国企业享受与本国国民、本国企业同样的经济权利。这种制度现在已扩展到许多领域，也包括国际投资领域。外资国民待遇是指外国投资者和外国投资企业在东道国享受与本国人和本国企业同等的权利与待遇。虽然国民待遇在国际投资领域是一个广泛使用的国际惯例，但这种适用也有一定的限制与例外，大多数国家并不实行完全的国民待遇，或多或少总有一些限制与例外。这种限制与例外的程度往往取决于东道国的具体情况，包括经济发展水平与总体规划、产品的竞争能力、市场经济完善的状况、政府签订的各种国际协定对其的约束等。

各国的国民待遇例外主要表现在投资领域和部门方面。某些对东道国至关重要并关系到本国社会公共利益与国家安全的领域和部门不允许外国资本进入。我国政府1995年6月发布的《指导外商投资方向暂行规定》和《外商投资产业指导目录》就是通过法规指导外资投向，并规定禁止外商投资的项目，主要有：（1）属于危害国家安全或者损害社会公共利益的；（2）属于对财产造成污染、损害，破坏自然资源或者损害人体健康的；（3）属于占用大量土地，不利于保护、开发土地资源，或者危害军事设施安全和使用效能的；（4）属于运用我国特有工艺或者技术生产产品的；（5）属于国家法律、行政法规规定禁止的项目。根据这些原则，我国属于禁止外商投资的领域包括：新闻业，军用武器生产业，广播影视业，我国具有优势的传统工艺如雕刻加工、漆器、文房四宝，以及国家保护的野生动植物资源及稀有优良品种如绿茶、特种茶等。这些禁止领域今后也会随着我国经济情况的发展变化而逐步适当调整。

对于已设立的外商投资企业，在经济待遇和权利方面许多国家和地区在国民待遇上也存在一些限制，即与内资企业有一些差别，主要包括税收政策、外汇政策、经营管理、股权待遇等。我国在外商投资企业国民待遇上也存在类似差异，即超国民待遇和低国民待遇并存。前者是外资企业待遇高于内资企业，使外商投资企业在与国内企业竞争中处于优势地位，即优惠政策；后者是外资企业待遇低于内资企业，对外商投资企业增加各种各样的费用和摊派，增加其生产成本和负担，即歧视政策。超国民待遇和低国民待遇并存，影响了内外资企业的公平、平等竞争，在一定程度上影响着我国的投资环境和市场经济的发展。

在我国，外资企业待遇高于内资企业，即超国民待遇大体有如下方面：我国法规规定，外国投资者从外商投资企业取得的利润免征所得税，而内资企业不享受这种待遇；外国投资企业税负低，而且有减免规定，内资企业不享受这种待遇；外资企业出口创汇不必卖给中国银行，而国内企业必须到指定银行结汇；外资企业可以直接向外资银行借贷外汇，国内企业则严格受国家外汇信贷指标限制；外资企业可以在一定范围内经营进出口业务，国内企业则必须经过国家批准。在这些高于国内企业的超国民待遇中，有些对外资企业的优惠待遇要适当调整或取消，有些则要依靠逐步给国内企业同等待遇以缩小两类企业的待遇差别。事实上，近年来的政策调整，特别是加入 WTO 后的政策调整已初见成效。

在对外资企业的低国民待遇方面，我国近年来已做了不少调整，尽量给予外资企业国民待遇。如取消外商投资企业和外籍人员的各种高价收费；在国家鼓励发展的项目方面，外资企业享受与国内企业同等的信贷待遇；将外商投资企业外汇买卖统一纳入银行的结售汇体系，并已于 1997 年施行；对内外资企业实行统一的出口退税政策，1997 年 1 月 1 日开始施行的出口退税“免、抵、退”政策自 1999 年 1 月 1 日起对外商投资企业也同样适用。对于外商投资企业的自由汇兑和参与出口配额招标正在妥善解决。

对外资企业实行国民待遇，有利于我国今后吸引更多的高质量的外资，有利于正确引导外资流向，而且国民待遇本身是相互的，外商来华投资享受国民待遇，我国企业到国外去投资同样可以享受东道国的国民待遇。目前我国对外直接投资正迅速发展，国民待遇的普遍应用对此将发挥越来越大的作用。

第四节　中国的对外直接投资

在对外开放中国际资本流动应该是双向的，既要大力发展外资进入中国，吸引更多的外国直接和间接投资，以促进中国的经济发展，也应该积极发展对境外的直接投资。特别是在中国经济发展比较迅速，外汇储备日益增多的情况下，更应该促进国内资本的对外直接投资。

一、我国对外直接投资的意义

我国对外直接投资起步于1979年的改革开放初期，经过三十多年来的探索和发展，已逐步形成了一定的规模。按照英国经济学家邓宁的国际直接投资发展阶段理论，当人均GNP低于400美元时，吸收外资很少，几乎没有对外直接投资；当人均GNP达到400～1500美元时，引进外资增长，而且开始有对外直接投资的流出；当人均GNP达到2000～4750美元时，对外直接投资增长快于外国直接投资的流入；当人均GNP在4750美元以上，其净投资流出已为正数，成为主要的国际资本输出国。根据这个一般性规律，从发展前景来看，我国企业对外投资的条件已基本成熟。第一，20世纪90年代以来，我国经济已经从卖方市场转向买方市场。目前，国内家电、纺织、重化工和轻工等行业已普遍出现了生产能力过剩、产品积压、技术设备闲置等问题，这些行业要获得进一步的发展，就必须寻找新的市场。通过对外投资，变商品输出为资本输出，在国外投资建厂，建立销售网络和售后服务网点，就可以带动国产设备、原材料以及半成品的出口，有效地拓展国际市场。第二，从企业国际化之路的一般进程来说，首先是发展间接出口，如通过专业的外贸进出口公司进出口商品或服务，而后是直接出口，即企业自营出口业务，再后发展到对外直接投资。改革开放以来，我国国际贸易取得了长足发展，2008年贸易总额已名列世界第二位。国际贸易方面获得的巨大成就以及大幅度引进外国直接投资，为我国企业进一步进行对外直接投资准备了必要的物质基础。我国当前的对外开放，应该逐步从单纯依靠提高外贸依存度、提高进出口占GDP的比重，转向充分利用国内外市场全面配置经济资源、积极参与国际分工。这种转变在一定程度上要依赖对外直接投资的快速发展。从宏观上看，对外直接投资已经成为促进国际经济一体化、强化各国经济联系的重要渠道，成为影响各国国际收支状况的重要因素；从微观角度看，对外直接投资也是企业生产经营国际化的必然趋势，是企业进行国际竞争的有效手段。

表7-3　2002～2010年中国对外直接投资统计表

单位：亿美元

年　份	流　量	存　量
2002	27.0	299.0
2003	28.5	332.0
2004	55.0	448.0
2005	122.6	572.0
2006	211.6	906.3

续表

年　份	流　量	存　量
2007	265.1	1179.1
2008	559.1	1839.7
2009	565.3	2457.5
2010	688.1	3172.1

注：流量是当年中国对外直接投资总量；存量是到该年底中国对外直接投资总量。其中2002～2005 年为非金融业对外直接投资总量，2006～2010 年是中国全行业对外直接投资总量。

虽然我国对外直接投资有了较大发展，但由于起步较晚，与发达国家的对外直接投资历史相比滞后了一个多世纪，因此整体水平仍亟待提高，尤其在规模、行业结构、区位结构等方面，还缺乏整体上的战略考虑。具体存在问题如下：一是对外直接投资总体规模偏小。目前我国境外投资金额仅占世界对外直接投资总量 0.15%。发达国家和地区吸引外资与对外直接投资的比例是 1∶1.14，发展中国家和地区是 1∶0.13，而我国仅为 1∶0.09。虽然我国对外直接投资也保持了较快的增长速度，但与我国吸引的外商直接投资相比，仍存在极大差距。这种不均衡的局面主要是因为我国大部分企业的国际竞争力仍有待进一步增强。另外，我国企业对外投资的规模偏小。目前中国海外企业平均投资不足 140 万美元，大大低于发达国家和地区平均 600 万美元的投资水平，同时也低于发展中国家和地区平均 450 万美元的水平。由于规模偏小，中国的跨国企业很难获得规模优势，难以进行有效的研究和开发，无力支持销售和售后服务。二是投资项目的技术含量不高。尽管近年来我国海外投资质量和档次有所提高，出现了一批技术含量较高的生产项目，还有一些高科技企业积极在欧美等发达国家建立独资或合资的研究机构和技术中心，但总体来说对外直接投资过分偏重初级产品产业的投资，对高新技术产业的投资仍然偏小。因此，我国对外直接投资的行业结构有待改善。目前 70%以上的对外直接投资企业集中在平均单项投资额较低的采矿业、商务服务业、批发和零售业及建筑业，近 40%属于低附加值、低技术含量的资源开发和初级加工等劳动力密集项目。三是企业对外投资地区结构不尽合理。目前我国对外直接投资净额主要集中在我国港澳地区和拉丁美洲地区。而且这种过于集中的区域投资结构造成一些企业设点交叉重复、自相竞争的不正常局面。从整个海外投资布局来看，对发展中国家和地区的投资仍明显偏少，从而影响了中国对外投资市场的进一步拓展。四是企业对外投资的效益还有待于进一步提高。据不完全统计，中国的海外企业中盈利的占

55%，其中多为非生产性企业；收支平衡的占28%，亏损企业占17%，其中以生产性企业居多。

二、我国对外直接投资的现状及特点

据商务部、国家统计局联合发布的《2004年度中国对外直接投资统计公报》（非金融部分），截至2004年中国累计对外直接投资总额449亿美元，扣除对外直接投资企业对境内投资主体的反向投资，累计对外直接投资净额448亿美元。以联合国贸发会议（UNCTAD）发布的世界投资报告中2003年全球外国直接投资的流出流量、存量为基期进行测算，中国对外直接投资分别相当于全球外国直接投资流出流量、存量的0.9%和0.55%。2004年，中国对外直接投资总额55.3亿美元，扣除对外直接投资企业对境内投资主体的反向投资，投资净额为55亿美元，同比增长93%。

（一）我国对外直接投资的地理分布

截至2004年底，5163家中国对外直接投资企业（以下简称境外企业）累计对外直接投资净额448亿美元。其中，2004年对外直接投资净额55亿美元。境外企业共分布在全球149个国家和地区，占全球国家（地区）的71%。从投资覆盖率来看，欧洲地区投资覆盖率最高，91%以上的欧洲国家有我国直接投资企业；从境外企业的分布来看，中国香港地区、美国、俄罗斯、日本、德国、澳大利亚的聚集程度最高，集中了境外企业的43%；其中，中国香港地区达到17%。从投资比重来看，对亚洲地区的投资占当年对外直接投资额的五成以上，我国香港地区仍是投资热点地区。

（二）我国对外直接投资的行业分布

我国对外直接投资的产业结构不尽合理，对外直接投资的行业主要是以资源开发和初级加工制造为主的行业，主要包括制造业、商务服务业、批发和零售业以及建筑业，缺乏具有国际经济主流产业特征的资本、技术密集型产业和服务业。这种不合理的表现是：对外直接投资过分偏重初级产品产业的投资，对高新技术产业的投资严重偏小；主要以资源开发行业和初级加工制造业为主，缺乏日益成为国际经济主流的技术密集型产业和服务业的投资；偏重对国内连锁效应弱的产业投资，而忽视对国内连锁效应强的产业投资；从事商品流通的贸易企业偏多，而生产性企业和金融服务性企业偏少。从2004年对外投资的行业分布情况看，采矿业占32.7%，交通运输、仓储业占15.1%，批发和零售业占14.5%，制造业占13.8%，商务服务业占13.6%，农林牧渔业占5.3%。

（三）我国对外直接投资的主体分布

从所有制类型、行业分布等角度对我国对外直接投资的境内投资主体进行分析，按企业登记注册类型划分，境内投资主体属国有企业的占35%，有限责任公司占30%，股份有限公司占10%，私营企业占12%，股份合作企业占3%，集体企业占2%，外商投资企业占5%，港澳台投资企业占2%，其他占1%。从境内投资主体的行业分布看，所属行业以制造业、批发零售业比例最大。境内投资主体中中央管理的企业占4.2%，地方企业占95.8%，分布在36个省、自治区、直辖市及计划单列市和新疆生产建设兵团；浙江省、广东省、山东省、福建省、江苏省、上海市的境内投资主体数量占境内投资主体总数的60%；浙江省的境内投资主体数量居首位，共682家，占境内主体总数的23%；70%的私营企业投资主体来自浙江、福建两省。

三、我国发展对外直接投资的对策

（一）要进一步从战略的高度认识对外直接投资的必要性和紧迫性

进行对外直接投资，不仅是中国在更高层次上实行对外开放和参与国际分工的战略需要，同时也是推进产业升级、实现国民经济持续稳定发展的战略需要。一国的产业升级虽然可以在本土范围内进行，但回旋余地一般较小。从国外有关经验来看，美国的产业结构调整和升级就是在全世界范围进行的，它把一些传统的“夕阳”工业和一些“朝阳”产业中的“夕阳”环节，通过对外直接投资转移到了其他国家和地区，如波音飞机的所有零部件分别放在包括中国在内的70多个国家和地区生产。与此相反，英国过去为了淘汰纺织工业而进行的产业结构调整，仅局限于英国本土，结果造成大量失业，付出了沉重代价。

（二）对外直接投资市场多元化

调整对外直接投资的地区结构，在巩固已进行投资的发达国家以及部分发展中国家和地区投资市场的同时，一要拓展发展中国家的投资市场，发展中国家拥有众多的人口和庞大的消费群体，有些发展中国家经济增长较快，并且中国许多产业相对于其国内产业具有较强的竞争优势，是许多国内企业进行对外直接投资理想的目标国；二要重视周边国家和地区的投资市场，如东盟与中国在政治、经济、文化等方面比较接近，交通的便利减少了运输成本，再加上中国与东盟自由贸易区建设步伐的加快，周边国家和地区将成为中国企业开展对外直接投资的伙伴和对象。

（三）确定企业对外直接投资的产业选择和基本类型

中国在国际分工中的特定位置决定了两类不同性质的对外直接投资将同时存在。一类是优势型的对外直接投资，当前中国在国际分工中的某些产业具有一定的比较优势，如纺织、食品、冶炼、化工、医药、电子等产业，其中许多产品在技术水准和质量档次方面都要高于许多发展中国家；另外，中国还拥有大量成熟的适用技术，如家用电器、电子、轻型交通设备的制造技术、小规模生产技术以及劳动密集型的生产技术，这些技术和相应的产品已趋于标准化，对外直接投资有比较优势的产业易于为东道国所接受。另一类是学习型对外直接投资，即以汲取国外先进的产业技术和管理经验、带动国内产业升级、创造新的比较优势为目的，向更高梯度的国家进行对外直接投资。如为了培养以信息产业为中心的核心能力，海尔集团在美国和德国建立了以研发和技术转让为主要目的的海外企业，并在美国洛杉矶、硅谷，法国里昂，荷兰阿姆斯特丹及加拿大蒙特利尔设立了6个产品设计分部。另一方面，为了使自己的产品进入国际市场，海尔在印度尼西亚、菲律宾、马来西亚和拉美部分国家都设立了海外企业，从而走出了一条学习型和优势型对外直接投资相结合的道路。

（四）完善对外投资的相关政策法规

完善对外投资的相关政策法规，目的是进一步扩大和提升对外直接投资项目的规模与技术含量。在宏观上，要加强调控对外投资的力度，健全对外投资的管理机制，尤其是应加强有关对外投资的立法。加快出台一部比较完善的对外投资法，形成完善的对外投资法律体系，以鼓励和保护中国企业进行国际化的动力与利益。在微观上，对外投资企业则要大力开发新技术和新产品，扩大对外直接投资的规模，提升对外直接投资项目的技术含量，从而在更高水平、更大范围和更深层次上参与经济全球化和国际分工。

本章小结

利用外资是对外开放的重要组成部分，从新中国成立以来我国就十分重视利用外资工作。我国的利用外资主要包括利用境外的直接投资和间接投资两种基本形式。1991年以前我国主要以利用境外间接投资为主，1992年以后则以利用境外直接投资为主。利用外资可以弥补我国经济建设资金的不足，促进产业结构升级，引进先进技术和先进管理经验，促进生产发展，增加财政收入和扩大劳动就业；能够扩大出口，增加外汇收入；有助于社会主义市场经济体制的建立与完善。我国利用外资的基本政策是积极、合理、有效，主要包括在外资结构、外债规模、外资投向、投资环境和经济效益方面制定相应的政策措施。中国当前的对外开放，已经逐步从单纯依靠提高外贸依存度、提高进出口占GDP的比重，转向充分利用国内外市场全面配置经济资源、积极参与国际分工。在对外贸易已经有了相当程度发展的前提下，中国对外开放发生重大转变的主要表现之一，就是对外直接投资必然会获得显著的发展。

本章思考题

1. 我国利用境外直接投资的主要方式有哪些?

2. 我国利用境外间接投资的主要方式有哪些?

3. 与利用境外间接投资相比较,利用境外直接投资对于我国经济发展有什么特殊意义?

4. 利用外资对我国经济发展有什么意义和作用?

5. 我国利用外资的总方针是什么?利用外资的基本方针应包括哪些内容?

6. 什么是国民待遇?在我国利用外资政策调整中应如何向国民待遇调整?

7. 什么是投资环境?改善投资环境对我国利用外资有什么意义?

8. 我国对外直接投资发展的状况和特点是什么?

第八章　中国对外贸易行政管理

本章学习目标

对外贸易管理一般包括政府的行政管理和政府的宏观管理，本章主要学习的是政府的行政管理部分。改革开放后我国的对外贸易管理基本以法律和经济手段为主，行政管理则逐步减弱成为管理的辅助手段。本章主要介绍目前正在实施的进出口经营权管理、进出口商品管理、进出口配额管理、进出口许可证管理。随着我国贸易政策逐步与国际规则接轨，上述这些行政管理的政策也在逐步改革，以推动自由贸易的发展。

对外贸易管理，是指政府从国家的宏观经济利益以及对内和对外政策需要出发，通过制定法律、法令和政策规定，对进出口贸易活动实施领导、控制和调节。所以，对外贸易管理是一种政府行为，是当代国际贸易中的普遍现象。

我国的对外贸易管理是国家通过制定有关法律、法规，运用经济手段和必要的行政手段来实现的，是我国对外贸易方针政策的实施和体现。随着我国外贸体制改革的深化和参与国际多边贸易体系活动的深入，我国正在逐步建立既符合社会主义市场经济运行机制，又符合国际贸易规则的对外贸易管理体系。对外贸易管理分为行政管理和宏观管理两种，本章介绍是通过管理对外贸易的国家机构对贸易活动进行的行政管理。

第一节　对外贸易管理概述

一、中国对外贸易管理的演变

一个国家的对外贸易管理制度，是该国经济制度的产物。我国的对外贸易管理是同各个时期的经济管理体制相联系的。随着国内外形势的发展和变化，在不同的历史时期，对外贸易管理有着不同的内容。自 1949 年新中国成立至今，我国对外贸易管理制度大致经历了三个发展阶段，即计划经济时期的国家统制贸易管理阶段、以市场经济为取向的对外贸易管理阶段和加入世界贸易组织以后按国际贸易规则进行管理的阶段。

（一）计划经济时期的国家统制贸易管理（1949～1978 年）

新中国建国初期，国家确定了“独立自主，集中统一”的外贸工作原则和方针。1949 年《中国人民政治协商会议共同纲领》规定，我国“实行对外贸易统制，并采用贸易保护政策”。1950 年 12 月政务院颁布了新中国第一个进出口管理条例《对外贸易管理暂行条例》，中央贸易部据此制定了《对外贸易管理暂行条例实施细则》。条例和细则明确规定了国家对所有进出口商品全面实行许可证制度，将进出口商品分为四类管理：第一类是准许进出口类，各类外贸企业均可经营，但须申领进出口许可证；第二类是统购统销类，由国家外贸公司专营；第三类是禁止进出口类，这类商品的进出口必须经过中央财经委员会的批准才能进行；第四类是特许进出口商品，这类商品要经过中央贸易部特别许可才能进出口。为了实施这个管理条例，国家在各主要口岸设立了对外贸易管理局，负责审核签发进出口许可证，审核进出口商品价格，管理各地外贸企业的进出口业务。1953 年，中央人民政府决定将海关与对外贸易部合并，部分进出口管理职能交给了海关。同时，外贸部在东北、华北、西南、中南、山东等地设立了特派员办事处，对该地区的进出口贸易实行行政管理。同年，外贸部颁布了《进出口贸易许可证制度实施办法》，并且设立了进口局和出口局，负责执行进出口贸易许可制度和签发进出口许可证，对全国外贸业务进行统一的管理和指导。

这一时期对外贸易管理的主要特点是：对进出口实行严格的集中管制；管理方法单一，即全面实行许可证管理制度；通过一系列全国性的外贸管理法令、法规，统一了全国的进出口管理制度。

1957 年，外贸部公布了《进出口货物许可证签发办法》。这是对国营外贸公司的管理措施，主要目的是简化申领进出口许可证的手续，减少和放宽对国营外贸公司进出口业务的行政管理。1959 年，外贸部又先后公布了《关于简化对本部各进出口专业公司进出口货物许可证签发手续的批示》和《关于执行进出口货物许可证签发办法的综合批示》，将过去逐项申领许可证的手续改为：各进出口总公司分支机构进出口货物，以外贸部下达的货单或通知为进出口许可证。这样就免去了繁琐的领证手续，国家外贸公司的经营业务与国家外贸管理职能结合为一体，国家的指令性计划任务逐渐代替了进出口许可证的职能，除其他部门少量急需物资的进口外，一般商品的进出口已不再办理进出口许可证了。到 1960 年，外贸部所属各特派员办事处也相继撤销。一直到 1978 年，国营专业外贸公司及其分支机构都是根据外贸部下达的进出口计划开展业务活动，中央计划管理和行政命令完全成为国家管理对外贸易的主要手段。

在这个时期，中国基本上实行的是对外贸易的统制政策和集中统一经营方针，其中虽有调整和变动，但由于外贸财务体制一直没变，只是在外贸系统内对经营权做了一点调整，就全国而言仍然是外贸部所属的专业公司集中经营。这一点与当时的政治经济状况基本上是相适应的，对我国对外贸易和国民经济的发展起到了一定的积极作用。

（二）以市场经济为取向的对外贸易管理（1979～2000年）

1978年党的十一届三中全会以后，中国开始实行改革开放的国家战略，进行全面的经济体制改革，其中就包括外贸体制的改革。改革的主要内容是放开部分贸易经营权（包括对外资企业）以及贸易公司自主化改革。1979年至1987年间，政府根据政企分开、外贸实行代理制、工贸结合、技贸结合、进出口结合的原则，下放部分外贸经营权，开展工贸结合试点，简化外贸计划内容，实行出口承包经营责任制。1982年对外经济贸易部成立后，设立了对外贸易管理局，主要负责对外贸易管理工作，研究制定有关对外贸易管理的方针、政策和法规，实施进出口许可制度，审批签发进出口许可证，负责管理纺织品出口配额，审批经营进出口业务的企业，审批外国企业在中国设立常驻代表机构。1983年，外经贸部先后在广州、上海、天津、大连四个主要口岸设立了特派员办事处。1987年以后，又陆续设立了深圳、海口、青岛、西安、成都、武汉、郑州、福州、南京、南宁、杭州等特派员办事处，以加强对外经济贸易的行政管理，做好出口商品协调工作，推动和促进出口企业实行以口岸为中心的按行业联合经营，恢复和加强口岸与内地传统的经济联系。1988年，为了进一步加强配额和许可证管理，外经贸部筹建配额许可证事务局，以承担部分进出口许可证的发放和部分配额的分配任务。1988年开始，全面推行对外贸易承包经营责任制，地方政府、外贸专业总公司和工贸总公司向中央承包出口收汇、上交外汇和经济效益指标。全面推行外贸承包经营责任制，改变了过去完全由中央统负盈亏的局面，调动了中央和地方扩大出口的积极性，增强了企业内部机制，确保了国家的外汇收入。为了配合外贸企业改革，国家采取了放宽外汇管制、实行出口退税政策、外经贸部下放部分权力等一系列配套改革的措施，增强了运用经济杠杆调节宏观经济的能力，并为外贸企业利用市场机制、自主经营创造了外部环境。1991年取消了出口补贴，外贸企业均实行自主经营，自负盈亏，各类企业的进出口经营基本上处于平等竞争的地位。

1992年开始，中国的贸易政策改革已经开始以符合国际规则为导向，涉及国内管理的各个方面。1992年10月，江泽民同志提出要“深化外贸体制改革，尽快建立适应社会主义市场经济发展的、符合国际贸易规范的新型外贸体制”。

1992 年 12 月，国家颁布了《出口商品管理暂行办法》，规定大幅度减少实行配额许可证管理的出口商品，除了某些特别重要的商品由国家实行联合统一对外经营之外，其他商品由各类外贸企业自主经营。仍实行出口许可证管理的商品其办理手续也进一步简化，对企业经营出口许可证管理商品的限制也大大放宽，并对一部分配额许可证商品实行公开招标。在进口管理方面，国家实行进口审批制度的商品和实行配额许可证管理的商品也在逐步减少。1992 年国家取消了对大部分原一、二类商品的经营限制，从 1993 年起国家取消了出口商品的一、二、三类的分类管理，改为极少数商品由国家统一联合经营，其余大部分商品放开经营。根据 1994 年 7 月实施的《进口商品经营管理暂行办法》，从 1994 年 7 月 1 日起，取消对进口商品的一、二、三类的分类管理办法，国家对进口商品经营实行目录管理，将少数关系国计民生以及国际市场垄断性强、价格敏感的大宗原材料商品列入目录，实行核定公司经营管理，即由国家核准有经营能力和服务优质的外贸公司经营。目录以外的商品由有进出口经营权的各类企业按照企业的经营范围自主经营。1994 年《中华人民共和国对外贸易法》的正式颁布实施，标志着我国对外贸易管理与经营活动走上法制化的轨道。中国进一步推进了外贸放开经营，加快授予具备条件的国有生产企业、科研院所、商业物资企业外贸经营权。这一轮外贸体制改革的实施，加强了市场经济机制的调节作用，促进了中国对外贸易的市场化进程。

（三）加入世界贸易组织以后遵循国际贸易规则的对外贸易管理（2001 年以后）

入世以来，根据 WTO 规则的要求和入世承诺，我国的对外贸易政策进行了相应的调整，其中很重要的一部分就是对货物贸易的各项管理制度进行改革和调整。关税大幅度下调，关税总水平由 1992 年的 42.7%降至 2012 年的 9.8%。进出口配额许可证管理商品的范围进一步减少，其他的非关税措施数量也在逐年减少并不断得到规范。在新的历史时期，我国制定和修订了一系列进出品经营权管理、进出口商品管理、配额管理和许可证管理的法律法规和相关政策，并对重要的农产品、工业品、纺织品等专门制定了相关配套政策。2003 年组建了商务部，负责主管国内外贸易和国际经济合作，研究制定进出口商品管理办法和进出口商品目录，组织实施进出口配额计划，确定配额、发放许可证，拟订和执行进出口商品配额招标政策。修订了《中华人民共和国对外贸易法》，并于 2004 年 7 月 1 日起正式实施，允许自然人从事对外贸易经营活动；取消对货物和技术进出口经营权的审批，实行备案登记；国家可以对部分货物的进出口实行国营贸易管理。自 2004 年 7 月 1 日开始，登记制取代审批制，外贸经营权放开。

二、我国对外贸易管理的主要手段

目前，我国基本上改变了过去单纯依靠指令性计划和行政命令来管理对外贸易活动的做法，主要是运用法律手段和经济调控手段并辅以必要的行政手段来实现对外贸易管理。

（一）法律手段

运用法律手段，主要是加强对外贸易的立法工作。到目前为止，我国已基本建立了以《中华人民共和国对外贸易法》为核心的对外贸易法律体系。

（二）经济杠杆

在健全与强化经济手段方面，当前主要是通过价格、关税、国内税收、出口退税、信贷利率、人民币汇率等经济杠杆进行管理，以实现调控外贸经济活动和外贸关系的目的。

（三）行政干预

在行政管理手段方面，根据国际贸易规范和我国的实际情况，逐步使其制度化、规范化、科学化。目前，我国的行政管理手段主要有：配额许可证管理、外贸经营权许可管理、对外国企业在中国设立常驻代表机构的管理、对出口商品商标的协调管理、外汇管理、海关管理、原产地管理、进出口商品检验管理等。我国的对外贸易行政管理手段是以对外贸易的有关法规为依据的。

三、我国加强对外贸易管理的必要性

（一）保证国家对外贸易方针政策的贯彻实施

对外贸易管理是保证我国对外贸易方针政策顺利实施的重要手段，它通过各项具体的管理规定和所采取的管理措施，引导对外贸易企业进行有效的经营，合理安排进出口，发展我国同世界各国的经贸关系，从而保证国家发展对外贸易的任务、目标和方向的实现。

（二）维护国家的经济利益

世界各国管理对外贸易的根本目的就是要维护本国的经济利益。我国实行对外贸易管理同样是为了保证国民经济的顺利发展，使对外贸易在国民经济中更好地发挥作用。

（三）合理调节进出口商品结构

进出口商品结构是指一国对外贸易中各商品组成部分在贸易总体中的地位、性质以及相互之间的比例关系。一国的进出口商品结构是由国内外错综复杂的经济因素综合作用而形成的，因此要不断调整和优化进出口商品结构。这对于在实物形态上实现国民经济综合平衡，提高经济效益，改善一国在国际分工中的地位，不断调整我国的产业结构和产品结构，都是至关重要的。而合理安排进出口商品结构是要通过各种外贸管理措施来实现的。

（四）提高对外贸易经济效益

实行对外贸易管理，有利于保证我国进出口贸易的正常进行，减少外贸经营和经营管理不善的现象，从而提高外贸经济效益。

（五）配合对外贸易体制改革

随着我国对外贸易的不断深化，要想逐步建立起既符合社会主义市场经济运行机制，又符合国际经济通行规则的新体制，就必须相应地改善对外贸易管理，以保证外贸体制改革各项措施的顺利实施和总目标的实现。

（六）协调和发展国际经济贸易关系

加强对外贸易管理可以保证双边或多边贸易协议的履行，有利于争取对等和公平的贸易条件，也有利于我国在国际贸易中协调和发展国际贸易关系。

第二节　进出口经营权管理

进出口经营权又称对外贸易经营权，是指在我国境内的法人、其他组织或者个人，依法所取得的对外签订进出口贸易合同的资格。从新中国成立到中国正式加入世界贸易组织，我国的进出口经营权制度发生了巨大的变化。

一、中国进出口经营权制度的演进过程

（一）国家垄断经营阶段

改革开放以前，中国的对外贸易经营权完全被国家控制和垄断，即由对外贸易部组织成立若干国家控制的行业性的垄断对外贸易总公司，实行国家垄断、高度集中、一家独营和统负盈亏的政策。1950 年至 1957 年期间，由于当时还允许存在部分私人进出口商，所以在政策的允许下这些私人进出口商在政府的严格监管下进行有限的进出口贸易活动，大多数进出口业务是由国家专营贸易公司经营的。1957 年以后，中国进行了社会主义工商业改造，这些少数的私人进出口企业也就不复存在了，中国的对外贸易完全由国家垄断进出口公司所专营。在国家对外贸易垄断经营阶段，全国只允许外贸部所属的专业进出口公司进行垄断经营，其特点是：高度集中，一家经营，统收统支，统负盈亏。这种制度实际约束了中国对外贸易的发展。

（二）国家审批阶段

党的十一届三中全会以后，随着中国对外贸易体制改革的深入，外贸经营

权逐步下放，主要是放权分散，允许地方和企业经过国家审批以后经营进出口业务，赋予生产企业、科研院所、商业与物资企业、供销合作社、连锁经营企业、基层外贸企业、私营企业七类单位对外贸易经营权，其审批标准与程序因单位性质的不同而不同。从事货物进出口的对外贸易经营者必须具有自己的名称和组织机构，有明确的对外贸易经营范围，具有其经营的对外贸易业务所必需的场所、资金和专业人员，委托他人办理进出口业务达到规定的实绩或者具有必需的进出口货源，以及满足法律、行政法规规定的其他条件。依法从事对外贸易的法人和其他组织，应具备国家规定的基本条件，向国家指定的机关提出申请，经批准后到工商管理部门登记注册，在海关登记备案，在外汇银行开立外汇账户，便可以依法经营进出口业务。

（三）国家登记核准阶段

国家登记核准制度是贸易自由化条件下进出口经营权进一步放开的政策体现，是市场经济逐步建立与完善的标志。1997年，外经贸部开始对深圳等五个经济特区内的生产企业试行自营进出口权登记制。1998年，开始对国家批准的120家试点企业集团、1000家重点企业、全国大型工业企业及上述企业所属的生产性成员企业实行进出口权登记备案制。1999年，外经贸部开始在全国范围内对国有、集体所有制的科研院所、高新技术企业和生产企业实行自营进出口权登记制。2001年8月，外经贸部发布了《关于进出口经营资格管理的有关规定》，规定进出口经营资格实行登记和核准制，对企业的进出口经营资格，按登记或核准的经营范围实行分类管理。2003年9月，商务部调整进出口经营资格标准和核准程序，除对注册在中西部地区的内资企业申请进出口经营资格实行优惠条件外，对在中华人民共和国关境内注册的所有内资企业在进出口经营资格管理方面实行统一的政策，内资企业的进出口经营资格分为外贸流通经营资格和生产企业自营进出口资格两种（边贸企业的现行政策不变），外贸流通经营资格实行核准制，生产企业自营进出口资格实行登记制。在中国加入WTO的政府承诺中，中国政府表示在入世3年后将全面放开经营权的限制，实行进出口登记核准制度。这样，2004年7月1日开始，登记制全面取代审批制，外贸经营权放开。

二、我国现行对外贸易经营权登记核准制度的基本内容

外贸经营权由审批制向登记制过渡是我国外贸经营体制改革的一项重要内容。经营权审批制违背市场经济平等竞争的原则，违背WTO自由贸易原则和国民待遇原则。经营权的放开既是我国政府履行加入世贸组织承诺的需要，也是我国加快经济体制改革、促进对外贸易发展、建立社会主义市场经济体制的

客观要求。外贸经营管理体制改革不断深化，对外贸经营权的审批逐步放宽，外贸经营体制逐渐与世界经济贸易体系接轨，推动着我国对外贸易的持续前进和稳健发展。

（一）进出口登记制度的申请者

国家登记制度就是具备条件的企业只要在指定国家机关进行从事进出口业务的申请登记，填写有关表格，在规定的工作日以后企业将自动获得进出口经营权。在中国设立的企业法人，不分企业类型，不分所有制，均可依法登记从事对外贸易业务。

（二）登记条件

对企业的进出口经营资格，按登记或核准的经营范围实行分类管理：第一类是外贸流通经营权（经营各类商品和技术的进出口，但国家限定公司经营或禁止进出口的商品及技术除外），第二类是生产企业自营进出口权（经营本企业自产产品的出口业务和本企业所需的机械设备、零配件、原辅材料的进口业务，但国家限定公司经营或禁止进出口的商品及技术除外）。外经贸部和授权发证机关在核准或登记企业进出口经营范围时，不再单列贸易方式，企业可以按国家规定以各种贸易方式从事进出口业务。申请外贸流通经营权的企业资格条件根据不同性质企业确定登记门槛，主要包括法人资格、注册资本金、税务登记及年检等。

第三节　进出口商品管理

随着外贸体制改革的不断深入，我国对进出口商品经营的管理也逐步由以往的行政手段直接干预为主转变为以经济手段、法律手段和必要的行政手段间接调控为主，逐渐形成了有中国特色的进出口商品管理制度。

改革开放前，在国家垄断对外贸易的条件下，对外贸易公司按行业划分经营范围，各专业进出口公司不允许跨行业经营。改革开放后，国家开始实行进出口商品分类管理的制度，将进出口商品分为三大类，国家管制一、二两大类商品经营，三类商品放开经营。第一类出口商品由指定的专业总公司统一经营，或由专业总公司与地方外贸专业公司联合经营、统一成交；第二类出口商品由各专业外贸公司经营，按专业分工审批经营商品目录，生产企业或生产集团按其企业（集团）自产的产品审批；第三类出口商品由各类外贸企业按专业分工或产品类别分工经营，专业外贸公司按专业分工经营第三类出口商品，生产企业或生产企业集团经营本企业（集团）自产的第三类出口商品，综合性外贸公司按照批准范围和类别经营。从1993年1月起国家取消了对出口商品经营上的分类，实行有管理的放开经营，企业可根据自身能力和经济效益来决定是否从事对外贸易，除一些敏感性商品以及其他一些需要按照国际惯例管理的商品以外，对每个企业或公司的经营范围，原则上不加以限制。在进口贸易中规定，有关国计民生以及在国际市场上垄断性强、价格敏感的商品列入控制目录，由政府指定的国营贸易企业经营，一般企业只能经营目录以外的商品。

在加入世界贸易组织以后，我国根据WTO的国际通行规则，普遍实行自由贸易原则，但是这种自由贸易并不是完全的自由贸易，而是对货物的进出口贸易实行三种管理方法，即禁止进出口类、限制进出口类、自由进出口类。

一、货物进口管理

（一）禁止进口的货物

根据我国的对外贸易法，属于禁止进口类的货物主要包括：危害国家安全或者社会公共利益的；为保护人的生命或者健康，必须禁止进口的；破坏生态环境的；根据中华人民共和国所缔结或者参加的国际条约、协定的规定，需要禁止进口的。禁止进口的货物目录由国务院外经贸主管部门会同国务院有关部门制定、调整并公布。如四氧化碳、三氯三氟乙烷、虎骨、犀牛角、鸦片液汁及浸膏、旧机电产品类等，都是禁止进口的货物。

（二）限制进口的货物

限制进口的货物目录由国务院外经贸主管部门会同国务院有关部门制定、调整并公布。主要包括：为维护国家安全或者社会公共利益，需要限制进口的；为建立或者加快建立国内特定产业，需要限制进口的；对任何形式的农业、牧业、渔业产品有必要限制进口的；为保障国家国际金融地位和国际收支平衡，需要限制进口的；根据中华人民共和国所缔结或者参加的国际条约、协定的规定，需要限制进口的。

国家规定有数量限制的限制进口货物，实行配额管理；其他限制进口货物，实行许可证管理。实行配额管理的限制进口货物，由国务院外经贸主管部门和国务院有关经济管理部门按照国务院规定的职责划分进行管理。配额可以按照对所有申请统一办理的方式分配。进口配额管理部门分配配额时，应当考虑下列因素：申请人的进口实绩；以往分配的配额是否得到充分使用；申请人的生产能力、经营规模、销售状况；新的进口经营者的申请情况；申请配额的数量情况；需要考虑的其他因素等。

（三）自由进口的货物

进口属于自由进口的货物，不受限制。基于监测货物进口情况的需要，国务院外经贸主管部门和国务院有关经济管理部门可以按照国务院规定的职责划分，对部分属于自由进口的货物实行自动进口许可管理。实行自动进口许可管理的货物目录，应当至少在实施前 21 天公布。进口属于自动进口许可管理的货物，均应当给予许可。进口属于自动进口许可管理的货物，进口经营者应当在办理海关报关手续前，向国务院外经贸主管部门或者国务院有关经济管理部门提交自动进口许可申请。国务院外经贸主管部门或者国务院有关经济管理部门应当在收到申请后，立即发放自动进口许可证明；在特殊情况下，最长不得超过 10 天。进口经营者凭国务院外经贸主管部门或者国务院有关经济管理部门发放的自动进口许可证明，向海关办理报关验放手续。

（四）关税配额管理的货物

实行关税配额管理的进口货物目录，由国务院外经贸主管部门会同国务院有关经济管理部门制定、调整并公布。属于关税配额内进口的货物，按照配额内税率缴纳关税；属于关税配额外进口的货物，按照配额外税率缴纳关税。关税配额可以按照对所有申请统一办理的方式分配。进口经营者凭进口配额管理部门发放的关税配额证明，向海关办理关税配额内货物的报关验放手续。根据我国加入世界贸易组织议定书的承诺，我国对小麦、玉米、大米、棉花、食糖、豆油、棕榈油、菜籽油、羊毛等农产品和化肥、毛条等工业品实施关税配额管理。国务院有关经济管理部门应当及时将年度关税配额总量、分配方案和关税配额证明实际发放的情况向国务院外经贸主管部门备案。

二、货物出口管理

（一）禁止出口的货物

禁止出口类货物主要包括：危害国家安全或者社会公共利益的；为保护人的生命或者健康，必须禁止出口的；破坏生态环境的；根据我国所缔结或者参加的国际条约、协定的规定，需要禁止出口的。禁止出口的货物目录由国务院外经贸主管部门会同国务院有关部门制定、调整并公布。目前我国公布的禁止出口货物目录，主要包括：为履行我国所缔结或参加的保护世界自然生态环境有关的国际条约和协定，保护我国自然生态环境和资源的产品，如四氯化碳、三氯三氟乙烷、虎骨、犀牛角、牛黄、麝香、麻黄草、发菜、针叶木原木、热带原木、木炭、危险化学品、农药、持久性有机污染物等。此外，其他法律法规规定的不准出口的货物，如劳改产品、未定名的或新发现的有重要价值的野生动植物，列入《我国现阶段不对国外交换的水产资源名录》的成体、幼苗和卵等。

（二）限制出口的货物

限制出口类货物包括：为维护国家安全或者社会公共利益，需要限制出口的；国内供应短缺或者为有效保护可能用竭的国内资源，需要限制出口的；输往国家或者地区的市场容量有限，需要限制出口的；根据我国所缔结或者参加的国际条约、协定的规定，需要限制进口或者出口的。

限制出口的货物目录由国务院外经贸主管部门会同国务院有关部门制定、调整并公布。国家规定有数量限制的限制出口货物，实行配额管理；其他限制出口货物，实行许可证管理。实行配额管理的限制出口货物，由国务院外经贸主管部门和国务院有关经济管理部门（以下统称出口配额管理部门）按照国务院规定的职责划分进行管理。配额可以通过直接分配的方式分配，也可以通过招标等方式分配。出口经营者凭出口配额管理部门发放的配额证明，或凭出口许可证管理部门发放的出口许可证，向海关办理报关验放手续。

（三）自由出口货物

除上述禁止出口类和限制出口类货物外，其余商品都属于自由出口类，即不需要政府部门的审查和批准，凡有出口经营资格的企业均实行自由贸易政策，不受限制。

（四）特殊货物进出口管理

根据我国对外贸易法律的规定，对涉及国家安全、为保护人类健康或安全、保护动植物的生命或健康、保护环境，我国对特殊货物实行严格的进出口管制，需要有关部门的审查和批准才能进出口，主要包括：用于军事目的的装备及其他物资、可用于运载大规模杀伤武器的导弹及其他运载工具、核武器及核两用品、生物两用品及相关设备和技术、监控化学品、易制毒化学品、濒危野生动植物等。此外，国家对药品的进口实行特殊的管理政策。

三、国营贸易和指定经营

（一）国营贸易

国家可以对部分货物的进出口实行国营贸易管理。实行国营贸易管理的进出口货物目录由国务院外经贸主管部门会同国务院有关经济管理部门制定、调整并公布。国务院外经贸主管部门和国务院有关经济管理部门按照国务院规定的职责划分确定国营贸易企业名录并予以公布。实行国营贸易管理的货物，国家允许非国营贸易企业从事部分数量的进出口。

中国加入 WTO 以后必须遵守国营贸易方面的有关国际规则：入世议定书第6条专门规定“国营贸易”这一条，在承诺中中国保证国营贸易企业在进口购买程序上完全透明，符合 WTO 的协定，且应避免政府采取任何措施对国营贸易企业购买或销售货物的数量、价值或原产国施加影响或指导，并提供国有贸易企业出口货物定价机制的全部信息。目前实行国营贸易的产品目录具体是：

1. 国营贸易进口产品

粮食、植物油、食糖、烟草、原油、成品油、化肥、棉花。

2. 国营贸易出口产品

茶叶、大米、玉米、大豆、钨矿砂、仲钨酸铵、钨制品、煤炭、原油、成品油、丝、未漂白丝、棉花、棉纱线、棉织机物、锑矿砂、氧化锑、锑制品、白银。

3. 非国营贸易的进口承诺

即中国政府承诺对部分国营贸易产品逐步允许非国营贸易企业（指民营企业和外资企业）从事进口经营。具体是：成品油在中国加入 WTO 时允许非国营贸易企业进口 400 万吨，其后年增率 15%；原油允许非国营贸易企业进口 720 万吨，其后年增率 15%。

4. 部分国营贸易产品的出口限制取消的承诺

中国承诺将通过增加和扩大贸易权的措施，逐步取消丝绸的国营贸易制度（即清单中的附件 2A2 第 10 项和第 11 项），并于 2005 年 1 月 1 日之前给予所有个人和企业从事此类产品贸易的权利。

（二）指定经营

基于维护进出口经营秩序的需要，可以在一定期限内对部分货物实行指定经营管理。实行指定经营管理的进出口货物目录由国务院外经贸主管部门制定、调整并公布，指定经营企业名录由国务院外经贸主管部门公布。未列入国营贸易企业名录和指定经营企业名录的企业或者其他组织，不得从事实行国营贸易管理、指定经营管理的货物的进出口贸易。

根据中国加入世界贸易组织议定书有关加入后 3 年内放开指定经营的规定，指定经营制度的 3 年过渡期已经结束。自 2004 年 12 月 11 日起，国家取消了钢材、天然橡胶、羊毛、腈纶纤维及胶合板的进口指定经营和绿茶、乌龙茶的出口指定经营，凡符合条件的企业都可以经营上述物资。

第四节　进出口配额管理

进出口配额管理是一国政府为了维护本国的利益，在一定时期内对某些重要产品的进出口数量或金额加以数量限制的管理措施。在规定的期限和规定的配额数量以内的货物可以进出口，超过了配额的部分则不准进出口。

配额管理包括进口配额管理和出口配额管理。进口配额管理有两种方式，即绝对进口配额管理和关税配额管理。重要工业品进口配额、机电产品进口配额属于绝对进口配额管理的范围（即在配额内可以进口，超出配额不能进口）。按照我国加入世界贸易组织的承诺，我国在2005年1月1日之前，已取消了对重要工业品和机电产品的绝对进口配额管理，目前汽车和其他机电产品在取消配额后，实施自动许可管理。农产品进口关税配额，羊毛、毛条、化肥进口关税配额属于关税配额管理范围（即在配额内进口适用较低的关税税率，超出配额可以进口，但要适用比配额内进口高得多的关税税率）。

一、出口商品配额管理

出口配额是出口国对某些出口产品实施的出口数量限制，配额以内或取得配额的海关允许出口，否则不允许出口。

（一）出口配额的种类

1. 计划配额

指我国对有关国计民生的大宗资源型出口商品以及在我国出口中占重要地位的大宗传统出口商品实行的配额，如原油、煤炭、棉花、粮食、坯布、钢铁、水泥、茶叶等。计划配额的目的是为了保证国内市场的需要。

2. 主动配额

指我国根据国际市场需要与国内资源的情况而采取的自我控制出口商品数量的做法，如蜂蜜、栗子、大蒜、地毯、烟花爆竹、硅锰合金、薄荷脑油、棉漂布等。目前我国的主动配额又分为远洋地区配额和港澳地区配额两种。主动配额的目的是为了稳定市场，防止过度冲击。

3. 被动配额

就是根据进口国的要求，经过协商出口国自我控制出口商品数量的做法，如纺织品和服装、蘑菇罐头、木螺丝、日用陶瓷、电视机等。一般是进口国首先制定了进口配额，我国为了有效利用这些配额而相应制定了出口配额。由于中国加入WTO以后国外对我国的进口配额减少或取消，这种被动配额也会相应减少或取消。例如，根据2005年中国和欧盟达成的双边协议，欧盟对来自中国的部分纺织品服装实行进口数量限制，我国则根据限制的数量由商务部发放这些纺织品服装的出口配额，没有取得配额的商品禁止向欧盟国家出口；我国根据与欧盟达成的协议对欧盟国家出口普通彩色电视机的出口配额，根据与韩国政府达成的协议对韩国出口大蒜的配额等，都属于被动配额。

（二）出口配额管理的政策规定

在管理体制上出口配额属于国家宏观管理。计划配额由管理机关根据国内外市场情况，经国家有关部门确认后，下达到各地区执行；主动配额采取规则化和有偿招标相结合的办法；被动配额由出口国和进口国政府部门进行双重管理，每年出口数量按双边协议执行。

1. 出口配额商品目录

实行配额管理的出口商品目录，由商务部制定、调整并公布。实行配额管理的出口商品目录，应当至少在实施前 21 天公布；在紧急情况下，应当不迟于实施之日公布。

2. 出口配额总量

出口商品配额总量，由商务部确定并公布。商务部确定出口商品配额总量时，应当考虑以下因素：保障国家经济安全的需要；保护国内有限资源的需要；国家对有关产业的发展规划、目标和政策；国际、国内市场的需求及产销状况。

3. 出口配额的申请

依法享有进出口经营许可，并且近三年内在经济活动中无违法、违规行为的出口企业可以申请出口商品配额。地方管理企业向地方外经贸主管部门提出配额申请；地方外经贸主管部门对本地区企业的申请审核、汇总后，按商务部的要求上报。中央管理企业直接向商务部申请出口商品配额。出口企业应当以正式书面方式提出配额申请，并按要求提交相关文件和资料。

4. 出口配额的分配和调整

商务部将出口商品配额分配给各地方外经贸主管部门和中央管理企业；各地方外经贸主管部门在商务部分配给本地区的配额数量内，按国家关于货物出口经营管理的有关规定，及时将配额分配给本地区提出申请的出口企业。商务部和各地方外经贸主管部门进行配额分配时，应当充分考虑申请企业或地区最近三年内该项商品的出口业绩、配额使用率、经营能力、生产规模、资源状况等。如发生下列情况时，商务部可以对已分配给各地方外经贸主管部门或中央管理企业的配额进行增加或减少的调整：（1）国际市场发生重大变化；（2）国内资源状况发生重大变化；（3）各地区或中央管理企业配额使用进度明显不均衡。

出口企业凭商务部或地方外经贸主管部门发放的配额证明文件，按照有关出口许可证管理规定，向商务部授权的许可证发证机构申领出口配额许可证，凭出口配额许可证向海关办理报关验放手续。

（三）出口配额的分配与招标

在计划经济时期我国对出口配额的发放主要依靠政府的行政分配，1994 年开始试行配额招标制度，从根本上改变了传统的配额管理体制，是外贸体制改革的重大举措。配额招标通过引入竞争机制，将配额行政分配转化为市场分配，将配额的无偿使用转化为有偿使用，打破了配额垄断和终身制，有利于最大限度地减少过去在配额分配过程中存在的主观性和随意性等人为因素。通过配额招标，有效地抑制了一些企业的低价竞销行为，提高了招标商品的出口售价，有利于减少国外对我国商品的反倾销投诉。

为了完善出口商品配额管理制度，建立公平竞争机制，保障国家的整体利益和出口企业的合法权益，维护对外贸易的正常秩序，我国制定并颁布了《出口商品配额招标办法》。该办法规定，对于实行配额管理的出口商品，可以实行招标。出口企业通过自主投标竞价，有偿取得和使用国家确定的出口商品配额。出口商品配额招标遵循“效益、公正、公开、公平竞争”的原则。

1. 确定招标商品的种类

在配额分配中，我国对部分商品实行招标制度，这些商品主要包括：属于不可再生的大宗资源型商品；属于在国际市场上占主导地位且价格变化对出口量影响较小的商品；属于供大于求，经营相对分散，易发生低价竞销，招致国外反倾销诉讼的商品；属于与设限国家签订的多边、双边协议中规定需要实行出口配额管理的商品。

2. 招标方式

出口商品配额招标采取公开招标、协议招标等方式，对于不同的商品可采取不同的招标方式。

（1）公开招标

对出口金额较大、经营企业多、易于引起抬价抢购和低价竞销的商品，实行公开招标。凡具有进出口经营资格，在工商行政管理部门登记注册，加入有关进出口商会（外商投资企业加入中国外商投资企业协会），注册资本、相关商品的出口额或出口供货额达到一定规模的各类出口企业（含外商投资企业），在相应的招标办公室登记并符合招标条件的，可参加投标。

（2）协议招标

对出口经营渠道比较集中、国际市场竞争激烈、我国出口竞争能力相对薄弱的商品，可以在其主要经营企业或主产地的主要经营企业范围内实行协议招标。我国主要是对纺织品配额实行协议招标。

3. 投标价格

公开招标时，投标企业自主决定投标价格。招标委员会可视具体情况事先确定并公布最低投标价格。企业投标价格过高，明显背离价格规律的，标书作为废标处理。

对于协议招标的最低投标价格，招标委员会可参考具体商品出口的平均利润、出口商品市场情况、往年配额中标价格及其他因素来确定。

4. 中标企业的确定

公开招标：将所有合格投标企业的投标价格由高到低进行排列，按照排序先后累计投标企业的投标数量，当累计投标数量与招标总量相等时，计入累计投标总量（即招标总量）的企业，即为中标企业。如果在最低中标价位的企业投标数量之和超过剩余配额数量，此价位的企业全部中标。

协议招标：投标价格不低于招标委员会规定的最低投标价格水平的企业均为中标企业，再由招标委员会计算中标数量。

（四）有关资源型产品出口配额的案例

1. 中欧焦炭出口配额案

焦炭作为炼钢的主要燃料，随着钢铁产业投资的升温而逐渐成为“稀缺”资源。2004 年 1 月 1 日，中国对焦炭出口实施许可证制度，同时将焦炭出口配额从 2003 年的 1200 万吨削减到 900 万吨。5 月 24 日，财政部和国家税务局又发出紧急通知，宣布从即日起对出口的焦炭及半焦炭、炼焦煤一律停止增值税出口退税。2004 年 5 月 10 日，欧共体对中国发出威胁，声称如果中国不取消对焦炭实行的出口限制，将向 WTO 争端解决机构投诉中国。欧共体认为，中国是世界第一大焦炭生产国和出口国。中国对焦炭实行出口限制导致国际市场上焦炭供应不足，焦炭价格从 2002 年的 79 美元/吨上涨到 2004 年的 450 美元/吨。焦炭国际价格上涨引起欧共体炼钢成本大幅上涨，进而影响到建筑、汽车等多个行业的成本。欧共体认为，中国并未对焦炭在国内的销售采取类似的限制措施，这实际上是对欧共体等其他 WTO 成员的歧视，违反了世贸组织非歧视的基本法律原则。2004 年 5 月 29 日，新华社布鲁塞尔发出快讯，称中国与欧盟已经达成协议：2004 年中国向欧盟的焦炭出口量将不低于上一年度的水平，即 450 万吨。同时，双方就焦炭出口许可证的发放问题达成一致。2009 年 11 月 4 日，美国、欧盟和墨西哥以中国限制焦碳等原材料出口为由，请求 WTO 争端解决机构成立专家组，除指控中国采取出口配额和出口关税措施外，还指控中国对原材料的出口施加其他限制，并且以不统一、不公正和不合理的方式实施这些措施，对出口施加过分的手续和手续费，并且不公开某些与限制或禁止出口有关的措施。2011 年 2 月 18 日，世贸组织专家组向当事方散发了中期报告，初步裁决中国限制 9 种原材料出口违规。2012 年 2 月 10 日，世界贸易组织上诉机构就美国、欧盟、墨西哥诉中国原材料出口限制措施世贸组织争端案发布裁决报告，称中国不公平地限制了铝土矿、焦炭、萤石、镁、锰、碳化硅、金属硅、黄磷和锌等九种原材料的出口，为国内制造商提供了保护；其要求中国必须马上降低出口关税，解除出口限额。

2. 稀土资源出口配额案

稀土素有“工业味精”、“新材料之母”的美誉，稀土在工业领域的应用价值日益凸显，广泛应用于尖端科技领域，是不可再生的战略资源。我国稀土资源总储量、产量、出口量、应用量均居世界第一。2009年，中国稀土储量为3600万吨，占世界36%，产量则为12万吨，占世界产量的97%；出口的稀土数量达到每年5万吨（合法出口）。自1978年以来，稀土应用量每年以两位数的速度递增，1978～2007年的29年间，全国稀土年消费量从1000吨增至7.26万吨，净增71.6倍，稀土产品已在30多个工业领域中获得应用。国内资源消耗严重，严重污染环境。据“2010国际稀土峰会”的数据显示，中国稀土探明储量已经从1995年的4300万吨、占全球43%，下降到2009年的3600万吨、占全球36.52%，现有稀土资源仅能维持未来15～20年的需求。目前几乎全球所有稀土出口都来自中国。中国并非世界上唯一拥有稀土的国家，却在过去几十年中承担了供应世界大多数稀土的责任，中国的稀土资源因此被严重消耗。另外，稀土资源的开采、生产过程中会产生有毒物质甚至放射性废料，而且会破坏植被、污染水质，并造成严重的水土流失，生态环境遭到破坏。2010年7月，中国宣布把稀土年出口配额下调40%，首先引起日本的强烈不满和指责，2010年11月28日，中国商务部公布了2011年首批稀土出口配额为14446吨，这一数字较2010年首批16034吨配额降低约11.4%。中国对稀土资源的一系列调控举动，再次引起了以日本、欧盟、美国为代表的国家和地区的强烈不满和指责，美国声称或将其诉诸WTO。稀土资源贸易争端日趋白热化，国际社会予以高度关注。尤其是2012年2月10日世界贸易组织上诉机构对中国原材料出口限制措施案做出最终裁决后，鉴于两起争端所涉WTO规则的相似性，欧美极有可能依此路径，将中国稀土资源出口限制措施诉诸WTO。

二、进口商品配额管理

进口配额是进口国对某些进口产品实施的进口数量限制，配额以内或取得配额的，海关允许进口，否则不允许进口。

（一）一般商品进口配额管理

1993年国家颁布了《一般商品配额管理暂行办法》，国家根据产业政策和行业发展规划，参照国际惯例，对尚需适量进口以调节市场供应，但过量进口又会严重损害国内相关产业发展的商品和直接影响进口结构和产业结构调整的商品，以及危及国家外汇收支地位的进口商品，实行数量额度控制的管理。即在一个时期内允许进口或者允许减免税进口一定数额（可以是商品数量或商品金额数量）的某种商品，超过数额的就不准进口，或虽然可以进口但要征收较高关税。配额有绝对配额和关税配额两种，各国经常使用的是关税配额。

国家计委按照国民经济发展计划和国家产业政策的要求，负责全国一般商品进口配额的宏观管理和协调工作。实行进口配额管理的一般商品品种的调整，由国家计委会同有关部门提出意见，报国务院批准后公布实行。申请一般商品进口配额的企业（指经国家批准在工商部门登记注册的，具有法人资格的生产企业和其他企业），应向本地区、本部门的一般商品进口配额管理机构申请。企业申请一般商品进口配额时，应向一般商品进口配额管理机构申报进口配额用途、进口支付能力以及上年进口配额实际完成情况等有关材料。一般商品进口配额管理机构接到企业申请后，应在国家计委下达的配额数量内审核企业进口配额的用途、进口支付能力，并按照企业实际生产和经营能力，参照上年水平签发进口配额证明。企业在获得配额管理机构签发的进口配额证明后，有进口经营权的企业，可以自主经营；无进口经营权的企业，应委托有进口经营权的外贸企业对外经营。企业凭进口配额证明向外经贸部及其指定发证机关申领进口许可证，海关凭进口许可证验放。

我国 1994 年实行进口配额管理的一般商品为 26 种，1995 年减为 16 种，2002 年减为 12 种，2003 年减为 8 种，2004 年减至 2 种，2005 年起全部取消。全部取消普通商品进口配额是兑现加入世界贸易组织的承诺。根据商务部和海关总署共同发布的《2005 年进口许可证管理货物目录》，从 2005 年起我国仅对监控化学品、易制毒化学品和消耗臭氧层物质等三类特殊商品实行进口许可证管理。

（二）农产品进口关税配额管理

农产品关税配额是我国入世后，为了保护国内农业和农民利益、防止国外低价农产品过量进口冲击国内市场而采取的一种逐步开放农产品市场的主要管理手段。2003 年颁布的《农产品进口关税配额管理暂行办法》主要是规范农产品关税配额的申请、分配、期限、执行、调整以及处罚的原则、程序及办法，提高农产品关税配额管理的透明度，以方便最终用户申领配额，充分使用配额。

《农产品进口关税配额管理暂行办法》规定，在公历年度内，国家根据中国加入世界贸易组织货物贸易减让表所承诺的配额量，确定实行进口关税配额管理的农产品的年度市场准入数量；纳入配额管理的农产品，配额内进口部分实行低关税，配额外进口部分实行高关税，配额量内的农产品进口适用关税配额内税率，配额量外的农产品进口适用关税配额外税率。

1. 实行进口关税配额管理的农产品范围

小麦（包括其粉、粒，以下简称小麦）、玉米（包括其粉、粒，以下简称玉米）、大米（包括其粉、粒，以下简称大米）、豆油、菜子油、棕榈油、食糖、棉花、羊毛以及毛条。上述农产品的关税配额分为国营贸易配额和非国营贸易配额。国营贸易配额须通过国营贸易企业进口；非国营贸易配额可以通过国营贸易企业或有贸易权的非国营贸易企业进口，有贸易权的最终用户也可以直接进口。羊毛、毛条实行进口指定公司经营，按原外经贸部《货物进口指定经营管理办法》的有关规定执行。

农产品进口关税配额为全球配额。关税配额实行贸易方式全口径管理。豆油、菜子油、棕榈油、食糖、羊毛、毛条进口关税配额由商务部分配。小麦、玉米、大米、棉花进口关税配额由国家发展和改革委员会会同商务部分配。“农产品进口关税配额证”适用于一般贸易、加工贸易、易货贸易、边境小额贸易、援助、捐赠等贸易方式进口。进入保税仓库、保税区、出口加工区的产品，免予领取“农产品进口关税配额证”。

2. 进口关税配额的申请和分配

商务部、国家发展和改革委员会分别于申请期前一个月公布每种农产品下一年度进口关税配额总量、关税配额申请条件及国务院关税税则委员会确定的关税配额农产品税则号列和适用税率。商务部授权机构负责受理属地范围内豆油、菜子油、棕榈油、食糖、羊毛、毛条进口关税配额的申请；国家发改委授权机构负责受理属地范围内小麦、玉米、大米、棉花进口关税配额的申请。农产品进口关税配额将根据申请者的申请数量和以往进口实绩、生产能力、其他相关商业标准或根据先来先领的方式进行分配。分配的最小数量将以每种农产品商业上可行的装运量确定。

3. 进口关税配额的期限

年度农产品进口关税配额于每年1月1日开始实施，并在公历年度内有效。“农产品进口关税配额证”自每年1月1日起至当年12月31日有效。实行凭合同先来先领分配方式的“农产品进口关税配额证”有效期，按公布的实施细则执行。“农产品进口关税配额证”实行一证多批制，即最终用户须分多批进口的，凭“农产品进口关税配额证”可多次办理通关手续。

4. 进口关税配额的调整

分配给最终用户的国营贸易农产品进口关税配额量，在当年8月15日前未签订合同的，报商务部或国家发改委批准后，允许最终用户委托有贸易权的任何企业进口；有贸易权的最终用户可以自行进口。持有农产品进口关税配额的最终用户当年无法将已申领到的全部配额量签订进口合同或已签订合同无法完成的，须在9月15日前将无法完成的配额量交还原发证机构。

商务部、国家发改委分别于申请期前一个月公布农产品进口关税配额再分配量的申请条件。当年8月底前已完成所分配的全部农产品进口关税配额量的最终用户，可申请关税配额再分配量。关税配额再分配量根据公布的申请条件，按照先来先领方式进行分配。分配的最小数量将以每种农产品商业上可行的装运量确定。获得再分配配额量的最终用户可以通过有贸易权的企业进口，有贸易权的企业也可以自行进口。

（三）机电产品配额进口管理

根据我国的产业政策和行业发展规划，并参照国际惯例，1993 年底我国发布了《机电产品进口管理办法》，国家对需要适量进口供应国内市场，但过量进口又将严重损害国内相关工业发展的机电产品或直接影响进口结构、产业结构的机电产品，以及不利于国家外汇收支平衡的机电产品，列入配额管理目录，实行配额管理。进口配额产品的单位向本地区、本部门机电进口管理机构提出申请，由地区、部门机电进口管理机构转报国家机电产品进出口办公室（国家机电办）审批。进口单位凭国家机电办签发的进口配额证明向外经贸部门申领进口许可证；海关凭授权发证机关签发的进口许可证验放，同时加验国家机电办签发的“进口配额证明”。1994 年实行进口配额管理的机电产品有 18 种，以后逐步调整并减少。

随着改革开放的进一步深入和我国正式加入世界贸易组织，为了发展对外贸易，贯彻国家产业政策，促进国民经济的发展，我国大部分机电产品的配额逐步取消。2005 年 1 月 1 日起，汽车及其关键件的进口配额管理取消。

第五节　进出口许可证管理

进出口许可证是国家许可外贸经营者进口或出口货物的凭证，也是海关对进出境货物监管的重要依据。进出口许可证管理是指国家限制进出口目录项下的商品进出口，必须从国家指定的机关领取进出口许可证，没有许可证一律不准进口或出口。进出口许可证管理是世界上许多国家普遍采用的限制进出口贸易的手段，它是一种既严格又灵活的贸易措施。当前，世界上许多国家对敏感性商品的进出口都制定有配额或许可证管理措施。从各国的情况看，配额和许可证这两种手段既可以单独使用，也可以结合在一起使用。

一、进口许可证管理

进口许可证可分为一般进口许可证和自动进口许可证。进口管理主要分为禁止进口类、限制进口类和允许进口类，对限制进口商品需要申领一般进口许可证，对允许进口类的一些特定商品则需要申领自动进口许可证。自动进口许可证不是为了限制进口，只是为了对某些特定产品的进口数量进行监控。

（一）实行进口许可证制度的商品范围

我国过去对大量进口商品实行许可证制度，其中实行进口配额制度的商品，由于这些配额在2005年以前基本取消，所以相关商品的许可证制度也将逐步取消。目前实行进口许可证制度的商品范围主要是：实行指定进口的产品；保护国内幼稚工业的产品；保护知识产权，防止侵权盗版的产品；遵守国际有关公约，保护人类安全的产品。

（二）一般进口许可管理

《货物进口许可证管理办法》规定，国家实行统一的货物进口许可证制度，对限制进口的货物实行一般进口许可证管理。

1. 进口许可证的管理机关

商务部会同海关总署制定、调整和发布年度《进口许可证管理货物目录》。商务部负责制定、调整和发布年度《进口许可证管理货物分级发证目录》。《进口许可证管理货物目录》和《进口许可证管理货物分级发证目录》由商务部以公告形式发布。商务部授权配额许可证事务局统一管理、指导全国各发证机构的进口许可证签发工作，配额许可证事务局对商务部负责。配额许可证事务局及商务部驻各地特派员办事处和各省、自治区、直辖市、计划单列市以及商务部授权的其他省会城市商务厅（局）、外经贸委（厅、局）为进口许可证发证机构，在配额许可证事务局统一管理下，负责授权范围内的发证工作。

2. 申请进口许可证应当提交的文件

经营者申领进口许可证时，应当认真如实填写进口许可证申请表，并加盖印章，根据进口货物情况，向发证机构提交规定的进口批准文件及相关材料，如经年检合格的《企业法人登记营业执照》、加盖对外贸易经营者备案登记专用章的《对外贸易经营者备案登记表》或者进出口企业资格证书。经营者为外商投资企业的，还应当提交外商投资企业批准证书。进口货物属国家实行国营贸易或者有其他资质管理要求的，还应当提供商务部或者相关部门的有关文件。

3. 进口许可证发证依据

各发证机构按照商务部制定的《进口许可证管理货物目录》和《进口许可证管理货物分级发证目录》范围，依下列规定签发进口许可证：对监控化学品，发证机构凭国家履行禁止化学武器公约工作领导小组办公室批准的《监控化学品进口核准单》和进口合同（正本复印件）签发进口许可证；对易制毒化学品，发证机构凭商务部《易制毒化学品进口批复单》签发进口许可证；对消耗臭氧层物质，发证机构凭国家消耗臭氧层物质进出口管理办公室批准的《受控消耗臭氧层物质进口审批单》签发进口许可证；对依照法律、行政法规的规定，其他需要限制进口的商品，发证机构按照国务院商务主管部门或者由其会同国务院其他有关部门签发的许可文件签发进口许可证。

4. 进口许可证的签发

发证机构应当严格按照商务部发布的年度《进口许可证管理货物目录》和《进口许可证管理货物分级发证目录》的规定，签发相关商品的进口许可证。经营者进口《进口许可证管理货物目录》中的商品，必须到《进口许可证管理货物分级发证目录》指定的发证机构申领进口许可证。进口许可证管理实行“一证一关”管理。一般情况下，进口许可证为“一批一证”，即进口许可证在有效期内一次报关使用；“非一批一证”指进口许可证在有效期内可多次报关使用，但最多不超过十二次，由海关在许可证背面“海关验放签注栏”内逐批签注核减进口数量。

5. 进口许可证的有效期

进口许可证的有效期为一年。进口许可证应当在进口管理部门批准文件规定的有效期内签发，当年有效。特殊情况需要跨年度使用时，有效期最长不得超过次年 3 月 31 日。进口许可证因故在有效期内未使用或未使用完的，经营者应当在进口许可证有效期内向原发证机构提出延期申请。发证机构收回原证，在进出口许可证计算机管理系统中注销原证后，重新签发进口许可证，并在备注栏中注明延期使用和原证证号。进口许可证只能延期一次，延期最长不超过三个月。

6. 2005 年进口许可证管理货物目录

2005 年实行进口许可证管理的货物共 3 种，总计 83 个 8 位 HS 编码。自 2005 年 1 月 1 日起，取消汽车及其关键件的进口配额许可证管理，取消光盘生产设备的进口许可证管理。现行实行进口许可证管理的货物有：监控化学品、易制毒化学品和消耗臭氧层物质。

（三）自动进口许可管理办法

自动进口许可证是对部分自由进口货物，以法律规定的形式，在任何情况下都能获得自动进口许可的证明。《对外贸易法》规定，国务院对外贸易主管部门基于监测进出口情况的需要，可以对部分自由进出口的货物实行进出口自动许可并公布其目录。商务部根据监测货物进口情况的需要，对部分进口货物实行自动许可管理，并至少在实施前 21 天公布其目录。商务部制定《自动进口许可管理货物目录》。实行自动进口许可管理的货物目录，包括具体货物名称、海关商品编码，由商务部会同海关总署等有关部门确定和调整。商务部授权配额许可证事务局、商务部驻各地特派员办事处、各省、自治区、直辖市、计划单列市商务主管部门以及地方机电产品进出口机构负责自动进口许可货物管理和“自动进口许可证”的签发工作。

2005年我国实行自动进口许可管理的货物主要包括肉鸡、酒、烟草、二醋酸纤维丝束、石棉、彩色感光材料、塑料原料、天然橡胶、合成橡胶、胶合板、化纤布、铜、铝、铁矿石等。

（四）机电产品进口管理

进口机电产品应当符合我国有关安全和环境保护的法律、行政法规、部门规章以及质量和技术标准等的规定，符合国际或者双边认可的安全和环境保护的法律、行政法规以及质量和技术标准等的规定。国家对机电产品进口实行分类管理，即禁止进口、限制进口和自动进口许可。

国家禁止进口的机电产品有：危害国家安全或者社会公共利益的；为保护人类和动植物的生命、安全或者健康，必须禁止进口的；破坏生活环境与生态环境的；根据中华人民共和国所缔结或者参加的国际条约、协定的规定，需要禁止进口的；法律、行政法规另有规定的。

国家限制进口的机电产品有：为维护国家安全或者社会公共利益，需要限制进口的；为建立或者加快建立国内特定产业，需要限制进口的；为保障国家的国际金融地位和国际收支平衡，需要限制进口的；根据中华人民共和国所缔结或者参加的国际条约、协定的规定，需要限制进口的；法律、行政法规另有规定的。限制进口的机电产品，国家规定有数量限制的，实行配额管理；没有数量限制的称为特定机电产品，实行许可证管理。进口特定机电产品主要采用国际招标方式采购。

对属于禁止进口和限制进口管理以外的部分机电产品实行自动进口许可管理。

二、出口许可证管理

出口许可证实施的目的主要是对一些敏感性产品进行有效的出口管理，防止自相竞争而引起市场混乱，同时也是为了恪守与进口国签订的有关协议，维护贸易秩序。

（一）实行出口许可证制度的商品范围

我国现今实行出口许可证的商品主要包括：与有关国家政府达成数量限制协议的，如对欧盟出口的彩电、对韩国出口的大蒜、对美国和欧洲出口的纺织品和服装等；为保证国内市场需要而实行计划配额的产品，如石油、煤炭、粮食、有色金属等；为对某些国家维持有序出口而制定主动配额的。对于上述三种实行出口配额的商品，企业在获得配额后都应到指定机关领取出口许可证，海关才能放行。另外，对于出口金额较大而且经营秩序容易混乱的重要商品，为了加强管理而必须实行出口许可证制度，这种管理主要不是为了限制数量，而是为了维持出口秩序，如加强对出口价格、质量、国别、用途的审查；对少数特殊商品要实行出口许可证制度，防止出现国际争端，如易制毒化学品、监控化学品、重水、消耗臭氧层物质、计算机、核技术与核两用品等。

（二）货物出口许可证管理政策规定

商务部《货物出口许可证管理办法》自 2005 年 1 月 1 日起施行。国家实行统一的货物出口许可证制度，对限制出口的货物实行出口许可证管理。商务部授权配额许可证事务局统一管理、指导全国各发证机构的出口许可证签发工作，配额许可证事务局对商务部负责。配额许可证事务局及商务部驻各地特派员办事处和各省、自治区、直辖市、计划单列市以及商务部授权的其他省会城市商务厅（局）、外经贸委（厅、局）为出口许可证发证机构，在配额许可证事务局统一管理下，负责授权范围内的发证工作。

我国在 2005 年实行出口许可证管理的 47 种货物（316 个 8 位 HS 编码），分别实行出口配额许可证管理、出口配额招标和出口许可证管理。实行出口配额许可证管理的货物是：玉米、大米、小麦、棉花、茶叶、锯材、活牛（对港澳地区）、活猪（对港澳地区）、活鸡（对港澳地区）、蚕丝类、煤炭、焦炭、原油、成品油、稀土、锑砂、锑（包括锑合金）及锑制品、氧化锑、钨砂、仲钨酸铵及偏钨酸铵、三氧化钨及蓝色氧化钨、钨酸及其盐类、钨粉及其制品、锌矿砂、锌及锌基合金、锡矿砂、锡及锡基合金、白银。 实行出口配额招标的货物是：蔺草及蔺草制品、碳化硅、氟石块（粉）、滑石块（粉）、轻（重）烧镁、矾土、甘草及甘草制品。实行出口许可证管理的货物是：活牛（对港澳以外市场）、活猪（对港澳地区以外市场）、活鸡（对港澳地区以外市场）、牛肉、猪肉、鸡肉、消耗臭氧层物质、监控化学品、易制毒化学品、石蜡、铂金（以加工贸易方式出口）、电子计算机、电风扇、自行车、摩托车及摩托车发动机。

本章小结

对外贸易管理是指政府以国家的法律、法令和政策规定为依据，从国家的宏观经济利益以及对内和对外政策需要出发，对进出口贸易活动实施领导、控制和调节。我国的进出口管理是国家通过制定有关法律、法规，运用经济手段和必要的行政手段实现的，是我国对外贸易方针政策的实施和体现。

对外贸易管理体制是同各个时期的经济管理体制相联系的。随着国内外形势的发展和变化，我国的对外贸易管理在不同的历史时期有着不同的内容。自建国以后，我国对外贸易管理制度大致经历了三个时期：第一阶段（1949～1978年）是计划经济下的国家统制贸易时期；第二阶段（1979～2000年）是以市场经济为取向的对外贸易管理时期；第三阶段（2001年以后）是加入世界贸易组织后根据多边贸易规则实行对外贸易管理的时期。随着外贸体制改革的深化和参与国际多边贸易体系活动的深入，我国正在逐步建立起既符合社会主义市场经济运行机制，又符合国际贸易规则的进出口管理体系，正在对贸易制度进行全面、深入的改革和完善，逐步与国际通行规则接轨。加强了外贸立法，改革外贸行政管理体制，取消了进出口指令性计划，实行配额及其他非关税措施的数量也在逐年减少，以国民待遇原则和非歧视原则开放外贸经营权，通过一系列改革，我国的外贸体制发生了根本变化。

当前，我国基本上改变了过去单纯依靠指令性计划和行政命令来管理对外贸易活动的做法，主要是运用法律手段和经济调控手段，并辅以必要的行政手段来实现对外贸易的管理。运用法律手段，主要是加强对外贸易的立法工作。到目前为止，我国已基本建立起以《中华人民共和国对外贸易法》为核心的对外贸易法律体系。在健全与强化经济手段方面，当前主要是通过价格、关税、税收、信贷、利率等经济杠杆进行管理，以实现调控外贸经济活动和外贸关系的目的。在行政管理手段方面，根据国际贸易规则和我国的实际情况，逐步使其制度化、规范化、科学化。目前，我国的行政管理手段主要有：对外贸易计划管理、配额许可证管理、外贸经营权许可管理、对外国企业在中国设立常驻代表机构的管理、对出口商品商标的协调管理、外汇管理、海关管理、原产地管理、进出口商品检验管理。我国的对外贸易行政管理手段是以对外贸易的有关法规为依据的。本章首先就对外贸易管理进行了概述，就其定义、中国对外贸易管理的演变、进行对外贸易管理的重要性等进行了介绍，然后分节重点介绍了进出口经营权政策、进出口商品管理政策、配额管理政策以及许可证管理政策。

本章思考题

1. 中国的对外贸易管理政策是如何演变的？不同时期的对外贸易管理有什么样的特点？

2. 当前我国对外贸易管理的主要行政手段有哪些？

3. 什么是进出口经营权审批制？什么是进出口登记制？

4. 我国的进出口商品管理政策有哪些？明确禁止进出口和限制进出口商品的范围分别是什么？

5. 什么是配额管理？其分类有哪些？

6. 什么是许可证管理？进出口许可证管理的商品范围是什么？

第九章　外汇管理和汇率政策

本章学习目标

在建设社会主义市场经济的进程中，我国对外贸易管理逐步转向以国家的宏观管理为主，即通过外汇管理和汇率制度、海关管理和关税制度及进出口商品检验制度对对外贸易进行管理。本章主要介绍我国外汇管理政策的发展与演变，即从计划经济时期的政府决定汇率逐步发展到市场经济条件下的市场决定汇率。2005年我国又实行新的汇改政策，即以市场供求为基础的、参考一篮子货币的政策，使人民币的汇价不断提升，对我国的经济发展与对外贸易产生了非常大的影响。我国的外汇管理在改革开放以后实行集中管理和统一经营的政策，并由国家外汇管理部门负责全国的外汇管理工作。加入世界贸易组织以后，由于出口的高速增长和贸易顺差的增加，我国已经成为世界最大的外汇储备国，这在一定程度上加大了我国的外汇风险。

当前我国建设社会主义市场经济，需要建立一整套既符合社会主义市场经济运行机制，又符合国际贸易规则的对外贸易管理体制，社会主义市场经济的持续、高速、健康发展离不开政府的宏观管理和调控。因此，除了上一章介绍的中国对外贸易的行政管理部分，本书将继续介绍中国对外贸易的宏观管理部分，其中即包括本章介绍的外汇管理和汇率政策。

第一节　外汇管理和外汇管理制度

外汇在一国对外经济贸易中的地位和作用不容忽视，每个国家的外汇管理制度与汇率生成机制都是该国对外贸易政策及整个经济政策中的重要组成部分。我国自建国后就确立了自己的外汇管理制度，改革开放之后又对这一制度进行不断的改革和调整，使之不断适应新形势下我国对外贸易发展的需要。

一、外汇与外汇管理

外汇是以外币表示的用于国际间债权债务清算的一种支付手段。“外汇”一词原出自“国际汇兑”一词，即国际间债权人与债务人进行国际清算时一国货币兑换成另一国货币，并从债务国转移到债权国的行为。外汇包括用于国际结算的各种信用工具，主要有外国货币、长短期外币的有价证券（如各种债券和息票）、外币支付凭证（如商业汇票、本票、支票）、银行外币存款和其他有外汇价值的资产（如黄金等贵金属）。

在进行国际清算时，外汇可分为自由外汇和协定外汇两种。在国际外汇市场上可以自由进行买卖的“可兑换的货币”一般叫做自由外汇，如美元、英镑、日元、欧元等。协定外汇是指两国政府间协定中规定的在贸易与非贸易中使用的外汇。

（一）外汇管理

外汇管理是由国家指定或授权某个机构对本国境内的一切外汇活动实行管理，其目的是维持国际收支平衡，促进国内经济的持续稳定发展，维护本币在国内的统一市场。

1. 外汇管理的内容

我国现行的外汇管理的主要内容包括：对贸易外汇收支的管理，对非贸易外汇收支的管理，对外商投资企业的外汇管理，对境外投资企业的外汇管理，对金融机构经营外汇业务的管理，对外债的管理，对外汇储备的管理，以及对个人外汇的管理。

2. 外汇管理的对象与范围

外汇管理的对象与范围一般指“居民”，即居住在本国的本国法人与自然人，也包括居住在本国的外国企业与外国人，但一般不含外国政府设置在本国的领、使馆与联合国和国际机构设置在本国的机构及其人员。

3. 外汇管理的基本方针

我国以“集中管理，统一经营”作为外汇管理的基本方针。集中管理是指一切外汇资金都集中由国家管理，其管理机构是国家外汇管理局；统一经营是指由指定的机构统一办理国际结算、外汇买卖等一切外汇业务。

（二）我国外汇管理的演变进程

从新中国成立到改革开放后的今天，我国的外汇管理随着经济、政治形势的变化与发展，不断进行调整与改革，这种调整与改革也相应地推动了我国对外贸易的发展。简单概括，我国的外汇管理体制大致经历了计划经济时期、经济转轨时期和建立社会主义市场经济并逐步完善这三个阶段。

新中国成立后我国就确立了自己的外汇管理制度。当时由于外汇资源短缺，我国在对外贸易中实行国家垄断和全面计划管理，并实行比较严格的外汇管制，采用收支两条线，即统一收缴，统一支出。各个外贸公司的一切外汇收入一律上缴国家，国家对进口用汇和其他外汇支出按计划规定的额度统一拨付。外汇使用实际上采用的是供给制。这种计划经济的外汇管理制度一直实行到改革开放前夕。

1978年实行改革开放以来，我国外汇管理体制改革沿着逐步减少指令性计划、培育市场机制的方向，有序地由高度集中的外汇管理体制向与社会主义市场经济相适应的外汇管理体制转变。1979年后，国家为鼓励出口企业创汇的积极性，实行了一种外汇分配制度——外汇留成制度，即对于贸易与非贸易外汇收入，按照一定的比例，分配给外贸公司、生产单位与地方政府一定的外汇额度。另外，为了支持企业自负盈亏，自1991年开始，外汇留成比例分配相应调整，大幅度增加出口企业留成比例，以利于出口企业改善经济效益。随着我国于1994年实行有管理的单一浮动汇率制后，外汇留成的分配体制就不复存在了。

二、汇率并轨制度的改革

（一）汇率并轨及其操作方法

1. 汇率并轨政策的实施

1993年党的十四届三中全会通过的《中共中央关于建立社会主义市场经济体制若干问题的决定》中明确指出：“改革外汇管理体制，建立以市场供求为基础的、有管理的浮动汇率制度和统一规范的外汇市场，逐步使人民币成为可兑换货币。”这为外汇管理体制的进一步改革指明了方向。因此，经国务院批准，中国人民银行正式公告，于1994年1月1日开始实行人民币汇率并轨。汇率并轨的基本含义是指改变过去的官定双重汇率制，实行以市场供求为基础的、单一的、有管理的浮动汇率制。汇率并轨后，政府管理外汇的职能也相应转变，对外汇的调控将由过去单一的行政手段向以经济手段为主、法律手段和行政手段为辅的方向转化。国内市场将与国际市场接轨，国家将执行反映市场供需和购买力的汇率政策来支持国际收支的平衡，以实现人民币在国际收支经常项目下的自由兑换。

1994年以来进行的汇率制度改革，无论从深度、广度还是影响来说，都比以往的改革更为彻底和全面。新的汇率制度的操作方法主要包括汇价制定和幅度调整两个方面。汇率并轨后，外汇市场的供求关系是决定汇率的主要依据。中国人民银行每天以前一天外汇市场的交易价格为依据确定人民币的挂牌汇率，并参照国际金融市场主要货币的变动情况，公布人民币对其他货币的汇率。

但这种汇率是浮动的而不是固定的，在相对稳定的基础上，中央银行根据国内与国际市场价格的变化，对人民币汇率进行适当调控，使人民币汇率按市场规律小幅度、渐进位移式浮动。如果由于种种原因使汇价大幅升降，央行将进入市场买卖外汇，以使汇率在合理的幅度内浮动。

2. 人民币经常项目下可自由兑换

1996年我国外汇体制又实现了一次重大改革：自1996年12月1日起，我国接受国际货币基金组织第八条第二款、第三款、第四款的义务，实现人民币经常项目下的可自由兑换。此次中国政府承诺的国际货币基金组织第八条是关于国际货币基金组织成员汇兑制度安排的一般义务条款，主要体现在该条款的第二、三、四款中，即：一是要避免对经常性支付的限制，二是要避免实行歧视性货币措施和多种汇率措施，三是要兑付外国在经常性国际交易中所得或须支付的本国货币。这次外汇体制的重大改革是我国发展外向型社会主义市场经济，使国内经济与国际经济进一步接轨的重大举措，是我国宏观调控能力不断增强的重要表现，它进一步确立了市场调节在我国外汇资源配置中的基础性作用，显示了我国政府运用间接手段调节国际收支、稳定人民币汇率的能力和信心。

（二）我国的外汇管理制度

我国的外汇管理以间接管理和事后检查监督管理为主，具体表现为实行银行结汇制、银行售汇制、出口收汇核销制度和进口付汇核销制度。

1. 银行结汇制度

结汇业务是指外汇收入所有者将外汇卖给外汇指定银行，外汇指定银行根据交易行为发生之日的人民币汇率付给等值人民币的行为。结汇分为强制结汇、意愿结汇和限额结汇等形式。强制结汇是指所有外汇收入必须卖给外汇指定银行，不允许保留外汇；意愿结汇是指外汇收入可以卖给指定银行，也可以开立外汇账户保留，结汇与否由外汇收入所有者自己决定；限额结汇是指外汇收入在国家核定的限额内可不结汇，超过限额的必须卖给指定银行。

目前我国对外贸易采用强制结汇和限额结汇两种方式，即对一般中资企业的外汇收入实行强制结汇，而年进出口总额和注册资本达到一定规模、财务状况良好的中资企业以及外资企业可以开立外汇账户，实行限额结汇。

银行结汇制的主要内容有：首先，境内所有中资企业单位、机关和团体的外汇收入，包括出口或转口货物及其他交易行为取得的外汇，交通运输、邮电、旅游、保险等提供服务和政府机构往来取得的外汇，境外劳务承包以及境外投资应调回境内的外汇，都要按银行挂牌汇率卖给外汇指定银行。其次，境内法人或自然人作为投资汇入的外汇，境外借款，发行债券、股票取得的外汇，劳务承包公司境外工程合同期内调入境内的工程往来款项，经批准具有特定用途的捐赠外汇，外国驻华使领馆、国际组织及其他境外法人驻华机构的外汇收入，个人所得外汇，可以在外汇指定银行开立现汇账户。

2. 银行售汇制度

售汇是指外汇指定银行将外汇卖给外汇使用者，并根据交易行为发生之日的人民币汇率收取等值人民币的行为。从用汇单位角度，售汇又称为购汇。

企业进口或其他用途的用汇，不必再由外汇管理部门审查批准，只要能够提供与支付手段相适应的有效商业单据和凭证便可向银行购买。[①]对实行配额、进口许可证和登记制的贸易进口，只要持相应的合同和证明就可以购汇。对于非贸易项下的经营性支付，凭支付协议或合同和境外机构的支付通知书办理购汇。

3. 出口收汇核销制度

出口收汇核销制度是指货物出口后，由外汇管理部门对相应的收汇进行核销。这是一种以出口货物价值为标准，对是否有相应的外汇收回国内的事后管理措施，可以监督企业在货物出口后及时、足额地收回货款。

根据我国有关法规规定，国家外汇管理局及其分局按照属地管理的原则，对在我国境内注册登记并经外经贸主管部门批准的有进出口经营权的所有出口单位，进行出口收汇核销管理。除经批准外，一切贸易出口项下的收汇均须办理出口收汇核销手续。

出口收汇核销监管是侧重于对每笔出口贸易外汇收入进行跟踪监测的事后管理，体现了贸易外汇管理以事后监管为主的真实性审核原则。通过出口收汇核销管理，可以加快收汇速度，提高出口收汇率，防止外汇流失。另外，对出口及收汇金额、币种、方式等统计数据的掌握，也可以为有关部门的经济决策提供参考。

4. 进口付汇核销制度

进口付汇核销制度是指进口货款付出后，由外汇管理部门对相应的到货进行核销。这是以付汇金额为标准对是否有相应的货物进口到国内或有其他证明抵冲付汇的一种事后管理措施，可以监督企业进口付汇后及时、足额地收到货物。

进口付汇核销制度主要以事后核对的方法，对进口用汇的现状、存在的问题及其发展趋势进行统计分析，监督国内进口单位在付出外汇后得到等值的货

① 企业购买外汇时需要提供的有效商业单据和凭证主要有：进口合同、进口付汇核销单、开证申请书、进口付汇通知书、发票、正本进口货物报关单、正本运输单据等。

物，做到真正意义的“款物对流”，防止外汇投机，减少外汇流失和节约使用外汇，保证银行结售汇制的顺利实施。

5. 银行结售汇制的进一步改革

银行结售汇制度在我国外汇管理制度中占有重要的地位，结售汇制的实行改变了几十年来国家审批外汇的计划经济模式，为贸易逐步自由化奠定了基础，但其最大的弊端是中央银行干预外汇市场的被动性。在结售汇制下，绝大多数国内企业的外汇收入必须结售给外汇指定银行，而同时银行由于受到外汇头寸的限制，多出头寸的部分必须通过外汇市场再卖出，这样就迫使中央银行被动干预外汇市场，造成人民币汇率不完全由市场供求来决定，而是在很大程度上受国家宏观经济政策的制约。

从 1994 年起，我国银行结售汇中贸易与非贸易结汇均为顺差，这就使得我国外汇市场供大于求，形成中央银行“净买入”，而且我国外汇储备进入 20 世纪 90 年代后逐年增长，增幅很大，近年来一直成为世界第一大外汇储备国，这在一定程度上是现行的结售汇制造成的。我国外汇储备的快速增长（见表 9-1），给国家宏观调控带来了一定困难，如因外汇占款的增加，为吸纳外汇，国家要大量增加人民币的投放，给国家货币政策和中央银行外汇经营管理都带来一定困难，国际金融市场的不稳定也使我国的金融风险加大。

因此，我国结售汇制的改革方向必然是由目前的制度向“意愿结汇制”发展，给中资企业确定一个限额，在限额内实行意愿结汇，而在限额外仍实行强制结汇。实行意愿结汇制，可以使中央银行摆脱其在外汇供求市场的被动地位，将外汇储备和汇率政策作为宏观调控的手段；可以提高企业的出口积极性，与外资企业享有同样的国民待遇；使企业、商业银行、中央银行各持有一定数量的外汇，可以加快外汇资金周转，提高外汇风险管理能力。

表 9-1　1979～2012 我国外汇储备及其增长统计表

年份	外汇储备实际数（亿美元）	比上年增长（%）
1979	8.40	
1980	−12.96	−254.3
1981	27.08	309.0
1982	69.86	158.0
1983	89.01	27.4
1984	82.20	−7.7
1985	26.44	−67.8
1986	20.72	−21.6
1987	29.23	41.1

续表

年份	外汇储备实际数（亿美元）	比上年增长（%）
1988	33.72	15.4
1989	55.50	64.6
1990	110.93	99.9
1991	217.12	95.7
1992	194.43	−10.5
1993	211.99	9.0
1994	516.20	143.5
1995	735.97	42.6
1996	1050.29	42.7
1997	1398.90	33.2
1998	1449.60	3.6
1999	1546.75	6.7
2000	1655.74	7.0
2001	2121.65	28.1
2002	2864.07	35.0
2003	4032.51	40.8
2004	6099.32	51.3
2005	8188	34.2
2006	10663	30.2
2007	15282	43.3
2008	19462	27.3
2009	23991	23.2
2010	28473	18.7
2011	30447	6.9
2012	34011	11．7

资料来源：对外经济贸易部和商务部《外经贸统计年鉴》，国研网数据库。其中2012年的外汇储备数据是摩根大通的预测数据。

三、对外贸易的人民币结算试点

2008年由美国次贷危机引发的全球性金融危机和经济危机，给中国及许多国家和地区的经济与国际贸易带来了非常大的负面影响，企业的风险进一步加大。为此，中国及其他许多国家和地区开始考虑美元的前途和稳定性问题。在美元等发达国家货币在危机中逐步疲软，而人民币相对处于强势并持续小幅升值的今天，人们持有人民币的愿望也会逐渐强烈。人民币的升值对中国的出口贸易产生了非常不利的影响，企业的汇兑风险加大，但是如果试行以人民币作为国际贸易的结算货币，则可以规避出口企业的汇率风险，刺激其出口的积极性。因此，2009 年 4 月中国政府决定启动人民币结算试点工作，在上海市和广东的广州、深圳、东莞、珠海四个城市开展跨境贸易的人民币结算试点。国家有关部门正在制定有关管理办法，进一步规范人民币贸易结算业务活动，稳步推进试点工作。人民币结算的试点首先在上海和广东省的四个城市进行，即在中国的长三角和珠三角地区试行，区域选择上有利于中国沿海经济发展中长三角和珠三角的经济贸易地位的巩固，同时对于提升上海国际金融中心地位也大有益处。人民币的跨境贸易试点一开始只能是局部市场，待取得经验后才能够进一步扩展，因此在市场方向上首先要与周边国家及港澳台地区开展人民币结算试点，再向远洋贸易发展，这是此次改革的市场方向选择。由于人民币结算还处于试点的起步阶段，相关的结算流程与机构组织尚未健全，容易产生一些问题，因此还不适合大规模的远洋贸易。相对来说，这些局部市场涉及的金额小、比率低，更适合管理。欧美国家都是传统使用欧元和美元的国家，一开始他们很难接受人民币的跨境结算。

经过一年多的试点后，2010 年 6 月我国跨境贸易人民币结算试点范围开始扩大，由上海市和广东省四个城市扩大到包括北京、天津在内的 20 个省市，试点范围包括跨境贸易和其他经常项目的人民币结算，不再限制境外地域。从过去仅限于中国港澳地区和东盟地区扩展到所有国家和地区，企业可以按市场原则选择使用人民币结算。由于人民币结算试点取得成功，所以从 2011 年 8 月后，根据这一原则，开始在我国全部地区对所有市场均开放人民币结算业务。

第二节　我国人民币汇率制度的改革

汇率制度是一国宏观经济政策的重要体现，同时汇率也是调控一国进出口总量平衡和优化进出口商品结构的主要经济杠杆，世界上许多国家都把汇率作为调节进出口贸易的重要手段。现在世界各国的汇率制度大体有三类：官定汇率制度、市场汇率制度和混合汇率制度（有管理的汇率制度）。我国在不同时期也在对汇率制度进行不断更新和调整，以适应国际经济形势的变化。

一、汇率及其对进出口贸易的经济效应

（一）汇率的含义

汇率也称汇价，是指两国货币之间的交换比率或比价，也就是用一国的货币单位来表示另一国货币单位的价格。根据以哪个国家的货币作为标准的不同，汇率可以分为两种标价方法：直接标价法和间接标价法。用 1 个单位或 100 个单位的外国货币为标准，折算成一定数额的本国货币，叫做直接标价法。我国公布的外汇牌价采用的就是直接标价法。在这种标价法下，外国货币的数额固定不变，本国货币数额随着汇率变动而改变。用 1 个单位或 100 个单位的本国货币为标准，折算成一定数量的外国货币叫做间接标价法。目前，英国和美国是采用间接标价法的国家。

（二）汇率对进出口贸易的经济效应

根据经济学的一般原理，汇率变动对进出口贸易的影响主要是通过价格机制实现的。本币升值，表明一定数额的外国货币只能兑换较少的本国货币，必然会使以本币表示的进口商品价格降低，从而有利于本国的进口。同时，本币升值会使以本币表示的出口商品成本价格上升，因而不利于本国的出口。反之，本币贬值，意味着一定数额的外国货币能够兑换较多的本国货币，必然使以外币表示的出口商品价格降低，增强本国商品在国外市场的竞争力，从而有利于本国扩大出口。同时，本币贬值会使以本币表示的进口商品成本价格上升，相对降低了进口商品的竞争力，因而不利于本国进口贸易。在利用外资方面，如果本币升值，将有利于本国资本的对外输出，而不利于外资的进入，会影响本国的投资环境改善；反之，本币贬值，将有利于外资进入本国市场，改善投资环境，而不利于本国资本的对外输出。

二、我国人民币汇率制度的变革进程

一国汇率的确定除了同本国的货币制度和国内经济状况直接相关以外，还会因国际货币制度和国际市场外汇供求形势的变化而不断变化。因此，随着国内经济制度的改革和经济贸易的发展，人民币汇率制度需要不断进行调整，并受国际货币制度变动的影响。

我国人民币汇率制度的发展大体上经历了如下几个阶段：

（一）改革开放以前我国的汇率制度

1949 年至 1952 年，为我国国民经济恢复时期，由于国内物价不稳定，人民币汇价经常调整，国家据此制定了“奖励出口，兼顾进口，照顾侨汇”的汇率政策，并执行单一官定浮动汇率。1953 年至 1972 年，这一时期对外贸易由国营对外贸易公司专营，外汇业务由中国银行统一经营，形成高度集中、计划控制的外汇管理体制，国内物价长期稳定，所以人民币汇价也处于冻结状态，基本没有调整。1973 年至 1980 年，我国仍实行单一的官定汇率，但这一时期世界经济形势发生很大变化，由于石油危机造成国际市场价格快速上涨，西方主要货币价格变动也很大，我国则根据西方主要国家的货币汇价变动情况调整人民币外汇比价，汇率又呈浮动型。

（二）改革开放以后人民币汇率制度的改革

1. 20 世纪 80 年代初期的双重汇率制度

1981 年至 1984 年实行双重汇价，即贸易外汇内部结算价。由于考虑人民币币值高估（1980 年平均 1 美元兑换 1.56 元人民币）会给出口企业带来困难，所以国家决定，一方面仍实行挂牌官定浮动汇率；另一方面制定一个不动汇价，即 1 美元为 2.80 元人民币，进出口结汇与购汇均用贸易外汇内部结算价来结算，以达到改善出口企业经济效益的目的，有利于奖出限入。1985 年至 1993 年，我国仍实行双重汇价制。虽然贸易外汇内部结算价因种种原因于 1985 年 1 月 1 日正式取消，但双重汇价仍以另一种形式存在，即一方面是公开的官方汇率（由银行挂牌执行），另一方面是公开的调剂市场汇率（按供求关系浮动），这两种汇价相差甚远，最高时调剂价格高于官定牌价 50%以上。

2. 1994 年的汇率并轨改革

我国长期实行的复汇率制度，既不符合市场经济法则，也违背 WTO 的国际通行规则。为了与市场经济接轨，1994 年 1 月 1 日开始对人民币汇率进行了重大的调整，实行汇率并轨的改革，即取消原来的人民币官定汇率和外汇调剂市场汇率的调节作用，实行人民币汇率并轨，这样我国的汇率制度就变为以市场供求为基础的、单一的、有管理的浮动汇率制度。汇率并轨的结果，事实上使人民币大幅度贬值，促进了出口，却降低了中国进口的能力。1994 年 1 月 1 日美元兑人民币的比值从 5.70 贬值到 8.80，贬值幅度达到 40%左右。

3. 亚洲金融危机后的单一盯住美元的制度

1997 年 7 月至 2005 年 7 月，由于爆发亚洲金融危机，为防止亚洲周边国家和地区货币轮番贬值使危机深化，我国主动收窄了人民币汇率浮动区间，汇率制度改变为实际上盯住美元的汇率制度，这一阶段美元兑人民币的比值长期维持在 8.20 元左右。随着美国经济连年走低，人民币升值的压力凸显，美国、欧盟等西方发达国家认为中国低估了人民币汇率，施加压力要求人民币的升值。

（三）加入世界贸易组织以后的人民币汇率制度改革

1. 参考一篮子货币的新的汇改政策

为了正确反映人民币的汇率，2005 年 7 月 21 日我国对人民币汇率实行参考一篮子货币的新的汇改政策。新的汇率生成机制是要充分发挥市场在资源配置中的基础性作用，实行以市场供求为基础、参考一篮子货币进行调节、有管理的浮动汇率制度。在该日由中国人民银行发布的《关于完善人民币汇率形成机制改革的公告》中宣布，自公告日起我国开始实行以市场供求为基础、参考一篮子货币进行调节、有管理的浮动汇率制度。

人民币汇率形成机制改革的内容是：人民币汇率不再单一盯住美元，而是根据我国对外经济发展的实际情况，选择若干种主要货币，赋予相应的权重，组成一个货币篮子；同时，根据国内外经济金融形势，以市场供求为基础，参考一篮子货币计算人民币多边汇率指数的变化，对人民币汇率进行管理和调节，维护人民币汇率在合理均衡水平上的基本稳定。根据对汇率合理均衡水平的测算，人民币兑美元即日升值2%，即由1美元兑8.2765元人民币变为1美元兑8.11元人民币。这一调整幅度主要是根据我国贸易顺差程度和结构调整的需要来确定的，同时也考虑了国内企业进行结构调整的适应能力。

实施参考一篮子货币的汇率政策，避免了汇率大起大落的干扰，从而保持了贸易部门的竞争力和主要出口市场的平稳。参考一篮子货币表明外币之间的汇率变化会影响人民币汇率，但参考一篮子货币不等于盯住一篮子货币，它还需要将市场供求关系作为另一重要依据，据此形成有管理的浮动汇率。至于一篮子货币的构成，作为其中的关键，美元的比重不可能是完全简单地按照中美贸易占整个贸易的比重来确定的。另外，货币篮子中有相当的货币是盯住美元的，实际上美元在这个货币篮子中还是主导性的货币。而权重的调整，将取决于我国的贸易和外商投资结构的变化，以及取决于我们参考的货币篮子中其他货币的变化趋势。因此，参考一篮子货币要经过一个逐步完善、参考、观察的过程。实行参考一篮子货币的汇率生成机制以后，人民币汇价仍旧在浮动中升值，2005年11月的汇价达到1美元兑8.08元人民币，现钞买入价则低到8元人民币以下，即7.99元人民币；经过几年的逐步升值，到2010年3月现钞买入价已经降低到7元人民币以下，为6.82元人民币。在此期间，人民币已经事实上升值21.2%。

可以说，这次人民币汇率制度的调整是完善人民币汇率形成机制改革的一项重要举措，是深化经济金融体制改革、建立和完善社会主义市场经济体系的重要内容，符合我国的长远利益和根本利益，对于促进经济社会全面、协调和可持续发展具有重要意义。

2. 2010年6月实行的新的汇改政策

2010年6月19日，根据国内外经济金融形势和我国国际收支状况，中国人民银行决定进一步推进人民币汇率形成机制改革，增强人民币汇率弹性，即按照已公布的外汇市场汇率浮动区间，对人民币汇率浮动进行动态管理和调节。这次汇改重在坚持以市场供求为基础，参考一篮子货币进行调节。2005年启动的人民币汇改，称为第一次汇改，其后人民币汇率升值约20%。2010年的第二次汇改则进一步推进人民币汇率形成机制改革，重在坚持以市场供求为基础，参考一篮子货币进行调节。人民币汇率不进行一次性重估调整，保持人民币汇率在合理均衡水平上的基本稳定。对于这一次的汇改，央行当时的表述是："当前是推进汇改的有利时机"，"适当收窄了人民币波动幅度以应对国际金融危机，这符合我国经济的自身利益"。到2011年6月，此次汇改已经整一年，一年中，国内外的宏观经济环境出现了急剧变化。调节收支，预防通胀，控制热钱，人民币汇率形成机制改革承载着巨大压力正在艰难推进。如何因势利导，趋利避害，力求使可能发生的负面影响最小化，依然是坚定的奋斗目标。第二次汇改前人民币与美元的汇率在6.81～6.85间运行；汇改一年后人民币汇率兑美元全年累计升值3.6%。到汇改重启一年的2011年6月，人民币兑美元中间价从6.8257元升至6.4716元，升值幅度为5.2%，而到2012年2月，人民币兑美元的升值达到新高，为每100美元兑换629.19元人民币。

3. 2012年4月16日起扩大人民币汇率浮动幅度

根据中国人民银行的决定，自2012年4月16日起，银行间即期外汇市场人民币兑美元交易价浮动幅度由5‰扩大至1%，即每日银行间即期外汇市场人民币兑美元的交易价，可在中国外汇交易中心对外公布的当日人民币兑美元中间价上下1%的幅度内浮动。这是自2007年5月21日起人民币兑美元汇率单日波动幅度由3‰扩大至5‰以来的再度扩大。外汇指定银行为客户提供当日美元最高现汇卖出价与最低买入价之差不得超过当日汇率中间价幅度的2%，其他规定仍旧遵照原规定执行。这意味着人民币汇率弹性的进一步增强，符合当前国内外金融与经济运行的形势，是人民币汇率市场化改革向前推进的重要一步。这次改革顺应了市场发展的要求，有利于完善以市场供求为基础、参考一篮子货币进行调节、有管理的浮动汇率制度建设，有利于维护宏观经济和金融市场的稳定。从2005年汇改以来，人民币兑美元中间价累计升值超过30%，人民币兑美元汇率基本上接近均衡汇率状态。增加人民币兑美元的货币弹性，有利于进一步促进人民币回归到均衡汇率状态。

（四）人民币汇率升值的压力与影响

1. 西方发达国家对中国人民币升值施加压力

在改革开放以前，我国的人民币汇率基本实行计划经济体制下的固定汇率制，使人民币长期处于高估的状态。从1981年实行贸易外汇内部结算价以后至1994年1月汇率并轨，人民币事实上不断地贬值（见表9-2），直至1994年的1美元兑8.61元人民币的平均值。1997年东亚金融危机爆发后，为了防止周边国家和地区的本币贬值风潮扩散到中国，中国实行了人民币盯住美元的政策，"9.11"事件后美元汇率的下滑，也客观上促成人民币的低估。人民币从2005

年7月启动新的汇率形成机制改革以来，开始稳步升值，到2010年3月初已经升值到1美元兑6.82元人民币，累计升值21.2%。2008年9月世界性的金融危机爆发后，美国与欧盟等西方发达国家开始对中国施加压力，要求人民币升值。他们认为，美国和欧盟国家在对中国贸易中的逆差，是由于中国人民币汇率低估的结果。2010年3月，美国许多政要和议员联名致信美国政府，要求财政部在发布关于汇率操纵问题的定期报告时将中国列为汇率操纵国，敦促商务部使用美国反补贴税法以保护因汇率操纵承受损失的美国公司的利益。同时美参议员小组提出一项议案，要求美国政府对被认定存在汇率操纵的国家采取报复举措，该议案主要针对中国。如果美国等西方国家确认中国是所谓"汇率操纵国"的话，美国将可能因汇率问题而对中国的出口产品征收高额的反补贴税，而且这种救济措施可能对所有中国的出口产品都适用。国际货币基金组织总裁也认为人民币被"严重低估"，并发表报告建议以人民币升值来平衡世界经济。2011年10月美国民主党参议员舒默等提出的、名为"2011货币汇率监管改革法草案"的法案，尽管未点名，但实质上要求美国财政部与商务部对中国人民币汇率问题采取强硬行动。这项法案的奥妙在于，直接将操纵汇率和贸易补贴挂钩，使美国公司更容易开打贸易战，也就是说，所谓"受影响的美国公司"，将更方便提起法律诉讼，要求对从中国进口的货物征收报复性关税。该法案实际已经在参议院获得通过，如果众议院投票通过和美国总统予以签字的话，美国政府就可以对所有来自中国的进口商品征收30%～50%的反补贴关税。

表9-2 1980～2011年中国人民币兑美元汇率变动表

单位：人民币元

年份	100美元	年份	100美元
1980	156.00	2000	827.84
1985	298.66	2001	827.70
1990	478.32	2002	827.70
1991	532.33	2003	827.70
1992	551.46	2004	827.68
1993	576.20	2005	819.17
1994	861.87	2006	797.18
1995	835.10	2007	760.40
1996	831.42	2008	694.51
1997	828.98	2009	682.79
1998	827.91	2010	682.75
1999	827.83	2011	633.52

资料来源：《中国统计年鉴》2009年版"对外经济贸易"部分；各年数字是全年平均汇率，2011年是12月平均汇率。

2. 人民币汇率稳定是中国的基本政策

面对西方发达国家在人民币汇率问题上施加的压力，中国政府一再表明自己的基本政策，这就是在汇率问题上，汇率政策是中国自主决定的，其他国家不能强迫人民币升值；在汇率调整上，从1994年实施汇率并轨后，我国汇率基本上是由市场决定的，而不是政府操纵的；我国并没有低估人民币币值，也不会刻意以此追求贸易顺差，我国追求的是人民币汇率的稳定，人民币汇率的稳定是危机背景下对世界经济复苏的重大贡献。从2008年9月到2009年2月，也就是世界经济极为困难的时期，人民币并没有贬值，而实际有效升值14.5%，在此期间中国的外贸出口下降了16%，但是进口只下降了11%，贸易顺差减少了1020亿美元。人民币汇率的稳定在金融危机最严重的时期起到了缓冲作用。在2006年有16个国家对中国的出口是增长的，美国该年总体出口下降17%，但是对中国出口仅下降 0.22%；欧盟总出口下降 20.3%，对中国出口仅下降15.3%，而德国对中国的出口创历史最高，达760亿欧元。

对于西方国家施加压力强迫人民币升值，中国政府历来持反对态度，而主张平等协商解决汇率问题；中方主张自由贸易，反对各国之间互相指责。事实上，中国有关部门此前已多次提出扩大进口以促进中美贸易平衡。中国政府一直提出进口促进的政策，并要求美国政府放松对中国的高技术出口限制，以缩小双方的贸易不平衡；并进一步完善国内贸易政策，扩大国内需求，这些政策不是汇率问题能够解决的。

3. 人民币大幅度升值对中国经济的负面影响

自人民币进入市场化以后，中国开始实行浮动汇率制度，所以人民币升值和贬值都是正常现象。1994年以前人民币主要呈贬值状态，1994年以后则主要呈升值状态。如果在西方国家的压力下人民币出现大幅度升值，对中国经济的影响则是深刻的。当然对我国某些领域会产生有利影响，如：中国的进口贸易会提高其效益；长期的贸易顺差会有所减少；对中国对外直接投资与企业的海外并购会有积极的作用。但是人民币大幅度升值对中国的负面影响要严重得多。首先，对中国的出口贸易打击严重，多数有一定竞争力的出口产品会降低竞争力，因而减少出口甚至退出市场；大量出口企业会因此而效益下滑，甚至倒闭破产；企业的困难也会造成更多的工人失业，社会问题会更加严重。其次，对中国的利用外资将产生不利影响，中国的投资环境会日益恶化，在中国投资的国外企业也会进入困境，其出口也会受到不利影响。最后，对中国的宏观经济也会产生不利影响，人民币的大幅度升值可能会提高国内劳动力成本，进而带动国内整体物价水平提高，包括房市价格的上涨，因此可能形成新一轮的通货膨胀。中国是一个与世界经济密切联系的经济大国，中国的通货膨胀对尚未走出困境的世界经济来说，将产生危害性的传递效应，其负面影响是非常大的，可能进一步恶化世界经济危机和影响世界金融市场。

第三节　我国的外汇市场

近年来国际贸易的高速发展，带动了各国间货币的交换，人民币和其他西方主要币种的持有者为实现国际间的货物流通，就需要进行外汇买卖，外汇市场就是外汇买卖的交易场所。外汇市场主要由三方面机构组成，即外汇银行、外汇经纪人和中央银行。它们在外汇市场中扮演着各自的角色：外汇银行不仅是外汇供求的主要中介人，也自行对客户买卖外汇；外汇经纪人自己不买卖外汇，而是依靠同银行的密切联系和对外汇供求情况的了解，促进双方成交；中央银行可以对外汇市场进行干预，不但是外汇市场的成员，而且是外汇市场的操作者。

一、我国外汇市场形成的过程

我国在1979年以前实行计划经济下的外汇供给制，所以不存在外汇市场。但1980年10月我国开始办理外汇调剂业务，初步形成了外汇及外汇额度交易市场，汇率并轨后才形成真正的初具规模的外汇市场。1994年4月18日，中国外汇交易中心在上海正式宣告成立，这是一个全国统一的银行间外汇市场，是我国外汇市场的基础。

中国外汇交易中心实行会员制，会员经交易中心批准，可以自营买卖，即为维持会员单位结售汇业务的正常进行，在银行间市场进行外汇交易业务；也可以代理买卖，即会员单位为国内外商投资企业外汇调剂提供经纪服务。自营买卖和代理买卖实行分别管理的原则，进行自营买卖的会员可根据中央银行核定的头寸限额在交易系统内报价和成交；进行代理买卖的会员必须向交易中心申报代理的价格和金额，并只能在核准申报金额内在市场上报价和成交。2004年4月14日，国家外汇管理局批准中国外汇交易中心开展外币买卖业务。经过一年的认真准备，2005年5月18日交易中心正式启动外币买卖系统。外币买卖业务的正式推出，意义十分重大。

二、我国发展外汇市场的意义

（一）有利于发展和完善我国银行间外汇市场

由于人民币尚不能完全可兑换，长期以来银行间外汇市场只是一个外汇指定银行结售汇头寸的市场，交易品种和交易工具也不丰富，只有人民币兑美元、港币、日元和欧元的即期交易。功能的单一性和品种的单调性造成我国外汇市场发育迟缓。因此，中国外汇交易中心开展外币买卖业务，将大大丰富我国银行间外汇市场的交易品种，活跃国内外汇市场的交易，进一步扩大国内外汇市场的深度和广度，为今后国内外汇市场的进一步发展奠定基础。

（二）有利于扩展投资渠道，缓解人民币升值压力

近几年，国家外汇管理局采取了大量措施，积极推进贸易便利化和投资便利化，企业开立外汇账户越来越容易，可自由支配的外汇越来越多，但国内外汇投资渠道却十分有限，加之收益率不高、流动性差，企业和个人仍不得不把大量的外汇卖给银行，甚至在国际收支持续顺差的情况下，把资金的保值和增值简单地押在人民币升值预期上，国家外汇储备激增，人民币升值压力加大。中国外汇交易中心利用自己在系统建设、信用、清算等方面的优势，可以增加企业和个人外汇投资理财的渠道，丰富了规避外汇风险的手段，有利于从供求环境上缓解人民币升值压力。

本章小结

对外贸易的宏观管理是我国对外贸易的重要组成部分，能够体现国家的宏观经济政策，是社会主义市场经济的不断发展和完善。国家主要通过外汇管理与汇率政策对进出口贸易和投资进行宏观管理。外汇管理是一国对外贸易管理中政府依靠行政和经济杠杆对本国对外贸易进行宏观管理的重要措施之一。我国在改革开放以前长期实行严格的外汇管制，执行单一的官定浮动汇率。改革开放后，我国对外汇制度进行了改革，确立了“集中管理，统一经营”的方针，并成立了国家外汇管理局作为外汇管理的专门机构。1994 年我国为使外汇管理制度与世界贸易组织的有关国际规则对接，对汇率制度进行了较大调整，主要是实行汇率并轨，即实行以市场供求为基础的、单一的、有管理的浮动汇率制；实现银行结汇售汇制。1996 年 12 月我国又实现了人民币经常项目下的可自由兑换。我国外汇管理制度的改革是为了适应社会主义市场经济的发展与完善，适应我国的外汇制度与国际通行规则对接的需要。

加入世界贸易组织以后，为了使人民币汇率制度与 WTO 的国际规则接轨，2005 年 7 月 21 日我国对人民币汇率实行参考一篮子货币的新的汇改政策。新的汇率生成机制是要充分发挥市场在资源配置中的基础性作用，实行以市场供求为基础、参考一篮子货币进行调节、有管理的浮动汇率制度。2010 年 6 月 19

日，根据国内外经济金融形势和我国国际收支状况，中国人民银行决定进一步推进人民币汇率形成机制改革，增强人民币汇率弹性，即按照已公布的外汇市场汇率浮动区间，对人民币汇率浮动进行动态管理和调节。这次汇改重在坚持以市场供求为基础，参考一篮子货币进行调节，目的是进一步推进人民币汇率形成机制改革，保持人民币汇率在合理均衡水平上的基本稳定。

本章思考题

1. 什么是外汇管理？我国外汇管理的主要内容有什么？

2. 什么是银行结售汇制度？银行结售汇制度的弊端是什么？这一制度的改革方向是什么？

3. 什么是汇率？简述汇率对进出口贸易的经济效应。

4. 什么是汇率并轨？汇率并轨对国民经济的发展有哪些影响？

5. 2005年和2010年我国新的汇改政策的主要内容是什么？为什么实行新的汇改政策？

6. 2012年4月我国决定把人民币兑美元汇率的波幅扩至1%，这有什么现实意义？

7. 美国政府为什么指责中国政府操纵人民币汇率？其目的是什么？

第十章 海关管理和关税政策

本章学习目标

在加入世界贸易组织以后，我国的市场准入程度不断提高，为此国家对海关管理和关税政策进行了改革和调整。海关的基本职责是对进出口货物及运输工具实行严格的监管、征收关税、查禁走私、保护知识产权和海关统计。随着中国的对外开放和市场准入程度的提高，中国海关逐步由以防范为主要目的而改为以促进为主要目的。我国的进口关税不断降低，入世十年后中国的平均关税税率已经降低到我国入世时的承诺，达到发展中国家平均水平。我国的关税减免制度包括法定减免、特定减免和临时减免。在法定减免中重要的是与有关国家和地区签订双边或多边自由贸易协定。中国政府已经和东盟等许多国家和地区签订了此类协定，对发展中国与相关国家和地区的贸易发挥了重要的作用。

第一节 海关概述和海关职责

海关作为国家行政管理机关在我国对外贸易中发挥着极其重要的作用。我国的海关管理和关税制度随着社会主义市场经济的逐步建立和完善而发展，并逐渐与国际通行规则接轨。世界已进入21世纪，全球化进程进一步加快，国际经济联系日益紧密，为推动贸易自由化和投资自由化，世界多数国家和地区都在改革关税制度。因此，把我国海关的改革和建设全面推向21世纪，是新时期中国海关的历史使命。

一、海关概述

（一）海关定义

海关是进出关境的监督管理机关，依据法律法规对进出关境的货物、运输工具、货币、金银、证券及旅客行李进行监督检查，征收关税并执行查禁走私任务。它代表国家行使监督管理职权，是建立在一定经济基础上的上层建筑。

海关有两个突出的特点：一是海关的监管工作是整个国家制度的重要组成部分；二是海关受权于国家，行使国家权力，不仅对外，而且对内也代表国家行使监管职权。海关必须在对外经济活动中维护国家的根本利益，保证国家有关进出口政策的法律、法规得以有效实施。

海关定义中有一个重要的概念——“关境”，是指一个国家的海关能够征收关税的领土。许多国家在统计进出口的时候就是按照进出关境来统计的，即进入关境才算进口，离开关境才算出口。一般来说，国境和关境应该是相同的；但是进入关境的货物需要征收关税，只进入国境而没有进入关境的货物是不需要征收关税的，所以目前许多国家的关境与国境并不相同。大多数国家的国境大于关境；而属于关税同盟的国家集团，由于他们实行的是统一的关税政策和税率，所以就出现了关境大于国境的特殊现象，典型的例子就是欧洲实行的关税同盟政策，这一区域有27个国境，却只有一个关境。

（二）海关的起源与发展

根据文献记载，我国早在周代就设置了关，征关市之赋。春秋以后，更有了“征于关者勿征于市，征于市者勿征于关”的不重复征税的主张。汉唐历代，随着陆路及海上“丝绸之路”的陆续开通，国内关、津及边境之卡征税以“供御府声色之费”，成为朝政收入的财源之一。宋、元、明各朝在沿海口岸设立市舶使（司），对进出口货物和船舶征税，已类似海关机构和海关税。清康熙二十四年（公元1685年），首次正式使用海关名称。鸦片战争后的一百多年间，中国海关一直被帝国主义所把持，成为其掠夺、侵略中国的工具。1911年孙中山先生领导的辛亥革命使反帝和争取海关自主的运动日益高涨，我国关税税则虽经七次制定修改，但海关仍不能自主。解放后，我国真正收回了海关权，关税得以完全自主，中央人民政府设立海关总署，统一管理海关。

（三）我国的海关体制

海关体制是指国家管理海关工作的组织形式、机构设置等方面的制度。我国实行集中统一的、垂直的海关管理体制，即海关的隶属关系不受行政区划的限制，海关依法独立行使职权，向海关总署负责。实行集中统一的垂直管理体制，有力地保证了海关工作对内、对外的统一性和海关监督管理职能的充分发挥与行使，适应了海关代表国家行使主权，维护国家整体利益的需要。

1. 海关总署

国务院设立海关的最高管理机关——海关总署，统一管理全国海关。海关总署与全国的海关是领导与被领导、管理与被管理的关系。

2. 海关设置

《中华人民共和国海关法》将海关设置分为直属海关和隶属海关两个层级，

直属海关直接由海关总署领导，隶属海关由直属海关领导。海关行使职权向海关总署负责，同时由海关总署监督和保障海关依法独立行使职权。我国海关总署下设广东分署及 34 个直属海关、212 个基层海关。

二、海关的基本职责

我国海关本着坚持“依法行政，为国把关，从严治关”的方针，自觉地为对外开放和经济发展服务，其基本职责是根据《中华人民共和国海关法》等有关法律法规确定的，主要包括：监督管理进出境的货物及运输工具，征收关税和其他税收，查缉走私，编制海关统计和保护知识产权。

（一）货运监管

货运监管是指海关对进出境的所有货物和运输工具等进行实际的监督管理。海关对进出口货物和运输工具进行监管的目的是使货物和运输工具合法进出关境，保证关税的征收，制止违法走私，同时也为统计业务提供可靠的数据。

1. 监管原则

我国《海关法》规定，所有进出境货物（包括过境、转运、通运、暂时进出口、保税货物等）和运输工具必须在设关地进出境。海关监管的货物，未经海关许可，任何单位或个人不得开拆、提取、交付、发货、调换、改装、抵押、转让或更换标记。进出口货物的收、发货人或他们的代理人，应向海关如实申报、交验有关单证，接受海关对货物的查验。除海关特许外，进出口货物在收、发货人缴清税款或提供担保后，由海关加盖海关放行章放行。

2. 监管依据

海关对进出境货物的监管依据是进出境货物的收、发货人或他们的代理人填写的《进（出）口货物报关单》，及外经贸管理部门签发的进、出口货物许可证或有关主管机关的批准文件。对于少数统一经营或专营的进出口货物，海关要监督这些商品必须由国家指定的企业经营，对于放开经营但是要实行进出口许可证制度的商品，必须由海关查验国家授权机关签发的许可证后方可予以放行。对于实施法定检验的商品，必须由海关查验法定检验证书后才能放行。对于保税货物、特定减免税货物，除在进出境环节进行监管以外，还要进行后续管理。

3. 监管程序

海关对货物的监管程序一般可分为申报、查验、征税和放行四个环节。货物的申报就是我们通常所说的报关，即进出境货物的收、发货人或者他们的代理人，按照规定向海关交验单据和证件，呈验货物，请求办理海关进出口手续。货物的查验是指海关对进出口货物品种、数量、包装等进行查验，海关认为必要时，可以进行开验、复验或提取货样。海关通过对货物的查验、检查核对实际进出口货物是否与报关单和进出口货物许可证相符，确定货物的性质、成分、规格、用途等，以便准确地计征关税，进行统计归类。货物的征税是指进出口货物必须按照国家制定的进出口税则缴纳关税和其他国内税费以后，才能由海关签印放行。放行货物时，海关必须复核全部申报单证，并审核是否已完税。在一切海关手续具备的前提下，由海关在货运单据上加盖海关放行章以示放行。收、发货人只有凭海关盖有放行章的单据才能向港口、民航、车站、邮局办理提货或托运手续，这就是我们通常所说的通关和结关。

（二）征收关税

海关对进出口商品要按照国家的规定征收关税，征收关税是海关的主要职责之一。就关税来说，包括狭义的关税和海关代征的部分国内税，如进口环节增值税、进口环节消费税和船舶吨税。征收关税可以有效保护国内市场，保证国家的财政收入和调节进出口货物的流量。征收关税的具体内容后文有专门的部分阐述。

（三）查禁走私

查禁走私是海关的基本职责之一，也是维护国家主权和利益、保证改革开放健康发展的重要手段。走私是指逃避海关监管，进行非法的进出境活动，偷逃关税，非法牟取暴利，扰乱破坏社会经济秩序，严重危害国家主权和国家利益的违法犯罪行为。为了严厉打击走私犯罪活动，加强海关的监督管理，更有力地维护国家主权和利益，我国设立了专门侦查走私犯罪的公安机构。这些机构配备专职缉私警察，负责对其管辖的走私犯罪案件进行侦查、拘留、逮捕、预审。同时，我国实行联合缉私、统一处理、综合治理的缉私体制，海关负责组织、协调、管理查缉走私工作。这些措施为有效遏制走私犯罪行为，加强打击走私活动提供了必要的制度保障。

（四）编制海关统计

海关统计是对进出口实际货物和其他相关指标的统计，是国家制定对外经济贸易方针、政策，检查、监督其执行情况，进行宏观调控的依据之一，是研究对外贸易发展和国际经贸关系的重要资料。海关按照“准确及时，科学完整，国际可比，服务监督”的方针从事海关统计工作。国家海关统计资料由海关总署统计机构管理，地方海关统计资料由地方海关统计机构管理。

（五）保护知识产权

在中国加入世界贸易组织以后，根据《与贸易有关的知识产权保护协议》规定，海关要在国际贸易领域承担起保护知识产权的责任，即如果进出口的商品有侵权盗版等侵犯知识产权的行为，就应该直接予以扣留、查缉和打击。即使不是走私行为也属于海关打击的范围。

第二节　关税的作用与征收机制

关税是指进出口商品经过一国关境的时候，由政府设置的海关对进出口商所征收的一种特定税。关税措施是世界贸易组织货物贸易规则中的重要措施之一，关税政策也是各国对外贸易政策的主要内容。

一、关税概述

（一）关税的特点

关税与其他国内税相比较，既有税收的一般共性，也有其特殊的性质。关税是国家税收的一种，因而具有税收的一般性质，即强制性、无偿性和固定性；但关税也是有别于其他国内税的，关税的特性主要为：

1. 关税是间接税而不是直接税

通常按照纳税人的税负转嫁与归宿的标准，把税收分为直接税和间接税两大类。前者由纳税人依法纳税并直接承担，税负不能转嫁给他人；后者由纳税人依法纳税，但可以通过契约关系或交易过程将税负的一部分或全部转嫁给他人。关税属于间接税。因为关税主要是对进出口商品征收，其税负由进出口贸易商垫付税款，然后把它作为成本的一部分加在货价上，在货物出售给买方时收回这笔垫款。

2. 关税在纳税人和纳税客体上也有不同

关税的征税人是海关，纳税人是进出口商，纳税客体则是进出口货物。这与一般的国内税是不同的，国内税的征税人是国内税务部门，纳税人是国内生产者、经营者和自然人，纳税客体比较广泛，包括货物、服务、法人和自然人的经营收入等。

3. 关税是一国对外贸易政策的重要手段

关税措施体现了一国对外贸易的政策。关税税率的高低，影响着一国经济和对外贸易的发展。因此，一方面可以把关税作为对外经济斗争的武器；另一方面可以把关税作为争取友好贸易往来，改善或密切关系的手段。

（二）关税的作用

关税对一国的经济发展既有促进的积极作用，又有限制的消极作用。

1. 关税的积极作用

（1）保护国内市场和国内产业安全

首先，征收关税可以保护国内市场和国内工农业。为避免国外商品对本国市场和产业的冲击，一国要对国外商品征收关税，达到保护国内市场的目的。这种以保护国内市场和产业为目的而征收的关税称为保护关税。保护关税的一个重要问题是税率的确定，税率越高，越能保护本国生产和本国市场。保护关税可以通过提高税率来加重进口商品的成本负担，削弱其竞争力，从而限制外国商品进口和保护国内同类商品生产。

（2）增加国家的财政收入

其次，征收关税可以增加国家的财政收入。最初征收关税的目的主要是为了获得财政收入，这种以增加国家财政收入为目的而征收的关税称为财政关税。关税收入是国家收入的来源之一，但比重在下降。由于发达国家的国内市场发达程度要高于发展中国家，使得发达国家的关税在国家财政收入中比重较低，而发展中国家则比重较高。目前，发达国家的关税占其财政收入的比重仅为2%～3%，发展中国家平均为13.2%，我国也达到了7%。2011年中国的海关关税净收入是16119亿元人民币，其中关税收入2559亿元，进口环节国内税13560亿元。

（3）调节进出口的流量

最后，征收关税是政府宏观调控经济的重要手段，可以有效调节进出口流量。许多国家通过制定和调整关税税率来调节本国的进出口贸易。在出口方面，通过低税、免税和退税来鼓励商品出口；在进口方面，通过税率的高低、减免来调节和控制商品的进口。

2. 关税的消极作用

（1）造成国内物价上涨和消费者福利的损失

征收关税的消极作用主要是由于限制进口而造成国内物价上涨，消费者的福利受到损害。征收关税会扩大消费者的开支，加重消费者的负担。因为征收关税使国内市场价格提高，只要国内的需求弹性大于零，国内价格的提高必然导致消费量的减少（如图10-1所示）。

征收关税使得国内价格从 P_w 提高到 P_t，从而使消费量从 Q_2 减少为 Q_4，对消费者的福利产生不利的影响。图10-1中，征收关税使得消费者剩余减少，损失部分为梯形 P_tP_wGB 的面积。

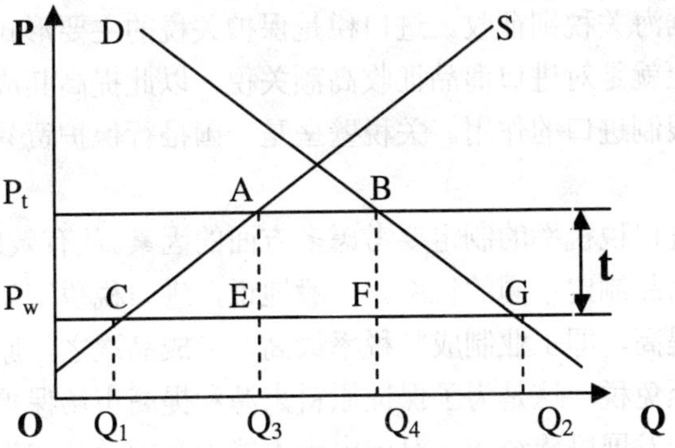

图 10-1　进口关税对消费者福利的影响

（2）形成贸易壁垒，阻碍国际贸易的发展

关税可以因形成贸易壁垒而阻碍国际贸易的发展。征收关税以限制进口商品，目的是保护本国相关产业，但如果关税保护过度也会影响本国进出口贸易的发展。因为各国贸易都讲求进出平衡，有进有出，进出结合。任何一方都不能企求只出不进，否则它方也会采取高关税政策，限制外国商品进口。这样一来，结果是谁也出不去，反而会阻碍各自的出口，进而阻碍国际贸易的发展。

（3）对征税国的经济发展也有一定的消极作用

虽然征税国对进出口产品征收关税可以起到保护国内产业、增加财政收入和调节进出口流量的作用，但是过度地依赖关税保护对本国经济也有不利影响。如进口关税过高会使国内物价提高，增加了进口国企业的生产成本和劳动力成本，降低了其出口商品的对外竞争能力；进口关税过高也会引发与有关国家的贸易摩擦与贸易争端，往往因此而导致其他国家也对征税国出口产口实施报复性关税，对征税国出口也是不利的；对于以加工贸易为主的国家，进口关税过高会提高加工贸易成本，降低加工贸易的经济效益。此外，一个国家征收出口关税更是弊大于利，会直接降低自己的出口产品的对外竞争能力。

二、关税的种类与征收方法

（一）关税的种类

海关在正常情况下按商品的流动方向，根据进出口税则征收的关税称为正常关税。正常关税主要包括：进口税、出口税和过境税。

1. 进口税

进口税是指进口国家的海关在外国商品输入时，根据海关税则对本国进口商所征收的关税。进口关税在外国货物直接进入关境或国境时征收，或者在外国货物由自由港、自由贸易区或海关保税仓库等提出运往进口国的国内市场销售时，根据海关税则征收。进口税是保护关税的主要形式。通常所说的关税壁垒，实际上就是对进口商品征收高额关税，以此提高其成本，从而削弱其竞争力，起到限制进口的作用。关税壁垒是一国推行保护贸易政策所实施的一项重要措施。

各国进口税税率的制定要考虑多方面的因素。从有效保护和经济发展出发，应对不同商品制定不同的税率。一般地说，进口税税率随着进口商品加工程度的提高而提高，即工业制成品税率最高，半成品次之，原材料等初级产品税率最低，甚至免税。这是为了保证原料来源和提高市场保护程度。而发展中国家为了保护和发展民族经济，对国内尚不能生产的设备和生活必需品制定较低的税率或免税，对奢侈品或国内能大量生产的商品制定较高的税率。

2. 出口税

出口税是出口国的海关在本国出口商品运出关境时，对本国出口商所征收的关税。由于征收出口税会增加出口商品的成本，提高本国产品在国外市场的销售价格，降低出口商品的竞争力，不利于出口的扩大，进而影响本国的市场和经济的发展，所以目前大多数国家对出口商品都不征收出口税，只有少数发展中国家征收少量的出口税。

我国历来坚持鼓励出口的政策，但为了控制一些商品的出口流量，避免因商品大规模出口而造成国内厂商的过度竞争，采取了对极少数商品征收出口税的办法。例如，我国政府决定在 2005 年全球纺织品贸易实现一体化后，对 6 大类 31 种纺织品采取从量税计征方式加征出口关税，以防止我国纺织品服装业出现出口过度增加的现象。

3. 过境税

过境税又称通过关税，是指一国对通过其关境的外国货物所征收的关税。其重要目的是增加国家财政收入。征收过境税的条件是征税方拥有特殊的交通地理位置，可以凭借这种得天独厚的条件获取一定的收入。货物通过本国领土，可以增加本国运输业的收入，而对本国生产和市场并不产生影响。由于所征过境税税率很低，对财政的意义不大，所以第二次世界大战后大多数国家都不征收过境税，在外国商品通过其领土时只收取少量的准许费、印花费、登记费和统计费等费用。我国也一直没有对过境商品征收过境税。

（二）关税的征收方法

关税的征收方法又称征收标准，一般来说，可以分为从价税、从量税、混合税和选择税四种。

1. 从价税

从价税是以课税对象的价值量为课税标准的征收方法，税率一般表现为应税税额占货物价格或价值的百分比，计税时以课税对象的价格或价值乘以税率即得出其应纳税额。从价税的优点是：税负公平合理，税负明确，便于各国在关税水平、关税保护程度上进行衡量、比较与谈判；从价税与价格变动相关，当物价上涨时，税收增加，使关税的财政作用和保护作用都不会受到影响。因此，能对进口商品普遍适用。

征收从价税的一个重要问题就是确定进口商品的完税价格。纳税人容易使用虚假价格或发票来逃避征税，为此许多国家和地区的海关对于不真实的报关价格要进行海关估价；有时武断、专断的海关估价又可能成为阻碍正常贸易的非关税壁垒，为此 WTO 专门制定了有关海关估价的协议以规范其行为。目前我国是主要使用从价税的国家之一，此外还有埃及、巴西、墨西哥等发展中国家。

2. 从量税

从量税是以进口货物的重量、数量、长度、容量和面积等计量单位为标准计征的关税。其中，重量单位是最常用的从量税计量单位。在实际应用中，各国计算重量的标准各不相同，一般采用毛重、半毛重和净重。毛重是指商品本身的重量加内外包装材料在内的总重量；半毛重指商品总重量扣除外包装后的重量；净重则指商品本身的重量，不包括内外包装材料的重量。

在相当长的历史阶段，从量税被各国广泛采用。但二战后随着严重通货膨胀的出现和工业制成品贸易的增长，征收从量税起不到关税保护作用，各国纷纷放弃了完全按从量税计征关税的做法。目前，只有个别国家仍完全使用从量税，比如瑞士。

3. 混合税

混合税又称复合税，是指对同一种进口商品同时采用从价和从量两种计征关税的方法。混合税按从价、从量的主次不同又可分为两种情况：一种是以从价税为主加征从量税，即在按进口商品价格征税的基础上，再按其数量单位加征一定数额的从量税；另一种是以从量税为主加征从价税，即在对每单位进口商品征税的基础上，再按其价格加征一定比例的从价税。

由于混合税结合使用了从量税和从价税，扬长避短，哪一种方法更有利，就使用哪一种方法或以其为主征收关税，因而无论进口商品价格高低，都可以起到一定的保护作用。目前世界上大多数国家都使用混合税，如主要发达国家美国、欧盟、加拿大、澳大利亚、日本等，以及一些发展中国家如印度、巴拿马等。我国对少数商品如啤酒、专业摄像机等实行混合税计征方法。

4. 选择税

选择税是在海关税则中对同一税目的商品制定按从价标准和从量标准计征税款的两种税率，可根据需要选择其中一种计算应征税款。

在使用时，可以选择税额较高的计征，也可以选择税额较低的计征，通常是选择前者以加强关税的保护作用。当物价上涨时，因从量税的单位应税额不能及时调整，税额相对较低，可选择从价计税；当物价下跌时，从价计征的税额相对较低，则可按从量标准计征关税。有时，为了鼓励某种商品的进口，或给某出口国以优惠待遇，也可以选择税额较低的一种税率征收关税。

第三节　我国关税制度的改革

一、我国关税制度改革的进程

（一）我国关税制度改革的原则

我国由于长期受到计划经济的影响，使得进口关税平均水平大大高于世界平均水平，严重阻碍了对外贸易的发展。很明显，这种高关税与世界贸易组织有关规则和国际经济发展大趋势是格格不入的，因此我国在申请恢复关贸总协定缔约国地位的进程中，逐步提出关税体制改革的具体措施。1987年2月我国政府向关贸总协定提交了《中国对外贸易制度备忘录》，提出了我国“促进改革开放，保护民族工业，贯彻产业政策，反对贸易歧视”的关税政策的原则。1992年邓小平同志南巡以后，我国关税体制改革的原则从过去的“以防范为主”逐步转向“以促进为主”，即征收关税的目的是为了促进生产力的发展，促进对外贸易的发展，促进科学技术的发展。

入世后，我国关税政策的调整遵循“降低关税水平，理顺税率结构；扩大征税税基，稳定进口税收；削减税率峰值，实行适度保护”的方针，按照承诺继续降低关税税率，全面实施WTO海关估价协议，在立法和操作方法上做了大量的工作，并按照非歧视原则在全关境内实行公平、统一的关税税率。在关税税率逐步降低的基础上，分阶段地调整和理清减免税政策，完善纳税争议的申诉和复议制度，促进关税征收工作的规范、公正、透明、高效。实施WTO海关估价协议后，海关税收会有不同程度的减少，对发展中国家的影响可能更大一些。

（二）我国进口关税税率的降低

自改革开放以来，我国不断调整关税制度，在1985年进行了一次重大的关税制度改革：在原有基础上重新修订了《中华人民共和国进出口关税条例》和

《中华人民共和国海关进出口税则》，并于1985年3月10日起实施。此后，于1987年、1992年进行了两次修订调整，2005年我国对关税制度做了进一步的调整，以继续履行入世承诺的关税减让义务，履行我国与有关国家和地区签订的关税协定。我国将根据国家宏观调控政策的基本取向和国内经济运行的实际情况，着重考虑支持农业和鼓励高新技术发展、抑制个别过热行业盲目发展等方面的需要，以暂定税率的形式对部分进出口商品的税率进行调整。

在进口关税方面，中国加入世界贸易组织后承担的主要义务之一就是削减关税水平。我国政府对关税税率进行了多次调整。1992年初，降低了225种进口商品关税，取消了全部的进口调节税，关税平均税率下降到43.2%；1993年12月，降低了2898个税号的进口商品关税，关税水平下降到36.4%；1994年我国政府又降低了小汽车进口关税，关税总水平达到35.9%；1996年4月，我国又降低了4963个税目，调整税目占总税目的75%，关税总水平进一步下降到23%；1997年10月1日的降税涉及4874个8位数税号商品，占税目总数的73.33%，关税水平从23%降至17%；2001年，关税总水平从17%降至15.33%；2002年，我国又下调5000多种商品的进口关税，关税总水平从15.33%降至12%，降幅达21.6%；2003年，关税总水平从12%降至11%，降幅达8.3%；2005年中国的关税平均水平从2004年的10.4%降到9.9%。到2010年我国平均进口关税税率水平为9.8%，低于发展中国家平均水平，已经完全实现中国入世时对进口关税的减让承诺，即从2001年的15.3%降低到9.8%，其中农产品的平均税率从18.8%降低到15.2%，工业品的平均税率从14.7%降低到8.9%。从表10-1中可以看出我国近些年来关税减让的变化趋势。

（三）我国对出口关税的征收

在出口关税方面，我国在改革开放以前仅对很少商品征收出口关税。因为征收出口税会因增大出口成本而影响本国的出口贸易发展，所以世界上多数国家一般不征收出口税。改革开放以后，我国政府为了保护本国资源、保护环境和增加税收，对有色金属及矿产品、煤炭、原油、鳗鱼苗等60余种商品征收出口税。根据世界贸易组织的有关规定，自2005年1月1日起纺织品和服装的出口不再受配额限制，为了维护世界纺织品贸易的正常秩序，并促进我国纺织品出口结构的优化，推动纺织品出口增长方式的转变，中国从2005年起对纺织品开征出口关税。

表10-1 1992～2011年中国关税总水平变动趋势表

年份	关税税率	降幅
1992	43.2%	—
1993	36.4%	15.7%
1996	23%	36.8%
1997	17%	26.1%
2001	15.33%	9.8%
2002	12%	21.7%
2003	11%	8.3%
2004	10.4%	5.5%
2005	9.9%	4.8%
2009	9.8%	1.0%
2010	9.8%	—
2011	9.8%	

资料来源：各年的《中国对外贸易统计年鉴》。

二、我国的关税制度

关税制度是一国政府在一定时期内为运用关税达到其特定的经济、政治目的而采取的行为准则，是国家经济政策、政治政策及社会政策在对外贸易中的具体体现。我国的关税制度主要分以下几个方面：

（一）关税种类及税率栏目

中国的关税基本分为出口关税与进口关税两大类，并在此基础上进一步划分。我国仅对极少数产品征收出口关税，所以主要征收的是进口关税。根据《中华人民共和国进出口关税条例》的规定，我国对进口货物关税设置最惠国税率、协定税率、特惠税率、普通税率、关税配额税率等，对进口货物在期限内可以实行暂定税率。

1. 最惠国税率

最惠国税率适用于以下三种原产地进口的货物：原产于世界贸易组织成员方的进口货物；原产于与中华人民共和国签订含有相互给予最惠国待遇条款的双边贸易协定的国家或地区的进口货物；原产于中华人民共和国境内的进口货物。

2. 协定税率

原产于与中华人民共和国签订含有有关关税优惠条款的区域性贸易协定的国家或地区的进口货物，适用协定税率。如近年来我国政府与有关国家和地区签订的自由贸易协定，我国参加的亚太贸易协定，我国大陆与香港、澳门、台湾地区签订的有关优惠关税的协议（见后文的“法定减免”）。

3. 特惠税率

特惠税率适用于与中华人民共和国签订含有特殊优惠条款的贸易协定的国家或地区的进口货物。特惠税率一般低于最惠国税率和协定税率。如我国根据《中华人民共和国给予非洲最不发达国家特别优惠关税待遇的原产地规则》，对原产于非洲 25 个与中国建立外交关系的最不发达国家的部分进口产品实行该待遇；对亚太贸易协定下的老挝、柬埔寨、缅甸的部分进口产品实行该待遇。

4. 普通税率

普通税率是进口税率中最高的税率，实际上征税时最不普通。该税率适用于原产地不属于适用上述优惠税率范围的国家和地区的进口货物，或者原产地不明的进口货物。

5. 进口暂定税率

进口暂定税率是对某些税号中的部分货物在适用最惠国税率的前提下，通过法律程序暂时实施的进口税率，一般低于最惠国税率。我国《进出口关税条例》规定，适用最惠国税率的进口货物有暂定税率的，应当适用暂定税率；适用协定税率、特惠税率的进口货物有暂定税率的，应当从低适用税率；适用普通税率的进口货物，不适用暂定税率。

6. 关税配额税率

关税配额税率是指对一部分实行关税配额的货物，按低于配额外税率征收的关税。按照国家规定实行关税配额管理的进口货物，关税配额内的适用关税配额税率；关税配额外的，其税率的适用按照前述税率的规定执行。

7. 信息技术产品税率

根据世界贸易组织《信息技术产品协议》的规定，有关的信息技术产品应该在中国加入世界贸易组织以后实行零关税政策，所以我国已经取消中国关税减让表中的所有信息技术产品的关税。

8. 附加关税

根据国务院关税税则委员会的决定，由我国海关负责按规定征收的进口附加关税，包括报复性关税、反倾销税、反补贴税和保障措施关税等。

（二）海关估价制度

海关估价是指海关为征收关税等目的，确定进口货物完税价格的程序。海关估价主要适用于实施从价关税的商品。通过估价确定的价格为完税价格，它是海关征收从价关税的依据。世界各国各地区对绝大多数商品采用从价关税，所以海关估价的原则、标准、方法和程序等都影响完税价格的确定。海关高估进口货物的价格相当于提高了进口关税水平，从而对货物的国际流动构成限制，减损各国各地区在多边贸易体制下所做的关税减让承诺。

海关估价一方面要规定一个统一口径的价格准则，另一方面又要以商人申报的真实价格作为依据，不能脱离实际的贸易价格。各国规定了不同的海关估价确定完税价格，目前主要有三种：出口国离岸价格（FOB）、进口国到岸价格（CIF）和进口国的官方价格。如美国、加拿大等国采用离岸价格来估价，而西欧等国采用到岸价格作为完税价格，不少国家甚至故意抬高进口商品完税价格，以此增加进口商品成本，把海关估价变成一种阻碍进口的非关税壁垒措施。我国进口货物的海关估价一般以到岸价格作为基础，便于对进口价格进行比较、审查，但也使发自较远国家的货物成本较高。

改革开放的不断实践与总结，使我国已初步建立起以《进出口关税条例》为框架，以《审价办法》及其海关估价文件为实体的多层次的、比较完善的海关估价制度体系，体现了极大的开放性、科学性、公开性以及符合国情的独立性。

（三）海关税则

海关税则是海关征税的法律依据，是关税政策的具体体现。海关税则又称关税税则，是指一国对进出口商品计征关税的规章和对进出口的应税与免税商品加以系统分类的一览表。目前，我国海关实行的是2005年版《中华人民共和国海关进出口税则》。海关税则一般包括两个部分：一部分是海关课征关税的规章条例及说明；另一部分是关税税率表。其中，关税税率表主要包括三个部分：税则号列，简称税号；货物分类目录；税率。

我国自1992年1月1日起正式实施以《商品名称及协调编码制度》（简称《协调制度》）为基础编制的新的《海关进出口税则》和《海关统计商品目录》，以便为海关的关税征收提供法律保证。《协调制度》是一个新型的、系统的、多用途的国际贸易商品分类体系，它除了用于海关税则和贸易统计外，对运输商品的计费与统计、计算机数据传递、国际贸易单证简化以及普遍优惠制的利用等方面，都提供了一套可使用的国际贸易商品分类体系。

我国的《协调制度》基本上按商品的生产部类、自然属性、成分、用途、加工程度、制造阶段等进行编制，共有21类97章，其中第1～24章为农副产品，第25～97章为加工制成品，第77章金属材料为空缺，是为新型材料的出现而留空。在章下设有用四位数编码的项目1241个，其中有311个没有细分目录，其余930个项目被分为3246个一级子目，这些子目中又有796个被进一步分出2258个二级子目，因此《协调制度》中共有5019个税目。

（四）关税的计算、缴纳与退补制度

我国计征关税多数采用从价的方式，因而确定完税价格是征收关税的起点。

计算货物的完税价格一般有以下几种方法：一是以我国口岸到岸价格（CIF）成交的，以我国口岸到岸价格佣金（CIFC）成交的，可以直接以此作为完税价格；二是以国外口岸离岸价格（FOB）或者以国外口岸到岸价格（CIF 国外口岸）成交的，计算完税价格时应加上该货物从国外发货或交货口岸运到我国口岸以前的运杂费、保险费；三是以成本加运费价格（CFR）成交的，计算完税价格时应当另加保险费。

进出口货物以外币计价的，应当由海关按照填发税款缴纳证之日国家外汇管理部门公布的人民币外汇牌价来折成人民币进行征缴税款。当纳税人纳税后，遇有法律规定的例外，海关将原缴纳税款返还给原交纳人的制度称为关税退还制度，在我国包括复出口退税和溢征退税两类。在纳税人按海关核定的关税金额缴纳税款后，发现原核定税额少于应征税额时，海关对原纳税人征收原短征关税的行为称为关税的追征。

（五）我国的关税减免制度

关税的减免是海关免除关税纳税义务人的关税给付义务的行政行为。它是税收政策灵活性的具体体现，主要是出于经济政策的需要，关税制度的合理性要求，国际惯例与协议或其他政治、社会、道德等方面的原因而实施的。按照全国人民代表大会通过的《海关法》的规定，我国的关税减免分为法定减免、特定减免和临时减免三大类。

1. 法定减免

（1）法定减免的范围

法定减免是我国根据《海关法》和《海关进出口税则》对某些已明文规定减免关税的商品进行的减免，不需经特别批准。法定减免包括我国现行税则中60 多种实行零税率的进口商品。此外，还包括无商业价值的广告品和货样，外国政府与国际组织无偿赠送的物资，进出境运输工具装载途中必需的燃物料及乘员饮食用品，因故退还的进出口货物，海关放行前遭损坏或损失的货物，规定数额内的货物、物品，我国缔结或参加的国际条约规定减免关税的货物、物品。根据 WTO《信息技术产品协议》，我国已经对所有协议规定的高科技产品实现了零关税。

（2）自由贸易协定的优惠政策

在地区经济一体化方面，我国与许多国家和地区陆续签订了自由贸易协定，根据协定的规定，双方各自对来自对方的绝大多数货物实行零关税政策。其中，已经签订协定的有巴基斯坦、智利、秘鲁、新西兰、新加坡、东盟、哥斯达黎加和“亚太贸易协定”。“亚太贸易协定”包括中国、印度、韩国、孟加拉国、老挝、斯里兰卡等成员，该协定原称“曼谷协定”，是 1975 年成立的，我国政府于2001年正式加入。除此以外，此类自由贸易协定还包括与我国香港、澳门地区签署的“更加紧密的经济合作协议”及与台湾地区签署的“海峡两岸全面经济合作的框架协议”；正在谈判的有“海湾合作委员会”、冰岛、秘鲁、南部非洲关税联盟、瑞士、澳大利亚等国家和国际经济组织。2012年5月1日中国政府与韩国政府正式开启两国自由贸易协定的谈判。该自由贸易协定包括货物贸易、服务贸易、知识产权和投资，这将大大促进中韩两国贸易的快速发展。对于来自签订有自由贸易协定的国家和地区的货物实行零关税政策，这也属于法定减免。

（3）对最不发达国家的优惠政策

中国是对最不发达国家开放市场程度最大的国家，对来自最不发达国家的大多数进口产品实行零关税政策。截至2010年7月，中国已经对36个已建交最不发达国家原产的4700多个税目商品实施进口零关税，约占全部税则税目的60%。中国已承诺将继续扩大对已建交最不发达国家的给惠范围，使实施零关税商品达到全部税则税目的97%。零关税措施促进了最不发达国家对中国的出口。自2008年以来，中国一直是最不发达国家第一大出口市场。2010年，中国自最不发达国家的货物进口总额比上年增长58%，约占这些国家出口总额的1/4。

2. 特定减免

特定减免是根据国家制定的减免税办法和海关总署、财政部根据专门法规进行的减免。减免范围包括：经济特区等特定地区、外商投资企业等特定企业的进出口货物，有特定用途的进出口货物，只能用作公益事业的捐赠物资等。特定减免税的进出口货物，只能用于特定地区、特定企业或特定用途，未经海关核准并补缴关税，不得移作他用。

3. 临时减免

临时减免是指除法定减免和特定减免外，基于特定情况或个别企业单位的临时困难，需要对其进口应税货物特别予以关照的关税减免。它具有一定的特殊性、临时性和集中性。

本章小结

在加入世界贸易组织的进程中，中国的最大改革是关税制度改革和大幅度降低进口关税税率。我国在计划经济时期长期实行的是保护关税政策，而加入世界贸易组织后要实行自由贸易政策，关税也要由自主关税向协定关税过渡，因此征收关税的保护目的要逐步淡化，而向促进关税转变，从“以防范为主”

逐步转到“以促进为主”的方向，即征收关税的目的是为了促进生产力的发展，促进对外贸易的发展，促进科学技术的发展。

入世后，我国关税政策调整遵循“降低关税水平，理顺税率结构；扩大征税税基，稳定进口税收；削减税率峰值，实行适度保护”的方针，按照承诺继续降低关税税率，全面实施 WTO 海关估价协议，在立法和操作方法上做了大量的工作，并按照非歧视原则逐步提高中国的市场准入程度。中国的关税基本分为出口关税与进口关税两大类，并在此基础上进一步划分。我国仅对极少数产品征收出口关税，所以主要征收的是进口关税。根据《中华人民共和国进出口关税条例》的规定，我国对进口货物关税设置最惠国税率、协定税率、特惠税率、普通税率、关税配额税率等，对进口货物在期限内可以实行暂定税率。我国在加入 WTO 以后对关税制度进行了非常大的改革和调整，逐步与 WTO 的国际通行规则接轨，主要包括海关税则、海关估价制度和关税减免政策。我国的海关税则是按照国际上通行的协调编码制度制定的，海关估价政策也全面与 WTO 的海关估价协议接轨。海关估价是指海关为征收关税等目的，确定进口货物完税价格的程序。海关估价主要适用于实施从价关税的商品。通过估价确定的价格为完税价格，它是海关征收从价关税的依据。世界各国各地区对绝大多数商品采用从价关税，所以海关估价的原则、标准、方法和程序等都影响完税价格的确定。关税的减免是海关免除关税纳税义务人的关税给付义务的行政行为。它是税收政策灵活性的具体体现，主要是出于经济政策的需要，关税制度的合理性要求，国际惯例与协议或其他政治、社会、道德等方面的原因而实施的。按照全国人民代表大会通过的《海关法》的规定，我国的关税减免分为法定减免、特定减免和临时减免三大类。法定减免是我国根据《海关法》和《海关进出口税则》对某些已明文规定减免关税的商品进行的减免，不需经特别批准。自由贸易协定的优惠政策也属于法定减免范围，我国目前已经与多个国家、地区和经济体签订了自由贸易协定，大大推动了与这些国家和地区贸易的发展。此外，我国还给予非洲、亚洲等几十个最不发达国家关税优惠政策。特定减免是根据国家制定的减免税办法和海关总署、财政部根据专门法规进行的减免。临时减免是指除法定减免和特定减免外，基于特定情况或个别企业单位的临时困难，需要对其进口应税货物特别予以关照的关税减免，它具有一定的特殊性、临时性和集中性。

本章思考题

1. 什么是海关？我国海关的基本职责有哪些？

2. 关税的积极作用和消极作用各是什么？

3. 中国加入WTO以后的关税政策发生了什么变化？

4. 我国的关税减免制度主要包括哪些基本内容？

5. 我国的关税减免有哪些基本方式？目前与我国政府签订自由贸易协议的国家和地区有哪些？

6. 什么是海关估价？海关估价的意义是什么？

第十一章 进出口商品检验制度

本章学习目标

进出口商品检验制度是我国根据世界贸易组织的有关制度和规则，对进出口商品进行质量管理的重要环节。国家通过制定相应法律法规和设立专门的检验与管理机构，严格按照合同和标准规定进行检验和管理，维护对外贸易各方的合法权益，对保护国家和消费者利益、促进对外贸易关系的顺利发展起着极为重要的作用。我国进出口商品检验的主要职责包括法定检验、监督管理和公证鉴定。为了与世界贸易组织的有关国际规则接轨，我国对进出口商品检验制度进行了重要的改革和调整。

第一节 进出口商品检验概述

进出口商品检验是我国实现进出口商品品质管理的一个重要环节，对于保证进出口商品的质量、维护对外贸易有关各方的合法利益、促进对外贸易关系的顺利发展有着极为重要的作用。国家通过制定商品检验的法律、法规和设立进出口商品检验机构，对进出口商品的质量、重量、数量、包装、安全、卫生、装运条件等进行检验和管理，规范进出口商品检验行为，依据世界贸易组织规则和《商检法》等法律法规，对进出口商品检验活动进行管理。

一、进出口商品检验的含义

进出口商品检验，是指在国际贸易中，由国家设置的官方检验机构或由政府注册的、独立的、第三者身份的鉴定机构，对进出口商品的质量、规格、数量、重量、包装、卫生、检疫、残损、装运条件、装运技术等进行的检验、鉴定和监督管理工作。

进出口商品检验管理是伴随着国际贸易的发展而产生的，并在国际贸易过程中不断完善。由于国际贸易涉及的是不同国家和地区之间的商品交换，不仅数量较大，距离较远，而且不是当面交换，而是凭贸易合同或样品来进行货物交流。因此，在进出口双方信息不对称的情况下，就需要有一个权威性的第三者身份的检验鉴定机构，对进出口商品进行检验和鉴定，并提供证明，作为贸易双方交接和解决争议的凭证，以保证对外贸易业务的顺利进行。我国是一个对外贸易的大国，所以检验检疫工作对我国的进出口贸易极为重要。

二、我国检验检疫工作产生和发展

国际上检验检疫措施最早产生于 1664 年的法国。法国政府于该年制定了 150 余种商品的品质规格，首创了国家对进出口商品的品质管制制度。此后欧洲重要资本主义国家为了对外推销本国产品，占领国际市场，保护本国产业和人民安全卫生，对本国生产出口的商品和外国进口的商品开始进行质量检验。我国对进出口商品的检验始于 1864 年，是由英商劳合氏的保险代理人上海仁记洋行代办水险和船舶检验、鉴定业务。当时，西方资本主义国家在我国设立了检验检疫机构（当时称公证行），办理一切水险、船舶、棉花、生丝、肉类等检验业务。1928 年，国民党政府公布《商品出口检验暂行规定》，合并了国内一些公证行，先后在上海、汉口、青岛、天津、广州、重庆等地建立了商品检验局和一些检验处，但检验实权和大部分业务仍掌握在外国人建立的检验机构手中。

中华人民共和国成立后，人民政府很快取缔了外国公证行，接管了国民党政府的检验检疫机构，废除了原来不合理的检验规章制度，统一了政策法律，建立了我国独立自主的商品检验局，统一管理进出口商品检验业务。1984 年 1 月 28 日国务院正式颁布了《进出口商品检验条例》，明确规定检验检疫局是全国主管进出口商品的监督、检验、管理的主管机关。1989 年七届全国人大常委会第六次会议通过了《中华人民共和国进出口商品检验法》，在这以后国务院又批准了《商检法实施条例》。2002 年 4 月 28 日，九届全国人大常委会第二十七次会议审议通过了关于修改《中华人民共和国进出口商品检验法》的决定。2005 年 8 月 31 日，国务院颁布了新修订的《进出口商品检验法实施条例》，进一步完善了我国进出口商品检验和监督管理的法制建设，为加强进出口商品检验工作提供了法律依据和保障。我国在 2000 年以前一直存在着三种不同隶属的出入境检验制度，即进出口商品检验、动植物出入境检验、检疫和出入境卫生检验，但是自 2000 年开始则实行三检合一，统一为出入境检验检疫制度。

三、我国进出口商品检验的法律依据

检验依据是进行进出口商品检验的根据，也是衡量进出口商品是否合格的

标准。因此，为了使我国进出口商品检验工作做到有法可依，七届全国人大常委会第六次会议通过了《进出口商品检验法》，这是我国第一部关于检验检疫工作的法律，此后在2002年对该法律进行了修订。国家通过立法形式保证了检验检疫机构依法独立行使职权。同时，由国家检验检疫局每年根据检验情况制定、调整并公布《出入境检验检疫机构实施检验检疫的的进出境商品目录》(简称《目录》)。《进出口商品检验法》的主要内容包括：

第一，突出了国家对进出口商品检验的重点，即《商检机构实施检验的进出口商品种类表》(简称《种类表》)以内的商品和其他法律、法规规定须经检验检疫机构检验的进出口商品为法定检验商品。

第二，明确了检验内容和检验依据。检验内容包括商品的质量、规格、数量、重量、包装以及是否符合安全、卫生要求。检验依据则是对外贸易合同及法律、法规规定的检验标准。

第三，明确了未列入《种类表》的商品可以抽查检验。

此外，我国还于1992年发布了《进出口商品检验法实施条例》，并于2005年根据新的《进出口商品检验法》对《实施条例》进行了修订。它是对《进出口商口检验法》的详细描述和说明，使《进出口商口检验法》的执行更有操作性。

四、我国进出口商品检验体制

国家进出口商品检验体制是指国家管理进出口商品检验工作的组织形式和基本制度，包括检验检疫机构的设置、职责范围的确定和管理职权的划分，是国家进出口商品检验法律法规、方针政策得以贯彻落实的组织保障和制度保障。根据《进出口商口检验法》的规定，我国进出口商品检验体制由三个层次组成：

(一) 国家检验检疫部门

国务院设立进出口商品检验部门——国家质量监督检验检疫总局，主管全国进出口商品检验工作。其主要职责是：组织起草与检验检疫相关的法规和法律，拟定检验检疫工作的方针和政策，组织实施进出口商品法定检验和监督管理，审批法定检验商品免验，组织办理进出口商品复验，组织进出口商品认证管理，监督管理进出口商品鉴定和外商投资财产价值鉴定，垂直管理出入境检验检疫机构，审批并监督管理从事进出口商品检验鉴定业务的机构，管理国家认证认可监督管理委员会和国家标准化管理委员会等。

在1999年以前，我国的商检机构有三个，具体隶属于三个不同的政府机关，即隶属于对外贸易部的进出口商品检验局、隶属于农业部的动植物检验检疫局和隶属于卫生部的出入境卫生检疫机构。为了与国际接轨，我国在1999年实行了“三检合一”的机构调整，成立了进出境检验检疫机构。在加入世界贸易组织进程中，我国的内外检验分离制度不符合世界贸易组织的规则，所以2001年又在中央机构中实现内外检合一，即成立国家质量监督检验检疫总局。

（二）地方检验检疫机构

国家质量监督检验检疫总局在各地方设立检验检疫机构——出入境检验检疫机构，管理各自所辖地区的进出口商品检验工作。其主要职责是：贯彻执行进出口商品检验方面的法律、法规及政策规定，实施进出口商品的法定检验和监督管理，负责进出口商品鉴定管理工作，实施外商投资财产鉴定，办理进出口商品复验，实施进出口商品认证工作，实施对进出口食品及其生产企业的卫生注册登记，实施民用商品入境验证工作，管理进出口商品检验证单、标志及签证、标识、封识等。

（三）检验机构

经国家检验检疫部门许可的检验机构——从事检验鉴定业务的机构，可以接受对外贸易关系人或者外国检验机构的委托，办理进出口商品检验鉴定业务。检验机构是社会中介服务机构，经国家检验检疫部门许可才具备从事委托进出口商品检验鉴定业务的资格。检验机构从事的进出口商品检验鉴定业务属于商业性委托检验。

五、我国进出口商品检验所依据的国际规则

中国加入世界贸易组织以后，在进出口商品检验上也逐步与世界贸易组织的国际通行规则接轨，包括根据内外贸一致和非歧视的原则，在2000年实行了“三检合一”，成立了质量监督检验检疫机构；建立与完善我国的技术性贸易壁垒体制。技术性壁垒一般分为三类：各国技术法规差异造成的贸易壁垒；各国技术标准差异造成的贸易壁垒；由繁琐复杂的检验程序形成的技术壁垒。我国加入世界贸易组织以后，根据自由贸易的原则，要建立与完善我国的技术壁垒措施，建立符合国际规则的技术标准、认证制度、卫生检疫制度和检验程序、包装规格、标签标准等。1995年世界贸易组织成立后通过了一系列与进出口检验有关的国际多边协议与规则，主要有：技术性贸易壁垒协议、动植物卫生检疫协议、原产地协议、装运前检验协议等。

（一）积极参与国际标准的制定工作

技术标准实际上就是国际贸易的游戏规则，谁控制了国际技术标准，谁就控制了国际市场。所以我国加入世界贸易组织以后，利用中国是国际标准化组织（ISO）和国际电工委员会（IEC）成员的有利条件，根据我国的需要参与国际标准的制定工作。

（二）完善我国的技术法规和技术标准

由于种种原因，我国许多领域的技术法规和标准还很不完善，因此今后要尽快完善。世界贸易组织允许各成员在具有合理和正当目标的前提下制定自己的技术法规。在技术方面，凡基于保护国家安全、防止欺诈行为、保护人的健康和安全、保护动植物的生命和健康、保护环境的，都可以制定自己的技术法规。因此，我国应该对现有落后的技术标准加以提升，并尽量采用国际通用的技术标准。要引导企业努力适应国际标准，取得技术和质量的认证，如 ISO9000 和 ISO14000 认证等。

（三）努力加强对进口商品的质量管理

为了维护国际市场的正常秩序，保护我国的生态环境免遭破坏，我们应该对进口产品进行严格管理与审查，坚决杜绝危险、有毒有害的废旧物资的进口，禁止技术不合格的产品进入国内市场。我们要鼓励企业熟悉和利用世界贸易组织技术性贸易壁垒的各项规定和对发展中国家的优惠待遇，提高自己产品的对外竞争力。

第二节　我国进出口商品检验工作的主要任务

我国进出口商品检验工作在对外经济贸易中发挥着重要的作用，我国商检部门本着“加强管理，认真检验，公证准确，维护信誉，促进外贸，为四化服务”的方针，贯彻国家有关进出口商品检验工作的法律、法规，并组织实施有关规章制度，其任务有三方面：一是对重要的进出口商品实施强制性的法定检验；二是对一切进出口商品的质量实施监督管理；三是根据对外贸易关系人的申请办理进出口商品公证鉴定业务。

一、法定检验

法定检验是指商检机构根据国家有关法律、法令和法规，对指定的重要进出口商品进行强制性检验。它是实施品质管理的主要手段，是国家行政管理措施之一，也是商检工作的主要任务。

（一）法定检验的主要内容

1. 品质检验

品质检验也称质量检验，可以采用各种检验手段，包括感官检验、化学检验、仪器分析、物理测试、微生物学检验等，对进出口商品的品质、规格、等级进行检验，确定其是否符合外贸合同、标准等规定。

2. 包装检验

指根据外贸合同、标准和其他有关规定，对进出口商品的外包装、内包装以及包装标志进行检验。

3. 卫生检验

指检验进出口食品是否符合人类服用的卫生条件，以保障人民生命健康和维护国家信誉。海关凭国家进出口商检机构的证书放行。

4. 安全性能检验

指根据国家规定和外贸合同、标准以及进口国的法令。对进出口商品有关安全性能的项目，如易燃、易爆、易触电、易受毒害、易受伤害等进行检验，以保证生产使用和人身财产安全。

（二）法定检验的检验标准

1. 强制性标准

强制性标准主要是在安全、卫生方面对有关的进出口商品规定了强制性检验，以保障人体健康和人力、财产的安全。国家法律、行政法规规定有强制性标准或其他必须执行的检验标准的出口商品，检验不合格者不准出口。

2. 技术标准

技术标准是生产、建设、商品流通的一种共同技术依据，是评定商品质量的准则，是进出口商品检验的重要依据。我国的技术标准依据《中华人民共和国标准化法》规定，分为国家标准、行业标准、地方标准和企业标准四种。

3. 对检验标准的其他规定

这些规定主要包括：外贸合同、信用证中规定按照国内或国外某一标准检验的出口商品，按照规定的标准检验；外贸合同、信用证中对出口商品的品质、规格、等级、安全、卫生、检疫、包装等要求和抽验检验方法有规定的，按照规定检验；合同、信用证没有具体规定或规定不明确的，按国家商检局指定的标准检验。传统出口商品和名牌商品应保持原来的传统和独特品质条件；标准中尚未规定抽样检验方法的，按照国家商检局统一规定的抽样、检验方法进行检验；新产品没有统一规定的，参照同类产品或通用方法抽样检验；出口商品尚未制定包装标准的，包装检验必须符合外贸合同、信用证规定外，总的要求是检查包装是否牢固、完整、干燥、清洁，以及能保证商品的数量和质量并适应长途运输的习惯要求；除外贸合同、信用证、标准中规定的检验项目外，检验时如果发现有影响商品质量和正常使用或有碍安全、卫生等情况，按有关法令规定和实际情况进行检验。

（三）商品检验程序

从检验、出证的角度说，进出口商品的检验程序一般分为报验、抽样、检验和签证四个环节。

1. 报验

进出口商品报验是指进出口商品的生产、经营企业和进出口商品的收发货企业或代理企业等单位，按有关规定向检验检疫机构报请检验、鉴定工作的手续。申请出口商品检验时，报验人必须填写《出（入）境货物报检单》，随附外贸合同、发票、提（运）单、装箱单等有关单证。

2. 抽样

检验检疫机构接受报验后，及时派员到货物堆存地点进行现场检验、鉴定，有的商品则需要进行抽样检验。抽样即按照技术标准或操作规程所规定的抽样方法和抽样工具，在货物的不同部位抽取一定数量的能够代表全批货物质量特征的样品供检验之用。

3. 检验

接受报验后，检验机构要认真研究申请检验的项目，确定检验内容，并仔细核定合同、信用证对品质、规格、包装的规定，确定检验的依据、标准和方法，对现场所取样品进行检验。

4. 签证

进出口商品经检验后，根据合同、信用证和申请人的要求，对外签发品质、质量、数量、包装、卫生、原产地等证书。经检验不合格的进出口商品，签发检验检疫证书或《出境货物不合格通知单》。

二、监督管理

对进出口商品质量及检验工作实行监督管理，是国家授权检验检疫部门根据国家法律法规对进出口商品质量及其检验工作和相关的质量保证体系进行监督的活动。监督管理的制度有：质量许可制度、认证管理制度、加施检验检疫标志和封识制度等。

四、　质量许可制度

为保证和提高出口商品质量，一国商品在出口前都要进行出口商品质量监管，为此国家制定了质量许可制度。

国家对生产厂家的生产设备、生产技术、质量管理、检验条件等生产条件和生产的出口产品的质量进行考核评价，只有符合规定条件的，才能由检验检疫机构颁发出口质量许可证。目前，实施出口质量许可制度的商品涉及机械、电子、轻工、化工、纺织、服装、陶瓷、玩具等大类（商品种类以国家质检总局调整公布为准）。

2. 认证管理制度

根据中国入世承诺和国民待遇原则，国家对强制性产品认证使用统一的标志。据此，《进出口商品检验法》第24条规定："检验检疫部门根据国家统一的认证制度，对有关进出口商品实施认证管理。"对进出口商品实施的认证管理，主要是通过强制性产品认证评定制度，即"CCC认证"。[①]我国的强制性产品认证，是通过制定强制性产品认证目录和实施强制性产品认证程序，对列入目录中的产品实施强制性的检测和审核。

根据国家统一的认证制度，各地检验检疫机构负责对进出口商品实施认证管理，其主要内容有：（1）对实施强制性认证的进出口商品进行监督管理，未取得认证的进口商品禁止进口、销售和使用；（2）对实施出口质量许可制度的出口商品，未取得许可证书的，不得出口；（3）对进出口食品及其生产企业实行卫生注册登记制度，未取得卫生注册登记的不得进口或出口。对违反进出口商品认证管理的行为应当予以处罚。

3. 商检标志管理和封识制度

对检验合格的进出口商品加施检验检疫标志和封识是检验检疫机构对进出口商品实施监督管理的具体措施。检验检疫标志是指在进出口商品上或者其外包装和小包装的明显部位加附我国规定的检验标志，以证明该商品符合国家或国际安全、卫生、质量标准，简称商检标志。商检标志用于我国进出口商品检验、认证和质量许可制度。根据不同要求，使用各种商检标志，以达到技术规范的强制性要求。我国进出口商品检验检疫标志分为三种：（1）符合国家和国际有关安全标准和规定的出口商品，符合国家安全法规和标准的进口商品，使用"安全标志"；（2）符合国家食品卫生标准或有关卫生标准的出口商品，使用"卫生标志"；（3）符合国家优质产品标准或国外先进标准的出口商品，符合进口贸易合同规定或国外厂商质量标准的进口商品，使用"质量标志"。

封识是指检验检疫机构对检验合格的出口商品、检验不合格须对外换货或者退货的进口商品以及保留待查样品等，根据规定采用各种方式对进出口商品实施加封识别，以加强批次管理，保证货证相符。检验检疫部门负责制定检验检疫标志和封识的管理办法，由检验检疫机构实施。检验检疫机构根据需要，对检验合格的进出口商品可以加施检验检疫标志或封识。经检验检疫机构加施封识的商品，不得擅自启封、涂改、移动和销毁。使用检验检疫标志的进出口商品及其生产、加工企业，应当接受检验检疫部门或者检验检疫机构的监督管理。

---

① "CCC认证"的英文名称为"China Compulsory Certification"。

三、公证鉴定业务

（一）公证鉴定的定义

对外贸易的公证鉴定业务指根据对外贸易关系人的申请或委托，由第三方公证鉴定检验机构，对与申请有关的内容进行检验鉴定，出具权威的、公正的证明。其业务主要包括进出口商品质量、包装、数量、重量、运输工具、产地、价值的证明以及其他鉴定业务。对外贸易的公证鉴定具有法律公证的性质，当检验者和被检验者发生争议时要靠民事法律规范来调解。

（二）公证鉴定业务的内容

1. 品质鉴定

根据外贸合同、信用证和有关的检验规定或申请人的要求，对进出口商品的品质，包括成分、规格、等级、性能和外观质量等，进行检验鉴定，签发品质鉴定书，作为货物交接、结算和处理索赔的依据。

2. 包装和标志鉴定

根据外贸合同或运输合同的规定，对进出口商品的内外包装的种类、材料和现状以及包装标志的实际情况进行检验鉴定，出具包装和标志鉴定证书。

3. 数量鉴定

按照发票、装箱单或尺码明细单的规定，对整批进出口商品逐一清点，证明其实际装货或到货数量，作为交接、结算或处理索赔争议的凭证。

4. 重量鉴定

据合同、信用证的规定，按有关技术规程办理进出口商品的重量鉴定，并签发鉴定证书。因为在国际贸易实践中一些散装货物在数量上一般允许比合同规定的数量略多或略少一些，称为溢短装条款，这时重量鉴定就是买卖双方进行结算的重要依据。

5. 运输工具载运条件鉴定

鉴定出口商品的船舶、集装箱、冷藏车（舱）是否清洁卫生，冷藏效能是否良好，是否符合运输合同的规定，并签发检验鉴定证书，作为可装载出口商品的凭证。

6. 残损鉴定

鉴定进出口商品的残破、短缺、生锈、发霉、水油渍损、串味感染、腐败变质、受湿污染等实际损失，分析对使用、销售的影响，估定残损的贬值率，证明有关修理、加工、改装等费用，签发残损鉴定证书，作为索赔及理赔的有效凭证。

7. 外商投资企业财产鉴定

随着我国外商投资的迅速发展，三资企业中引进设备实物投资占很大比重。

但这种实物投资表现出的品质好坏、技术水平的先进与落后、数额的虚与实、价格上的高与低，都直接影响到我国利用外资的质量和效益。某些不法外商弄虚作假，低价高报，以旧报新，以次充好，严重损害了我国的利益。为此，我国通过立法规定，作价出资的机器设备运抵中国口岸时，外资企业应报请中国的商检机构进行检验，由检验机构出具检验报告，海关凭商检机构出具的报告放行外商投资的设备，以维护投资方利益和国家利益。

四、 普惠制原产地证书

商检部门根据对外贸易关系人的申请和贸易合同的规定，依照有关法规和普惠制给惠国政府的有关规定，签发一般原产地证书和普惠制原产地证书。

所谓普遍优惠制（普惠制）是指根据联合国贸易发展会议的决定和世界贸易组织的有关规则，从1970年开始实行的给予发展中国家特别优惠的制度。这一制度规定，发达国家对发展中国家出口的制成品和半制成品给予普遍的、非歧视的、非互惠的关税优惠制度。普惠制原产地证书是根据给惠国政府制定的普惠制方案，由有关机构签发的可享受优惠关税的具有法律效力的官方证明文件。在我国是由商检机构出具普惠制原产地证书。目前对我国实施普遍优惠制度的国家有欧盟27国、瑞士、挪威、日本、加拿大、澳大利亚、新西兰、俄罗斯、白俄罗斯、乌克兰、哈萨克斯坦等。美国因政治原因至今还没有给予我国普遍优惠制待遇。我国享受发达国家普遍优惠制待遇的产品约3000多种，主要包括机电产品、化工产品、纺织品服装、家用电器等。由于我国商检部门签发对上述国家的普惠制原产地证书，使部分出口商品减免征收进口关税，提高了对外竞争能力，促进了我国出口贸易的发展。

四、我国对重要进出口商品的检验与管理

随着改革开放的进一步深化发展，我国对一些重要进出口商品的检验也制定了相应的政策措施，有效地保证了对外贸易的顺利运行，其中主要包括对粮油食品、动植物、机电产品、药品、废物等实施的检验与管理。

（一）进出口粮油食品的检验与管理

目前，世界上一些粮油食品的进口国实行贸易保护主义，对输入其境内的粮油食品的卫生标准要求越来越高，检验项目繁多且过于严格、苛刻。而粮油食品却是我国进出口的大宗重要商品之一，因此对我国此类商品出口的种种贸易障碍就在所难免，出口形势不容乐观。如日本对我国出口的大米要求检验47项农药残留、重金属、雷菌霉素，对日出口的肉食鸡不得检出克球酚残留和抗生素；美国对我国肉类要求检测250种农药残留及兽药残留；西班牙对我国出口的水产品和贝类要求检查贝类毒素；对出口食品加工厂，许多国家都要求对外注册才能对该国出口加工食品等。

针对以上对我国粮油食品出口的限制，我国根据有关法律规定，对出口食品加工企业实施了卫生注册登记制度，以保证出口食品的卫生质量，促进对外贸易的发展。同时，我国通过对进口食品的法定检验，强化了质量管理，保护了国内农业、畜牧业的发展和消费者的身体健康。

（二）进出口动植物检疫与管理

进出口动植物检疫是当今世界几乎所有国家为了防止危害性动植物传染病、寄生虫病和植物的病虫害，从国外传入本国而实行的一种检疫制度。我国的动植物检疫起步较晚。党的十一届三中全会以后，我国的农业生产、对外贸易和国际经济技术交流得到了长足发展，对外开放口岸迅速增加，进出境动植物、动植物产品的品种、数量大幅度增长，来源和途径非常广泛，疫情十分复杂。在这一新形势下，为了保护和促进农牧业生产，促进对外经贸事业的发展，我国深化了检疫管理。

为防止病虫害传入和传出国境，我国《进出口动植物检疫法》规定：凡是进出境和过境的动植物、动植物产品、生物制品、装载动植物和动植物产品以及其他检疫物的装载容器、包装物以及来自动植物疫区的运输工具，均属于检疫范围。此外，我国还对国家禁止进出口的动植物及其产品进行了明确的规定，按照动植物检疫的程序严格把关，从而有效地控制了国外一些高致病性动物疫情向我国的传播，为人民的健康提供了有力保障。

（三）进出口机电产品的检验与管理

近年来，随着我国经济的发展，机电产品出口也迅速发展。我国机电产品出口主要包括大中型成套设备、高级精密机械产品、电站设备、家用电器、土建机械、轻工机械、钢炉产品等。为保证机电产品的出口质量，维护国家信誉，商检部门列入《种类表》内进行法定检验的机电产品也逐渐增多，现行商检《种类表》内共有 6 类 417 种出口机电产品为法定检验商品。对于列入《种类表》的机电产品，商检机构采用监督抽查的方式予以管理，以确保出口产品的质量，并对机电产品实施质量认证工作。

对于进口机电产品，商检部门根据对外贸易发展的需要，以是否安全卫生、是否属于重要的进口商品为原则，将其中部分机电产品列入《种类表》实施法定检验。在这些法定检验的进口机电产品中，对重要产品及生产企业，国家还实施进口安全质量许可制度，规定凡此类商品必须在取得国家商检局的进口安全质量许可后，方可进口。对法定检验以外的机电产品进口，商检机构则采用抽查检验的方式来实施监管。

（四）进出口药品的检验与管理

由于药品和人民群众的生命安全息息相关，所以加强进出口药品的检验管理，对于保证药品质量、保障人民用药安全、增进人民身体健康、维护我国声誉，都具有极其重要的意义。我国对进口药品的管理实行许可证制度，规定凡进口药品必须按规定向我国卫生部药政管理局申请发给进口药品许可证。对已经取得许可证的药品，准予办理进口。许可证只对该证载明的品种和厂商有效。

（五）进口废物的检验和管理

这些年来美国等西方国家以输出废物为名，多次把洋垃圾输往我国和一些发展中国家，严重破坏了我国的环境卫生，损害了我国的利益。为了防止进口废物而造成环境污染，国家商检局将废钢、废铜、废纸等列入法定检验的范围，并颁布了一系列法律法规。严禁外国有害废物向我国转移。对于国家允许作为原料进口的废物必须实施装运前检验，使其符合我国环境保护控制标准的要求，检验合格后才能装运。这样可以有效防范有害废物进入我国，保证我国的环境不被污染。

本章小结

进出口商品检验是一个国家对进出口商品的质量进行的监督和管理，其根本目的是为了维护国家利益和消费者的合法权益，对促进对外贸易的发展也有着重要作用。我国进出口商品检验的基本任务是法定检验、监督管理和公证鉴定。法定检验和监督管理属于为国家把关，而公证鉴定则属于为对外贸易关系人维持业务关系服务。在经济全球化和贸易自由化迅速发展的今天，我国的进出口商品检验将逐步与有关的国际通行规则接轨。近年来，为适应改革开放的形势，我国对一些重要进出口商品的商品检验制定了相应的政策，主要包括粮油食品、动植物、机电产品、药品及废物的检验和管理。

在1999年以前，我国的商检机构有三个，具体隶属于三个不同的政府机关，即隶属于对外贸易部的进出口商品检验局、隶属于农业部的动植物检验检疫局和隶属于卫生部的出入境卫生检疫机构。为了和国际接轨，我国在1999年实行了“三检合一”的机构调整，成立了进出境检验检疫机构。在加入世界贸易组织进程中，我国的内外检验分离制度不符合世界贸易组织的规则，所以2001年又在中央机构中实现内外检合一，即成立国家质量监督检验检疫总局。这种检验制度的改革，既达到与国际贸易规则接轨的目的，又简化了检验程序，有效促进了对外贸易的发展。

本章思考题

1. 什么是进出口商品检验？进出口商品检验的目的是什么？
2. 我国进出口商品检验的主要职责有哪些？
3. 我国在 2000 年实行的“三检合一”是指什么？新的机构叫什么名称？
4. 什么是法定检验？法定检验的内容包括哪些？
5. 什么是进出口商品检验的监督管理？商检标志包括哪些？
6. 什么是进出口商品检验的公证鉴定？其主要鉴定的内容包括哪些？
7. 什么是普遍优惠制？商检机构在普遍优惠制实施中起到什么作用？

第十二章　中国的对外贸易促进

本章学习目标

中国为了发展对外贸易而制定了一系列贸易促进政策，并建立了相应的机构。本章主要介绍中国的特殊经济区域与对外贸易促进，出口退税政策及其改革，出口信贷和出口信用保险，进出口商会和对外贸易促进机构。这些贸易促进的制度和政策，有效地促进了中国对外贸易的高速发展。

随着各国对外贸易的发展，尤其是在世界贸易组织成立以后，为了促进本国对外贸易的发展，保护本国的经济利益，世界上许多国家都灵活运用世界贸易组织的规则，建立起了符合本国国情的政府（官方或半官方）对外贸易促进服务系统。所谓的贸易促进政策，就是通过加强政府的作用，制定科学的贸易政策，改善对外贸易环境，并建立和加强对外贸易促进的组织结构及行业性的商会以推动本国对外贸易的发展。

为了促进中国对外贸易的发展，2004 年 4 月 6 日修订的《中华人民共和国对外贸易法》中第九章“对外贸易促进”明确规定了中国的对外贸易促进政策。其中包括：采取进出口信贷、出口退税及其他对外贸易促进措施，发展对外贸易；成立进出口商会；成立民间的贸易促进机构，推动对外贸易的发展。除了《对外贸易法》中规定的措施外，早在 20 世纪 80 年代初开始设立的经济特区、经济开发区、保税区和出口加工区也是我国对外贸易促进的重要措施。本章分别从上述几个方面对中国的对外贸易促进政策进行介绍。

第一节　特殊经济区域和对外贸易促进

特殊经济区域指的是主权国家或地区在对内对外经济活动中，为了实现特定的经济目标而开辟的实施特殊经济管理体制和特殊经济政策的区域。建立特殊经济区域的目的就是促进本国的对外贸易发展，特别是促进加工贸易和转口贸易的发展。

世界上最早的经济特区于1547年出现在意大利的热那亚港。第二次世界大战后，经济特区在全世界范围内得到了很大发展，现在全世界共有各种类型的经济特区600余个。从名称来看，主要有自由港、自由贸易区、出口加工区、自由边境区、科学工业园区、新技术开发区等。从发展过程来看，主要可分为两种类型：一类是以促进对外贸易和转口贸易为主的“自由贸易区”；另一类是以促进加工出口工业为主的“出口加工区”，这是自由贸易区的一种发展形式。特殊经济区域的共同特点是“境内关外，自由免税”。我国的特殊经济区域主要包括经济特区、经济开发区、保税区和出口加工区。如果按自由化程度来分，一类是属于关税领土，即有许多贸易与投资的优惠政策，但是在关税上没有优惠，包括我国现行的经济特区、经济技术开发区、科学工业园区等；另一类属于非关税领土，即在该区域实行境内关外的免征关税政策，包括我国现行的保税区、保税港区、综合保税区和出口加工区等。

一、经济特区

我国的经济特区主要是特指深圳、珠海、汕头、厦门和海南五个国家批准成立的特殊经济区域，这五个经济特区实际是关税领土的特区，并不是境内关外，而是关境以内的实行某些特殊经济政策的特定区域。

（一）中国经济特区的发展概况

我国的经济特区是在20世纪80年代初伴随着改革开放而诞生的。经过长时间的精心准备，1980年8月全国人大常委会公布了《广东省经济特区条例》，正式批准建立经济特区。同年成立的四个经济特区是深圳、珠海、汕头、厦门。在积累了一定建设经济特区的经验的基础上，为了加快海南岛的开发和建设，1988年国务院又决定将海南岛增设为海南经济特区，并将其建设为中国最大的经济特区。

目前，我国共有五个经济特区，总面积3.5万平方公里，人口接近1000万。在这些经济特区里，国家批准率先实行市场经济体制，并在对外贸易活动中实行更加开放的政策。三十多年来，经济特区在我国的改革开放和现代化建设中发挥了重要作用，取得了重要成绩。

（二）中国经济特区的性质和特点

1. 中国经济特区的性质

中国的经济特区是在坚持四项基本原则的前提下设置的，是经济特区而不是政治特区。特区的“特”，主要是指在经济上实行特殊的政策、灵活的措施，采取特殊的经济管理方式等，而不是说可以脱离社会主义轨道。所以社会主义公有制在特区的主体地位没有变。有些地区即使非公有制所占比重较大，但依然受中国整体经济、政治条件的制约，从属于社会主义经济。特区的政权掌握在中国共产党的手里，党领导的人民政府在特区行使完全的主权，国家掌握着立法权、司法权和行政管理权等一切权力。同时，特区的经济活动是在遵循中国对外经济关系基本原则的前提下进行的，外商在特区投资办厂，必须遵守中国的宪法和法律。特区建设的实践表明它符合三个“有利于”的标准。邓小平同志指出：对于姓“社”还是姓“资”的问题，“判断的标准应该主要看是否有利于发展社会主义社会的生产力，是否有利于增强社会主义国家的综合国力，是否有利于提高人民的生活水平”[①]。特区建设的实践表明，经济特区有利于发展社会主义社会的生产力，有利于增强社会主义国家的综合实力，有利于提高人民的生活水平。

2. 中国经济特区的特点

经济特区的建立，吸取了国外出口加工区、自由贸易区的成功经验和失败教训，同时结合了我国的具体国情，是一项开创性的开放实践。经济特区主要具有以下几个特征：

第一，特区经济以吸收和利用外资为主，具有多层次性，是多种经济并存的综合体。特区企业以中外合资、合作经营企业和外商独资企业为主，同时也重视利用内地资金和自筹资金，于是就形成了三资企业、全民所有制、集体所有制、个人所有制等多种所有制结构。这些所有制不同的经济成分在市场经济的杠杆下平等竞争。

第二，特区以市场调节为主，参与国际分工。经济特区实行的是国家宏观计划指导下的市场经济体制，各种经济主体都是通过市场来进行经营活动的；政府不直接干预经济，只是为微观经济主体创造环境，引导经济发展。在这种市场体制的作用下，特区不但是国内市场的一分子，同时还将自身纳入国际市场体系，参与国际大循环。特区根据国际市场的需要，以出口创汇为中心来调整产业结构，并充分地利用国内市场和国际市场两种资源，广泛参与国际分工和国际市场竞争，大力开展对外经济交流。

第三，特区具有较大的活动自主权，调节经济的手段比较灵活。和其他地区不同，特区是根据国际市场的需求来组织生产经营的，在所拥有的自主权限内，特区灵活采取经济、法律、计划、行政等各种手段，对经济活动进行有效的调节和管理。

第四，特区具有良好的投资环境。特区在进行基础设施建设的同时，改善了外商投资所需的“软环境”，对前来投资的外商，在税收、土地使用费、入境

---

① 邓小平：《邓小平文选》第3卷，人民出版社，1993年，第372页。

出境管理方面，都给予特殊的优惠和方便。特区还努力培育和发展各种要素市场，包括在全国率先创办劳动力市场、外汇调剂市场、保税生产资料市场等。而且，特区还为外商提供各种服务，减少外商来华投资的手续和困难。

（三）中国经济特区的作用

1984 年 2 月，邓小平同志在视察经济特区之后提出："特区是个窗口，是技术的窗口，管理的窗口，知识的窗口，也是对外政策的窗口。"①这就是我们熟知的经济特区要起"四个窗口"的作用，也是对兴办经济特区对我国社会主义现代化建设作用的精辟论述。

特区的"窗口"作用包括对外和对内两个方面：通过特区这个窗口，对外可以使世界各国和各地区了解我国需要外资的数量与方向；了解我国需要什么样的先进技术和管理知识；了解我国对外开放政策的具体执行情况和对外商投资优惠待遇的具体情况。对内可以使我们了解国际资本的数量和流向；了解世界上先进技术的信息和国际市场行情变化；反映我国对外开放政策的具体贯彻和执行情况；了解世界，以便更好地迎接新技术革命的挑战，加速我国现代化建设的步伐。因此，我国建设深圳等经济特区实际就是促进对外贸易发展的重要措施，具体地说，经济特区作为技术的窗口，是引进、消化和吸收国外技术的基地，也是大力发展出口贸易的基地，目前经济特区的出口占我国总出口的比重不断提高。经济特区可以直接引进外国先进技术，对于带动内地科技事业的发展，发挥向内地传递技术的功能，都起着重要的桥梁作用。

二、经济开发区

（一）经济开发区的定义及分类

经济开发区是指为了加速某些地区的经济发展，由政府划出一片土地，集中开发建设，为投资者提供优惠政策和较好的投资环境，吸引投资者前来开发土地、产业或当地的优势资源。经济开发区按其不同的开发目的，可分为以下几种类型：

1. 资源型开发区

依靠优惠政策吸引国内外的投资者前来开发当地的优势资源，包括矿产、能源、农业和旅游资源。

2. 技术产业型开发区

主要以优惠政策和良好的投资环境吸引科技人员，把高新技术的研究成果尽快地转化为生产力，使其产业实现商品化、国际化。

---

① 邓小平：《邓小平文选》第 3 卷，人民出版社，1993 年，第 51～52 页。

3. 开放型开发区

这种类型的开发区具有开放区和开发区的两重属性，以引进国外的先进技术、发展外向型经济为主要开发目标。

4. 综合型开发区

开发面积大，开发区内发展多种产业，开发后具有较大的人口规模而成为新城镇、新市区。

5. 一般开发区

由地方政府提供土地使用权低价转让等优惠条件，吸引投资，开发房地产或其他产业，有的无明确的开发目标。

（二）中国开发区的性质、方向和发展历程

1983年5月，中共中央、国务院批转《沿海部分港口城市座谈会纪要》，正式确定开放大连、天津、广州等14个沿海港口城市，在这些城市可以建立经济技术开发区。《纪要》对经济技术开发区的性质、方向、发展战略做了这样的表述："经济技术开发区要大力引进我国急需的先进技术，集中地举办中外合资、合作、外商独资企业和中外合作科研机构，发展合作生产、合作研究设计，开发新技术，研制高档产品，增加出口创汇，向内地提供新型材料和关键零部件，传播新工艺、新技术和科学的管理经验。有的开发区还可发展成国际转口贸易的基地"。

1984年末至1985年初，在批复14个沿海开放城市的对外开放工作规划方案时，国务院先后批准在大连、秦皇岛、宁波、青岛、烟台、湛江、广州、天津、南通、连云港、福州开办11个经济技术开发区，我国经济开发区的建设从此正式起步。在积累了一定发展经验的基础上，国务院于1986年批准上海市建立虹桥、闵行两个经济技术开发区。由于吸取了以前11个经济开发区建设过程中的经验教训，这两个开发区不论在规划、基础设施建设方面，还是在建设速度上，都为以后经济开发区的建设提供了更为理想的发展模式。

出于对高新技术开发与应用的重视，1988年6月国务院批准上海市在原漕河泾仪表电子工业区和微电子工业区、生物工程基地的基础上，建设漕河泾新兴技术开发区。

1989年国家考虑到福建省与台湾地区有着极为密切的地域、人文联系，以及随着两岸关系的进一步"解冻"，台湾同胞回大陆投资日益增多的现实，批准福建省厦门经济特区及厦门市辖的海沧、杏林地区和福州经济技术开发区内尚未开发的1.8平方公里土地为台商投资区，建立了第一个专门为特定投资者开辟的经济开发区，即厦门海沧经济开发区。

1992年，邓小平同志南巡讲话使我国的经济建设进入新的高潮，经济开发区建设也快速发展。同年国务院先后批准建设温州、昆明、营口、威海及福建的融桥等经济技术开发区。此时，除了国家批准的各类经济开发区外，有些省和直辖市也根据自己的实际情况，批准建立各类经济开发区。经济开发区建设进入一个快速发展的阶段。

在 1993 年对过热的经济开发区建设进行有效调节后，国家根据各地的实际，又批准了沈阳、哈尔滨、长春、武汉、重庆、杭州、芜湖、萧山、南沙、大亚湾、昆山、东山 12 个经济技术开发区。在 1994 年，国务院又批准北京和乌鲁木齐成立经济技术开发区。

同时，中国的国家经济技术开发区还包括享受国家级开发区政策的五个工业园区，即 1989 年成立的厦门海沧投资区、1990 年成立的上海金桥出口加工区、1992 年成立的海南洋浦经济开发区、1993 年成立的宁波大榭经济技术开发区、1994 年成立的苏州工业园区。

作为实施西部大开发战略的重要措施之一，1999 年国务院允许中西部各省、自治区、直辖市在其省会或首府城市选择一个符合条件并已建成的省级开发区作为国家级经济技术开发区。2000 年，国务院先后批准合肥、西安、郑州、成都、长沙、昆明、贵阳、南昌、石河子、呼和浩特、西宁等 11 个中西部具备较好条件的省级开发区升格为国家级经济技术开发区，使中西部地区国家级经济技术开发区的总数达到 16 个。2001 年国务院又批准了太原、南宁、银川、拉萨等 4 个开发区为国家级经济技术开发区。至此，中国的国家级经济技术开发区总数已达 52 个。

中国经济开发区建设在国家的宏观调控下，经过三十多年的发展，已经由点到面，由沿海向内地逐年推进，在各省、自治区、直辖市形成了合理布局。经济开发区已经成为我国全方位、多层次对外开放格局中影响最大、最富活力和投资环境最好的地区，有力地促进了西部大开发战略的推进和落实，加强了东部地区与中西部地区的经济合作，对推动区域经济协调发展起到了积极的作用。

三、保税区

（一）保税区的概念

保税区是我国改革开放过程中出现的新生事物，是我国借鉴国际上通行自由贸易区的做法，在结合我国国情的基础上形成的经济开放区域。我国建设和发展保税区的根本目的就是要形成良好的投资环境，利用保税区内海关保税的独特条件发展出口，拓展转口贸易，搞好为贸易服务的加工整理、包装、运输、仓储和商品的展示及分拨业务，利用国外资金、技术发展外向型经济，使保税区成为开放型经济的新增长点，带动区域经济发展。

所谓“保税”，就是外商的转口货物进入这一地区可以暂时不缴纳关税，可以储存、分类、包装，进行简单加工，然后再出口。所以，保税区是一种设立在国境以内、关境以外，实行封闭式隔离管理的对外开放的特殊经济区。保税区的政策概括起来是四个自由，即在这个由海关严格监管的区域内，实行货物进出口自由、贸易自由、外汇兑换自由和人员进出自由，使之成为我国外向型经济与国际市场对接的窗口。

（二）我国保税区的建设情况

1. 一般保税区

我国的第一个保税区是1990年6月在上海浦东新区设立的上海浦东外高桥保税区。在上海外高桥保税区设立后，国务院又根据各地请求相继在沿海地区批准设立了天津港保税区、深圳沙头角保税区、深圳福田保税区、大连保税区、宁波保税区、张家港保税区、广州保税区、福州保税区、厦门象屿保税区、青岛保税区、汕头保税区、海口保税区、深圳盐田港保税区和珠海保税区。目前，我国已有保税区15个，批准的总面积为38.62平方公里。

我国保税区的基本功能主要有：一是保税仓储、商品展示等贸易服务功能；二是国际转口贸易功能，争取把保税区发展成与周边国家和地区进行商品贸易的集散分拨中心；三是出口加工功能，保税区内企业加工生产的产品以境外销售为主。除国家禁止和限制出口的商品外，鼓励保税区企业根据国内、国际市场的变化，在区内储备关系国计民生和工农业生产急需的产品，并允许按照国家规定供应非保税区。随着各保税区基础设施、投资环境的改善及外商投资的进一步增加，保税区的功能将得到充分的发挥。

2. 保税港区

在中国加入世界贸易组织以后，为了进一步开放市场，促进对外贸易发展，2005年我国开始建设保税港区。保税港区的性质类似于国外的自由港，但其开放程度还不及后者。保税港区的主要功能仍旧是实行境内关外的自由免税政策，但是保税的范围扩展到装卸货物的港口码头，除了免征关税和进口环节国内税外，船舶还免征港口的船舶吨税，区域内企业之间的贸易也免征各种税收，内地产品进入港区即视为出口，可以实行出口退税，所以保税港区是我国目前政策最优惠的区域。2005年12月在上海洋山建设了中国第一个保税港区，以后又陆续建设了天津东疆（2006年8月）、大连大窑湾（2006年10月）、海南洋浦（2007年9月）、宁波梅山（2008年2月）、厦门海沧（2008年6月）、青岛前湾（2008年10月）、深圳前海湾（2008年10月）、广州南沙（2008年10月）、江苏张家港（2008年12月）和重庆两路寸滩（2008年12月）等11个保税港区。

3. 综合保税区

由于贸易自由化的推进和进口关税的普遍下降，为了重新整合各种特殊经济区域的功能，国家自2006年开始又在特定的一些区域批准建设综合保税区。综合保税区实际是包括保税区、保税港区、出口加工区的各项功能，而在政策上基本享受保税港区的优惠政策，并且可以直接为某些大的投资项目服务的特殊区域，所以这是我国目前政策最优、功能最全、层次最高的保税区域。目前已经建设的综合保税区有苏州工业园综合保税区（2006年12月）、天津滨海新区综合保税区（2008年4月）、北京天竺综合保税区（2008年7月）、广西凭祥综合保税区（2008年12月）、海口综合保税区（2009年1月）、浦东国际机场综合保税区（2009年4月）、黑龙江绥芬河综合保税区（2009年4月）、西安综合保税区（2011年2月）、郑州新郑综合保税区（2011年10月）。天津滨海新区综合保税区的建设就是直接为欧洲空客320大飞机项目而批准的，有了这个综合保税区，企业的飞机零部件进口可以享受保税的优惠政策，以发展我国的航空工业。

四、出口加工区

（一）出口加工区的概念

出口加工区简称EPZ（Export Processing Zone），出现于20世纪60年代，兴起于80年代，是各国经济的主要增长点之一，也是对外经济开放的窗口。所谓出口加工区是经国家批准设立、由海关监管的特殊封闭区域。出口加工区必须设置符合海关监管要求的隔离设施和有效的监控系统；海关在加工区内设立专门的监管机构，并依照相关法律对出口加工区的货物及区内相关场所进行24小时监管制度。一般认为，出口加工区是自由贸易区的一种发展形式，加工区是自由贸易区与工业区的综合体。在吸引外资方面，加工区既提供了自由贸易区的某些优惠条件以发展对外贸易和转口贸易，又提供了发展工业生产所必需的基础设施。因此，加工区兼具贸易与工业生产两种功能。

（二）我国出口加工区的建设情况

我国的出口加工区设立于2000年4月，目前经国务院批准的出口加工区已达到39个，主要分布在江苏、上海、山东等沿海地区，在内陆省会城市、沿江开放城市和边境开放城市也设有出口加工区。中国的出口加工区具有以下主要特征，即：较健全的法规，为实现出口加工区规范管理和依法行政提供了可靠的法律保障；基本政策按“境内关外”的思路进行设计，实行税收、外汇管理等一系列优惠政策，为入区企业快速发展提供了宽松的政策保障；硬件建设规范、统一，为高效、快捷运行和有效管理提供了良好的基础保障；通关管理手续简便，为提高企业在国际市场上的竞争力提供了便捷的通关保障。

由于我国出口加工区实行的是全封闭、卡口管理，是目前政策最优惠、通关最快捷、管理最简便、设施最完善的海关监管特定区域，进口有免税，出口有免税，入区有退税，一次报关，一次审单，一次查验。实践证明，出口加工区在扩大中国对外开放程度、提高对外开放水平、规范加工贸易管理和促进经济发展等方面发挥了特殊的作用，已成为与国际经济运行惯例接轨的重要平台和拉动外向型经济发展的重要载体。出口加工区为中国加工贸易的健康有序发展注入了新的活力，显示出勃勃生机。

第二节 出口退税政策

一、出口退税概述

（一）出口退税的定义

出口退税政策是目前世界上大多数国家为了发展经济，促进出口贸易发展而实行的贸易促进政策。具体做法是在产品完成出口以后，出口企业可以凭出口报关单等文件到国家指定的税务部门（我国目前是国家税务局出口退税分局），把产品在生产和出口过程中缴纳的部分国内税退还给出口企业，以降低企业的出口成本，平衡国内产品的税收负担，使本国产品以不含税的成本进入国际市场，与国外产品在同等条件下进行竞争，从而增强竞争能力，扩大出口创汇。出口产品退税制度，是一个国家税收制度的重要组成部分。

（二）出口退税的原理

实行出口退税政策的目的是使出口商品以不含税的价格进入国际市场，避免对跨国流动的货物重复征税，避免不合理地增加贸易商的成本，以促进对外贸易的发展。在存在商品出口的情况下，如果一种商品在出口国征收的间接税不实行退税，那么由于间接税的转嫁机制，该笔出口国政府征收的税款将由外国的消费者承担。同时，进口国政府根据税收属地原则，可以在国内消费者消费进口产品时征收消费税等间接税，这就出现了双重征税的问题。避免双重征税的意义，不仅在于保证贸易的公平性，出口国通过出口退税还可以保持本国出口商品的国际竞争力。比如中国和美国都向第三国出口某种产品，美国的出口商品是不含税的，而中国出口商品在国内流通中已经缴纳了增值税、消费税等间接税，中国在此情况下再不实行退税政策，就会使中国出口商品的国际竞争力大大下降，国外进口商自然不愿意购买中国成本过高的商品。

（三）出口退税的法律依据

根据《1994 年关税与贸易总协定》（GATT）第六条第四款的规定，在任何缔约方领土的产品输入至任何其他缔约方领土时，不得由于此类产品被免除在原产地或者出口地供消费的同类产品所负担的税费或者由于退还此类税费而征收反倾销税或反补贴税。显然，国际法的规则允许实行出口退税政策是出于公平贸易的考虑。一项出口退税措施是否构成对出口的不合理的补贴应该从两个方面考察，一方面要看出口退税的税种范围如何，另一方面要看出口退税的额度如何。在间接税的额度内退还其税收，是可以保证贸易公平性的，但是如果退税的额度超过了该出口国的间接税的额度，就会在实际上起到补贴的作用，在法律是不允许的，可能会引发进口国政府实施反补贴调查和征收反补贴税，其效果会适得其反。

二、中国出口退税制度的演变

（一）改革开放以前我国实行的出口退税政策

我国的出口退税政策是根据我国国情，参照国际通行的做法而制定的，它是我国对外开放和进行社会主义市场经济体制改革的产物，也是我国税收体制和外经贸体制改革的结果，并随着我国政治经济的变化和发展而不断地进行着改革和完善。1950 年 12 月为了促进外贸发展，奖励输出，照顾出口无利产品，国家在修正《货物税暂行条例》和制定实施细则时，补充规定了对出口产品实行退税的政策，并于 1950 年 12 月 21 日正式发布生效。当然，这时的出口退税并不是适用于全部出口产品，而只是对出口无利的部分产品实行。

社会主义改造基本完成后，为了适应由于公有制经济已占绝大比重，税收与企业的关系已转变为社会主义经济的内部分配关系的新形势。国家将原来对工商企业征收的商品流通税、货物税、营业税和印花税加以合并，改成工商统一税，于 1958 年制定并实施。在制定和实施工商统一税的过程中，为简化退税手续，决定对出口产品不再退税。1966 年前后，由于国际国内形势的变化，我国对外贸易由出口盈利转为严重亏损。为扭转这种局面，外贸部请示国务院对出口产品实行退税，以补贴出口亏损。此项要求经国务院批准后，财政部与外贸部积极协商，决定对出口产品按照工商统一税产品的平均税负率确定综合退税率，产品出口后按照出口金额和 8%的综合退税率计算应退税额，由财政部统一退付外贸部。

由于受到“文化大革命”的影响，1973 年我国进行了以简化工商税制为核心的税制改革，把已经十分简化的税制又做了进一步简化。反映在进出口税收上，则是对进口产品不征税，对出口产品既不减免税也不退税，出口盈亏由外贸企业与财政部统算。

（二）改革开放以后我国的出口退税政策

党的十一届三中全会以后，我国对外贸易发生了很大变化，突出反映为进出口贸易不再由中央外贸企业独家经营。面对这种情况，若继续实行进口不征税、出口不减免税的政策，则进口获利过多，必然导致进口失控，而出口亏损过大，影响出口创汇。因此，1980年底国务院批转了财政部《关于进出口商品征免工商税收的规定》，规定对国内企业和单位的进口产品征税，出口产品则根据出口换汇成本高低，视其亏损程度，在保本微利的原则下酌情减免税负。

1983年为探索社会主义现代化建设新时期的进出口税收工作，以进一步促进我国对外贸易的发展和适应现代化建设的需要，并针对当时我国电子产品进口失控、国内新兴电子工业发展缓慢和国内日用机械产品积压，急需开拓新的销路等情况。财政部发出了《关于钟表等17种产品实行出口退（免）税和进口征税的通知》，规定从1983年9月1日起对外贸企业、工贸公司和工业企业出口的钟、表、自行车、缝纫机、照相机、电风扇、洗衣机、电冰箱、收音机、收录机、录像机、电视机、袖珍电子计算器、空调机、金笔、铱金笔、圆珠笔等17种产品，一律退还（免征）生产环节增值税或最后生产环节的工商税。

随着经济体制改革不断深入，我国对税收制度进行了重大改革。1985年将工商税分为产品税、增值税、营业税和盐税。同时，为增强我国商品的国际竞争力，1985年3月国务院正式批准了财政部《关于对进出口产品征、退产品税或增值税的规定》，决定从1985年4月1日起实行对进口产品征税和对出口产品退、免税办法。这个规定的出台，标志着我国现行出口退税制度的建立。

1993年12月13日，国务院通过了《中华人民共和国增值税暂行条例》和《中华人民共和国消费税暂行条例》。《增值税暂行条例》第三条规定，纳税人的出口货物税率为零；第二十一条规定，纳税人出口适用税率为零的货物，向海关办理出口手续后，凭出口报关单等有关凭证，可以按月向税务机关申报办理该项出口货物的退税，具体办法由国家税务总局规定。《消费税暂行条例》第十一条规定，对纳税人出口应税消费品免征消费税，国务院另行规定的除外。出口应税消费品免税办法，由国家税务总局规定。

1994年2月19日，国家税务总局制定了《出口货物退（免）税管理办法》。具体规定了出口货物退（免）税的范围、出口货物退税率、出口退税的税额计算方法、出口退（免）税办理程序及对出口退（免）税的审核和管理。同时，针对1993年底以前设立的外商投资企业出口货物，本着维持原有政策不变的原则，又专门制定并实施了对1993年底以前设立的外商投资企业出口货物征免税的规定。另外，对1994年1月1日以后设立的外商投资企业，还规定与内资企业适用相同的出口退（免）税政策。

在国家的出口货物退（免）税政策实施过程中，出现了一些问题，如出口退税规模增长过猛，退税增长大大超过征税和出口额的增长；骗取出口退税现象严重等，使国家财政收入大量流失；一些守法经营的出口企业退税款不能及时到位。为此，1995年3月，国务院决定自1995年7月1日起，对出口货物根据实际税负情况适当调低出口退税率，并加强出口退税管理。相应的，财政部、国家税务总局颁发了《出口货物退（免）税若干问题的规定》，调整了出口退（免）税的范围，严格规范了退税的方法。

为了进一步搞活国有大中型企业，扩大外贸出口，推行代理制，国务院决定从1997年1月1日起，对有进出口经营权的生产企业自营出口或委托外贸企业代理出口的货物实行“免、抵、退”税的办法。这是出口退税管理办法的重大改革，进一步完善了我国的出口退税机制。

1997年以后，中国的出口退税制度作为我国税收制度的重要组成部分基本稳定下来。只是对退税商品的范围和退税率根据国内外政治、经济环境的变化进行微调，对我国的外贸出口和宏观经济产生重大影响，并成为我国调节出口贸易的重要手段。特别是在1997年东亚金融危机之后，我国放弃使用汇率工具而积极使用出口退税工具来调节进出口贸易，取得了良好的效果，凸显了出口退税政策在我国进出口贸易调控中的重要作用。

三、出口退税的范围

出口货物退税的范围包括出口退税的产品范围、出口退税的企业范围和出口退税的税种范围。

（一）出口退（免）税的产品范围

对出口的增值税和消费税应税货物，除国家明确规定不予退税的外，都属于出口退（免）税的货物范围，均予以退还已征税款或免征应征税款。这里所指的出口退（免）税货物必须同时具备以下三个条件：

1. 必须属于增值税、消费税征税范围的货物

考虑到退税只能对已征税产品退还真实纳税款，未征税的产品则不能退税，否则所退税款就没有来源；免税只能对应税的产品免税，不属于应税的产品，则不存在免税问题，因此只对属于增值税、消费税征税范围的产品才实行出口退税。

2. 必须是报关离境的出口产品

所谓报关离境，即出口，就是货物输出海关，这是判断货物是否应退税的

主要标准之一。因此，一般来讲，凡是在国内销售而不报关离境的产品，不论出口企业视为外汇结算还是以人民币结算，也不论企业在财务上或其他管理方法上做何处理，均不得视为出口产品予以退税。

3. 必须是在财务上做出口销售处理的产品

按照现行规定，出口产品只有在财务上做销售处理以后才能办理退税。也就是说，出口退税的规定只适用于贸易性的出口货物，而对非贸易性的出口货物，如捐赠的礼品、未做销售的展品和样品、在国内个人购买并自带出境的已税货物（另有规定者除外）等，因其一般在财务上不做销售处理，故按照现行规定不能退税。现行外贸企业财务会计制度规定：出口商品销售时，陆运以取得承运货物收据或铁路联运运单，海运以取得出口货物的装船提单，空运以取得空运单并向银行办理交单后作为销售收入的实现。出口货物销售价格一律以离岸价折算成人民币入账。

对于某些特殊产品，国家也给予特准退税。这些产品是：外轮供应公司销售给外轮、远洋国轮和海员的产品；对外修理修配业务中所使用的零部件、原材料；对外承包工程公司购买国内企业生产的专门用于对外承包项目的机械设备、原材料；利用国际金融机构或双边政府贷款，采取国际招标方式，由国内企业中标销售的机电产品、建筑材料；企业在国内采购并运往境外作为国外投资的货物。

另外，国家还明确规定，出口的原油、援外的出口产品、国家禁止出口的产品不予退税。

（二）出口退税企业的企业范围

出口产品退税是指对货物在出口前已缴纳的税款，根据“征多少退多少”的原则，将按照规定的退税率计算的税款退还给出口企业。在出口中一般涉及生产企业、零部件和原材料生产企业和外贸出口企业，原则上退税的企业应该是在出口中直接承担盈亏的企业。若出口企业以收购方式出口并承担盈亏的，应退给出口企业；生产企业直接出口的，应退给生产企业；生产企业委托外贸企业出口，而自己承担盈亏的，应退给生产企业。国家规定下列企业出口的货物，除国家明确规定不准予退税的外，均可给予免税并退税。

一是具有进出口经营权的外贸企业，是指经过外贸主管部门批准，办理了工商营业执照、税务登记证、出口企业退税登记证，享有独立对外进出口经营权的企业。他们收购后直接出口或委托其他外贸企业代理出口的货物可给予免税并退税。二是具有进出口经营权的生产企业自营出口或委托外贸企业代理出口的货物。三是没有进出口经营权的生产企业委托外贸企业代理出口的自产货物。四是特定企业出口的货物。主要包括对外承包工程公司、对外承接修理修配业务的企业、外轮供应公司、远洋运输供应公司。这些特定企业无论是否具有进出口经营权，其用于对外承包、对外修理修配和销售给外轮及远洋国轮的货物均按“出口货物”对待，给予免税并退税。

（三）出口货物应退税种

根据国家税务总局制定的《出口货物退（免）税管理方法》的规定，出口货物应退（免）税种为增值税和消费税。

四、2004 年以前中国出口货物的退税税率

根据出口退税存在的问题以及后来经济形势的变化，国家先后几次调整增值税出口退税率。1994 年国家正式实行“征多少退多少”的政策，即实行的是全额退税的办法，多数产品实行的是 17%的增值税，因此退税率也是 17%；增值税是 13%的，退税率则是 13%。但是从 1995 年起由于财政的原因，国家普遍降低了退税税率。

（一）1995 年中国出口退税税率的调整

自 1994 年 1 月 1 日以来，国务院两次调低出口货物的退税率。一次是 1995 年 7 月 1 日，另一次是 1996 年 1 月 1 日。具体情况如下：大型成套设备和大宗机电产品，经国家税务总局批准，退税率为 17%或 13%；农产品、煤炭的退税率为 3%；以农产品为原料加工生产的工业品和适用 13%增值税税率的货物的退税率为 10%；适用 17%增值税税率的其他货物的退税率为 14%；从小规模纳税人处购进的特准出口退税的货物的退税率为 6%。

（二）1996 年中国出口退税税率的调整

经过 1995 年的全面调低退税率，从 1996 年 1 月 1 日起报关离境的出口货物除经国家税务总局批准按 14%的退税率退税的大型成套设备和大宗机电产品外，一律按下列标准执行：煤炭、农产品出口退税率为 3%；以农产品为原料加工的工业品和按 13%的税率征收增值税的其他货物，出口退税率为 6%，其中以农产品为原料加工的工业品包括动植物油、食品与饮料（罐头除外）、毛纱、麻纱、丝毛条、麻条、经过加工的毛皮、木制品（家具除外）、木浆、藤柳竹草制品；按 17%税率征收增值税的其他货物，出口退税率为 9%；从小规模纳税人处购进的特准出口退税的货物退税率为 3%，其他货物退税率为 6%。

（三）1998 年以后中国出口退税税率的调整

1995 年以来两次调低出口退税税率，客观上影响了我国出口的增长，增加了出口企业的困难，而且这种不完全退税的做法也不符合国际上通行的零税率出口惯例。为了进一步推动出口贸易的发展，我国在 1998 年以后逐步提高了大宗商品的出口退税税率，目的是通过提高退税税率来达到促进出口和促进经济

增长的目的。

五、2004年以后中国出口退税政策的改革

（一）出口退税税率的调整

进入新世纪以后，我国的有中国特色社会主义建设到了一个关键的时期，为了适应国内外政治、经济环境的变化，特别是为了保证经济发展的可持续性，我国又一次运用出口退税工具来调节出口贸易，并以此来调节整个经济发展的方向，促进我国经济的持续、健康、稳定发展。

2003年10月13日，国务院颁布《财政部、国家税务总局关于调整出口货物退税率的通知》，决定从2004年1月开始，中国出口产品的平均退税率将降低3个百分点，除部分产品外，现行适用17%退税率的产品退税率降为14%，现行适用15%退税率的产品退税率降为13%，现行适用13%退税率的产品退税率降为11%；精矿、原油、原木、针叶木板材等部分资源型产品的出口退税被取消，铝、磷、铜等产品的退税率降为8%和5%；而现行适用5%和10%退税率的农产品，仍保持现行退税率不变。出口退税由原来的中央财政负担改为中央和地方财政共同负担，出口退税应当及时到位，不欠新账。

2004年底财政部和国家税务总局发出通知，在2005年进一步调整出口退税政策，把硬盘驱动器、数控机床、集成电路、移动通信设备、计算机等部分IT产品出口退税率提高到17%；自2005年1月1日起取消电解铝、铁合金、磷等商品 8%的出口退税；并拟对它们征收出口税；对部分有色金属矿产品降低甚至取消出口退税；为了促进国内钢铁产业升级换代，对附加价值低的钢坯取消出口退税。

（二）制定新出口退税政策所考虑的因素

1. 出口宏观调控与贸易可持续增长

2004年1～12月全国进出口总值为11547.4亿美元，同比增长35.7%，其中：出口5933.6亿美元，增长35.4%；进口5613.8亿美元，增长36.0%；进出口顺差319.8亿美元，增长25.6%。因此，从2004年的统计数据来看，虽然出口退税率平均下调了3个百分点，出口产品价格也未大幅提高，外贸出口仍保持了大幅增长，因而出口退税新机制的运行并未妨碍中国商品的出口，反而对保持对外贸易的持续快速增长产生了积极的效应。尤其在中国占有优势的劳动密集型产品的出口调整上，出口退税新机制的实行，有利于中国贸易的可持续发展，保持中国经济稳定、健康、可持续地发展。

从2005年1月1日起，由于纺织品配额的取消，对于在国际市场上具有较强竞争力的中国纺织品来讲，是扩大出口、增加收入的机遇。各国纺织品配额

取消后，在成本上具有明显优势的中国纺织品势必会对进口国的相关产业产生巨大的冲击，为了保护本国的纺织品服装工业，欧美等西方国家纷纷以人民币汇率过低为由，要求中国政府提高人民币币值，以达到减少以纺织品为代表的中国劳动密集型产品的出口、降低其国际竞争力的目的。但是人民币汇率一旦升值，将会对我国整个经济社会带来深刻的负面影响，不利于中国经济发展的可持续性。

另外，与人民币升值相比，出口退税机制改革的影响相对较小。出口退税政策的调整将只影响占中国企业总数23%的出口企业，其影响范围远远小于人民币升值对整个国民经济所造成的影响。在维持人民币汇率稳定的前提下，调低出口退税率是缓解升值压力的一个措施，有利于保持对外贸易发展的连贯性，避免中国经济出现大起大落的情况，保持我国经济稳定、健康地发展，有利于中国经济的可持续发展。

2. 出口宏观调控和防范金融风险

新出口退税机制的改革有利于防范财政和金融风险，有利于商业银行开展出口退税账户托管贷款。从2001年初开始，外经贸部、国家税务总局、中国人民银行联合发布通知：实行“出口退税账户托管贷款”管理办法以来，商业银行积累的金融风险与日俱增，银行已经不堪重负。此次改革适当降低了税率，并实行了中央政府与地方政府的分担制度，缓解了中央财政的压力。“新账不欠，老账要还”是此次改革的一条重要原则，改革前经审核确定的累计欠退税将全部由中央财政负担，对截至2003年底累计拖欠企业的出口退税款，从2004年起中央财政开始贴息，并且为确保及时足额退税，不发生拖欠，要求中央和地方财政足额安排2004年及以后年度出口退税所需资金。这种做法消除了商业银行开展退税贷款的后顾之忧，也有利于防范由此引起的金融风险隐患，有利于中国经济的安全和可持续发展。

3. 出口宏观调控与产业结构调整

新的出口退税机制实行有差别的结构性调整，优化出口贸易结构，目的是要通过调整出口退税政策贯彻国家产业政策，推动产业结构调整，强化出口结构调整力度，优化产业结构，增强企业的国际竞争力。

首先，对船舶、汽车及其关键件零部件、航空航天器、数控机床、印刷电路、铁道机车等产品维持现行17%的出口退税率，表明了国家鼓励、扶持这些行业发展的坚定态度，引导外贸出口结构向技术含量高、附加值高的产品倾斜，参与较高层次的国际合作与分工，全方位提升国内企业的国际竞争力。

其次，对部分机电产品、服装、纺织品、食品等传统出口大类产品降低了出口退税率，表明国家希望通过退税率的调整优化这些劳动密集型产业结构，促进企业设备升级、更新换代和技术改造，提高原材料利用率和产品技术含量，通过增加产品的附加值来参与竞争，彻底改变这些传统行业低水平产能过剩、竞相降价的无序状况。

最后，各种矿产品的精矿、原油、原木材、木制一次性筷子、山羊绒、鳗鱼苗等取消出口退税，表明当前国家开始限制这些产品的出口，并通过提高此类产品的生产成本达到减少盲目生产、优化生产结构、保护自然资源的目的。

由于农业一直以来是国家重点扶持的产业之一，加之农产品现在是国际上竞争比较激烈的产品，特别是我国的小麦、玉米、大米等传统农作物，在国际上缺乏竞争力。为了保护农民利益，提高农民收入，因此把农产品，特别是对小麦粉、玉米粉等深加工的农产品的出口退税率由5%调至13%，表明了国家鼓励农副产品的深加工及精加工，优化农产品产业结构，延伸农产品产业链，以提高该类产品在国际市场的竞争力。

此次出口退税改革，是要通过对出口退税率的调整和指引，重新改组我国外贸企业的布局，进一步优化我国的出口产品结构，进而促进外贸经营机制的改革，从而逐步实现由以粗加工制成品出口为主向以精加工制成品出口为主的转变。

4. 出口宏观调控与资源可持续利用

我国是资源相对短缺的国家，应该利用税收等经济杠杆调节国内资源型产品的供求，促进资源配置的优化，走可持续发展道路。

从资源保护这个角度来看，出口退税政策的调整有利于保护自然资源，对一些不可再生资源的出口产品，如磷矿石、天然石墨、稀土金属矿等，通过取消出口退税来抑制其出口的增加，这对于保护我国日益恶化的生态环境有着不可估量的意义，同时还能改善此类产品的国内市场供给，也有利于我国资源型产品的保护。

5. 出口宏观调控与环境保护

预防和治理环境污染，努力维持生态系统平衡，坚决抑制生态继续恶化，达到经济和环境的协调发展，这是经济可持续发展的要求，也是建立“和谐社会”的要求，因此要通过经济手段保护环境，提高人民的生活质量。

通过此次出口退税政策的改革，利用出口宏观调控手段，取消了原木材、木制一次性筷子等产品的出口退税，提高了其出口成本，把此类产品生产中环境资源的投入和服务计入生产成本和产品价格中，调整了生产结构和生产能力。在一定程度上遏制了对森林的滥采滥伐和无序使用，有利于森林覆盖率的提升，有利于达到经济增长和环境保护互动发展的效果。

六、2008年以后我国出口退税政策的调整

2008年9月由于美国次贷危机而引发许多投资银行倒闭与破产，从而爆发了全球性的金融危机和经济危机。这一危机最初伤害的是银行、保险、证券、房地产等虚拟经济，但很快就威胁到钢铁、汽车、设备制造、纺织品服装等实体经济。由于我国的开放度不断提高，危机自然也严重影响到我国的经济发展。主要是由于西方国家的企业倒闭与经济萧条，多数国家外需不足，给我国的出口企业带来巨大的困难。早在2008年5月，江苏、浙江等地区的外向型企业就出现生产不足和企业破产的现象，为了支持出口企业恢复生产和出口，2008年8月1日我国政府就开始对部分劳动密集型产品的出口提高了退税税率。金融危机和经济危机全面爆发后，我国从2008年底到2009年底，连续8次提高出口退税税率，以挽救出口型企业，促进出口贸易发展。如纺织品服装的出口退税税率，2008年提高到15%，2009年则提高到16%，与全额退税仅差1个百分点，而是2004年时该类产品的退税税率曾降低到11%。为了刺激出口，2009年我国劳动密集型产品和主要工业制成品都大幅度提高了退税税率，包括轻工、钢铁、有色金属、石化、电子信息等各个行业的主要出口产品，但是对“两高一资”的破坏环境、浪费资源的出口仍旧坚持不给予退税。2008年我国共通过中央财政给予退税4223亿元人民币。

表12-1 2008年以后我国出口退税税率的调整

实行时间	针对产品类别	出口退税率变化幅度
2008年8月1日	部分纺织品、服装	由11%提高到13%
2008年11月1日	部分纺织品、服装	再次提高到14%
2008年12月1日	部分劳动密集型产品、机电产品和其他受影响大的产品	最高提高到14%
2009年1月1日	部分技术含量和附加值高的机电产品	最高提高到17%
2009年2月1日	部分纺织品、服装	由14%提高到15%
2009年4月1日	部分纺织品、服装	由15%提高到16%
2009年6月1日	罐头、果汁	由13%提高到15%
2009年6月1日	玉米淀粉、酒精	由0提高到5%
2009年6月1日	合金钢异型材、冷轧不锈钢	由13%提高到15%
2009年6月1日	箱包、玩具、鞋帽	由13%提高到15%
2009年6月1日	塑料、陶瓷、玻璃	由11%提高到13%
2009年6月1日	剪刀等小五金	由5%提高到11%

资料来源：苑涛，《国际贸易理论与政策》，清华大学出版社，2011年，第58页。

我国对出口退税的税率进行调整，客观上降低了出口成本，促进了危机条件下我国出口贸易的发展，对我国出口贸易尽快走出危机的影响起了推动的作用。但是仅仅依靠提高退税税率来解决危机对我国对外贸易的负面影响是不客观的，我们还必须采取更多的促进政策，如调整产品结构、实施出口信贷、出口信用保险、建立与完善对外贸易服务的金融机构、设立对外贸易发展基金和风险基金等。

第三节　出口信贷和出口信用保险

一、出口信贷

（一）出口信贷的定义和种类

出口信贷作为贸易融资中出口融资的重要组成部分之一，是随着国际贸易的发展而产生的一种贸易促进政策。它是指贷款国为支持和扩大本国出口，提高国际竞争能力，通过出口信贷机构对本国出口商给予利息补贴并提供担保或保险，鼓励本国商业银行对本国出口商、外国进口商或其银行提供利率上较优惠的贷款，以解决买方支付货款的需要。

广义的出口信贷包括官方支持型和非官方支持型两类。狭义的出口信贷则仅指官方支持型这一最为典型的出口信贷形式。在具体实施上，出口信贷又可以分为买方信贷和卖方信贷两种。

1. 卖方信贷

卖方信贷是指由出口国银行向出口商提供信贷，以方便出口商以延期付款或赊销等方式向外国进口商出售设备。卖方信贷一般是由出口国的政策性银行提供总货款的80%左右，购买方要承担总货款的15%～20%，而购买货物必须是大型成套设备、飞机、船舶等资本性产品，在中国贷款期限一般不超过10年。

2. 买方信贷

买方信贷是指由出口国银行直接向进口商或进口国银行提供贷款，使进口商可以用此款支付货款。具体做法可以是出口国银行向进口国银行提供贷款，再由进口国银行向进口商转贷，然后进口商用该笔贷款向出口商进行现汇支付；另一种则是出口国银行直接向进口商提供贷款，进口商用之购买出口商的产品，他们之间进行的是现汇结算。买方信贷的贷款期限和购买货物范围与卖方信贷基本一样。

（二）出口信贷的主要特点

1. 属于限制性贷款

所谓限制性贷款就是一种指定用途的信用贷款，有贷款最低起点金额的限制，但没有最高限额，贷款必须用于购买贷款国的资本货物，且第三国制造的部分不能超过 10%～15%。

2. 出口信贷的支持对象

其贷款对象主要是大型成套设备等资本货物的出口。大型成套设备等资本货物的出口金额大、期限长，收汇风险巨大，商业金融机构一般无力或不愿提供融资，所以官方支持型出口信贷的支持对象应当主要是大型成套设备等资本货物的出口。

3. 贷款条件比较优惠

出口信贷属信用贷款，且受官方资助，提供固定利率的贷款，有利于保护借款人免受市场利率波动的风险；而且期限比较长，一般达到 5～10 年的时间。

4. 需要与出口信用保险结合

出口信贷以出口信贷保险为基础，是保险与信贷融合在一起的一种便利融资手段。由于出口信贷的提供往往同时需要向政府支持的出口、信用保险机构投保并得到信用担保，所以出口信贷不仅融资条件优惠，而且有规避风险的预期保证。

（三）出口信贷的产生和发展

出口信贷产生于西方发达的资本主义国家。第二次世界大战前，随着资本主义生产的发展，资本主义国家之间的出口贸易竞争加剧，它们纷纷采取各种措施促进出口，出口信贷业务应运而生。英国政府为了充分利用其老牌资本主义原始积累形成的金融实力，于 1919 年设立出口信贷担保局，通过提供出口信贷的保险和担保，发挥商业银行的融资功能，支持英国的出口商争夺国际市场。之后，比利时、荷兰、德国、日本、瑞典等国也纷纷办理官方支持的出口信贷业务，使以支持工业制造设备出口为目的的资本主义国家之间的出口信贷业务有了较大的发展。

第二次世界大战后，随着科学技术飞速发展、国际贸易中保护主义势力的增长以及各工业国之间日益加剧的竞争形势，各发达国家政府除了采用一般的税收补贴来促进本国产品出口外，更重要的是成立了官方、半官方的出口信贷机构，通过对出口信贷的支持来扩大本国产品的出口，以加强对国外市场的占领。与此同时，随着发展中国家经济的发展，它们同样需要有力的政策手段支持本国商品的出口，也就效仿发达国家开始设立专门的出口信贷机构开展出口信贷业务。出口信贷在世界各国和各地区得到了快速的发展。

由于各国都对自己国家出口的产品采取促进出口的出口信贷政策，因此20世纪五六十年代，发达国家之间不可避免地爆发了一场由“贸易战”引发的“信贷战”，结果导致各国政府对出口信贷补贴金额的剧增，造成财政与国际收支困难，给各国的经济发展带来了不同程度的不良影响，于是各国政府开始在这一领域寻求国际合作与协调。

1978年2月，经济合作与发展组织（OECD）达成《关于官方支持的出口信贷指导原则的安排》（简称《君子协定》），规定了其参加国提供两年或两年以上的出口信贷时所能给予的最优惠条件。《君子协定》制定以后，曾在1983年、1987年、1992年和1999年经过多次修改和补充，从而完善了对出口信贷的一些基本规定，这些惯例不仅约束着经合组织成员，而且日益受到世界各国官方出口信用机构的广泛效仿和参照。20世纪90 年代以来，发达国家出口信贷业务商业化及私有化进程明显加快，商业金融机构逐步成为各国出口信贷体系的重要组成部分，政府的出口信贷机构在提供商业金融机构不愿或无力提供的中长期出口信贷的同时，其业务重点已经转为向商业金融机构提供再保险、信贷担保、再融资和利息补贴。

1982年发展中国家爆发了债务危机，导致发达国家的出口信贷业务大额亏损，从而成为各国财政的一大包袱，1982年经合组织成员的出口信贷计划亏损总额约25亿美元。发达国家政府为了削减财政赤字，开始减少对出口信贷的补贴，并要求出口信贷机构实现自负盈亏。于是各国出口信贷机构开始调整其利率/费率结构和水平，设立国家限额和交易限额，延长赔付等待期，增加抵押要求等，并逐步走向商业化运作。

（四）中国出口信贷的发展

我国为了促进出口贸易的发展，在改革开放以后专门成立了以发展出口信贷为主要业务的中国进出口银行。目前该银行在国内设有7家营业性分支机构和6个代表处，在境外设有2个代表处，与140家银行建立了代理行关系。1994年至2003年的十年间，中国进出口银行累计批准出口卖方信贷3079亿元人民币，发放贷款2702亿元，放款以年均46.3%的速度增长。其中大型成套设备、飞机、船舶、计算机、通信设备以及卫星发射服务等高附加值、高新技术产品出口占50%以上，有力地促进了我国出口产品结构的调整和升级。

1. 中国进出口银行的性质

中国进出口银行是我国政府的一个特殊机构，直属国务院领导。该行实行董事会领导下的行长负责制，董事会是其最高决策机构，对国务院负责。正、副董事长由国务院任命，董事由有关部门提名，报国务院批准。

中国进出口银行在业务上还须接受财政部、商务部、中国人民银行的指导和监督。中国进出口银行实行自主、保本经营和企业化管理，不以盈利为目的，不与商业银行竞争，其资本金由国家财政全额提供，分期拨付，而其营运资金则按国家政策规定在国内国际金融市场筹措（包括向中央银行借入）。目前，其营运资金主要来自两方面：一是在资金头寸出现短缺时，由中国人民银行提供临时性再贷款支持。自2000年起，该行也可通过银行间同业拆借市场拆入短期资金。二是在境内发行金融债券和在境外发行有价证券（不含股票）所筹集的资金。

中国进出口银行的主要职责是贯彻执行国家产业政策、外经贸政策和金融政策，为扩大我国机电产品和高新技术产品出口、推动有比较优势的企业"走出去"、发展对外关系、促进对外经济技术合作与交流，提供政策性金融支持。

2. 中国进出口银行的信贷业务

（1）卖方信贷业务

出口卖方信贷是指中国进出口银行为出口商制造或采购出口机电产品、成套设备和高新技术产品提供的信贷，主要解决出口商制造或采购出口产品或提供相关劳务的资金需求。卖方信贷业务贷款具有官方性质，不以盈利为目的，表现在：贷款人的资本金由国家财政全额提供；贯彻国家产业政策、贸易政策、金融政策和财政政策，体现政府强有力的支持。卖方信贷业务贷款主要包括设备出口卖方信贷、船舶出口卖方信贷、高新技术产品（含软件产品）出口卖方信贷、一般机电产品出口卖方信贷、对外承包工程贷款和境外投资贷款。这一业务的特点包括：为出口商提供的贷款金额大、期限长、利率优惠；具有官方性质，体现国家意志；与出口信用保险相结合；承担了较大的信贷风险。

（2）买方信贷业务

中国进出口银行办理的出口买方信贷，是向国外借款人发放的中长期贷款，用于进口商即期支付中国出口商货款，促进中国资本性货物和技术服务的出口。出口买方信贷贷款期长，利率优惠。其贷款范围主要用于支持中国机电产品、大型成套设备等资本性货物以及船舶、高新技术产品和服务的出口，支持中国企业带资承包国外工程。贷款申请条件是：借款人必须是中国进出口银行认可的进口商或银行、进口国财政部或其他政府授权机构；借款人须资信良好，具有偿还全部贷款本息及支付相关贷款费用的能力；出口商必须是独立的企业法人，具有中国政府授权机构认定的实施出口项目的资格，具备履行商务合同的能力；出口的货物和服务符合出口买方信贷的支持范围。出口买方信贷支持的商务合同必须经中国进出口银行审查认可，并满足以下基本条件：一是合同金额在200万美元以上；二是出口货物中的中国成分不低于50%；三是进口商以现汇支付的定金比例一般不低于合同金额的15%，船舶项目不低于合同金额的

20%。买方信贷要求中国进出口银行所办理的贷款货币必须为美元或中国进出口银行认可的其他货币。对出口船舶提供的贷款，贷款额一般不超过合同金额的80%；对出口其他产品和服务提供的贷款，贷款额一般不能超过合同金额的85%；承包国外工程项目的贷款比例参照国家有关政策规定执行。从首次提款之日起，至贷款协议规定的最后还款日止，贷款期最长不超过15年。贷款利率参照 OECD 公布的商业参考利率（CIRRs）执行固定贷款利率，或在伦敦银行同业拆放利率（LIBOR）的基础上加上一定利差后执行浮动利率，特殊情况可由借贷双方协商确定。

（3）外汇担保业务

中国进出口银行办理的对外担保业务，是指中国进出口银行以保函（含备用信用证）形式向境外债权人或受益人承诺，当债务人（被担保人）未按有关合同偿付债务或履行义务时，由中国进出口银行履行保函所规定的义务。

该业务优先支持机电产品、成套设备和高新技术产品的出口，也支持对外承包工程及视同出口的境内国际金融组织和外国政府贷款国际招标项目。凡具有法人资格，具有出口经营权或对外承包工程经营权且有合法可靠外汇收入来源的企业均可向中国进出口银行提出对外担保申请。

其具体业务类型分为非融资类保函和融资类保函两大类。前者包括贸易和承包工程项下的投标保函、履约保函、预付款保函、质量保函、关税保付保函、维修保函以及一年期以内的延期付款保函和其他非融资性的担保等。后者包括借款保函、融资租赁保函、补偿贸易保函、一年期以上的延期付款保函以及其他为客户融资行为承担保证责任的担保。

（4）对外优惠贷款业务

中国政府对外优惠贷款（简称优惠贷款）是指中国政府指定中国进出口银行向发展中国家政府提供的具有援助性质的中长期低息贷款。优惠贷款主要用于在受援国建设有经济效益或社会效益的生产性项目、基础设施项目及社会福利项目，或采购中国的机电产品、成套设备、技术服务以及其他物资。具体用途根据两国政府间优惠贷款框架协议的规定确定。

二、出口信用保险

（一）出口信用保险的定义

出口信用保险是国家为了推动本国的货物、技术、劳务、资本出口，增加就业，刺激经济增长，增加外汇收入，保障出口企业的收汇安全，而制定的一项由国家财政支持的非盈利性保险业务。出口信用保险在有的国家也称为对外贸易保险，它是在商品、技术、劳务出口、对外工程承包或相关经济活动中发生的，保险人（经营出口信用保险业务的保险公司）与被保险人（向国外买方提供信用的出口商）签订的一种保险协议。根据该保险协议，被保险人向保险人交纳保险费，保险人赔偿保险协议项下被保险人向国外买方赊销商品贷放货币后因买方信用或者买方无法控制的政治性风险以及相关因素引起的经济损失的一种政策性经济行为。

上述定义包含的意义有：承保的对象主要是指出口企业，出口信用保险与商品（包括一般商品和特殊商品）紧密相关；承保的风险主要是指出口企业收汇风险；出口信用保险是一种特殊保险，通常涉及其他常规保险所不保障的风险；被保险人给债务人的信用包括商品的赊销、货币的借贷和货币借贷支持下的商品赊销，不能把出口信用保险仅视为对出口信贷的保险。

（二）出口保险信用的产生和发展

随着社会分工和商品生产的发展，国际贸易得以不断扩大，产生了国际贸易规模的扩大与国际贸易风险的存在等问题，客观上要求人们寻求一种手段以平衡出口扩大与风险加剧之间的矛盾，这样就促成了以鼓励出口和提供出口风险保障相结合的出口信用保险制度的产生。

至 19 世纪后半叶，随着英国海外贸易的不断开拓，出口货物增多，收汇风险日益增大，贩运商品至澳大利亚的英国商人开创了历史上有记载的投保出口信用保险的先河。20 世纪初，逐渐开始出现以公司组织形式办理私人市场上的出口信用保险。

第一次世界大战后，各国政府纷纷加大力度鼓励本国出口，并确保出口商和贷款银行经营上的稳定发展，因此资本主义经济扩张的需要导致了官方出口信用保险机构的出现。1919 年，英国首先成立了“出口信用担保局”（ECGD），为出口商提供商品债权保险和融资担保，创立了一套完整的信用保险制度，用于鼓励英国商人向澳大利亚等海外市场的出口，开启了政府介入出口信用保险的时代。

由于 1929 年经济大萧条的震撼，出口信用保险开始在发达国家普及，西方国家先后成立了专门机构经营出口信用保险，出口信用保险制度进一步完善。德国政府于 1926 年制定了出口信用保险计划，并委托一家私营保险机构 HERMES 公司承担这项任务。法国在 1946 年成立了外贸信贷保险公司（简称 COFACE）专门办理出口信用保险业务。

在发达国家日益重视发展出口信用保险的同时，20 世纪六七十年代越来越多的发展中国家也成立了自己的出口信用保险机构。印度于 1957 年成立了印度出口信用担保公司（ECGC），是发展中国家最早成立的出口信用保险公司。

随着各国出口信用保险机制的确立，为了建立和维护良好的国际贸易的信用规范，共同协调行动，1934年，英国、法国、意大利和西班牙的私营和国营保险机构成立了“国际信用和投资保险人联合会”（简称“伯尔尼协会”），交流办理出口信用保险业务的信息。这标志着出口信用保险已为世界公认，出口信用保险事业的发展已上升到了一个新的高度。到目前为止，伯尔尼协会已拥有正式会员51家。1996年中国人民保险公司代表我国成为伯尔尼协会的观察员，1998年成为正式会员。2001年，由中国出口信用保险公司取代中国人民保险公司成为协会的正式成员。

（三）中国出口信用保险的发展

党的十一届三中全会以后，随着改革开放的不断深入和对外贸易的迅速发展，我国开始考虑办理出口信用保险业务。1989年中国人民保险公司开始试办以机电产品出口为支持对象的出口信用保险业务。为适应我国社会主义市场经济发展进程，加快金融机制改革，2001年5月23日经国务院批准，正式组建了中国官方第一家专门出口信用保险机构——中国出口信用保险公司，这标志着我国首家专业出口信用保险机构诞生。自2001年12月18日正式揭牌运营以来，中国出口信用保险公司一直致力于贴近我国外经贸发展需要，完善服务出口企业的各项工作。在北京、天津、上海、广州、深圳、大连、青岛、福州、厦门、南京、杭州、宁波等12个城市已经设立或正在筹建营业管理部，完善出口信用保险条款，开发适合企业开拓出口市场需要的出口信用保险新产品，以期为外经贸企业提供高效快捷和完善的服务。中国出口信用保险公司成立以后，充分利用新体制的优势，不断开拓创新，出口信用保险业务取得了快速发展。出口信用保险的功能和作用得到有效发挥，在支持外经贸发展、配合国家外交战略、扩大我国的国际影响、促进国民经济健康发展等方面做出了积极贡献。

第四节　进出口商会和贸易促进机构

一、进出口商会

（一）商会的起源和发展

商会是商品经济发展的产物，是市场经济条件下实现资源优化配置不可缺少的重要环节，是实现政府与企业、企业与企业、企业与社会之间相互联系的重要纽带。

从历史上看，商会是在封建社会随着商品经济的产生而萌芽的。在资本主义商品生产和商品交换关系形成和初步发展之后，特别是18世纪欧洲产业革命爆发后，企业开始代替手工业作坊成为市场主体，以交换为目的的市场交易行为代替了以自给自足为目的的简单交易行为，从而直接推动了现代商会组织的诞生。

1599年成立的法国马赛商会，是世界上第一个现代意义上的商会。此后，英国、荷兰、德国、意大利、加拿大、美国、日本等商品经济发达的资本主义国家都相继创立了与各国国情相适应的商会或工商会组织。到了19世纪末20世纪初的垄断资本主义阶段，商会及其他形式的市场中介组织日趋成熟。

各个国家的商会在发展本国对外贸易、协调工商业者与政府的关系、保护自身利益、促进以自由竞争为基础的市场经济体制的建立以及促进本国经济的发展等方面，都发挥了其他任何中介组织都无法替代的作用。

（二）中国进出口商会的发展

随着我国外贸体制改革的深化，政府的对外贸易管理由直接管理逐步转变为间接宏观调控，为了保证公平竞争、有序出口，必须建立一个协调指导的自律机制，进出口商会的成立势在必行。

因此，我国进出口商会是市场经济在对外贸易领域发展的产物，也是外经贸体制市场化的产物。在整个宏观市场经济体系中，进出口商会在政府的宏观管理和企业的微观经营之间起到了沟通和联系的作用，是一个“中观”协调层。

1988年，经当时的对外经济贸易部批准，我国按大类商品先后成立了食品土畜、轻工工艺、五矿化工、机械电子、纺织品、医药保健品六个进出口商会，其职能是依照章程对其会员的对外贸易经营活动进行协调指导，提供咨询服务。具体来讲，就是遵守宪法、法律、法规和国家政策，遵守社会道德风尚；对进出口业务及相关活动进行协调、指导，为会员及其他组织提供咨询服务；维护正常的对外贸易秩序，保护公平竞争，维护国家利益和会员的合法权益，促进进出口贸易健康发展；开展协调工作，维护进出口正常秩序；维护公平贸易，为产品出口保驾护航；提供信息咨询及培训服务，提高企业信息化建设水平；大力推进展会服务，积极促进对外交流。因此，中国进出口商会以其特有的活动方式为进出口企业的市场交易行为及其实现产品增值的各个环节提供中介服务，在外贸市场中起着沟通、联系、促进的作用。

二、对外贸易促进机构

各国从事贸易促进工作的团体和机构一般都汇集了一批国际经济贸易、国际金融、市场、信息、咨询、展览、公关、经贸法律与仲裁等方面的人才，为本国企业与外国经济界、贸易界建立和扩大业务联系，为本国的商品、技术、资金、劳务更多地进入国际市场提供服务。

1952年5月成立的由中国经济贸易界有代表性的人士、企业和团体组成的中国国际贸易促进委员会，是我国主要的贸易促进机构，简称中国贸促会。

中国贸促会的主要业务范围包括国际联络、展览审批、展览计划、展览服务、信息服务、会员服务、企业培训、知识产权、法律服务、商事仲裁和出版宣传等。通过上述工作，中国贸促会为企业与国际市场的接轨搭建了一个良好的平台，积极推动企业走向国际市场，扩展中国对外贸易的范围。

中国贸促会的主要宗旨是：遵循中国人民共和国的法律和政府的政策，开展促进对外贸易、利用外资、引进外国先进技术及各种形式的中外经济技术合作等活动，促进中国同世界各国、各地区之间的贸易和经济关系的发展，增进中国同世界各国人民以及经贸界之间的了解与友谊。

为了进一步为中国对外贸易的拓展服务，经中国政府批准，中国贸促会于1988年6月组建了中国国际商会，各地方分会、支会也相继组建了地方性国际商会。中国国际商会面向会员，为企业会员、团体会员和个人会员以及各有关方面提供信息服务、咨询服务、法律服务，加强了涉外专利代理、涉外商标代理、技术转让、涉外经贸和海事仲裁等工作，发挥连接政府与企业的纽带作用，把自身业务的拓展与为会员和其他经济实体提供服务结合起来。

目前，中国贸促会、中国国际商会已同世界上200多个国家和地区的工商企业界建立了广泛的经贸联系，与160多个对口组织签订了合作协议，并同一些国家和地区的商会建立了联合商会；同时，中国贸促会还在15个国家和地区设有驻外代表处。在国内，中国贸促会、中国国际商会在各省、自治区、直辖市建立了49个地方分会、600多个支会和县级国际商会，还在机械、电子、轻工、纺织、农业、汽车、石化、商业、冶金、航空、航天、化工、建材、通用产业、供销合作、建设、粮食、外企等部门建立了18个行业分会，全国会员企业近7万家。

为了在国际竞争舞台上赢得主动，中国贸促会、中国国际商会及其所属业务部门还积极加入了许多国际组织。其中包括世界知识产权组织、国际保护工业产权协会、国际许可证贸易工作者协会、国际海事委员会、国际博览会联盟、国际商事仲裁机构联合会、太平洋盆地经济理事会、国际商会等。这样贸促会的活动范围和职能作用就有了进一步的拓展，为中国在国际上更加积极主动地参与国际竞争做出了贡献。

本章小结

为了促进本国对外贸易的发展，引进外资、先进的技术和管理经验，扩大本国商品的出口，加深本国企业和世界市场的联系，开拓国际市场，各国纷纷采用不同的贸易促进政策来实现上述目标。本章主要从中国经济特区、经济开发区的建立，出口退税，出口信用和出口信用保险，进出口商会和对外贸易促进几个方面，阐述了中国对外贸易促进政策的产生、发展以及效果，介绍了中国对外贸易促进政策的最新发展动向。

中国经济特区和经济开发区的成功，对内地的改革开放和现代化建设起到了重要的示范、辐射、带动作用，带动了全国的对外开放，有力地促进了西部大开发战略的推进和落实，加强了东部地区与中西部地区的经济合作。它们的成功不但很好地起到了对外开放的示范作用，而且也对推动区域经济协调发展起到了积极的作用。改革开放以来，三十多年的实践证明，出口退税、进出口信贷和进出口商会等对外贸易促进政策对于促进中国对外贸易发展具有积极的作用，因此被写入了2004年4月6日通过的《中华人民共和国对外贸易法》。

《中华人民共和国对外贸易法》的“对外贸易促进”一章中明确提出：“国家采取进出口信贷、出口退税及其他对外贸易促进措施，发展对外贸易”；第五十六条规定：“对外贸易经营者可以依法成立和参加进出口商会。进出口商会应当遵守法律、行政法规，依照章程对其会员的对外贸易经营活动进行协调指导，提供咨询服务，向政府有关部门反映会员有关对外贸易促进方面的建议，并积极开展对外贸易促进活动”；第五十七条规定：“中国国际贸易促进组织依照章程开展对外联系，举办展览，提供信息、咨询服务和其他对外贸易促进活动。”因此，学习我国对外贸易促进政策，对于了解我国对外贸易的发展有着十分重要的作用。

本章思考题

1. 中国经济特区的建设与发展，对中国经济有什么重要意义？
2. 中国经济开发区建立的必要性和重要性是什么？
3. 试论中国保税区与出口加工区的区别。
4. 请结合改革开放的实践，评价中国对外开放的格局。
5. 出口退税政策的改革对中国经济可持续发展的影响是什么？
6. 出口信贷和出口信用保险对于我国商品出口有什么作用？
7. 我国进出口商会的主要作用是什么？

第十三章　中国的对外贸易救济

本章学习目标

对外贸易救济是中国对外贸易法的重要组成部分，即通过有关法律法规限制特定情况下特定产品的进口，以保护国内受到进口产品严重冲击和损害的产业。本章主要介绍反倾销、反补贴和保障措施的有关国际规则与中国的相应立法，并通过贸易实践的研究以观察贸易救济对国内产业的重要保护作用。由于中国的市场经济尚不够完善，因此西方国家在对中国出口产品实施贸易救济措施时经常采取不公平的调查措施，针对我国的反倾销、反补贴和保障措施也多采取歧视性的措施。我们应该尽快完善社会主义市场经济体制，使贸易救济能够更好地起到保护产业安全的目的。

对外贸易救济是世界上大多数国家维护国家经济安全和进行产业保护的基本政策。所谓对外贸易救济，就是指一个国家或地区由于发展对外贸易和实行开放政策，在特定情况下可能造成某类本国竞争不占优势的外国产品大量进入本国市场，给国内同类产业造成严重损害或严重损害威胁，进口国政府为了保护国内同类产业的安全，采取必要、适度和有限的限制进口措施。对外贸易救济政策实际是进口国的“安全阀”，但是这种限制进口的措施必须有相应的国际规则和国内法规的制约和规范，否则就会成为贸易保护的工具，阻碍正常贸易的发展。对外贸易救济的主要手段是反倾销措施、反补贴措施和保障措施。中国的 1994 年《对外贸易法》中就提出了这三种贸易救济的基本原则，2004 年 7 月新修订的《对外贸易法》则专门增加了第八章，即“对外贸易救济”，并相应制定与修订了《反倾销条例》、《反补贴条例》和《保障措施条例》。

第一节　反倾销的法律规定与中国的贸易实践

一、反倾销法律体系的形成与发展

倾销是指在国际贸易中出口国以低于正常价值的价格大规模进入进口国市

场，给进口国国内工业带来严重损害和威胁的一种不正当的竞争行为。所以构成倾销的基本要件应该有两个，一个是非常低的价格，一个是大规模的出口；而且必须有相应的损害结果。反倾销是一个国家用来抵御进口产品不公平竞争、保护国内产业的重要手段，是当代国际贸易中引人关注的重要问题。本来反倾销是一种维护公平贸易的重要手段，但是由于种种原因又经常成为西方许多大国进行贸易保护的工具。反倾销的滥用会阻碍正常的国际贸易，损害出口国的利益，因此反倾销必须通过法律法规加以规范。

（一）国际多边反倾销法规的形成

世界上第一个有关反倾销的国际多边规则是 1947 年关贸总协定诞生时在其第 6 条中的有关规定；在 20 世纪 60 年代的“肯尼迪回合”谈判中，达成了一个解释反倾销条款的规则；该规则在 1979 年的“东京回合”谈判中得到进一步发展，形成了《反倾销守则》。1995 年世界贸易组织成立并取代原关贸总协定以后，又推出新的反倾销规则，实际是对过去的有关规定进行全面审议和补充。

（二）西方主要发达国家反倾销法规的形成

实际上在全球多边贸易体制诞生以前，世界上许多市场经济国家就已经出台了自己的有关反倾销的国内法，但是随着国际多边反倾销法规的形成与发展，各国的国内法也要逐步完善和修改，以达到与其对接的目的，这样才能使国际反倾销制度更加完善与规范。加拿大政府早在 1904 年的《海关关税法》中就首次系统规定了反倾销措施。此后，美国、澳大利亚、新西兰和欧洲各国相继通过立法，抵制外国产品的倾销。欧盟成立以后，也制定和不断修订自己的反倾销立法，并覆盖整个欧盟领域。但是在 1948 年以前世界各国的反倾销措施都局限于国内法的范畴，缺乏统一、完善的国际规则，因此经常发生各国之间有关反倾销的贸易争端。GATT 和 WTO 制定了统一的国际规则以后，西方各国的反倾销立法逐步纳入多边贸易体制，目的是减少和消除贸易壁垒，推动国际贸易的自由化。

（三）中国有关反倾销的法律法规

1. 中国《对外贸易法》中有关反倾销的条款

在长期的计划经济时期，由于中国在进出口价格上实行国家垄断和“内外有别，分别作价”的政策，所以没有反倾销的相应法规，事实上在国家垄断的条件下国外产品的低价倾销也不会起到损害国内工业和占领国内市场的作用。但是改革开放以后我国逐步建立与完善了社会主义市场经济，大部分价格放开，国外产品对中国市场大规模的低价倾销现象开始出现，中国也开始制定自己有关反倾销的法律法规。在 1994 年公布的《对外贸易法》第三章“对外贸易秩序”

和2004年公布的《对外贸易法》第八章“对外贸易救济”中都提出了反倾销的概念。新的《对外贸易法》中指出：“其他国家或者地区的产品以低于正常价值的倾销方式进入我国市场，对已建立的国内产业造成实质损害或者产生实质损害威胁，或者对建立国内产业造成实质阻碍的，国家可以采取反倾销措施，消除或者减轻这种损害或者损害的威胁或者阻碍。其他国家或者地区的产品以低于正常价值出口至第三国市场，对我国已建立的国内产业造成实质损害或者产生实质损害威胁，或者对我国建立国内产业造成实质阻碍的，应国内产业的申请，国务院对外贸易主管部门可以与该第三国政府进行磋商，要求其采取适当的措施。”

2. 中国反倾销制度的具体规定

在具体实施反倾销的规定中，1997年3月国家制定了《中华人民共和国反倾销条例》，2001年正式公布实施，2004年由于商务部取代了原来的对外经济贸易部，国务院又进一步修改了《反倾销条例》。在条例中明确了国家实施反倾销的国家机关是国家商务部，损害调查由国家商务部的产业损害调查局会同国务院有关部门完成。

在《反倾销条例》中规定，受进口产品低价倾销损害和威胁的国内生产者或有关组织可以向国家指定机关提出反倾销调查的申请，国家机关受理调查应在12个月内完成，特殊情况下可延长至18个月。反倾销初裁认为倾销成立并对国内产业造成损害的，可以征收临时反倾销关税或要求提供现金保证金以进行担保。最终裁定倾销存在并由此对国内产业造成损害的，可按照程序征收反倾销税，并由商务部予以公告。我国征收反倾销税和价格承诺的期限最高为5年，在此期限内还可以根据利害关系方的申请进行复审。

二、反倾销制度的主要内容

反倾销制度本身是一把“双刃剑”，它既可以维护国际贸易领域的正常竞争秩序，又可能成为某些国家保护国内落后产业的工具，阻碍正常的贸易。因此，关贸总协定和世界贸易组织先后制定的反倾销的国际通行规则就是要使世界上的反倾销能够规范运行，各国相应的国内法也是根据国际通行规则制定与实施的。

（一）反倾销的前提条件

根据有关法规，一个国家政府要对某种进口产品实施反倾销措施，必须具备以下三个前提条件，而且缺一不可。这三个条件是：倾销存在；对进口国国内产业的损害或威胁存在；二者存在着因果关系。

1. 倾销存在

确定一种产品是否存在着倾销，要求将被指控的倾销产品的出口价格和该产品的“正常价格”相比较，如果低于正常价格就可以确认此产品存在倾销。世界贸易组织有关规定和各国的反倾销法规一般用以下三种办法来确定正常价格。一是出口国国内相同产品在被调查期间的销售价格；二是向第三国出口的最高可比价格；三是结构价格，即在原产国被指控的产品在正常情况下的生产成本、销售费用和一定比例的利润之和。在国际反倾销实践中使用最多的往往是结构价格。

2. 损害的确定

进口产品是否对国内产业造成损害，是能否实施反倾销的重要条件之一。首先是损害的种类，GATT 第 6 条规定，用倾销的手段将一国产品以低于正常的价格挤入另一国市场时，如因此对进口国领土内已建立的某项工业造成重大损害或重大威胁的，或者对某一国内工业的新建产生严重阻碍的，这种倾销应该受到谴责。所以，损害的种类包括三种：一是损害；二是威胁；三是对新建工业的阻碍。损害的表现主要包括：一是倾销产品国内市场价格的下跌；二是国内产业经济效益的恶化，如产量减少、利润降低或出现行业性亏损、设备闲置、工厂倒闭与大量工人失业等；三是本国产品的国内市场份额减少，而进口产品的市场份额大幅度增加。

3. 因果关系

实施反倾销的重要前提条件除了倾销存在和损害存在以外，确认二者之间的因果关系也是必需的。所谓因果关系，指进口国必须能够证明是倾销给本国工业造成严重损害与威胁，其他因素造成的损害不应归咎于倾销进口产品。

只有同时具备了以上三个必备的条件，进口国政府才能实施反倾销措施。

（二）反倾销的措施

经过调查有充分证据证明来自某出口国的某种进口产品同时具备了倾销、损害和因果关系三个因素后，进口国政府就可以对这种进口产品实施反倾销措施。反倾销措施一般有两种形式：一是征收反倾销关税，但是其税率不得超过经过调查后得出的倾销幅度；二是与对方政府进行协商，要求出口国对这种产品提供价格承诺或数量承诺，即今后不得再低价进行倾销。征收反倾销税和价格承诺的时间都规定不得超过 5 年。在对待发展中国家的特殊待遇上，WTO 的反倾销守则要求对发展中国家予以特殊照顾，并考虑其他建设性的补救措施。在征收反倾销税上还有一个尽量少征税和小额忽略不计的原则，即在反倾销调查中若倾销幅度在 2%以下，以及来自一国的倾销产品数量不足进口国进口同类产品的 3%，则应忽略不计，停止反倾销调查。

（三）反规避的有关规定

出口国因低价出口而损害了进口国的工业，必然导致进口国采取征收反倾销税的保护性措施，因此出口国企业会采取一些不正当的方法逃避反倾销税，进口国针对这种不正当的行为而采取的措施即所谓反规避。在 WTO 的《反倾销协议》中就专门增加了有关规定，目的是维护公平贸易的严肃性和可操作性。反规避措施主要包括以下四种情况：

1. 原材料或零部件代替制成品出口

即在进口国组装或制成产品的组装件或原料。如果某一产品在进口国被征反倾销税后，出口商转而出口该产品的零配件或组装件，然后在进口国组装出售，在这种情况下，进口国就可以认为出口商出口零配件或组装件的目的是为了规避本国对原产品的反倾销税，从而对零配件和组装件征收反倾销税。

2. 第三国加工再出口

即产品在第三国加工或组装，再出口到进口国。如果一项出口产品在进口国被征收了反倾销税后，出口商将产品改在第三国加工或组装，然后以第三国产品的名义向进口国出口，且事实上该产品与原来被征收反倾销税的产品属于同类或同种产品，较原产品未有起码的增值或较高的改进，此时进口国可以对其征收反倾销税。

3. 稍微改变产品

即一项产品在进口国被征收反倾销税后，出口商为了规避反倾销税的范围，将产品稍做加工后再向进口国出口。进口国可以对经过轻微改变或加工了的产品征收反倾销税。

4. 后期发展产品

如果被征收反倾销税产品的后期发展产品符合下列五项条件，即可征收反倾销税：后期产品与被征收反倾销税产品在一般物理性能上相同；消费者对两种产品的期待相同；两种产品的最终使用目的相同；后期产品通过相同的渠道销售；后期产品宣传广告展示的方式与被征收反倾销税的产品相同。

（四）反倾销程序

各国在反倾销立法中一般都规定了调查程序，而且通常由本国主管国际贸易的行政部门负责。各国的反倾销程序大同小异，只不过在主管机关、调查时间等方面有一定的差别，主要程序包括：（1）申诉，即由能够代表进口国某项产业的全部或大多数生产厂商及协会向政府主管机构提出反倾销调查的申请。申诉书应该符合一定的要求，并要有足够的证据。（2）调查，政府主管机关接到申诉书后进行立案和不立案的选择，如果确认立案，就要进行反倾销调查。一般要由两个不同的部门进行平行的调查，一个部门负责调查产品是否倾销及倾销的幅度，另一个部门负责调查国内产业是否受到损害及威胁。（3）初裁，在反倾销调查中如果有充分证据证明倾销和损害同时存在，而且二者存在着因果关系，进口国政府就可以实施反倾销初裁，确认其倾销行为并要求进口商在进口该产品时缴纳临时反倾销税或相当于初裁确定的倾销幅度的现金保证金。（4）终裁，初裁实施以后反倾销调查程序应继续进行，政府机构还应通过听证会等形式听取利害各方（包括支持反倾销的利益集团和反对反倾销的利益集团）的意见和申诉，在经过进一步的证据收集与核实后，进行反倾销的终裁，确定最终应予征收的反倾销税率，由海关按此税率对进口倾销产品征收反倾销税。（5）复议，反倾销实施中如果当事人不服，可以上诉到司法机构，寻求司法复议。

三、中国应对反倾销和实施反倾销的实践

（一）中国应对国外对中国出口产品实施反倾销的实践

改革开放以前中国的对外贸易规模很小，对世界各国的国内市场影响不大，所以没有针对中国产品的反倾销问题。但是自 1979 年以后中国的出口贸易发展非常迅速，国外对中国出口产品实施反倾销的案例越来越多，目前中国已成为世界上被指控倾销最多的国家。据世界贸易组织统计，自 1995 年至 2008 年底累计有 33 个国家对中国出口产品进行反倾销调查的案例共 664 例，约占全世界反倾销调查的 19.59%，其中已经被实施反倾销措施的有 454 例。对中国日趋严重的反倾销措施严重影响了我国经济和出口贸易的发展，影响到大约几百亿美元的出口（见表 13-1）。

表 13-1　1995～2008 年世界反倾销案件数量及针对中国的反倾销情况

年份	世界反倾销调查数	中国遭受到的反倾销调查数	占世界比重（%）	世界实施最终反倾销措施的数量	中国被实施的最终反倾销措施数量	占世界比重（%）
1995	157	20	12.7	119	26	21.8
1996	225	43	19.1	92	16	17.4
1997	243	33	13.6	125	33	26.4
1998	257	28	10.9	170	24	14.1
1999	354	40	11.3	185	20	10.8
2000	292	43	14.7	228	29	12.7
2001	364	53	14.6	166	30	18.1
2002	312	51	16.3	216	37	17.1
2003	232	52	22.4	221	40	18.1

续表

年份	世界反倾销调查数	中国遭受到的反倾销调查数	占世界比重(%)	世界实施最终反倾销措施的数量	中国被实施的最终反倾销措施数量	占世界比重(%)
2004	213	49	23.0	151	43	28.5
2005	191	57	29.8	131	40	30.5
2006	190	68	35.8	137	37	27.0
2007	150	56	37.3	115	29	25.2
2008	208	71	34.13	135	50	37.0
合计	3388	664	19.59	2191	454	20.72

资料来源：根据WTO官方网站《反倾销年度报告》整理。

另外，根据中国商务部贸易救济统计，自2001年中国加入世界贸易组织以后至2011年，国外对中国实施的贸易救济措施共计602例，其中反倾销措施510例，反补贴措施43例，保障措施106例，特别保障措施33例。中国仍旧是世界上贸易救济的最大受害国。特别是世界金融危机以后，美国等西方国家又开始大规模对中国产品启动贸易救济调查，新的贸易保护浪潮越来越严重。

在国外实施的反倾销调查和措施中，我国始终是最大的被反倾销的国家，中国许多有一定竞争优势的产品被征收高额的反倾销关税而大大减少了出口，甚至被赶出了当地国家市场，这严重影响了中国出口贸易的发展。我国政府一直非常重视这一问题，建立起了反倾销预警机制，组织和指导涉案企业积极应诉，尽量争取减少对我国出口产品的反倾销措施。表13-2中列举了1990～2003年中国出口产品遭到西方国家反倾销指控（金额超过1亿美元）的主要案例。

表13-2 1990～2003年中国出口产品遭受国外反倾销指控的主要案例

国家或地区	立案年份	商品名称	涉案金额
欧洲联盟	1990	焦碳	2.3亿欧元
欧洲联盟	1991	自行车	1.65亿欧元
欧洲联盟	1992	大屏幕彩电	1.01亿元
欧洲联盟	1994	棉坯布	1.01亿欧元
欧洲联盟	1995	鞋类	3.42亿欧元
欧洲联盟	1996	旅行箱包	6.46亿欧元
欧洲联盟	1996	手提包	2.74亿欧元
欧洲联盟	1997	激光唱机	3.03亿欧元
欧洲联盟	1999	中厚钢板	1.2亿欧元

续表

国家或地区	立案年份	商品名称	涉案金额
美国	1990	电风扇	2 亿美元
美国	1995	自行车	2 亿美元
美国	1996	定尺碳素钢板	1.5 亿美元
美国	2003	彩电	4.86 亿美元
加拿大	1997	碳素钢板	1 亿美元
印度	1995	冶金级焦碳	1.35 亿美元
波兰	1998	鞋类	1.2 亿美元

资料来源：《中国对外贸易统计年鉴 2002》和《中国海关统计年鉴》。

（二）反倾销中的“非市场经济地位”问题

在国际反倾销法律和实践中，美国、欧盟等发达国家在进行反倾销案件调查时往往对市场经济国家和所谓“非市场经济国家”实行差别待遇。如美国在确定进口商品价格是否低于“公平价格”标准时，将出口国分为两种类型：对市场经济国家的出口商品价格，采用该出口国国内市场价格作为确定公平价格标准的基础；而对于所谓“非市场经济国家”，则采用替代国国内价格计算方法，即由美国商务部选定一个与该“非市场经济国家”的经济水平与生产成本类似的市场经济国家作为替代国，再以该替代国的国内市场价格作为确定公平价格标准的基础，这种歧视性的反倾销调查方法，往往夸大了倾销差额的幅度，严重损害了相关国家的利益。

改革开放三十多年来，中国逐步建立与完善了社会主义市场经济体系，90%以上的商品价格都是由市场供求决定的，因此在加入世界贸易组织的进程中其市场经济地位得到了许多国家的认可，但是美国、欧盟等一些发达国家仍旧认为我国是“非市场经济国家”，认为企业产品成本不真实，而采用不合理的替代国调查方法来推算我国企业的生产成本和产品的倾销幅度。西方国家实行的这种不合理的反倾销调查方法，具有极强的主观性和随意性，对我国出口产品的生产成本进行了人为的扭曲，使我国在反倾销中处于不利的地位。在 2001 年中国加入世界贸易组织的法律文件中，对于替代国调查方法的结论是：（1）在中国还没有被确认为市场经济国家地位时，各成员可以继续采取替代国调查方法对有关中国的反倾销案件进行调查，这种方法最长不得超过 15 年；（2）如果在反倾销调查中，中国的涉案企业有充分的证据证明产品是在市场经济环境下生产的，那么进口国就应该采用中国的国内市场价格作为调查基础，如果拿不出证据证明制造、生产和销售该产品方面具备市场经济条件，则仍旧维持原有的调查方法。目前中国政府正在积极与有关国家进行谈判和协商，争取获得完全市场经济地位，以实现我国在反倾销调查中的公平待遇。

四、反倾销案例分析

（一）中国对外国产品实施的反倾销调查案例——对美日韩进口新闻纸实施反倾销案例

由于中国市场经济方面的立法工作相对滞后，长期以来没有自己的反倾销法律法规，因此中国对从外国进口的倾销产品无法启动反倾销措施。随着中国市场准入的开放度逐步加大，国外产品对我国的低价倾销案例也越来越多，中国也应启动反倾销措施来保护国内受冲击的产业。1997年3月中国政府正式公布反倾销的实施条例以后，我们开始了自己的反倾销实践。1998年中国政府第一次对来自美国、韩国和加拿大的新闻纸进行反倾销调查，并根据这三国对中国出口的新闻纸存在倾销、给国内产业造成严重损害以及二者存在因果关系为理由，对三国的新闻纸进口征收不同的反倾销关税，有效地保护了受到倾销冲击的国内新闻纸生产行业。自1998年开始到2004年，中国政府一共受理国内企业的反倾销指控案件33例，有些以确认倾销并征收反倾销税告终，有些因不符合条件而终止调查，有些则在调查之中。

1. 案件概况[①]

从1995年起，来自美国、加拿大、韩国的新闻纸大量、低价地向中国出口，使中国的新闻纸产业受到严重冲击。1997年3月25日《中华人民共和国反倾销和反补贴条例》生效，九大国内新闻纸生产企业迅速达成协议，授权北京市环中律师事务所全权代理中国新闻纸产业向中华人民共和国对外贸易经济合作部提出新闻纸反倾销调查的申请。1998年7月9日，对外贸易经济合作部发布初裁公告，认为美国、韩国、加拿大对中国出口新闻纸存在倾销，国内相关产业存在实质损害，并且国内相关产业的实质损害与进口产品倾销之间存在因果关系。对外贸易经济合作部决定，自1998年7月10日起，中华人民共和国海关对原产于美国、加拿大、韩国的进口新闻纸开始实施临时反倾销措施。1999年6月3日对外贸易经济合作部发布终裁公告。在终裁公告中，对外贸易经济合作部认定各应诉公司在调查期内向中国出口的被调查产品均存在倾销；国家经济贸易委员会认定美国、加拿大、韩国向中国大量低价倾销的新闻纸对中国新闻纸产业造成了实质损害，倾销与损害之间存在直接的因果关系，决定自裁决之日起海关将对原产于上述三国的进口新闻纸（海关进口税则号列为

① 环中律师事务所：《中国新闻纸产业反倾销调查案》，http://www.wtolaw.gov.cn，2005年1月16日。

48010000）征收反倾销税（税率分别为9%～78%不等）。上述措施实施期限自1998年7月10日起共5年。2003年该反倾销措施到期以后又进行了复审，认为应该实施第二期反倾销措施，为此又启动了自2003年至2008年的反倾销，到2008年8月反倾销结束。

2. 国家经济贸易委员会的终裁理由

国家经济贸易委员会认为，中国新闻纸产业因美国、加拿大、韩国不公平竞争的进口而遭受实质性损害。理由如下：（1）倾销产品数量的增长。根据中华人民共和国海关统计，加拿大、韩国、美国于1995～1997年每年向中华人民共和国出口被控新闻纸数量都呈递增趋势。（2）倾销产品的价格。国家经济贸易委员会调查发现，加拿大、韩国、美国在大量对华出口新闻纸的同时，不断降低价格，以谋取更多市场份额。（3）倾销产品对国内产业造成的影响。国家经济贸易委员会调查表明，倾销进口产品导致中国国内相似产品的产量急剧萎缩，中国国内相似产品的销售量和销售收入下降；中国国内相似产品价格被迫大幅度下调；中国国内相似产品库存剧增；中国国内新闻纸产业的开工率严重不足；中国国内新闻纸产业利润下降，处于严重亏损状态；中国国内新闻纸产业的失业率和失业数量均大幅度上升，就业人员的平均工资水平日益下降。（4）倾销与损害的因果关系。经调查证实，加拿大、韩国和美国向中国大量倾销出口新闻纸是造成中华人民共和国新闻纸产业受到实质损害的重要原因。同时对可能使中华人民共和国新闻纸产业受到损害的其他因素进行了调查，表明新闻纸产业损害并非主要由其他国家的进口新闻纸、国内新闻纸需求变化、新闻纸消费模式变化、国内外新闻纸企业的正常竞争、不可抗力因素及东南亚金融危机等因素造成。而且国家经济贸易委员会进一步注意到，初裁后国内新闻纸生产企业生产经营状况已出现变化，生产下降趋势开始得到遏制，销售量出现回升，价格下降趋势得到抑制，库存开始下降，平均开工率开始上升。鉴于上述调查分析，国家经济贸易委员会最终认定，加拿大、韩国和美国向中华人民共和国大量低价倾销出口的新闻纸对中华人民共和国新闻纸产业造成了实质损害，倾销与损害之间存在因果关系。

3. 结论

根据上述调查结果，为消除进口倾销产品对国内相关产业造成的损害，依照《中华人民共和国反倾销和反补贴条例》第二十七条的规定，经国务院关税税则委员会批准，决定对原产于美国、加拿大和韩国的进口新闻纸征收反倾销税，税率分别为：

加拿大：

豪森纸浆纸业有限公司：61%

雄师公司：59%

太平洋纸业公司：57%

阿维纳公司：78%

芬利森林工业公司：78%

其他加拿大公司：78%

韩国：

韩松纸业有限公司：9%

其他韩国公司：55%

美国：

所有美国公司：78%

自裁决公告之日起，进口经营者在进口原产于上述国家的新闻纸时，应根据裁定确定的反倾销税税率向中国海关缴纳相应的税款。进口经营者根据对外贸易经济合作部1998年第2号公告向海关提供的现金保证金，应按照裁定确定的反倾销税率计征转税，多退少不补。申请人在初裁后，曾多次提出追溯征税的要求，对外贸易经济合作部考虑申请人提供的材料不够充分，决定不追溯征税。

4. 本案的积极意义

新闻纸反倾销案的裁决具有划时代的历史意义。此次反倾销案首开了中国产业运用反倾销法律手段维护自身合法权益的先河。肯定性终裁的做出，无疑对国内其他正在遭受到国外产品倾销之苦的产业或厂家通过法律途径保护自身权益具有重大借鉴和启发意义，对于中国产业学习和运用国际竞争规则也具有榜样的作用和意义。此次反倾销税的征收，可以及时制止美国、加拿大和韩国新闻纸向我国的倾销，消除倾销的影响，使得国内产业有机会在消除价格歧视后，同外国企业进行公平竞争。同时，也使备受外国产品倾销损害的中国国内产业得到一个喘息、调整的机会。这在维护正常的国际贸易秩序，保障公平贸易，维护本国正当贸易利益和进一步提高本国企业自身竞争实力等方面，都具有深远的意义。本案的顺利完成除了给企业带来积极影响，为行业的发展赢得了良好机遇之外，也为进一步开展对外反倾销工作积累了宝贵的经验。同时，使更多的国内产业在遭受进口产品倾销造成的损害时，不再坐以待毙，而是积极主动地运用国际通行的贸易救济工具维护自己的权益。

(二)国外对中国产品实施的反倾销调查案例——欧盟对中国产鞋类产品实施的反倾销调查

1. 案件概况

劳动密集型产品长期是我国的主要出口产品，而鞋类产品是其中最重要的一种。2009 年我国鞋类产品出口达 81.7 亿双，但是因劳动成本低，平均每双鞋的出口售价仅 3.3 美元。从 1995 年至 2005 年，欧盟为保护南欧的皮鞋生产国，曾对中国出口皮鞋实施长达 10 年的配额限制。欧盟虽根据其在中国加入 WTO 时所做出的承诺取消了配额限制，但又于 2005 年在未经客观、公正审查的情况下，对中国皮鞋发起反倾销调查，并于 2006 年 10 月做出了裁定，实施为期两年的反倾销措施。具体如下：2005 年 6 月 30 日和 7 月 7 日，欧盟委员会宣布对中国的劳保鞋和皮鞋实施反倾销调查，其中劳保鞋涉案金额为 5255 万美元、皮鞋案金额高达 7.3 亿美元。2005 年 11 月底，欧盟完成对我国 13 家皮鞋企业和 4 家劳保企业的反倾销抽样核查，其中皮鞋重灾区在广东，劳保鞋则是温州占了主要部分。2006 年 2 月 23 日，欧盟贸易委员曼德尔森表示，由于调查显示中国和越南产皮鞋以低于本国生产成本的价格倾销到欧盟，欧盟委员会建议从 4 月 7 日起对中国和越南产皮鞋征收为期半年的临时性反倾销税。2006 年 3 月 8 日，温州、广州、泉州三大产鞋基地鞋革协会联手建立“反倾销应对联盟”，并在广州发布初步立场文件。2006 年 3 月 12 日，欧盟贸易救济司司长维尼格率团在杭州与中国鞋企代表进行沟通，表示劳保鞋虽然有倾销嫌疑，但因为对各国相同产业的影响不大，可以考虑松动。2006 年 3 月 23 日，欧盟成员投票通过从 4 月 7 日起对所有中国出口到欧盟的皮鞋征收 4.8%的关税，到 10 月增加到 19.4%。10 月 5 日，欧盟对华皮鞋反倾销案终裁，中国涉案企业中除 1 家因获得市场经济待遇被征收 9.7%的反倾销税外，其余企业均被课以 16.5%的反倾销税。反倾销税从 10 月 7 日起征收，为期 2 年。2008 年 10 月，在该反倾销措施即将期满之际，欧盟不顾广大消费者的利益和中方的反对，又发起期终复审，并于 2009 年 12 月 22 日决定将反倾销措施再延长 15 个月，这一措施遭到中国政府和生产企业的强烈反对，就连欧盟内也有 12 个国家投票反对。2010 年 1 月中国政府已经将此案诉诸世界贸易组织的争端解决机制，要求该机制首先进行调节，要求欧盟取消继续反倾销的措施，如果调节不能解决问题，还要成立专家组进行调查和判断欧盟的措施是否违背 WTO 的自由贸易原则。

2. 案例分析

入世后，2005 年 1 月 1 日开始中国鞋类产品出口欧盟才不再受配额限制。然而，对于很多企业来说，一只脚才刚刚迈进去，就遭遇反倾销调查。这次的反倾销案件是鞋业所遇到的第一个反倾销案件。在产品全球化采购的模式下，欧盟对中国加征反倾销税，中国制鞋企业原有的相对竞争优势将会丧失，甚至处于劣势。我国制鞋等产业在劳动力、原材料等方面所具有的成本优势较长时间内仍难以改变，在这种前提下，以后中国企业还将不可避免地遇到反倾销指控。欧盟委员会在调查、裁决中存在诸多问题，违背了 WTO 所倡导的自由贸易、公平贸易原则。这主要体现在：（1）裁决中对损害及因果关系评估不全面。根据《反倾销协定》的规定，对进口产品征收反倾销税，不仅要证明该产品存在着倾销以及进口国国内产业受到损害，而且要证明倾销与损害之间存在着因果关系，即证明进口国国内相同或相似产品的产业受到的损害是由进口产品的倾销造成的。欧盟鞋类产业由于劳动力成本高、技术投资不足，已不再具有比较优势。多年来，欧洲鞋类产业不断向盟外转移，就业减少，这也是国际产业转移的一个正常现象。即使在欧盟对中国鞋类产品实施 10 年配额期间，这一现象也一直存在，中国鞋业没有对欧盟同行造成损害，将这一现象归结于中国产品的进口是立不住脚的。（2）"非市场经济"问题常常导致国外对华反倾销的滥用，因为用"替代国"商品的价格计算我国出口产品的"正常价值"，很容易确定倾销存在和得出较高的倾销幅度。中国政府加入世界贸易组织后，已严格按照世界贸易组织的规定取消了各种出口补贴。2005 年以来，中国皮鞋对欧出口增长较快，主要原因是欧盟对华鞋类产品实施 10 年的配额体制终结后，中国出口潜力得到释放，与倾销毫无关系。欧盟裁决中国企业存在倾销完全是基于否定中国企业的市场经济待遇这一前提，这是不符合中国实际的。（3）运用好世界贸易组织的争端解决机制，果断应诉。面对反倾销，决不能畏缩，要据理力争，争取有利的裁决。据统计，全球反倾销案的倾销成立率大约是 53%；而在美国，一般只有 27%被裁定倾销成立，35%被裁定不成立，其余 38%被申诉方中途放弃。这也表明，反倾销问题可以通过进口国法律得到公平或适当解决，因此反倾销并不可怕，虽然其程序繁杂，费用不菲，但若应诉得力，有可能柳暗花明。不应诉，则会从此深陷困境，中国企业由于不积极应诉而导致国外反倾销当局只听申诉方一面之词甚至做出不公平的裁决比比皆是，其结果是退出市场。而积极应诉，即使可能被采取反倾销措施，也不一定都会退出市场。另外，政府要通过立法手段贯彻谁应诉、谁受益的原则，并使其得到落实，不让那些总想免费搭便车的企业行为得以实现。在应诉过程中，我方企业也要掌握应诉技巧，灵活应变，以争取使损失降到最低。

第二节　反补贴的法律规定与中国的贸易实践

世界贸易组织的公平贸易原则主要是反对不公平的、扭曲的贸易形式。而不公平的、扭曲的贸易形式中，除了倾销以外，补贴也被认为是一种不公平贸易。对此，世界贸易组织制定了相应的国际通行规则加以规范。

一、补贴和反补贴的定义

在1947年公布的关贸总协定第6条和以后WTO的《补贴与反补贴措施协议》中，明确规定了国际反补贴的制度和法规。各成员在制定有关的国内法时，也基本按照WTO的国际通行规则，确定了反补贴的定义和相应的法律法规。

WTO有关补贴和反补贴的规则，实际是要在市场经济的基础上规范政府和企业的关系，防止政府对企业实施不规范的补贴，导致贸易扭曲，给进口国国内工业造成损害。政府与企业的关系应该是宏观管理、制度规范和行政服务，政府的行为不能“越位”，不能给企业以资金或价格的支持，使企业因此降低生产和出口成本，得以通过价格的优势挤入他国市场，给进口国国内工业造成重大损害或威胁。所以，补贴的定义是：出口国对出口产品在生产和出口环节，由政府或行业协会给予公开或秘密的、直接或间接的贴补，因此使出口产品降低成本，提高对外竞争能力，得以挤入他国市场，使进口国国内工业遭到损害或威胁。反补贴则是进口国政府面对国外得到补贴的产品的严重冲击，为了保护国内工业，而对得到补贴的进口产品征收反补贴关税，其目的在于增加进口产品的成本，抵消出口国对该项产品所做补贴的鼓励作用。

二、世界贸易组织有关反补贴的法律规定

反补贴也是国际上一种维护公平竞争秩序的制度，但是如果没有必要的法律法规，反补贴也可能被滥用，成为贸易保护的一种工具。为此，原来的关贸总协定和1995年成立的世界贸易组织都制定了反补贴制度，并不断加以规范和完善。1947年关贸总协定的第6条就是国际上最早的反补贴国际规则。1979年“东京回合”谈判中对补贴和反补贴又做了某些规定而通过了《补贴与反补贴守则》，在“乌拉圭回合”谈判中通过的《补贴与反补贴措施协议》是对关贸总协定第6条的具体化，是对“东京回合”谈判达成的协议进行了重大修改而成的，各成员（包括中国）都在此文件的基础上制定了本国相关的国内法规和反补贴制度。

（一）反补贴的前提条件

根据原关税与贸易总协定在“东京回合”谈判中签署的《反补贴协定》的规定，与反倾销一样，反补贴也必须具备相应的前提条件，而且是缺一不可，只有满足了规定的所有三个条件，进口国才能实施反补贴措施。这三个前提条件是补贴存在、损害存在和二者具有因果关系。

1. 补贴存在

进口国政府经过调查后有充足的证据证明出口国对某种出口产品在生产和出口中存在补贴行为，主要包括：（1）政府直接转移资金的行为，如对企业有赠款，贷款，注入股权，潜在的资金或债务的直接转移，如贷款担保；（2）本应征收的财政税收的豁免或不予征收；（3）政府通过提供低价的服务或货物，给予企业价格支持；（4）政府通过基金机构或私人机构实施上述补贴。

2. 损害存在

出口国补贴的实施必须给进口国国内工业造成严重损害或威胁，进口国才能够启动反补贴措施。损害主要包括：（1）出口国的补贴损害了进口国某一国内产业，如对进口国国内已建立的相关产业造成实质损害或者产生实质损害的威胁，或者对国内新建工业造成实质性阻碍；（2）出口国通过补贴在进口国竞争时，其他出口国的出口商会因此遭到损害；（3）进口国对国内企业实施补贴，可能损害在该国家进行市场竞争的其他国家出口商的利益，这一般叫做进口替代补贴。补贴对进口国造成的损害主要表现为进口国国内相关产品的价格下跌、行业经济效益下滑、国产产品市场占有率降低、设备闲置和工厂倒闭、工人失业等。

3. 因果关系

同反倾销措施一样，进口国实施反补贴的前提条件还要求确认出口国的补贴行为和进口国的产业损害构成因果关系，也就是说补贴必须是国内产业损害的原因或原因之一。

（二）反补贴的程序和措施

1. 反补贴的程序

在补贴、损害和因果关系都具备的条件下，进口国政府就可以对实施补贴的产品进行反补贴。反补贴是一种政府行为，其制裁的对象是对方政府，而不是企业。除了通过世界贸易组织的争端解决机制解决有关补贴的争端外，也可以通过本国的国内法启动本国反补贴措施程序，对受到损害的国内产业予以保护和救济。各国的反补贴程序主要包括：（1）申诉。申诉方为进口国国内受到损害的企业或企业联合体（其产量总和占国内此产业生产总量的 50%以上），并要求提供存在补贴、损害和因果关系的充分证据。（2）调查。进口国主管当局认为申诉合理，就应该立案调查，调查主要就补贴是否存在、损害是否存在和二者是否构成因果关系寻求书面证据，在调查中进口国和出口国利益各方都应有充分的机会表达自己的意见。通常情况下调查在 12 个月内结束，特殊情况下可延长至 18 个月。如果在调查中出口国政府同意取消或限制补贴，或者出口商同意将价格提高到进口国政府满意的水平，反补贴调查应该暂停或终止。（3）救济措施。进口国政府在反补贴调查中如果有充分的证据证明补贴存在、产业损害存在和二者存在着因果关系，则可以单方面对申诉企业提供救济，就是我们说的反补贴措施。

2. 反补贴的措施

反补贴的措施就是对受到补贴产品冲击和损害的国内企业的救济，主要包括如下几个方面：（1）临时措施，即在短期内对存在补贴的产品以现金保证金或者保函作为担保的征收临时反补贴税的形式，临时措施不得超过 4 个月，至少在立案调查 2 个月以后实施。（2）承诺，即出口国政府在调查期间提出取消或限制自己过去的补贴政策，或者出口商提出修改价格以达到进口国政府满意的程度，承诺意味着对国内产业的损害或威胁即将取消。（3）征收反补贴关税，在磋商没有取得预期效果的情况下，终裁确定存在补贴、损害及因果关系，进口国政府就可以决定对受到补贴的产品征收反补贴关税。反补贴税征收的幅度有严格的规定，各国的反补贴税征收不能超过补贴的幅度或差额，而且反补贴税征收的期限和承诺的履行期限不得超过 5 年，但是如经过复审认为停止征税会导致继续损害，则征税可以适当延长。（4）复审，反补贴税生效以后，主管机构可以根据利害关系方的请求进行复审，以决定是否继续征收反补贴税或停止征收反补贴税。

3. 补贴的种类

世界贸易组织并不是反对和禁止一切补贴行为，而是根据补贴的性质进行分类，以采取不同的措施。总的来讲，WTO 的规则对出口补贴处理比较严格，而对生产补贴则比较宽松；对制成品补贴比较严格，对初级产品补贴比较宽松；对发达国家补贴比较严格，对发展中国家补贴比较宽松。在补贴分类上是仿照交通规则的红绿黄三色管制灯的方式，分为：红区补贴，即严格禁止的补贴；黄区补贴，即认为造成严重损害时才受到质疑的补贴，也称可申诉补贴；绿区补贴，是不会造成严重损害的补贴，实际是合法补贴，也称不可申诉补贴。

关于禁止性补贴，在 WTO 反补贴协议中作为附件列举了 12 项禁止性的出口补贴清单，具体是：（1）政府视出口实绩对产业或企业提供的直接补贴，如以出口额或出口创汇额为基数给予一定比例的奖励。（2）涉及出口奖励的货币留成方案或任何类似做法。如在外汇统一管制的情况下，以出口额或出口创汇额为基数，允许出口企业管存一定比例的外汇。（3）政府规定的装运出口货物的国内费用条件，优于装运内销货物，即所谓出口装运补贴。（4）政府或其代理机构直接或间接通过政府授权的方案，对出口生产提供货物或服务的条款或条件优于对内销生产的条款或条件，而且还优于出口商在世界市场上通过商业途径可获得的条款或条件。如政府为出口企业免费提供信息服务，而对内销生产提供同样服务则要收费。（5）全部或部分减免或缓征工商企业已付或应付的专门与出口有关的直接税或社会福利费。直接税是指对工资、利润、利息、租金、专利权使用费和其他形式的收入所征收的税，以及对不动产所有权的征税。（6）在计算直接税的税基时，与出口或出口实绩直接相关的特殊扣除，超过对供国内消费的生产的特殊扣除。即通过缩小税基，减轻出口企业税负，从而达到刺激和鼓励出口的目的。（7）对出口生产和分销的间接税减免，超过对供国内消费的同类产品的生产和分销所征收间接税的减免，即超额减免税。间接税是指增值税、消费税、销售税、营业税、特许税、印花税、转让税、存货税、设备税、边界税及除直接税和进口费用以外的所有税负。（8）对用于出口产品生产的货物或服务，减免或缓征所征收的前阶段累积间接税，超过对供国内消费的同类产品生产的待遇，这也是一种超额减免。如果前阶段累积间接税是对出口产品生产过程中消耗的投入物所征收的（扣除正常损耗），则即使对供国内消费的同类产品的前阶段累积间接税不予减免或缓征，对出口产品仍可免、减、缓。（9）进口费用的减免或退还，超过对出口产品生产中消耗的进口投入物所收取的进口费用（扣除正常损耗）。（10）政府或政府控制的特殊机构提供的出口信贷担保或保险计划，其利率保险费率不足以弥补担保或保险计划的长期营业成本和亏损。（11）政府提供的出口信贷利率低于使用该资金实际应支付的利率，或低于国际资本市场获得同样信贷所应支付的利率；政府支付企业或其他金融机构为取得贷款所发生的全部或部分费用。（12）从世界贸易组织成员方公共账户中所支取的任何其他费用，且该公共账户构成了《1994年关税与贸易总协定》第16条意义上的出口补贴。

在禁止性补贴中，除了出口补贴外，进口替代补贴也是禁止性的，因为这种补贴使正常出口国的利益受到损害。所谓进口替代补贴是指以使用国产货物为条件而给予的补贴。与出口补贴给予出口产品的生产者或出口商不同，进口替代补贴给予的对象是进口国产品的生产者、使用者和消费者。这种补贴会使进口产品在与受补贴的国内产品的竞争中处于劣势，从而抑制相关产品的进口。鉴于进口替代补贴对进口贸易的抑制和扭曲作用，《补贴与反补贴措施协议》同样将其纳入了禁止范畴。过去我们对进口替代补贴的不合法性认识不足，因此也引发了严重的国际贸易争端。比较典型的是2004年3月美国政府在WTO争端解决机构指控中国对半导体产品实行进口替代补贴而损害了美国出口产品利益的案件。我国政府为了发展半导体等高新科技产业，自2000年开始对国内半导体产业实行优惠的增值税“即征即退”政策，美国方面认为这违背了国民待遇原则，使美国产品处于不公平贸易状态，最后两国通过磋商解决了该问题，中国政府取消了相关优惠政策。

可申诉补贴，是在上述规定中既没有明文禁止，又不能免于质疑的补贴，如政府直接转让资金、潜在的资金及债务的转移、本应征收的政府税收的豁免或不予征收、政府对收入或价格的支持等。

不可申诉的补贴，即世界贸易组织允许进行的合法补贴，进口国不管国内产业是否遭受损害，都不能向世界贸易组织起诉和实施反补贴措施。

4. 反补贴的例外

就是上述的不可申诉补贴，即合理合法的补贴行为。从1947年关贸总协定成立到1995年WTO公布的《补贴与反补贴措施协议》中，都列出了一系列反补贴的例外，主要包括：（1）出口退税的例外，即出口国实行出口退税或免税，进口国不得对这些产品征收反补贴关税，因为出口退税是为了防止双重征税的最好办法，所以出口退税一直是合法的国际惯例；（2）普遍性补贴，即不属于专向性的特殊补贴，出口国政府不仅对出口企业实施补贴，而且对所有生产者均实行同等程度的补贴；（3）为环境保护而实施的补贴，即政府对企业在环境保护中因资金不足而给予一定的补贴，这虽然是专向性补贴，但是目的是为了环境保护，所以属于例外，但是补贴的比例不得超过总投资的20%；（4）对于企业或高等院校及科研机构在合同基础上进行科学研究，政府可以给予一定比例的补贴和资助；（5）对落后地区的补贴；（6）发展中国家的例外，如反补贴制度不适合人均国民生产总值1000美元以下的国家，发展中国家如果总补贴没有超过单位价值的2%，受补贴产品占进口总额不足4%，多个发展中国家进口总量不足进口国总进口的9%，则应终止反补贴调查。

三、美国与中国的反补贴立法及实践

（一）美国有关反补贴的国内法规及其调整

由于中国长期以来属于计划经济国家，所以没有反补贴法律与制度，西方国家也很难对计划经济国家进行反补贴调查和救济。1983年美国曾指控中国的纺织品实施了出口补贴，要求进行反补贴调查，但是因中国经济体制的特殊性而没有成功，因此大多数西方国家普遍认为反补贴法律制度不适合计划经济国家。但是随着金融危机与西方国家贸易保护主义的兴起，美国等国家逐步开始修改相关法律，而对中国等“非市场经济国家”进行反补贴调查。美国参众两院2012年3月5日和6日分别全票通过《1930年关税法》修正案，要求赋予美国政府对来自“非市场经济国家”的产品进行反补贴调查和征收反补贴税的权利。修正案意在推翻2011年12月19日美国联邦巡回上诉法院就中国出口美国的非公路用轮胎司法诉讼案做出的判决。该判决依照《1930年关税法》认定，美国商务部不能在视中国为“非市场经济国家”的情况下对其进行反补贴调查。尽管修正案须经总统奥巴马签署之后才能成为一项新的法律，但是在当前美国经济不景气、失业率高达 8%以及正值大选之年的背景下，通过这样一项保护主义的法律修正案是没有太多悬念的。

金融危机使美国经济遭到无情重创，在严峻的经济形势面前，奥巴马总统领导下的美国已经变得更加保守和内向，从步步紧逼人民币汇率升值到决定成立针对中国的特殊监督机构，再到为对“非市场经济国家”实施反补贴立法，美国正在加紧构筑贸易保护主义的大堤。可以肯定地说，新的法律修正案将是中美贸易摩擦的又一引爆器，它意味着中美贸易摩擦将升级到一个新的水平。

对中国来说，国外反补贴比反倾销带来的伤害可能更大，因为补贴涉及政府行为。反补贴立法限制了中国政府扶持产业的行为能力。再者，国有企业的贸易行为也可能要受到更严格的监督和规范。对美国来说，对中国动用反补贴这个武器，是遏制中国使用战略性贸易政策的一个针锋相对的举措。战略性贸易政策旨在通过政府对特定产业的干预影响市场竞争的平衡，达到获取规模经济利益、转移贸易利润、争取有利市场地位的结果。此类政策对渴望建立具有国际竞争力的新兴战略产业的国家政府来说极具吸引力，日本、韩国都是战略性贸易政策的成功实践者。

如今，补贴作为战略性贸易政策的主要工具已经成为中国与欧美国家贸易摩擦的一个核心问题。这里涉及中美两国促进产业发展机制的根本不同，反映的是基本经济制度不同所造成的差异。美国产业发展基本依靠的是市场机制。美国有高度发达的金融市场和风险投资机制，新创意、新企业即使存在高风险也不乏资金追逐；美国的劳动力，特别是熟练工人和企业家的流动性很强；同时，基础研究成果商业化的渠道畅通无阻，因此阻碍资本、劳动流向新兴产业的障碍很小。但是，中国的市场经济制度尚未完善，无法像美国那样通过市场有效配置资源。因此，补贴与反补贴是两种不同体制的碰撞。要进一步深化中美两国贸易就无法回避这类体制机制的不同。

过去三十多年，中国以出口拉动经济增长的战略获得了极大的成功，一个重要的前提条件是国际体制总的来说对中国是有利的。美欧均支持中国融入世界经济；国际市场，特别是欧美市场对中国基本是开放的，尽管也存在限制，但总的趋势是更加开放。但如今随着中美经济变得更加相互依存，制度差异以及经济政策差异造成的利益摩擦和冲突越发凸显。这些冲突的增加必然损害中美贸易的进一步发展。

美国的贸易政策经常屈从于政治压力，也就是特殊利益集团的压力，而偏离自由贸易的基本原则。尤其是在美国制造业丧失了大部分国际竞争力，奥巴马总统要以美国制造业为开端，为建立长盛不衰的经济制定蓝图的时候，保护主义的压力比以往任何时候都强大。但是，保护主义容易使国家丧失经济全球化带来的利益。一个不容置疑的事实是，离开中国市场，奥巴马总统提出的五年出口翻番的计划很难实现。

（二）中国有关反补贴的国内法规及规范补贴行为

改革开放以后中国的计划经济体制逐步向市场经济体制转化，我国的社会主义市场经济正在形成与完善，有关的经济法规也正在与国际通行规则接轨，中国的反补贴法律法规也逐步出台并一步步走向规范。2004 年我国新公布的《对外贸易法》中确立了反补贴的原则，在第八章第四十三条中规定："进口的产品直接或间接地接受出口国或地区的任何形式的专向性补贴，对已建立的国内产业造成实质损害或产生实质损害威胁，或者对建立国内产业造成实质阻碍的，国家可以采取反补贴措施，消除或者减轻这种损害或者损害威胁或者阻碍。"1997 年 3 月公布了《中华人民共和国反补贴条例》，2004 年 6 月又公布了经过修改的新条例。新的《反补贴条例》规定，国家主管反补贴的机关是国家商务部，受到国外补贴行为损害的国内产业可提供证据向商务部提出反补贴的申诉；国家主管机关在 60 天内决定是否立案调查，并要求 12 个月内（最长不得超过 18 个月）进行调查，决定是否实施反补贴措施；反补贴税不得超过补贴的幅度和差额，征税最长时间为 5 年。

我国过去曾出现过各种形式的补贴行为，在加入世界贸易组织的过程中，为了与国际通行规则接轨，中国承诺在过渡期内逐步取消不规范的政府补贴，而转化为世界贸易组织允许的合法补贴。我国政府已经取消或逐步取消的补贴主要包括：对出口企业实行的根据出口实绩的补贴（即过去的外贸承包经营责任制）已于 1991 年为自负盈亏所替代；外汇留成制度在 1994 年外汇体制改革中已经取消；国家对外贸企业的低息优惠贷款和低价运输制度也已经取消；国家投资建设出口商品生产基地和专厂专车间的政策也已经取消。中国入世后实行的规范合法的补贴主要有：出口退税制度，并逐步调整退税税率；对西部地区的环境保护补贴和经济开发补贴；对农业的适度与合法的补贴，如取消农业税等。

四、反补贴案例——美国对中国产无缝钢管实施反补贴案例

（一）国外对中国产品实施反补贴的基本情况

由于中国过去长期实行计划经济体制，所以许多西方国家认为反补贴措施不适合中国这样的"非市场经济国家"，因此长期以来西方国家没有对中国的出口产品启动反补贴调查，也没有实施过反补贴措施。但是随着中国社会主义市场经济体制的建立与逐步完善，国外对中国产品的反补贴措施也开始出现。2004 年 4 月，加拿大政府对来自中国的烧烤架进行反倾销和反补贴的调查并做出初

裁，对应诉企业和其他企业分别征收不同税率的反倾销税和反补贴税。但是我国的有关企业提起诉讼，最后加拿大相关机构终于决定终止此次反补贴调查，并退还临时反补贴关税，我方以胜诉而告终。2004年4月加拿大政府又对原产于中国的不锈钢紧固件和碳钢进行反补贴调查，并于12月9日做出最终裁决，对上述两种产品征收不超过补贴额的反补贴税。2004年10月加拿大政府又宣布对我国的复合地板进行反补贴立案调查。虽然加拿大首开对中国产品进行反补贴调查的先河，但是在世界上主要实施反补贴措施的还是美国和欧盟。美国国会在2005年3月提出一项新的议案，决定修改现行的反补贴法，宣布对"非市场经济国家"也可以采取反补贴措施，即《2005年停止海外补贴议案》，为此美国政府密切关注和搜集我国补贴的政策及信息，并于2009年对中国出口的石油套管进行反补贴调查和征收反补贴关税。

（二）案件概况

中国的无缝钢管产能长期以来处于过剩状态，因此对欧洲和美国的出口对于企业来说是非常重要的。美国是中国无缝钢管出口的最大市场，2009年1～8月中国无缝钢管出口美国的数量为34.56万吨，占无缝钢管出口总量的16.65%，其次是阿尔及利亚（22.38万吨）、印度（17.09万吨）。欧盟是中国第六大无缝钢管出口市场，同期中国无缝钢管出口欧盟25国的数量为9.56万吨，占无缝钢管出口总量的4.6%。2009年4月8日，欧盟发布公告对中国产无缝钢管征收临时反倾销税；在6个月的临时关税到期后，欧盟在10月6日做出了实施5年正式反倾销税的最终裁定，裁定中国输欧无缝钢管对欧盟产业构成损害威胁，决定向中方征收为期5年的最终反倾销税，税率为17.7%～39.2%。继欧盟之后美国商务部宣布对从中国进口的无缝钢管发起反倾销和反补贴调查。这项调查是应美国钢铁公司、V&M Star公司、TMK IPSCO公司以及美国钢铁工人联合会的要求发起的。美方公司要求对从中国进口的无缝钢管征收98.37%的反倾销税，并对中国政府的补贴征收额外的反补贴税。2009年5月22日美国国际贸易委员会发表公告，对进口自中国的石油管材产品做出损害初裁，6位委员一致投票裁定，进口自中国的石油管材产品的补贴和倾销行为给美国国内产业造成了实质性损害。根据该肯定性裁决，美国商务部将对进口自中国的石油管材产品继续进行反倾销和反补贴调查。根据相关程序，美国商务部将对该案做出反补贴初裁和反倾销初裁。2009年12月30日，美国国际贸易委员会发布公告，对原产于中国的石油管材做出反补贴终裁，裁定涉案产品的补贴行为对美国国内产业造成了实质性损害或实质性损害威胁。2010年1月20日，美国商务部发布公告，由于计算错误，决定修改对原产于中国的石油管材的反补贴终裁结果，并发布了反补贴税令。在征税令中决定对江苏常宝钢管股份有限公司征收反补贴税 12.46%，对天津钢管集团有限公司征收反补贴税 10.49%，对浙江健力股份有限公司征收反补贴税 15.78%。受美国和欧盟反补贴和反倾销的影响，中国出口无缝钢管数量大幅下滑，8 月份出口无缝钢管 23.84 万吨，同比减少 58.85%，占钢材总出口比例的 11.46%；环比 7 月份下滑了 11.9%。1～8 月全国累计出口无缝钢管 207.56 万吨，同比减少 41.11%，占出口比为例 15.68%。

（三）案例分析

中国的无缝钢管生产长期以来在出口中占有重要位置，而美国则是非常重要的出口市场，中国无缝钢管对美国的出口占总出口的 37%。但是 2009 年 11 月 24 日美国商务部做出终裁，以中国油井管存在补贴为由宣布将对相关产品实施 10.36%～15.78%的反补贴关税制裁。该案涉及金额约 27 亿美元，是迄今为止美对华贸易制裁中最大的一起案件。根据美国商务部发表的声明，美方认为中国产油井管存在政府补贴，受此影响，该产品在美国销量大幅增长，因此美方决定对其实施反补贴制裁。对于美方在油井管问题上制造贸易摩擦，中国商务部表示，美方在不承认中国市场经济地位的情况下，采用歧视性做法，任意提高反倾销和反补贴税率，给中国钢铁行业出口造成严重影响，美方继续沿用其反补贴初裁调查中的歧视性做法，错误认定存在补贴并任意提高反补贴税率，中方对此表示强烈不满和坚决反对。中方要求美方恪守二十国集团峰会承诺和不久前召开的第 20 届中美商贸联委会上达成的共识，反对贸易保护主义，共同应对金融危机。具体到油井管问题，美国方面应该抛弃偏见，做出公平、公正、合理的最终裁决。按照美国反补贴程序，商务部的裁决主要涉及是否有补贴发生、补贴比例是多少；美国国际贸易委员会的裁决主要涉及是否对美国产业造成损害。如果双方都最终裁定外国政府补贴成立，商务部即可命令海关对相关产品实施反补贴制裁。国际贸易委员会的初裁认定中国产品对美国产业构成损害，其终裁于 2010 年 1 月初做出。除了反补贴外，美国商务部此前还对中国油井管做出了反倾销的初步裁定。根据该裁定，37 家中国企业将面临 36.53%至 99.14%不等的反倾销惩罚性关税。受美国国内经济下滑、保护主义抬头以及政客操纵等多种因素影响，美国最近频繁对中国产品实施贸易救济措施，“中国制造”正成为美国贸易保护主义抬头的最大受害者。我国无缝钢管行业更是受到了前所未有的冲击，面临生死考验。在我国钢铁出口产品中，钢管一直是国外反倾销反补贴调查的焦点，近年来中国无缝钢管行业对出口的依赖度过高，中国钢铁工业协会钢管分会统计数据显示，2008 年中国共出口无缝钢管 609 万吨，2009 年 1～9 月出口只有 236.2 万吨，同比降低 50%左右。除了美国，我无缝钢管行业出口也遭遇了欧盟的限制，欧盟部长理事会 2009 年 10 月 6 日裁定，中国输欧无缝钢管对欧盟产业构成损害威胁，决定征收 17.7%～39.2%的最终反倾销税。此外，墨西哥、印度等国已经或正在准备对中国无缝钢管实施“双反”，俄罗斯准备将无缝钢管的进口关税提高。目前，中国钢铁产业已经成为西方国家滥用贸易救济措施的最大受害产业。

五、中国钢车轮对美出口遭“双反”调查胜诉案例

（一）案例背景

就在 WTO 判定中美轮胎特保案美方获胜的一个多月之后，美国反倾销、反补贴的“双反”调查又砸向中国钢车轮，贸易保护的阴霾笼罩汽车零部件行业。2011 年美国商务部对中国输美钢车轮反倾销调查做出初裁，认定中国对美出口钢车轮产品低于正常价值，中国出口企业产品倾销幅度高达 110.58%～193.54%，加上该案反补贴调查初裁认定税率为 26.24%～46.59%，两者相加，中国企业最终可能面对的初裁税率将超过 200%。据美国商务部资料显示，2010 年美国从中国进口的钢制车轮总价值约为 8040 万美元，2009 年约为 6089 万美元。如此之高的初裁“双反”税率，使大部分出口企业感到难以接受，中国钢车轮企业将可能被迫放弃美国市场。据了解，中国钢车轮案为美国对我汽车零配件产品发起的第一起“双反”调查，同时也是近年来中国车轮行业在全球范围内遭遇的第五次贸易救济调查。此前，南非、印度和澳大利亚也分别对中国钢车轮产品发起过反倾销调查，并最终征收反倾销税。频繁遭遇贸易救济调查，已使中国钢车轮企业遭受重大损失，企业发展陷入前所未有的困境。不仅如此，贸易救济案件的传导、示范效应，很有可能导致中国其他汽车零部件产品也遭受类似不利影响。根据美方的计划日程，美国商务部将于 2012 年 3 月做出最终裁定，国际贸易委员会将于 2012 年 4 月 23 日左右做出终裁。如果美国商务部和国际贸易委员会都做出肯定性终裁，即认定从中国进口的此类产品给美国相关产业造成实质性损害或威胁，美国商务部将要求海关对相关产品征收反倾销和反补贴关税。

美国商务部在 2012 年 3 月 19 日做出肯定性终裁，认定中国钢制车轮的生产商或出口商在美国销售钢制车轮时存在倾销行为，倾销幅度从 44.96%至 193.54%不等。同时，商务部还裁定中国输美的此类产品接受了 25.66%至 38.32%不等的补贴。按照美方程序，反倾销税或反补贴税须美国商务部和国际贸易委员会均做出肯定性裁决才能执行。2012 年 4 月 17 日美国国际贸易委员会宣布，从中国进口的钢制车轮没有实质性损害或威胁美国相关产业，因此美国将不会对这类产品征收反倾销和反补贴税。美国国际贸易委员会当天做出终裁，6 名委员一致认为从中国进口钢制车轮不会对美国相关产业造成实质性损害或威胁，因此商务部将不会要求海关对这类产品征收反倾销和反补贴税。根

据美国国际贸易委员会的数据，美国同类产品的生产商仅有5家。至此，中国输美钢车轮案以中国产品胜诉而告终。

（二）案例分析

过去美国对中国采取的贸易救济措施多是单纯的反倾销或反补贴，但是近年来美国不断违反 WTO 的有关规定，对中国输美产品实施“双反”调查，即同时进行反倾销调查和反补贴调查。如果符合法律规定，将对该产品同时征收反倾销税和反补贴税。事实上，按照世界贸易组织的有关规定，对同一案件是不能同时进行“双反”调查并同时征收反倾销税和反补贴税的。在此案例的司法实践中，中国涉案企业厦门日上车轮集团股份有限公司在美国就该案正确维护了自己的合法权益。美国对进口原产地为中国的 18～24.5 英寸钢制车轮征收反倾销税的议案，决定对中国的相关产品适用 110.58%～193.54%的反倾销临时税率，其中对厦门日上车轮集团股份有限公司及其子公司厦门多富进出口有限公司生产及出口的相关产品适用 125.98%的反倾销临时平均税率。该公司提出，在美国商务部公布的调查期（2010 年 7 月 1 日～2010 年 12 月 31 日）内，本方向美国出口的直径 18～24.5 英寸钢制车轮销售收入为 318.68 万元，约占公司 2010 年下半年载重钢轮产品营业收入的 0.86%；2011 年 1～9 月，公司出口到美国的该尺寸产品实现销售 2268.25 万元，约占公司 2011 年前三季度载重钢轮产品营业收入的 3.48%；且美国的同行业只有 5 家，所以该企业的出口不会对美同行业造成损害与威胁。美国国际贸易委员会的裁决对该企业的胜诉起了很大的作用。该案例说明，在面对西方国家滥用贸易救济手段时，企业应该积极利用 WTO 的国际通行规则应诉，以争取最好的结果，而不能消极等待对方的裁决。

第三节　保障措施的法律规定与中国的贸易实践

反倾销和反补贴都是为了维护公平贸易与规范国际竞争秩序而订立的法律制度，而保障措施则是针对公平贸易而实施的法律制度，客观上限制了公平竞争。

一、保障措施概述

所谓保障措施，是指一个国家在加入世界贸易组织以后，为了遵循自由贸易原则而开放市场（如减让进口关税），导致某一产品对该国的出口数量激增，包括绝对激增和相对激增，因此对国内相同产业造成严重损害或严重威胁，该国为了消除这种损害或威胁可以采取紧急限制进口的措施，如提高进口关税、实施数量限制及关税配额等。具体说来，就是在国外进口损害了国内产业的时候，进口国没有证据证明出口国存在倾销或补贴等不公平贸易行为，所以其他出口国的出口并不是不公平贸易，而是正当的公平贸易，但是进口国为了保护自己相对落后的产业，也可以采取临时的限制进口的措施。所以，保障措施有如下几个主要特点：

（一）临时性

即这是一种紧急情况下所采取的应急措施，一旦进口国国内的损害和威胁已经不复存在，这种保障措施就应立即取消。所以，一国实施保障措施的前提条件，首先是大量具有强大竞争力的外国进口产品涌入国内市场；其次是由于进口的激增而使国内的弱势产业受到严重损害，如生产和销售受阻、价格大幅度降低、库存急剧增加、全行业经济效益大幅度下滑、许多企业已经倒闭或即将倒闭、失业队伍迅速扩大等，政府如不采取紧急行动予以干预，会使事态进一步恶化。所谓临时就是在这种紧急情况下不得不采取措施；实施保障措施一段时间以后，由于实行高关税或进口配额制，进口产品的数量会因临时性贸易壁垒的限制而逐步减少，当对国内相关产业的损害或威胁已经减少或消失时，保障措施就应该立即取消。

（二）合法性

即保障措施应完全符合 WTO 的有关国际规则和进口国的有关国内法规。一般来说，要实行保障措施的话，按照有关规则必须具备一定条件，不符合条件的保障申请，政府不会允许实施保障措施；即使实施了保障，也会遭到出口国的激烈反对，甚至上诉到 WTO 的争端解决机制，或者也可能遭到出口国的报复。这里所说的合法，一是符合 WTO 和 1994 年 GATT 有关保障措施的国际规则；二是要符合每个国家自己制定的有关保障或在紧急情况下限制进口的国内法律法规，如美国 1974 年贸易法案的 201 条款、加拿大和欧洲联盟的免责条款、澳大利亚的产业支持委员会法和我们国家在加入世界贸易组织以后正式公布的《中华人民共和国保障条例》。

（三）适度性

在符合上述基本条件的情况下，进口国可以实施保障措施，但是其限制进口的措施不能太高、太严厉。世界贸易组织《保障措施协议》中有关实施的要求是，仅在防止或补救严重损害并便利调整所必需的限度内进行。所谓“适度”，并不是空洞和不可操作的虚拟词汇，而是可操作的具体的规范要求。保障措施有如刑法中的“正当防卫”，防卫可以，但是不能过度，即使是在正当情况下进行防卫，实施过度也是违法的，也要承担法律责任。进口国如果使用数量限制的话，则该措施不可使进口数量减少至低于最近一段的水平，该水平是可获得统计数字——最近3个代表年份的平均进口；如果用关税来限制进口的话，则该关税的提高幅度应在适度限度内，即提高关税以后仅仅是部分减少了进口数量，而不是阻碍甚至是禁止了进口，要求在实施保障措施以后应保证进口量维持在采取保障措施前3年的平均水平。

（四）有限性

即一国政府为保护国内经济而实施的保障措施只能限定在特定产品范围内，不能任意扩大范围。我们说的产业保护仅仅是对该产业内具体的有限的产品实施保障，不能扩大到整个产业。如对钢铁产品实施保障，一定要明确具体哪些钢铁产品受到损害，要具体到指定海关税号的产品，如冷轧钢板、热轧钢板、石油套管、镀锌板、不锈钢等产品；对农产品一定要明确指定为大蒜、西红柿、香蕉或小麦面筋等具体品种，不能笼统地对蔬菜、水果、粮食等进行保障。

二、有关保障措施的法律规定

在关贸总协定的第19条就明确规定了保障措施的国际通行规则，1995年世界贸易组织又公布了新的《保障措施协议》，规定了实施保障措施的必要条件、损害的确定、保障措施的运用、临时性保障措施、发展中国家例外等具体内容。在保障措施的法律中主要包括：

（一）实施保障措施的前提条件

由于保障措施限制的不是不公平贸易，而是正常的公平贸易，因此在有关法律规定中要求的条件更加严格。也就是说，进口国启动保障措施必须具备三个前提条件，且缺一不可，这就是进口激增、产业损害和因果关系。进口激增是指进口国因不可预见的变化和履行加入世界贸易组织的承诺而使某种产品在短期内进口大量增加，这种增加包括绝对增加和相对增加，即进口国政府应该评估该产品的进口增加速度与数量，以及增加的进口在国内生产中占据的份额。产业损害是指这种进口激增使国内同类产品的生产者受到严重损害或损害之威胁，这种损害一定是对国内产业总体上的重大损害，而且损害的标准要高于反倾销和反补贴的损害标准，它强调的是“严重损害及威胁”，而不是“实质性损害及威胁”。因果关系是指有关产品的进口激增与国内产业受到严重损害及威胁之间应存在着因果关系，与反倾销和反补贴相比较，保障措施的因果关系要求须更加紧密，进口激增必须是产生严重损害的重要原因。

（二）保障措施的救济形式

进口国政府在调查中认为充分满足了上述三个必需的前提条件后，就可以启动保障措施，对国内受到严重影响的产业实施救济。其形式包括：进口数量限制，但不能低于最近3年的平均进口数量；征收临时性的进口附加关税，但关税的额度不得严重阻碍进口，要保持征税后仍维持前几年的平均进口水平；实施关税配额，即配额内不得提高关税，超过配额可以适当征收附加关税。

（三）实施保障措施的程序

按照世界贸易组织的有关规定，进口国政府实施保障措施必须有一套透明、公开的程序，主要包括：

1. 调查。即主管部门应该调查三种情况：是否存在着进口激增；国内产业是否受到严重损害及威胁；二者之间是否存在着因果关系。主管部门应在调查后公布调查结果，并通过听证会的形式听取有关利益方的意见。

2. 临时性保障措施。在启动保障措施后，如果进口国认为情况紧急，必须立即限制进口才能防止国内产业受到严重损害，则可以采取临时性的保障措施（如提高关税和数量限制），但不得超过200天，如果经过调查后不能证明存在着产业损害或威胁，要立即返还征收的关税。

3. 通知和磋商。进口国在启动保障措施调查时，应将情况通知各有关出口国，并与出口国政府就进口激增与国内产业损害问题进行双边磋商，争取协商解决问题。

4. 最终保障措施。即经过最终调查证明符合保障措施的所有条件，双边磋商又没有解决问题，进口国则可以单独实施保障措施，以限制进口，但限制时间一般不得超过4年，最长不得超过8年。

5. 补偿与报复。进口国实施保障措施必然会使出口国的正当利益受到损害，为此采取保障措施的国家应该考虑给予出口国适当的贸易补偿，主要是降低一些对这些国家有出口利益的产品关税；报复则是出口国如果认为保障措施损害了其利益，补偿又满足不了其要求，可以在保障措施实施90天后采取一定报复措施，即也限制对方一些产品的出口。

6. 监督和争端解决。保障措施往往容易引起各国的贸易摩擦和争端，为此，WTO 专门成立了“保障措施委员会”对各成员执行情况进行监督；各成员之间发生的贸易争端可以通过该机构在WTO争端解决机制中加以解决。

（四）发展中国家优惠

在世界贸易组织的许多规定中都有发展中国家优惠和例外的条款，在保障措施中也规定如果发展中国家被指责出口增加过多，但是只要该国的此类产品出口没有超过进口国总进口的3%，且所有发展中国家进口总量不超过9%，则进口国不得对其进行进口限制；而且发展中国家实施保障措施的时间比发达国家可以多一年。

三、保障措施与反倾销、反补贴的相同点和不同点

反倾销、反补贴和保障措施都是世界贸易组织多边规则中允许的保护国内产业的具体措施，而且也都有非常严格与规范的法律法规，因此对于世界贸易组织各成员的国内产业来说，也都是行之有效的“安全阀”。但是这三个保护措施的前提条件、救济手段、运行程序等却有很多的不同点，我们可以从表 13-3 中看出三者的异同关系。

表 13-3　保障措施与反倾销、反补贴制度的相同方面和不同方面

项目	反倾销制度	反补贴制度	保障措施制度
实施目的	紧急限制进口以保护国内有关产业	紧急限制进口以保护国内有关产业	紧急限制进口以保护国内有关产业
保护性质	针对不公平贸易，维护公平竞争	针对不公平贸易，维护公平竞争	针对公平贸易，客观上限制了公平竞争
所依据的国际规则	1994 年 GATT 第 6 条，WTO《反倾销协议》	1994 年 GATT 第 6 条 WTO《补贴与反补贴措施协议》	1994 年 GATT 第 19 条 WTO《保障措施协议》
实施的前提条件	倾销存在；损害存在；两者存在因果关系	补贴存在；损害存在；两者存在因果关系	进口激增；产业损害；两者存在因果关系
损害判断	实质性损害或实质性威胁，或对国内新建产业有实质性妨碍	实质性损害或实质性威胁，或对国内新建产业有实质性妨碍	对国内产业产生严重损害或严重威胁
因果关系	倾销是损害或威胁的原因之一	补贴是损害或威胁的原因之一	短期内进口激增造成国内产业的严重损害
发起调查	必须有国内企业或企业联合体的申请	必须有国内企业和企业联合体的申请	可以有企业申请，也可以在没有企业申请时由政府直接进行调查
实施范围	属于歧视性的，即仅对特定国家的特定产品实施反倾销	属于歧视性的，即仅对特定国家的特定产品实施反补贴	属于非歧视性的，应对所有国家出口的同一种产品都实施保障

续表

项目	反倾销制度	反补贴制度	保障措施制度
实施期限	一般是5年，如果具备条件可以第二次使用	一般是5年，如果具备条件可以第二次使用	只能是4年，延长后不能超过8年，严格限制实施频度
补偿与报复	没有规定	没有规定	权益受到影响的出口国有权得到补偿，利益受到损害可以进行报复
实施的具体措施	征收反倾销关税或者价格承诺	征收反补贴关税或者取消补贴的承诺	可以提高进口关税，也可以实行数量限制，或维持关税配额
保护的对象	仅保护货物贸易	仅保护货物贸易	不仅保护货物贸易，也可以保护服务贸易

资料来源：本表由作者根据WTO的三个有关国际规则分析编写而成。

从上述分析中，我们可以看出虽然保障措施和反倾销、反补贴都属于WTO多边贸易体制下对进口国国内产业的合法保护措施，但是由于保障措施限制的是公平贸易，实际是对公平贸易的挑战，因此若不能有效地加以控制与监督，其在国际贸易中被滥用的后果是非常严重的。

四、中国的保障措施立法与实践

中国在计划经济时期长期以国家垄断对外贸易政策和行政干预进出口来保护国内产业，因此没有国际通行的保障措施法律和制度。但是在加入世界贸易组织进程中，对国内产业的保护政策必须与国际接轨，因此在推出反倾销、反补贴法律法规后，中国也提出了保障措施的概念，相应制定了保障措施条例与相关的政策规定，并在实践中加以应用。

（一）中国有关保障措施的法律法规

在2004年新公布的《中华人民共和国对外贸易法》“对外贸易救济”一章中第四十四条指出：“因进口产品数量大量增加，对生产同类产品或者与其直接竞争的产品的国内产业造成严重损害或者严重损害威胁的，国家可以采取必要的保障措施，消除或者减轻这种损害或者损害的威胁，并可以对该产业提供必要的支持。”在《对外贸易法》的法律框架下也同样制定了国家的《保障措施条例》。我国公布的《保障措施条例》是在WTO多边规则基础上对中国关税领土上如何具体实施规定，在原则上这一条例与WTO的规则基本一致，同时一定程度上也具有中国特色。中国新出台的保障措施主要具有如下特点：

1. 保障措施调查的申请人

中国的《保障措施条例》规定，对于保障措施的调查有两种情况：一是有申请人提出申请；二是在没有申请人申请时，如政府主管部门认为国内产业受到损害，也可以对此进行调查。申请人的身份可以是自然人、法人或其他组织。自然人主要指非公有企业的业主及其负责人；法人是指因进口激增而受到严重损害与威胁的国内企业；其他组织指非政府组织，如行会、商会、工会等，有时受损害的国内企业生产规模太小，只能由这些组织出面协调或代表受害企业向政府提出申请调查。

2. 保障措施的调查和主管机关

世界各国在进行保障措施调查和实施时，往往授权不同的机构予以负责。根据中国的国情，《保障措施条例》中是这样分工的：(1) 对外经济贸易部，负责调查进口产品数量的增加，与其他国家进行磋商。就采取保障措施提出建议，就对进口激增的产品提高关税提出建议，就对有关产品进行数量限制做出决定，就实施保障措施向WTO和有关出口国发出通知，就对有关产品提高关税和进行数量限制发布公告。(2) 国家经济贸易委员会，对由于进口激增对国内产业造成的损害及威胁进行调查与认定（在十届人大上，上述两个国家机关已经合并为中华人民共和国商务部，以上职能分别为商务部有关机构负责，产业损害调查由商务部的产业损害调查局负责，进口数量增加调查和提出实施保障措施由商务部的公平贸易局负责）。(3) 农业部，会同有关部门进行涉及农产品的国内产业损害调查。(4) 国务院关税税则委员会，根据商务部有关提高关税的建议做出决定。(5) 海关，根据商务部发布的关于实施临时保障措施、一般保障措施的公告执行提高关税或进口数量限制等限入措施。

3. 保障措施调查内容与相关因素

保障措施的调查内容主要包括进口数量增加和因此对国内产业造成的损害。进口数量增加包括绝对和相对的增长率和增长量，以及增加的进口产品在国内市场所占的份额。产业损害指进口产品对国内产业的影响，如对国内产业在产量、销售水平、市场份额、设备利用率、利润与亏损、就业等方面的影响。《保障措施条例》规定，对严重损害及威胁的确定，应依据事实，不能仅仅依据指控、推测或者极小的可能性。

4. 保障措施的期限

《保障措施条例》对实施保障措施规定了具体期限。如果实施的是临时性保障措施（简称“临保”），则自公告决定之日起不得超过200天，临保一般采取提高关税的形式。终裁决定后如果具备进口数量激增和给国内产业造成严重损害及威胁等条件的，可以采取最终保障措施（简称“终保”），期限不超过4年，特殊情况下不得超过8年，终保可以是提高关税和进口数量限制。在保障措施实施期间应该由商务部进行中期复审，复审的内容是考察保障措施对国内产业的影响和国内产业的调整情况。

5. 报复与争端解决

条例规定在其他国家或地区对中国的出口产品采取歧视性保障措施时，中国政府的有关机构（即商务部）可以根据实际情况对该国家或地区采取相应的措施，实际就是WTO规则中允许进行的报复措施。在外国对中国出口产品实施保障措施或中国对外国产品实施保障措施时，如发生争端，应由商务部负责在WTO框架下与有关国家进行磋商并解决争端。

（二）2001年中国入世议定书中的“过渡期特别保障措施”

所谓“过渡期特别保障措施”的概念产生于在申请加入世界贸易组织的谈判中于1999年11月15日达成的中美双边入世协议，该协议条款约定在中国入世以后12年内为保证美国国内企业和工人在进口激增时能够得到有力的保护，双方同意建立一个特别的机制，该机制不同于传统的保障机制，是独立于世界贸易组织的保障措施协议，它抛弃了世界贸易组织保障措施强调的非歧视和自由贸易的公平原则，而只是专门针对中国产品设计的。实际上这是一个允许其他国家专门对中国出口的产品实施歧视性保障措施的法律规定。

1. 过渡期产生的原因与期限

WTO规则是建立在市场经济基础上的，其核心理念是减少政府干预对市场的扭曲，让市场在世界范围内对资源配置起基础性作用。尽管我国早已确立了建设社会主义市场经济的目标，而且我们的市场化改革已经取得了显著成效并得到了世界各国的高度赞扬，但是，目前部分国家还没有正式承认我们为市场经济国家，而是将我们作为经济转型期国家看待。所谓经济转型期国家，就是市场化还不完全，政府对经济活动的干预还比较明显，市场扭曲还存在的国家。在其他WTO成员看来，与存在明显政府干预的中国进行贸易对它们是不公平的，因此要求将我们还没有完成市场经济建设的这段时间设定为过渡期，过渡期内在某些方面适用特殊规则，这些规则与“乌拉圭回合”达成的世界贸易组织规则不完全一致。

2. 特别保障措施与保障措施的区别与联系

从字面上看，中国加入WTO议定书第16条规定的“特别保障措施”与GATT第19条“保障措施”基本是一样的，两者在前提条件、调查程序和采取的措施上都十分近似，但是实际上还有很大的区别，主要包括：（1）目标国不同。即特别保障措施仅仅针对中国，而并不同时针对其他成员，而且是不对等的，即只能是西方国家对中国采用特别保障措施，中国却无权对其他西方国家反其道而行之。议定书这一条的制定是中国入世后必须面对的较为不利的条款之一，从法理和规则上说都是很不公平的。（2）采取措施的标准不同。议定书第16条将“市场扰乱”作为采取措施的主要理由，并增加了“市场转移”标准，而GATT第19条则是以“严重损害”为理由的。从条件标准上说，门槛明显降低，条件大大放宽了。例如，美国曾对轴承传动器采取特别保障措施，在这起案例中美国调查机关只围绕来自中国的轴承传动器的进口是否对美国相关产业造成实质性损害展开调查，与其他国家的同类产品没有任何关系。（3）“日落”条款。按照议定书第16条规定，措施持续实行超过2年或3年后，“中国有权对采取该措施的WTO成员方的贸易，暂停实施大体相等的关税减让或者GATT1994规定的义务”。而根据GATT第19条的规定，这项权利自保障措施开始实施之日起被诉国就可以行使。（4）实施的期限也不相同。按照WTO的规定，一般保障措施实施期限不得超过4年，特殊情况下不得超过8年，而特别保障措施是“在防止和补救市场扰乱所必需的时限内采取限制进口的措施”，这个时限显然是个弹性条款，但是多数特别保障措施都是临时性保障，而临时性保障措施是不得超过200天的。

（三）中国应对国外的保障措施和应用保障措施的实践

在加入世界贸易组织之前，我国的出口产品就长期遭到国外保障措施的限制与排斥，许多产品因此而受到严重的影响。2000年韩国政府以中国出口的大蒜过多而损害了韩国种植大蒜农民的利益为由，对中国出口的大蒜征收315%的保护性高关税，使中国的农业受到极大损害，所以中国对韩国的有关产品实施了报复措施。2001年日本政府也对中国的部分农产品启动保障措施，实行很高的关税配额，中国也同样采取了限制日本的汽车、手机、空调器等产品进口的报复措施。但是这两个典型的贸易争端都通过双方政府的谈判得到了解决。加入世界贸易组织以后的2002年3月，我们遇到了最严重的保障措施威胁，就是美国对钢铁产品的保障措施，美国以进口钢铁严重损害了美国钢铁产业利益为由，对钢铁产品的进口征收8%～30%的保护性高关税，使欧盟、日本、韩国、中国的钢铁业受到沉重打击，为此中国和欧盟等共8个国家联合在WTO的争端解决机构控告美国违反了WTO的相关规定，此案最后以美国败诉而告终。

根据WTO于1995年达成的《纺织品服装协议》，从1995年至2005年的10年过渡期内，全世界的纺织品服装贸易的配额制度将逐步取消，并于2005

年1月1日完全实现纺织品贸易的自由化和一体化，即在世界范围内取消纺织品的配额制度。但是根据中国入世时达成的“过渡期特别保障措施”的承诺和中国入世问题工作组报告书 242 条款（即专门对纺织品设置的条款，在 2008 年12月底以前，来自中国的纺织品如果出口激增而扰乱成员方市场的话，成员方可以实施不超过1年的紧急进口配额限制），西方国家在特定情况下仍旧可以专门对中国纺织品服装的进口实施紧急限制措施，即可以采取临时的特别保障措施。果然，2005年的纺织品自由贸易维持了没有几个月，2005年5月欧盟和美国就以第一季度中国的纺织品服装出口激增，并给进口国国内市场造成扰乱为由，而要求对部分纺织品进口实行配额限制，引起中国政府和企业的不满，并引发中国和欧盟、美国之间的贸易争端。中国和欧盟之间经过双边谈判于2005年6月达成纺织品贸易协议；为解决中国纺织品大量积压在欧盟国家海关而不能通关的问题，2005年9月又达成增加配额的协议，使这一问题初步得到解决。中国和美国的纺织品服装贸易谈判仍在进行中。

中国在公布了自己的保障措施法律规定以后，于2002年5月也启动了第一次保障措施，就是应上海宝钢、辽宁鞍钢等企业的申请，对国内钢铁产业的损害进行了调查，并实施了临时性保障措施和最终保障措施，有效地限制了在美国发动钢铁产品贸易战后外国钢铁产品对中国市场的冲击，保护了国内钢铁业度过这一“非常时期”。但是在美国败诉并放弃了保护性高关税后，中国也主动提前结束了此次保障措施。

五、特保案例——美国对中国输美汽车轮胎的特保措施

（一）案件概况

特保条款的产生就是在中国加入世界贸易组织的谈判中，美国为了维护自己的利益而强制要求中国政府接受的不公平条款，并写在中国加入世界贸易组织议定书中的第16条中，即“特定产品过渡性保障机制”。但是在实践中美国并没有运用过该条款来限制中国产品的输入，在小布什总统执政时期，美国国会曾六次提出要对中国输美产品启动特保措施限制进口，但都被布什总统否决了。美国第一次对中国产品采取特保措施是2009年9月11日美国新上任的奥巴马总统签署的对中国汽车轮胎采取的特保措施。

2009年4月23日美国钢铁工人联合会以中国对美国汽车轮胎出口扰乱美国市场为理由，向美国国际贸易委员会提出申请，对中国产乘用汽车轮胎发起特保调查。6月29日美国国际贸易委员会建议在现行进口关税（3.4%～4.0%）的基础上，对中国输美乘用汽车与轻型卡车轮胎连续3年分别加征 55%、45% 和 35%的特别从价关税。提议交到美国总统处后，总统于9月11日决定对从

中国进口的乘用小汽车与轻型卡车轮胎实施为期3年的惩罚性关税，即第一年为35%，第二年为30%，第三年为25%。本案是美国历史上第一次对中国产品发起的特保调查。根据中方统计，2008年美国从中国进口轮胎总金额约22亿美元。此案遭到中美业界的广泛反对。美国的此项政策对中国的相关产业产生了非常严重的影响，目前我国汽车轮胎年出口量占总产量的40%以上，如果削减输美汽车轮胎的半数产量，就意味着我国会出现12%的剩余轮胎产能，造成中国10万该行业工人的失业。而且如果美国采取这一政策，根据最惠国待遇原则，其他许多国家也可能效仿而采取同样措施，并引发新的贸易保护的浪潮。

（二）案例分析

根据WTO的保障措施的有关规定，采取保障措施限制进口的前提条件一定是进口激增、产业损害和因果关系同时存在。但是中国汽车轮胎对美国的出口并非是连续激增，2008年增长量很少，2009年还大幅度降低，而且对其国内相关产业并没有造成严重损害，因为中国汽车轮胎与美国生产的轮胎使用目的并不一样，美国生产的汽车轮胎用于新汽车生产，而中国的轮胎用于维修市场。美国轮胎生产企业并没有提出损害与限制进口的要求，反而反对政府限制中国轮胎进口的措施。所以，我们认为美国政府的特保措施是违背WTO有关规则的。另外，在全球性金融危机与经济危机严重危害全球经济的时候，美国政府多次在世界性经济峰会上要求反对贸易保护主义，反对滥用贸易救济措施，而此时对中国产品采取特保措施，是违背美国政府自己的承诺的。中国轮胎并没有达到激增的程度，而且美国国内产业没有受到损害，美国的该项政策是违背事实的。美国政府的该项特保措施实际是迫于国内的政治压力而采取的措施，自然遭到中国政府和业界的强烈反对。目前中国政府已经将此案提交世界贸易组织的争端解决机构，要求该机构调查美国轮胎特保案。按照有关程序，中美双方已于2009年11月在日内瓦就此案进行磋商，但是没有找到令双方满意的解决方案。为此中方要求成立专家组，以调查此案。

（三）最终裁决

2011年9月5日，世界贸易组织争端解决的上诉机构对中国诉美国汽车轮胎特保措施案发布裁决报告，该报告维持了美国轮胎特保措施。中国商务部表示遗憾，并指出美国的这一措施是为转嫁国内政治压力而采取的贸易保护主义措施，未获得其国内产业界支持，不仅损害了中方的正当贸易利益，也未减少美国轮胎的进口量。2010年美国从中国进口轮胎数量比2009年下降了23.6%，2011年上半年进口量继续下降6%。与此同时，美国2010年从全球进口的轮胎数量比2009年增长20.2%，2011年上半年进口量继续同比上升9%。美国的特保措施并没有起到限制进口的作用，而却导致了扭曲贸易的后果，因此中国政府希望美方尽快终止特保措施，保证中国企业公平竞争的环境。在此案件中中方最终败诉，主要因为WTO仲裁，更多注重程序是否合法，而不管事情本身的对错，中国此次上诉世界贸易组织，本身就是利用多边规则保护自己的权益，防止西方国家得寸进尺，争取国际舆论，应对今后更多的贸易摩擦与争端。

本章小结

WTO的多边贸易制度中在以自由贸易为其基本政策的前提下，为了维护各成员方的产业利益和经济安全，也制定了一系列重要的贸易保护和贸易救济的规定。当然这种保护或救济是适度和有限的，是通过严格的多边贸易规则来约束的，以防止保护与救济的滥用。WTO的贸易救济措施主要包括反倾销措施、反补贴措施和保障措施来实施的，因此世界贸易组织就制定并不断修改与完善这三方面的法律和国际规则。各成员方根据WTO的国际规则也相应制定了本国相关的法律法规，以此保护国内因进口激增而受到严重冲击的工农业。中国在贸易实践中，自1979年开始到现在，受到国外大量的反倾销调查与诉讼，使中国成为世界上遭受反倾销最严重的国家，因此中国的出口产品受到了严重的损害。目前主要西方国家仍以中国是所谓"非市场经济国家"为由在对中国的反倾销调查中实行歧视性的替代国调查法，使中国处于不公平的地位。我国的出口产品虽然目前还很少受到国外的反补贴调查，但是中国的许多不规范的出口补贴方式仍遭到许多WTO成员的反对和质疑，因此我国的补贴制度要进一步与WTO的国际规则接轨和靠拢，尽量采用符合国际规则的不可申诉补贴，防止因补贴问题发生新的贸易纠纷。保障措施和反倾销、反补贴有很大的不同，它不是反对不公平贸易的公平竞争方式，恰恰相反，是针对公平贸易的行为，所以WTO在保障措施的国际规则中制定了更加严格的规定。在美国政府2002年发起对进口钢铁的大规模保障措施以后，中国一方面与其他出口国联合起来到世界贸易组织的争端解决机构指控美国的不公平行为，并取得了胜诉，另一方面我们也在加入WTO以后学会利用其规则启动保障措施，以保护中国受到进口冲击的钢铁产业。中国在加入世界贸易组织的承诺中确认的"特别保障措施"是一种违背WTO规则的例外，即如果来自中国的出口产品对成员方输入激增，且给进口国工业造成严重损害及严重损害威胁，进口国可以单独对来自中国的产品实施紧急进口限制。在2005年全世界纺织品服装贸易取消配额制度后，纺织品服装实现了贸易自由化和一体化，但是欧盟和美国就以中国纺织品出口激增给其国内市场造成损害为理由，对中国的出口产品重新实施配额限制，引发了双边的贸易争端。贸易救济政策是国际贸易中大多数国家保护国内经济安全的一项基本政策，也是 WTO 允许和规范的国际规则，因此我们在面对许多西方国家对我国实施反倾销、反补贴和保障措施的同时，也应该学会使用其规则有效保护中国的民族工业，在必要的时候也可以对外国进口产品启动反倾销、反补贴和保障措施的调查，在符合 WTO 的国际规则和我国国内有关法规的前提下，对这些冲击国内产业的外国产品实施合法、适度和有限的限制进口的措施。

本章思考题

1. 什么是贸易救济措施？国际贸易中的贸易救济主要有哪些措施？

2. WTO 有关反倾销的国际规则里确认的反倾销的前提条件是什么？界定是否倾销的正常价格应该怎样解释？

3. 我国目前已经成为世界上最大的被反倾销国家，严重影响了中国的对外贸易发展，请问其主要原因是什么？

4. 我国政府目前正在积极争取得到“完全市场经济地位”，获得这一地位对我国的反倾销问题有什么意义？

5. 什么是补贴和反补贴？在国际规则中，补贴有哪几种基本形式？

6. 什么是保障措施？保障措施和反倾销、反补贴相比较有哪些基本特点？

7. 2009 年美国对中国的汽车轮胎采取特别保障措施，请问什么是特别保障措施？特别保障措施与一般保障措施的区别是什么？欧盟和美国对中国产品采取特别保障措施以限制进口的法律依据是什么？

附　录

附录1：中华人民共和国对外贸易法

（1994年5月12日第八届全国人民代表大会常务委员会第七次会议通过，2004年4月6日第十届全国人民代表大会常务委员会第八次会议修订）

第一章　总 则

第一条　为了扩大对外开放，发展对外贸易，维护对外贸易秩序，保护对外贸易经营者的合法权益，促进社会主义市场经济的健康发展，制定本法。

第二条　本法适用于对外贸易以及与对外贸易有关的知识产权保护。

本法所称对外贸易，是指货物进出口、技术进出口和国际服务贸易。

第三条　国务院对外贸易主管部门依照本法主管全国对外贸易工作。

第四条　国家实行统一的对外贸易制度，鼓励发展对外贸易，维护公平、自由的对外贸易秩序。

第五条　中华人民共和国根据平等互利的原则，促进和发展同其他国家和地区的贸易关系，缔结或者参加关税同盟协定、自由贸易区协定等区域经济贸易协定，参加区域经济组织。

第六条　中华人民共和国在对外贸易方面根据所缔结或者参加的国际条约、协定，给予其他缔约方、参加方最惠国待遇、国民待遇等待遇，或者根据互惠、对等原则给予对方最惠国待遇、国民待遇等待遇。

第七条　任何国家或者地区在贸易方面对中华人民共和国采取歧视性的禁止、限制或者其他类似措施的，中华人民共和国可以根据实际情况对该国家或者该地区采取相应的措施。

第二章　对外贸易经营者

第八条　本法所称对外贸易经营者，是指依法办理工商登记或者其他执业手续，依照本法和其他有关法律、行政法规的规定从事对外贸易经营活动的法人、其他组织或者个人。

第九条　从事货物进出口或者技术进出口的对外贸易经营者，应当向国务院对外贸易主管部门或者其委托的机构办理备案登记；但是，法律、行政法规和国务院对外贸易主管部门规定不需要备案登记的除外。备案登记的具体办法由国务院对外贸易主管部门规定。对外贸易经营者未按照规定办理备案登记的，海关不予办理进出口货物的报关验放手续。

第十条　从事国际服务贸易，应当遵守本法和其他有关法律、行政法规的规定。

从事对外工程承包或者对外劳务合作的单位，应当具备相应的资质或者资格。具体办法由国务院规定。

第十一条　国家可以对部分货物的进出口实行国营贸易管理。实行国营贸易管理货物的进出口业务只能由经授权的企业经营；但是，国家允许部分数量的国营贸易管理货物的进出口业务由非授权企业经营的除外。实行国营贸易管理的货物和经授权经营企业的目录，由国务院对外贸易主管部门会同国务院其他有关部门确定、调整并公布。

违反本条第一款规定，擅自进出口实行国营贸易管理的货物的，海关不予放行。

第十二条　对外贸易经营者可以接受他人的委托，在经营范围内代为办理对外贸易业务。

第十三条　对外贸易经营者应当按照国务院对外贸易主管部门或者国务院其他有关部门依法作出的规定，向有关部门提交与其对外贸易经营活动有关的文件及资料。有关部门应当为提供者保守商业秘密。

第三章　货物进出口与技术进出口

第十四条　国家准许货物与技术的自由进出口。但是，法律、行政法规另有规定的除外。

第十五条　国务院对外贸易主管部门基于监测进出口情况的需要，可以对部分自由进出口的货物实行进出口自动许可并公布其目录。

实行自动许可的进出口货物，收货人、发货人在办理海关报关手续前提出自动许可申请的，国务院对外贸易主管部门或者其委托的机构应当予以许可；未办理自动许可手续的，海关不予放行。

进出口属于自由进出口的技术，应当向国务院对外贸易主管部门或者其委托的机构办理合同备案登记。

第十六条　国家基于下列原因，可以限制或者禁止有关货物、技术的进口或者出口：

（一）为维护国家安全、社会公共利益或者公共道德，需要限制或者禁止进口或者出口的；

（二）为保护人的健康或者安全，保护动物、植物的生命或者健康，保护环境，需要限制或者禁止进口或者出口的；

（三）为实施与黄金或者白银进出口有关的措施，需要限制或者禁止进口或者出口的；

（四）国内供应短缺或者为有效保护可能用竭的自然资源，需要限制或者禁止出口的；

（五）输往国家或者地区的市场容量有限，需要限制出口的；

（六）出口经营秩序出现严重混乱，需要限制出口的；

（七）为建立或者加快建立国内特定产业，需要限制进口的；

（八）对任何形式的农业、牧业、渔业产品有必要限制进口的；

（九）为保障国家国际金融地位和国际收支平衡，需要限制进口的；

（十）依照法律、行政法规的规定，其他需要限制或者禁止进口或者出口的；

（十一）根据我国缔结或者参加的国际条约、协定的规定，其他需要限制或者禁止进口或者出口的。

第十七条 国家对与裂变、聚变物质或者衍生此类物质的物质有关的货物、技术进出口，以及与武器、弹药或者其他军用物资有关的进出口，可以采取任何必要的措施，维护国家安全。

在战时或者为维护国际和平与安全，国家在货物、技术进出口方面可以采取任何必要的措施。

第十八条 国务院对外贸易主管部门会同国务院其他有关部门，依照本法第十六条和第十七条的规定，制定、调整并公布限制或者禁止进出口的货物、技术目录。

国务院对外贸易主管部门或者由其会同国务院其他有关部门，经国务院批准，可以在本法第十六条和第十七条规定的范围内，临时决定限制或者禁止前款规定目录以外的特定货物、技术的进口或者出口。

第十九条 国家对限制进口或者出口的货物，实行配额、许可证等方式管理；对限制进口或者出口的技术，实行许可证管理。

实行配额、许可证管理的货物、技术，应当按照国务院规定经国务院对外贸易主管部门或者经其会同国务院其他有关部门许可，方可进口或者出口。

国家对部分进口货物可以实行关税配额管理。

第二十条 进出口货物配额、关税配额，由国务院对外贸易主管部门或者国务院其他有关部门在各自的职责范围内，按照公开、公平、公正和效益的原则进行分配。具体办法由国务院规定。

第二十一条 国家实行统一的商品合格评定制度，根据有关法律、行政法规的规定，对进出口商品进行认证、检验、检疫。

第二十二条 国家对进出口货物进行原产地管理。具体办法由国务院规定。

第二十三条 对文物和野生动物、植物及其产品等，其他法律、行政法规有禁止或者限制进出口规定的，依照有关法律、行政法规的规定执行。

第四章 国际服务贸易

第二十四条 中华人民共和国在国际服务贸易方面根据所缔结或者参加的国际条约、协定中所作的承诺，给予其他缔约方、参加方市场准入和国民待遇。

第二十五条 国务院对外贸易主管部门和国务院其他有关部门，依照本法和其他有关法律、行政法规的规定，对国际服务贸易进行管理。

第二十六条 国家基于下列原因，可以限制或者禁止有关的国际服务贸易：

（一）为维护国家安全、社会公共利益或者公共道德，需要限制或者禁止的；

（二）为保护人的健康或者安全，保护动物、植物的生命或者健康，保护环境，需要限制或者禁止的；

（三）为建立或者加快建立国内特定服务产业，需要限制的；

（四）为保障国家外汇收支平衡，需要限制的；

（五）依照法律、行政法规的规定，其他需要限制或者禁止的；

（六）根据我国缔结或者参加的国际条约、协定的规定，其他需要限制或者禁止的。

第二十七条 国家对与军事有关的国际服务贸易，以及与裂变、聚变物质或者衍生此类物质的物质有关的国际服务贸易，可以采取任何必要的措施，维护国家安全。

在战时或者为维护国际和平与安全，国家在国际服务贸易方面可以采取任何必要的措施。

第二十八条 国务院对外贸易主管部门会同国务院其他有关部门，依照本法第二十六条、第二十七条和其他有关法律、行政法规的规定，制定、调整并公布国际服务贸易市场准入目录。

第五章 与对外贸易有关的知识产权保护

第二十九条 国家依照有关知识产权的法律、行政法规，保护与对外贸易有关的知识产权。

进口货物侵犯知识产权，并危害对外贸易秩序的，国务院对外贸易主管部门可以采取在一定期限内禁止侵权人生产、销售的有关货物进口等措施。

第三十条　知识产权权利人有阻止被许可人对许可合同中的知识产权的有效性提出质疑、进行强制性一揽子许可、在许可合同中规定排他性返授条件等行为之一，并危害对外贸易公平竞争秩序的，国务院对外贸易主管部门可以采取必要的措施消除危害。

第三十一条　其他国家或者地区在知识产权保护方面未给予中华人民共和国的法人、其他组织或者个人国民待遇，或者不能对来源于中华人民共和国的货物、技术或者服务提供充分有效的知识产权保护的，国务院对外贸易主管部门可以依照本法和其他有关法律、行政法规的规定，并根据中华人民共和国缔结或者参加的国际条约、协定，对与该国家或者该地区的贸易采取必要的措施。

第六章　对外贸易秩序

第三十二条　在对外贸易经营活动中，不得违反有关反垄断的法律、行政法规的规定实施垄断行为。

在对外贸易经营活动中实施垄断行为，危害市场公平竞争的，依照有关反垄断的法律、行政法规的规定处理。有前款违法行为，并危害对外贸易秩序的，国务院对外贸易主管部门可以采取必要的措施消除危害。

第三十三条　在对外贸易经营活动中，不得实施以不正当的低价销售商品、串通投标、发布虚假广告、进行商业贿赂等不正当竞争行为。

在对外贸易经营活动中实施不正当竞争行为的，依照有关反不正当竞争的法律、行政法规的规定处理。

有前款违法行为，并危害对外贸易秩序的，国务院对外贸易主管部门可以采取禁止该经营者有关货物、技术进出口等措施消除危害。

第三十四条　在对外贸易活动中，不得有下列行为：

（一）伪造、变造进出口货物原产地标记，伪造、变造或者买卖进出口货物原产地证书、进出口许可证、进出口配额证明或者其他进出口证明文件；

（二）骗取出口退税；

（三）走私；

（四）逃避法律、行政法规规定的认证、检验、检疫；

（五）违反法律、行政法规规定的其他行为。

第三十五条　对外贸易经营者在对外贸易经营活动中，应当遵守国家有关外汇管理的规定。

第三十六条　违反本法规定，危害对外贸易秩序的，国务院对外贸易主管部门可以向社会公告。

第七章　对外贸易调查

第三十七条　为了维护对外贸易秩序，国务院对外贸易主管部门可以自行或者会同国务院其他有关部门，依照法律、行政法规的规定对下列事项进行调查：

（一）货物进出口、技术进出口、国际服务贸易对国内产业及其竞争力的影响；

（二）有关国家或者地区的贸易壁垒；

（三）为确定是否应当依法采取反倾销、反补贴或者保障措施等对外贸易救济措施，需要调查的事项；

（四）规避对外贸易救济措施的行为；

（五）对外贸易中有关国家安全利益的事项；

（六）为执行本法第七条、第二十九条第二款、第三十条、第三十一条、第三十二条第三款、第三十三条第三款的规定，需要调查的事项；

（七）其他影响对外贸易秩序，需要调查的事项。

第三十八条　启动对外贸易调查，由国务院对外贸易主管部门发布公告。调查可以采取书面问卷、召开听证会、实地调查、委托调查等方式进行。国务院对外贸易主管部门根据调查结果，提出调查报告或者作出处理裁定，并发布公告。

第三十九条　有关单位和个人应当对对外贸易调查给予配合、协助。

国务院对外贸易主管部门和国务院其他有关部门及其工作人员进行对外贸易调查，对知悉的国家秘密和商业秘密负有保密义务。

第八章　对外贸易救济

第四十条　国家根据对外贸易调查结果，可以采取适当的对外贸易救济措施。

第四十一条　其他国家或者地区的产品以低于正常价值的倾销方式进入我国市场，对已建立的国内产业造成实质损害或者产生实质损害威胁，或者对建立国内产业造成实质阻碍的，国家可以采取反倾销措施，消除或者减轻这种损害或者损害的威胁或者阻碍。

第四十二条　其他国家或者地区的产品以低于正常价值出口至第三国市场，对我国已建立的国内产业造成实质损害或者产生实质损害威胁，或者对我国建立国内产业造成实质阻碍的，应国内产业的申请，国务院对外贸易主管部门可以与该第三国政府进行磋商，要求其采取适当的措施。

第四十三条　进口的产品直接或者间接地接受出口国家或者地区给予的任何形式的专向性补贴，对已建立的国内产业造成实质损害或者产生实质损害威胁，或者对建立国内产业造成实质阻碍的，国家可以采取反补贴措施，消除或者减轻这种损害或者损害的威胁或者阻碍。

第四十四条　因进口产品数量大量增加，对生产同类产品或者与其直接竞争的产品的国内产业造成严重损害或者严重损害威胁的，国家可以采取必要的保障措施，消除或者减轻这种损害或者损害的威胁，并可以对该产业提供必要的支持。

第四十五条　因其他国家或者地区的服务提供者向我国提供的服务增加，对提供同类服务或者与其直接竞争的服务的国内产业造成损害或者产生损害威胁的，国家可以采取必要的救济措施，消除或者减轻这种损害或者损害的威胁。

第四十六条　因第三国限制进口而导致某种产品进入我国市场的数量大量增加，对已建立的国内产业造成损害或者产生损害威胁，或者对建立国内产业造成阻碍的，国家可以采取必要的救济措施，限制该产品进口。

第四十七条　与中华人民共和国缔结或者共同参加经济贸易条约、协定的国家或者地区，违反条约、协定的规定，使中华人民共和国根据该条约、协定享有的利益丧失或者受损，或者阻碍条约、协定目标实现的，中华人民共和国政府有权要求有关国家或者地区政府采取适当的补救措施，并可以根据有关条约、协定中止或者终止履行相关义务。

第四十八条　国务院对外贸易主管部门依照本法和其他有关法律的规定，进行对外贸易的双边或者多边磋商、谈判和争端的解决。

第四十九条　国务院对外贸易主管部门和国务院其他有关部门应当建立货物进出口、技术进出口和国际服务贸易的预警应急机制，应对对外贸易中的突发和异常情况，维护国家经济安全。

第五十条　国家对规避本法规定的对外贸易救济措施的行为，可以采取必要的反规避措施。

第九章　对外贸易促进

第五十一条　国家制定对外贸易发展战略，建立和完善对外贸易促进机制。

第五十二条　国家根据对外贸易发展的需要，建立和完善为对外贸易服务的金融机构，设立对外贸易发展基金、风险基金。

第五十三条 国家通过进出口信贷、出口信用保险、出口退税及其他促进对外贸易的方式，发展对外贸易。

第五十四条 国家建立对外贸易公共信息服务体系，向对外贸易经营者和其他社会公众提供信息服务。

第五十五条 国家采取措施鼓励对外贸易经营者开拓国际市场，采取对外投资、对外工程承包和对外劳务合作等多种形式，发展对外贸易。

第五十六条 对外贸易经营者可以依法成立和参加有关协会、商会。

有关协会、商会应当遵守法律、行政法规，按照章程对其成员提供与对外贸易有关的生产、营销、信息、培训等方面的服务，发挥协调和自律作用，依法提出有关对外贸易救济措施的申请，维护成员和行业的利益，向政府有关部门反映成员有关对外贸易的建议，开展对外贸易促进活动。

第五十七条 中国国际贸易促进组织按照章程开展对外联系，举办展览，提供信息、咨询服务和其他对外贸易促进活动。

第五十八条 国家扶持和促进中小企业开展对外贸易。

第五十九条 国家扶持和促进民族自治地方和经济不发达地区发展对外贸易。

第十章 法律责任

第六十条 违反本法第十一条规定，未经授权擅自进出口实行国营贸易管理的货物的，国务院对外贸易主管部门或者国务院其他有关部门可以处五万元以下罚款；情节严重的，可以自行政处罚决定生效之日起三年内，不受理违法行为人从事国营贸易管理货物进出口业务的申请，或者撤销已给予其从事其他国营贸易管理货物进出口的授权。

第六十一条 进出口属于禁止进出口的货物的，或者未经许可擅自进出口属于限制进出口的货物的，由海关依照有关法律、行政法规的规定处理、处罚；构成犯罪的，依法追究刑事责任。

进出口属于禁止进出口的技术的，或者未经许可擅自进出口属于限制进出口的技术的，依照有关法律、行政法规的规定处理、处罚；法律、行政法规没有规定的，由国务院对外贸易主管部门责令改正，没收违法所得，并处违法所得一倍以上五倍以下罚款，没有违法所得或者违法所得不足一万元的，处一万元以上五万元以下罚款；构成犯罪的，依法追究刑事责任。

自前两款规定的行政处罚决定生效之日或者刑事处罚判决生效之日起，国务院对外贸易主管部门或者国务院其他有关部门可以在三年内不受理违法行为人提出的进出口配额或者许可证的申请，或者禁止违法行为人在一年以上三年以下的期限内从事有关货物或者技术的进出口经营活动。

第六十二条　从事属于禁止的国际服务贸易的，或者未经许可擅自从事属于限制的国际服务贸易的，依照有关法律、行政法规的规定处罚；法律、行政法规没有规定的，由国务院对外贸易主管部门责令改正，没收违法所得，并处违法所得一倍以上五倍以下罚款，没有违法所得或者违法所得不足一万元的，处一万元以上五万元以下罚款；构成犯罪的，依法追究刑事责任。

国务院对外贸易主管部门可以禁止违法行为人自前款规定的行政处罚决定生效之日或者刑事处罚判决生效之日起一年以上三年以下的期限内从事有关的国际服务贸易经营活动。

第六十三条　违反本法第三十四条规定，依照有关法律、行政法规的规定处罚；构成犯罪的，依法追究刑事责任。

国务院对外贸易主管部门可以禁止违法行为人自前款规定的行政处罚决定生效之日或者刑事处罚判决生效之日起一年以上三年以下的期限内从事有关的对外贸易经营活动。

第六十四条　依照本法第六十一条至第六十三条规定被禁止从事有关对外贸易经营活动的，在禁止期限内，海关根据国务院对外贸易主管部门依法作出的禁止决定，对该对外贸易经营者的有关进出口货物不予办理报关验放手续，外汇管理部门或者外汇指定银行不予办理有关结汇、售汇手续。

第六十五条　依照本法负责对外贸易管理工作的部门的工作人员玩忽职守、徇私舞弊或者滥用职权，构成犯罪的，依法追究刑事责任；尚不构成犯罪的，依法给予行政处分。

依照本法负责对外贸易管理工作的部门的工作人员利用职务上的便利，索取他人财物，或者非法收受他人财物为他人谋取利益，构成犯罪的，依法追究刑事责任；尚不构成犯罪的，依法给予行政处分。

第六十六条　对外贸易经营活动当事人对依照本法负责对外贸易管理工作的部门作出的具体行政行为不服的，可以依法申请行政复议或者向人民法院提起行政诉讼。

第十一章　附则

第六十七条　与军品、裂变和聚变物质或者衍生此类物质的物质有关的对外贸易管理以及文化产品的进出口管理，法律、行政法规另有规定的，依照其规定。

第六十八条　国家对边境地区与接壤国家边境地区之间的贸易以及边民互市贸易，采取灵活措施，给予优惠和便利。具体办法由国务院规定。

第六十九条　中华人民共和国的单独关税区不适用本法。

第七十条　本法自 2004 年 7 月 1 日起施行。

附录 2：中华人民共和国加入世界贸易组织议定书

序言

世界贸易组织（“WTO”），按照 WTO 部长级会议根据《马拉喀什建立世界贸易组织协定》（“《WTO 协定》”）第 12 条所作出的批准，与中华人民共和国，

忆及中国是《1947 年关税与贸易总协定》的创始缔约方，

注意到中国是《乌拉圭回合多边贸易谈判结果最后文件》的签署方，

注意到载于 WT/ACC/CHN/49 号文件的《中国加入工作组报告书》（“工作组报告书”），

考虑到关于中国 WTO 成员资格的谈判结果，协议如下：

第一部分　总则

第 1 条　总体情况

1. 自加入时起，中国根据《WTO 协定》第 12 条加入该协定，并由此成为 WTO 成员。

2. 中国所加入的《WTO 协定》应为经在加入之日前以生效的法律文件所更正、修正或修改的《WTO 协定》。本议定书，包括工作组报告书第 342 段所指的承诺，应成为《WTO 协定》的组成部分。

3. 本议定书另有规定外，中国应履行《WTO 协定》所附各多边贸易协定中的、应在自该协定生效之日起开始的一段时间内履行的义务，如同中国在该协定生效之日已接受该协定。

4. 中国可维持与《服务贸易总协定》（“GATS”）第 2 条第 1 款规定不一致的措施，只要此措施已记录在本议定书所附《第 2 条豁免清单》中，并符合 GATS《关于第 2 条豁免的附件》中的条件。

第 2 条　贸易制度的实施

（A）统一实施

1. 《WTO 协定》和本议定书的规定应适用于中国的全部关税领土，包括边境贸易区、民族自治地方、经济特区、沿海开放城市、经济技术开发区以及其

他在关税、国内税和法规方面已建立特殊制度的地区（统称为“特殊经济区”）。

2. 中国应以统一、公正和合理的方式适用和实施中央政府有关或影响货物贸易、服务贸易、与贸易有关的知识产权（“TRIPS”）或外汇管制的所有法律、法规及其他措施以及地方各级政府发布或适用的地方性法规、规章及其他措施（统称为“法律、法规及其他措施”）。

3. 中国地方各级政府的地方性法规、规章及其他措施应符合在《WTO 协定》和本议定书中所承担的义务。

4. 中国应建立一种机制，使个人和企业可据以提请国家主管机关注意贸易制度未统一适用的情况。

（B）特殊经济区

1. 中国应将所有与其特殊经济区有关的法律、法规及其他措施通知 WTO，列明这些地区的名称，并指明界定这些地区的地理界限。中国应迅速，且无论如何应在60天内，将特殊经济区的任何增加或改变通知 WTO，包括与此有关的法律、法规及其他措施。

2. 对于自特殊经济区输入中国关税领土其他部分的产品，包括物理结合的部件，中国应适用通常适用于输入中国关税领土其他部分的进口产品的所有影响进口产品的税费和措施，包括进口限制及海关税费。

3. 除本议定书另有规定外，在对此类特殊经济区内的企业提供优惠安排时，WTO 关于非歧视和国民待遇的规定应得到全面遵守。

（C）透明度

1. 中国承诺执行已公布的、且其他 WTO 成员、个人和企业可容易获得的有关或影响货物贸易、服务贸易、TRIPS 或外汇管制的法律、法规及其他措施。此外，在所有有关或影响货物贸易、服务贸易、TRIPS 或外汇管制的法律、法规及其他措施实施或执行前，应请求，中国应使 WTO 成员可获得此类措施。在紧急情况下，应使法律、法规及其他措施最迟在实施或执行之时可获得。

2. 中国应设立或指定一官方刊物，用于公布所有有关或影响货物贸易、服务贸易、TRIPS 或外汇管制的法律、法规及其他措施，并且在其法律、法规或其他措施在该刊物上公布之后，应在此类措施实施之前提供一段可向有关主管机关提出意见的合理时间，但涉及国家安全的法律、法规及其他措施、确定外汇汇率货币政策的特定措施以及一旦公布则会妨碍法律实施的其他措施除外。中国应定期出版该刊物，并使个人和企业可容易获得该刊物各期。

3. 中国应设立或指定一咨询点，应任何个人、企业或 WTO 成员的请求，在咨询点可获得根据本议定书第 2 条（C）节第 1 款要求予以公布的措施有关的所有信息。对此类提供信息请求的答复一般应在收到请求后30天作出。在例外情况下，可在收到请求后45天内作出答复。延迟的通知及其原因应以书面形式向有关当事人提供。向WTO成员作出的答复应全面，并应代表中国政府的权威观点。应向个人和企业提供准确和可靠的信息。

（D）司法审查

1. 中国应设立或指定并维持审查庭、联络点和程序，以便迅速审查所有与《1994年关税与贸易总协定》（“GATT1994”）第10条第1款、GATS第6条和《TRIS协定》相关规定所指的法律、法规、普遍适用的司法决定和行政决定的实施有关的所有行政行为。此类审查庭应是公正的，并独立于被授权进行行政执行的机关，且不应对审查事项的结果有任何实质利害关系。

2. 查程序应包括给予受须经审查的任何行政行为影响的个人或企业进行上诉的机会，且不因上诉而受到处罚。如初始上诉权需向行政机关提出，则在所有情况下应有选择向司法机关对决定提出上诉的机会。关于上诉的决定应通知上诉人，作出该决定的理由应以书面形式提供。上诉人还应被告知可进一步上诉的任何权利。

第3条 非歧视

除本议定书另有规定外，在下列方面给予外国个人、企业和外商投资企业的待遇不得低于给予其他个人和企业的待遇：

（a）生产所需投入物、货物和服务的采购，及其货物据以在国内市场或供出口而生产、营销或销售的条件；及

（b）国家和地方各级主管机关以及公有或国有企业在包括运输、能源、基础电信、其他生产设施和要素等领域所供应的货物和服物的价格和可用性。

第4条 特殊贸易安排

自加入时起，中国应取消与第三国和单独关税区之间的、与《WTO协定》不符合的所有特殊贸易安排，包括易货贸易安排，或使其符合《WTO协定》。

第5条 贸易权

1. 在不损害中国以符合《WTO协定》的方式管理贸易的权利的情况下，中国应逐步放宽贸易权的获得及其范围，以便在加入后3年内，使所有在中国的企业均有权在中国的全部关税领土内从事所有货物的贸易，但附件2A所列依照本议定书继续实行国营贸易的货物除外。此种贸易权应为进口或出口货物的权利。对于所有此类货物，均应根据GATT1994第3条，特别是其中第4款的规定，在国内销售、许诺销售、购买、运输、分销或使用方面，包括直接接触最终用户方面，给予国民待遇。对于附件2B所列货物，中国应根据该附件中所列时间表逐步取消在给予贸易权方面的限制。中国应在过渡期内完成执行这些规定所必需的立法程序。

2. 除本议定书另有规定外，对于所有外国个人和企业，包括未在中国投资或注册的外国个人和企业，在贸易权方面应给予其不低于给予在中国的企业的待遇。

第6条　国营贸易

1. 中国应保证国营贸易企业的进口购买程序完全透明，并符合《WTO 协定》，且应避免采取任何措施对国营贸易企业购买或销售货物的数量、价值或原产国施加影响或指导，但依照《WTO 协定》进行的除外。

2. 作为根据 GATT1994 和《关于解释 1994 年关税与贸易总协定第 17 条的谅解》所作通知的一部分，中国还应提供有关其国营贸易企业出口货物定价机制的全部信息。

第7条　非关税措施

1. 中国应执行附件 3 包含的非关税措施取消时间表，在附件 3 中所列期限内，对该附件中所列措施所提供的保护在规模、范围或期限方面不得增加或扩大，且不得实施任何新的措施，除非符合《WTO 协定》的规定。

2. 在实施 GATT1994 第 3 条、第 11 条和《农业协定》的规定时，中国应取消且不得采取、重新采取或实施不能根据《WTO 协定》的规定证明为合理的非关税措施。对于加入之日以后实施的、与本议定书或《WTO 协定》相一致的非关税措施，无论附件 3 是否提及，中国均应严格遵守《WTO 协定》的规定，包括 GATT1994 及其第 13 条以及《进口许可程序协定》的规定，包括通知要求，对此类措施进行分配或管理。

3. 自加入时起，中国应遵守《TRIMs 协定》，但不援用《TRIMs 协定》第 5 条的规定。中国应取消并停止执行通过法律、法规或其他措施实施的贸易平衡要求和外汇平衡要求、当地含量要求和出口实绩要求。此外，中国将不执行设置此类要求的合同条款。在不损害本议定书有关规定的情况下，中国应保证国家和地方各级主管机关对进口许可证、配额、关税配额的分配或对进口、进口权或投资权的任何其他批准方式，不以下列内容为条件：此类产品是否存在与之竞争的国内供应者；任何类型的实绩要求，例如当地含量、补偿、技术转让、出口实绩或在中国进行研究与开发等。

4. 进出口禁止和限制以及影响进出口的许可程序要求只能由国家机关或由国家主管机关授权的地方各级主管机关实行和执行。不得实施或执行不属国家主管机关或由国家主管机关授权的地方各级主管机关实行的措施。

第8条　进出口许可程序

1. 在实施《WTO 协定》和《进口许可程序协定》的规定时，中国应采取以下措施，以便遵守这些协定：

（a）中国应定期在本议定书第 2 条（C）节第 2 款所指的官方刊物中公布下列内容：

—按产品排列的所有负责授权或批准进出口的组织的清单，包括由国家主管机关授权的组织，无论是通过发放许可证还是其他批准；

—获得此类进出口许可证或其他批准的程序和标准，以及决定是否发放进出口许可证或其他批准的条件；

—按照《进口许可程序协定》，按税号排列的实际招标要求管理的全部产品清单，包括关于实行此类招标要求管理产品的信息及任何变更；

—限制或禁止进出口的所有货物和技术的清单；这些货物也应通知进口许可程序委员会；

—限制或禁止进出口的货物和技术清单的任何变更；

用一种或多种 WTO 正式语文提交的这些文件的副本应在每次公布后 75 天内送交 WTO，共散发 WTO 成员并提交进口许可程序委员会。

（b）中国应将加入后仍然有效的所有许可程序和配额要求通知 WTO，这些要求应按协调制度税号分别排列，并附与此种限制有关的数量（如有数量），以及保留此种限制的理由或预定的终止日期。

（c）中国应向进口许可程序委员会提交其关于进口许可程序的通知。中国应每年向进口许可程序委员会报告其自动进口许可程序的情况，说明产生这些要求的情况，并证明继续实行的需要。该报告还应提供《进口许可程序协定》第 3 条中所列信息。

（d）中国发放的进口许可证的有效期至少应为 6 个月，除非例外情况使此点无法做到。在此类情况下，中国应将要求缩短许可证有效期的例外情况迅速通知进口许可程序委员会。

2. 除本议定书另有规定外，对于外国个人、企业和外商投资企业在进出口许可证和配额分配方面，应给予不低于给予其他个人和企业的待遇。

第 9 条　价格控制

1. 在遵守以下第 2 款的前提下，中国应允许每一部门交易的货物和服务的价格由市场力量决定，且应取消对此类货物和服务的多重定价做法。

2. 在符合《WTO 协定》，特别是 GATT1994 第 3 条和《农业协定》附件 2 第 3、4 款的情况下，可对附件 4 所列货物和服务实行价格控制。除非在特殊情况下，并须通知 WTO，否则不得对附件 4 所列货物或服务以外的货物或服务实行价格控制，且中国应尽最大努力减少和取消这些控制。

3. 中国应在官方刊物上公布实行国家定价的货物和服务的清单及其变更情况。

第10条　补贴

1. 中国应通知WTO在其领土内给予或维持的、属《补贴与反补贴措施协定》（“〈《SCM协定》〉”）第1条含义内的、按具体产品划分的任何补贴，包括《SCM协定》第3条界定的补贴。所提供的信息应尽可能具体，并遵循《SCM协定》第25条所提及的关于补贴问卷的要求。

2. 就实施《SCM协定》第1条第2款和第2条而言，对国有企业提供的补贴将被视为专向性补贴，特别是在国有企业是此类补贴的主要接受者或国有企业接受此类补贴的数量异常之大的情况下

3. 中国应自加入时起取消属《SCM协定》第3条范围内的所有补贴。

第11条　对进出口产品征收的税费

1. 中国应保证国家主管机关或地方各级主管机关实施或管理的海关规费或费用符合GATT1994。

2. 中国应保证国家主管机关或地方各级主管机关实施或管理的国内税费，包括增值税，符合GATT1994。

3. 中国应取消适用于出口产品的全部税费，除非本议定书附件6中有明确规定或按照GATT1994第8条的规定适用。

4. 在进行边境税的调整方面，对于外国个人、企业和外商投资企业，自加入时起应被给予不低于给予其他个人和企业的待遇。

第12条　农业

1. 中国应实施中国货物贸易承诺和减让表中包含的规定，以及本议定书具体规定的《农业协定》的条款。在这方面，中国不得对农产品维持或采取任何出口补贴。

2. 中国应在过渡性审议机制中，就农业领域的国营贸易（无论是国家还是地方）与在农业领域按国营贸易企业经营的其他企业之间或在上述任何企业之间进行的财政和其他转移作出通知。

第13条　技术性贸易壁垒

1. 中国应在官方刊物上公布作为技术法规、标准或合格评定程序依据的所有正式的或非正式的标准。

2. 中国应自加入时起，使所有技术法规、标准和合格评定程序符合《TBT协定》。

3. 中国对进口产品实施合格评定程序的目的应仅为确定其是否符合与本议定书和《WTO协定》规定相一致的技术法规和标准。只有在合同各方授权的情况下，合格评定机构方可对进口产品是否符合该合同的商业条款进行合格评定。中国应保证此种针对产品是否符合合同商业条款的检验不影响此类产品

通关或进口许可证的发放。

4.（a）自加入时起，中国应保证对进口产品和国产品适用相同的法规、标准和合格评定程序。为保证从现行体制的顺利过渡，中国应保证自加入时起，所有认证、安全许可和质量许可机构和部门获得既对进口产品又对国产品进行此类活动的授权；加入1年后，所有合格评定机构和部门获得既对进口产品又对国产品进行合格评定的授权。对机构或部门的选择应由申请人决定。对于进口产品和国产品，所有机构和部门应颁发相同的标志，收取相同的费用。它们还应提供相同的处理时间和申诉程序。进口产品不得实行一种以上的合格评定程序。中国应公布并使其他 WTO 成员、个人和企业可获得有关其各合格评定机构和部门相应职责的全部信息。

（b）不迟于加入后18个月，中国应仅依据工作范围和产品种类，指定其各合格评定机构的相应职责，而不考虑产品的原产地。指定给中国各合格评定机构的相应职责将在加入后12个月通知TBT委员会。

第14条　卫生与植物卫生措施

中国应在加入后30天内，向WTO通知其所有有关卫生与植物卫生措施的法律、法规及其他措施，包括产品范围及相关国际标准、指南和建议。

第15条　确定补贴和倾销时的价格可比性

GATT1994第6条《关于实施1994年关税与贸易总协定第6条的协定》（"《反倾销协定》"）以及《SCM 协定》应适用于涉及原产于中国的进口产品进入一WTO成员的程序，并应符合下列规定：

（a）在根据 GATT1994 第 6 条和《反倾销协定》确定价格可比性时，该WTO 进口成员应依据下列规则，使用接受调查产业的中国价格或成本，或者使用不依据与中国国内价格或成本进行严格比较的方法：

（i）如受调查的生产者能够明确证明，生产该同类产品的产业在制造、生产和销售该产品方面具备市场经济条件，则该 WTO 进口成员在确定价格可比性时，应使用受调查产业的中国价格或成本；

（ii）如受调查的生产者不能明确证明生产该同类产品的产业在制造、生产和销售该产品方面具备市场经济条件，则该 WTO 进口成员可使用不依据与中国国内价格或成本进行严格比较的方法。

（b）在根据《SCM 协定》第二、三及五部分规定进行的程序中，在处理第14 条（a）项、（b）项、（c）项和（d）项所述补贴时，应适用《SCM 协定》的有关规定；但是，如此种适用遇有特殊困难，则该 WTO 进口成员可使用考虑到中国国内现有情况和条件并非总能用作适当基准这一可能性的确定和衡量补贴利益的方法。在适用此类方法时，只要可行，该 WTO 进口成员在考虑使用中国以外的情况和条件之前，应对此类现有情况和条件进行调整。

（c）该WTO进口成员应向反倾销措施委员会通知依照（a）项使用的方法，并应向补贴与反补贴措施委员会通知依照（b）项使用的方法。

（d）一旦中国根据该WTO进口成员的国内法证实其是一个市场经济体，则（a）项的规定即应终止，但截至加入之日，该WTO进口成员的国内法中须包含有关市场经济的标准。无论如何，（a）项（ii）目的规定应在加入之日后15年终止。此外，如中国根据该WTO进口成员的国内法证实一特定产业或部门具备市场经济条件，则（a）项中的非市场经济条款不得再对该产业或部门适用。

第16条　特定产品过渡性保障机制

1. 如原产于中国的产品在进口至任何WTO成员领土时，其增长的数量或所依据的条件对生产同类产品或直接竞争产品的国内生产者造成或威胁造成市场扰乱，则受此影响的WTO成员可请求与中国进行磋商，以期寻求双方满意的解决办法，包括受影响的成员是否应根据《保障措施协定》采取措施。任何此种请求应立即通知保障措施委员会。

2. 如在这些双边磋商过程中，双方同意原产于中国的进口产品是造成此种情况的原因并有必要采取行动，则中国应采取行动以防止或补救此种市场扰乱。任何此类行动应立即通知保障措施委员会。

3. 如磋商未能使中国与有关WTO成员在收到磋商请求后60天内达成协议，则受影响的WTO成员有权在防止或补救此种市场扰乱所必需的限度内，对此类产品撤销减让或限制进口。任何此类行动应立即通知保障措施委员会。

4. 市场扰乱应在下列情况下存在：一项产品的进口快速增长，无论是绝对增长还是相对增长，从而构成对生产同类产品或直接竞争产品的国内产业造成实质损害或实质损害威胁的一个重要原因。在认定是否存在市场扰乱时，受影响的WTO成员应考虑客观因素，包括进口量、进口产品对同类产品或直接竞争产品价格的影响以及此类进口产品对生产同类产品或直接竞争产品的国内产业的影响。

5. 在根据第3款采取措施之前，采取此项行动的WTO成员应向所有利害关系方提供合理的公告，并应向进口商、出口商及其他利害关系方提供充分机会，供其就拟议措施的适当性及是否符合公众利益提出意见和证据。该WTO成员应提供关于采取措施的决定的书面通知，包括采取该措施的理由及其范围和期限。

6. 一WTO成员只能在防止和补救市场扰乱所必需的时限内根据本条采取措施。如一措施是由于进口水平的相对增长而采取的，而且如该项措施持续有效的期限超过 2 年，则中国有权针对实施该措施的 WTO 成员的贸易暂停实施 GATT1994 项下实质相当的减让或义务。但是，如一措施是由于进口的绝对增长而采取的，而且如该措施持续有效的期限超过 3 年，则中国有权针对实施该措施的 WTO 成员的贸易暂停实施 GATT1994 项下实质相当的减让或义务。中国采取的任何此种行动应立即通知保障措施委员会。

7. 在迟延会造成难以补救的损害的紧急情况下，受影响的 WTO 成员可根据一项有关进口产品已经造成或威胁造成市场扰乱的初步认定，采取临时保障措施。在此种情况下，应在采取措施后立即向保障措施委员会作出有关所采取措施的通知，并提出进行双边磋商的请求。临时措施的期限不得超过 200 天，在此期间，应符合第 1 款、第 2 款和第 5 款的有关要求。任何临时措施的期限均应计入第 6 款下规定的期限。

8. 如一 WTO 成员认为根据第 2 款、第 3 款或第 7 款采取的行动造成或威胁造成进入其市场的重大贸易转移，则该成员可请求与中国和/或有关 WTO 成员进行磋商。此类磋商应在向保障措施委员会作出通知后 30 天内举行。如此类磋商未能在作出通知后 60 天内使中国与一个或多个有关 WTO 成员达成协议，则请求进行磋商的 WTO 成员在防止或补救此类贸易转移所必需的限度内，有权针对该产品撤销减让或限制自中国的进口。此种行动应立即通知保障措施委员会。

9. 本条的适用应在加入之日后 12 年终止。

第 17 条　WTO 成员的保留

WTO 成员以与《WTO 协定》不一致的方式针对自中国进口的产品维持的所有禁止、数量限制和其他措施列在附件 7 中。所有此类禁止、数量限制和其他措施应依照该附件所列共同议定的条件和时间表逐步取消或加以处理。

第 18 条　过度性审议机制

1. 所获授权涵盖中国在《WTO 协定》或本议定书项下承诺的 WTO 下属机构[①]，应在加入后 1 年内，并依照以下第 4 款，在符合其授权的情况下，审议中国实施《WTO 协定》和本议定书相关规定的情况。中国应在审议前向每一下属机构提供相关信息包括附件 1A 所列信息。中国也可在具有相关授权的下属机构中提出与第 17 条下任何保留或其他 WTO 成员在本议定书中所作任何其他具体承诺有关的问题。每一下属机构应迅速向根据《WTO 协定》第 4 条

① 货物贸易理事会、与贸易有关的知识产权理事会、服务贸易理事会、国际收支限制委员会、市场准入委员会（包括《信息技术协定》）、农业委员会、卫生与植物卫生措施委员会、技术性贸易壁垒委员会、补贴与反补贴措施委员会、反倾销措施委员会、海关估价委员会、原产地规则委员会、进口许可程序委员会、与贸易有关的投资措施委员会、保障措施委员会和金融服务委员会。

第5款设立的有关理事会报告审议结果（如适用），有关理事会应随后迅速向总理事会报告。

2. 总理事会应在加入后1年内，依照以下第4款，审议中国实施《WTO协定》和本议定书条款的情况。总理事会应依据附件1B所列框架，并按照根据第1款进行的任何审议的结果，进行此项审议。中国也可提出与第17条下任何保留或其他WTO成员在本议定书中所作任何其他具体承诺有关的问题。总理事会可在这些方面向中国或其他成员提出建议。

3. 根据本条审议问题不得损害包括中国在内的任何WTO成员在《WTO协定》或任何诸边贸易协定项下的权利和义务，并不得排除或构成要求磋商或援用《WTO协定》或本议定书中其他规定的先决条件。

4. 第1款和第2款规定的审议将在加入后8年内每年进行。此后，将在第10年或总理事会决定的较早日期进行最终审议。

第二部分　减让表

1. 本议定书所附减让表应成为与中国有关的、GATT1994所附减让和承诺表及GATS所附具体承诺表。减让表中所列减让和承诺的实施期应按有关减让表相关部分列明的时间执行。

2. 就GATT1994第2条第6款（a）项所指的该协定日期而言，本议定书所附减让和承诺表的适用日期应为加入之日。

第三部分　最后条款

1. 本议定书应开放供中国在2002年1月1日前以签字或其他方式接受。

2. 本议定书应在接受之日后第30天生效。

3. 本议定书应交存WTO总干事。总干事应根据本议定书第三部分第1款的规定，迅速向每一WTO成员和中国提供一份本议定书经核证无误的副本和中国接受本议定书通知的副本。

4. 本议定书应依照《联合国宪章》第102条的规定予以登记。

2001年11月10日订于多哈，正本一份用英语、法语和西班牙文写成，三种文本具有同等效力，除非所附减让表中规定该减让表只以以上文字中的一种或多种为准。

本议定书的1～7附件（略）

附录3：中国对外贸易主要统计数据

表一 1950～2011年中国进出口贸易统计表

单位：亿美元

年份	进出口总额	出口总额	进口总额	贸易差额
1950	11.3	5.5	5.8	−0.3
1951	19.6	7.6	12.0	−4.4
1952	19.1	8.2	11.2	−3.0
1953	23.7	10.2	13.5	−3.3
1954	24.4	11.5	12.9	−1.4
1955	31.4	14.1	17.3	−3.2
1956	32.1	16.5	15.6	0.9
1957	31.0	16.0	15.0	1.0
1958	38.7	19.8	18.9	0.9
1959	43.8	22.6	21.2	1.4
1960	38.1	18.6	19.5	−0.9
1961	29.4	14.9	14.5	0.4
1962	26.6	14.9	11.7	3.2
1963	29.2	16.5	12.7	3.8
1964	34.7	19.2	15.5	3.7
1965	42.5	22.3	20.2	2.1
1966	46.2	23.7	22.5	1.2
1967	41.6	21.4	20.2	1.2
1968	40.5	21.0	19.5	1.5
1969	40.3	22.0	18.3	3.7
1970	45.9	22.6	23.3	−0.7
1971	48.4	26.4	22.0	4.4
1972	63.0	34.4	28.6	5.8
1973	109.8	58.2	51.6	6.6
1974	145.7	69.5	76.2	−6.7
1975	147.5	72.6	74.9	−2.3
1976	134.3	68.5	65.8	2.7
1977	148.0	75.9	72.1	3.8
1978	206.4	97.5	108.9	−11.4
1979	293.3	136.6	156.7	−20.1

续表

年份	进出口总额	出口总额	进口总额	贸易差额
1980	381.4	181.2	200.2	－19.0
1981	440.3	220.1	220.2	－0.1
1982	416.1	223.2	192.9	30.4
1983	436.2	222.3	213.4	8.4
1984	535.5	261.4	274.1	－12.7
1985	696.0	273.5	422.5	－149.0
1986	738.5	309.4	429.0	－119.6
1987	826.2	394.4	432.2	－37.8
1988	1027.9	475.2	552.8	－77.6
1989	1116.8	525.4	591.4	－66.0
1990	1154.4	620.9	533.5	87.5
1991	1357.0	719.1	637.9	81.2
1992	1655.3	849.4	805.9	43.5
1993	1957.2	917.7	1039.5	－121.8
1994	2366.2	1210.1	1156.2	53.9
1995	2808.5	1487.7	1320.8	166.9
1996	2898.8	1510.5	1388.3	122.2
1997	3251.6	1827.9	1423.7	403.2
1998	3239.3	1837.6	1401.7	435.9
1999	3606.3	1949.3	1657.0	292.3
2000	4743.0	2492.0	2250.9	224.1
2001	5097.7	2661.5	2436.1	225.4
2002	6207.9	3255.7	2952.2	303.5.
2003	8512.1	4383.7	4128.4	255.3
2004	11547.4	5933.6	5613.8	322.8
2005	14221	7620	6601	1019
2006	17606.9	9690.8	7916.1	1774.7
2007	21738.3	12180.02	9558.2	2622
2008	25616	14285	11330	2954
2009	22072	12016	10056	1960
2010	29727.6	15779.3	13948.3	1831.0
2011	36420.6	18986.3	17434.6	1551.4

资料来源：本表1979年以前数据为外贸部业务统计，1980年以后数据为中国海关的进出口统计。

表二　1953～2011年中国出口总额占世界出口总额的比重和世界排名

单位：亿美元

年份	世界出口总额	中国出口总额	中国出口占世界出口比重（%）	中国的世界排名
1953	829	10.2	1.23	17
1954	863	11.4	1.33	16
1955	940	14.1	1.50	15
1956	1042	16.4	1.58	14
1957	1123	15.9	1.42	15
1958	1086	19.8	1.82	13
1959	1159	22.6	1.95	12
1960	1283	18.5	1.44	17
1961	1344	14.9	1.11	19
1962	1419	14.9	1.05	19
1963	1545	16.5	1.07	19
1964	1736	19.2	1.10	19
1965	1872	22.3	1.19	18
1966	2052	23.7	1.15	18
1967	2155	21.4	0.99	19
1968	2401	21.0	0.88	19
1969	2744	22.0	0.80	21
1970	3153	22.6	0.72	29
1971	3513	26.3	0.75	25
1972	4158	34.4	0.83	25
1973	5764	58.2	1.01	21
194	8415	69.5	0.83	28
1975	8769	72.6	0.83	28
1976	9933	68.5	0.69	34
1977	11269	75.9	0.67	30
1978	12988	97.5	0.75	32
1979	16430	136.6	0.83	32
1980	19939	181.2	0.92	28
1981	17745	220.1	1.06	21
1982	18535	223.2	1.18	18
1983	18119	222.3	1.23	18
1984	19436	261.4	1.26	18

续表

年份	世界出口总额	中国出口总额	中国出口占世界出口比重（%）	中国的世界排名
1985	19578	273.5	1.32	17
1986	20100	309.4	1.28	16
1987	24500	394.4	1.42	16
1988	28400	475.2	1.43	16
1989	31000	525.4	1.40	14
1990	34700	620.9	1.80	15
1991	35300	719.1	2.03	13
1992	37018	850.0	2.29	11
1993	36980	917.4	2.47	11
1994	41788	1210.0	2.89	11
1995	49954	1487.8	2.97	11
1996	52600	1510.4	2.87	11
1997	55770	1827.9	3.27	10
1998	54960	1837.6	3.34	9
1999	57080	1949.3	3.41	8
2000	64450	2492.1	3.86	7
2001	61910	2661.5	4.29	6
2002	64550	3255.7	5.04	5
2003	74820	4383.7	5.85	4
2004	91240	5933.6	6.50	3
2005	103931	7620	7.37	3
2006	117600	9690	8.23	3
2007	13840	12180	8.80	2
2008	157750	14285	9.05	2
2009	123180	12016	9.75	1
2010	15237	15779.3	10.4	1
2011	182170	18986.3	10.4	1

资料来源：中国出口数字源于原外贸部业务统计和中国海关的统计，世界出口额来自GATT和WTO的秘书处报告及国际货币基金组织的统计。

表三 1995～2011 年中国进出口商品结构统计表

1. 1995～2011 中国出口商品结构统计表

单位：亿美元

年份	出口总额	初级产品出口金额	初级产品出口比重（%）	工业制成品出口金额	工业制成品出口比重（%）
1995	1487.8	214.9	14.4	1272.8	85.6
1996	1510.5	219.3	14.5	1291.4	85.5
1997	1827.9	239.3	13.1	1587.7	86.9
1998	1837.1	206	11.2	1631.6	88.8
1999	1949.3	199.3	10.2	1750	89.8
2000	2492.1	254.6	10.2	2237.5	89.8
2001	2662	263.5	9.9	2398	90.1
2002	3255.7	284.8	8.7	2970.8	91.3
2003	4383.7	346.3	7.9	4037.3	92.1
2004	5933.6	587.4	9.9	5346.1	90.1
2005	7620.0	490.4	6.43	7129.6	93.56
2006	9690.7	529.3	5.46	9161.5	94.54
2007	12180	615.5	5.05	11564.7	94.95
2008	14306.93	779.57	5.44	13527.36	94.56
2009	12016.12	630.99		11365.64	
2010	15779.32	817.17		14962.16	
2011	13992.70	742.80		13179.89	

资料来源：中国海关统计及《中国对外贸易年鉴》，2011 年为 1～9 月总额。

2. 1997～2011 中国进口商品结构统计表

单位：亿美元

年份	进口总额	初级产品进口额	初级产品进口比重（%）	工业制成品进口额	工业制成品进口比重（%）
1997	1423.6	286	20.1	117.4	79.9
1998	1401.7	229.5	16.4	1172.1	83.6
1999	1658	268.4	16.2	1388.7	83.8
2000	2251	467.4	20.8	1783.6	79.2
2001	2436	457.7	18.8	1978.4	81.2
2002	2952.2	492.7	16.7	2459.3	83.3
2003	4128.4	726.59	17.6	3401.8	82.4

续表

年份	进口总额	初级产品进口额	初级产品进口比重（%）	工业制成品进口额	工业制成品进口比重（%）
2004	5613.8	1066.6	19.0	4547.1	81.0
.2005	6601.22	1477.1	22.3	5124.1	77.62
2006	7916.1	1871.4	23.64	6044.7	76.36
2007	9568	2429.8	25.39	7128	74.51
2008	11325.62	3623.95	32.00	7701.67	68.00
2009	12851.72	4415.69	—	8436.03	—
2010	13948.29	4325.56	—	9622.72	—
2011	10059.23	4415.69	—	8436.03	—

资料来源：中国海关统计及《中国对外贸易统计年鉴》，2011年为1～9月总额。

表四　1978～2011年中国对外贸易依存度统计表

年份	对外贸易依存度（%）	出口依存度（%）	进口依存度（%）
1978	10.7	5.2	5.5
1980	13.5	6.7	6.8
1985	22.8	9.0	13.8
1986	25.0	10.5	14.5
1987	25.7	12.3	13.4
1988	25.6	11.8	13.8
1989	24.9	11.7	13.2
1990	29.8	16.0	13.8
1991	33.4	17.7	15.7
1992	34.3	17.6	16.7
1993	31.9	15.0	17.0
1994	42.3	21.6	20.7
1995	38.6	20.4	18.1
1996	33.9	17.6	16.2
1997	34.1	19.2	14.9
1998	31.8	18.0	13.8
1999	33.3	18.0	15.3
2000	39.6	20.8	18.8
2001	38.5	20.1	18.4
2002	42.7	22.4	20.3
2003	51.9	26.7	25.2

续表

年份	对外贸易依存度（%）	出口依存度（%）	进口依存度（%）
2004	59.8	30.7	29.1
2005	63.9	34.2	29.7
2006	67.0	36.9	30.1
2007	66.2	37.19.	29.1
2008	59.19	30.01	26.18
2009	44.75	24.36	20.39
2010	49.14	26.08	23.06
2011	48.57	25.32	23.25

资料来源：作者根据《中国统计年鉴》中的数据整理计算得出。

参考书目

1. 《中国对外经济贸易白皮书 2002》，中国物资出版社 2002 年出版。

2. 《中国对外经济贸易白皮书 2003》，中信出版社 2003 年出版。

3. 《中国加入 WTO 法律文件》，全国人大常委会办公厅 2002 年出版。

4. 薛敬孝：《国际经济学》，高等教育出版社 2000 年出版。

5. 徐复：《中国对外贸易概论》，南开大学出版社 2002 年出版。

6. 徐复：《保障措施和中国经济发展攻防方略》，南开大学出版社 2004 年出版。

7. 徐复：《WTO 规则和中国贸易政策》，南开大学出版社 2006 年出版。

8. 张岩贵：《跨国公司全球竞争与中国》，中国经济出版社 2007 年出版。

9. 苏科五：《中国对外贸易概论》，上海财经大学出版社 2008 年出版。

10. 王平、钱学锋：《WTO 与中国对外贸易》，武汉大学出版社 2004 年出版。

11. 廖庆新、廖力平：《现代中国对外贸易概论》，中山大学出版社 2003 年出版。

12. 杨益等：《国际商务基础理论与实务》，中国商务出版社 2005 年出版。

13. 刘书瀚：《世界贸易组织概论》，南开大学出版社 2003 年出版。

14. 刘德标：《世界贸易组织及其多边贸易规则》，中国对外经济贸易出版社 2002 年出版。

15. 罗小明等：《WTO 的货物贸易规则和在中国的实施》，天津大学出版社 2003 年出版。

16. 薛荣久：《国际贸易》，对外经济贸易出版社 2002 年出版。

17. 联合国贸发会议：《WTO 企业指南》，企业管理出版社 2001 年出版。

18. 陈昌柏：《WTO 与中国 IT 产业的发展》，北京邮电学院出版社 2001 年出版。

19. 鲍志才：《世界贸易组织法典要览》，四川辞书出版社 2001 年出版。

20. 刘力、刘光溪：《世界贸易组织规则》，中共中央党校出版社 2000 年出版。

21. 刘力、刘光溪：《世界贸易组织规则读本》，中共中央党校出版社 2000

年出版。

22. 徐兆宏:《世界贸易组织机制运行论》,上海财经大学出版社 1999 年出版。

23. 吴兴光:《世界贸易组织法概论》,中国商务出版社 1996 年出版。

24. 余敏友:《世界贸易组织争端解决机制法律与实践》,武汉大学出版社 1998 年出版。

25. 钟立国:《中国:WTO 法律制度的适用》,吉林人民出版社 2001 年出版。

26. 张汉林:《WTO 与农产品贸易争端》,上海人民出版社 2001 年出版。

27. 俞敏友、左海聪、黄志雄:《WTO 争端解决机制概论》,上海人民出版社 2001 年出版。

28. 申长友:《WTO 规则与中国的对策》,中国发展出版社 2002 年出版。

29. 施禹之:《WTO 与中国纺织工业》,中国纺织出版社 2001 年出版。

30. 范小建:《加入 WTO 以后的中国农业政策调整》,中国农业出版社 2002 年出版。

31. 刘振林、刘爱文:《中国加入 WTO 法律文件解读》,北京地震出版社 2002 年出版。

32. 刘力、蒙慧:《WTO 与中国农业发展对策》,中共中央党校出版社 2001 年出版。

33. 杨鹏飞、洪民荣:《WTO 法律规则与中国农业》,上海财经大学出版社 2000 年出版。

34. 杨灿英、卢长明:《中国商务法律》,南开大学出版社 2009 年出版。

35. 苑涛:《国际贸易理论与政策》,清华大学出版社 2011 年出版。

36. 徐复:《中国对外贸易》,清华大学出版社 2011 年出版。